“十三五”國家重點出版物出版規劃項目

第一部 | 第十二卷

北京大學《馬藏》編纂與研究中心　編纂

科学出版社
北京

圖書在版編目（CIP）數據

馬藏・第一部・第十二卷 / 北京大學《馬藏》編纂與研究中心編纂. —北京：科學出版社，2023.8

國家出版基金項目　“十三五”國家重點出版物出版規劃項目

ISBN 978-7-03-075967-2

Ⅰ. ①馬…　Ⅱ. ①北…　Ⅲ. ①馬克思主義-文集　Ⅳ. ①A81-53

中國國家版本館 CIP 數據核字（2023）第 123791 號

責任編輯：劉英紅　夏水雲 / 責任校對：賈娜娜

責任印製：霍　兵 / 封面設計：黄華斌

科學出版社出版

北京東黄城根北街 16 號

郵政編碼：100717

http://www.sciencep.com

中國科學院印刷廠印刷

科學出版社發行　各地新華書店經銷

*

2023 年 8 月第　一　版　開本：787×1092　1/16

2023 年 8 月第一次印刷　印張：34

字數：570 000

定價：580.00 元

《馬藏》第一部第十二卷

顧　　問　郝　平　龔旗煌

策　　劃　于鴻君

主　　編　顧海良

副 主 編　孫代堯　孫熙國　孫蚌珠　仰海峰　劉　軍

本卷編纂人員（以姓氏筆畫爲序）

王保賢　王憲明　仰海峰　孫代堯　孫蚌珠

孫熙國　許文星　萬仕國　路　寬　裴　植

鞏　梅　劉　芳　劉　軍　顧海良

北京大學馬克思主義學院組織編纂

總　序

《馬藏》是對馬克思主義形成和發展過程中相關文獻進行的彙集與編纂，旨在通過對文獻的系統整理及文本的再呈現，把與馬克思主義在中國和世界傳播與發展的相關文獻集大成地編纂薈萃爲一體。作爲馬克思主義理論研究的重大基礎性學術文化工程，《馬藏》分爲中國編與國際編，中國編是對馬克思主義中國化歷史進程中相關文獻和研究成果的彙纂；國際編是對馬克思主義在世界其他國家傳播和發展過程中産生的歷史文獻和研究著述的彙纂。

在十九世紀後期西學東漸的過程中，中國知識界開始譯介各種有關社會主義思想的著作，中國人開始了解和認識馬克思及其社會主義學説，這是馬克思主義在中國傳播的開端。十月革命給中國送來了馬克思列寧主義，中國先進知識分子顯著地增强了對馬克思主義和社會主義文獻的移譯和理論闡釋。中國共産黨成立後，馬克思主義開始在中國得到更爲廣泛的傳播。在中國革命、建設和改革過程中，馬克思主義經典著作的編輯和研究，成爲中國共産黨思想理論建設的重要組成部分。

馬克思主義在中國的傳播和發展已經有一百多年的歷史，但學界至今仍然缺乏將這一歷史過程中產生的相關文獻彙集和編纂爲一體的權威典籍，尤其缺乏對早期文獻和相關資料的系統整理與彙纂，以致在中國馬克思主義傳播史和中國近現代思想文化史中大量的有價值的文本幾被埋没；已經發掘出來的一些原始文本，也由於種種原因，在轉引轉述中，多有訛奪、失真，造成有關理論研究的結論有失準確，缺乏説服力。編纂《馬藏》，無論是對中國馬克思主義發展史研究，還是對中國近現代思想文化史研究，都十分必要且刻不容緩。

北京大學是中國最早傳播馬克思主義的基地和中國共産黨的理論發源地，有着深厚的馬克思主義研究和傳播的歷史積澱和文化傳統。編纂一套系統呈現馬克思主義在中國傳播、接受和發展的歷史文獻典籍，推動新時代馬克思主義理論研究和哲學社會科學發展，是北京大學應當肩負的使命和學術擔當。基於此，北京大學啓動了《馬藏》編纂與研究工程，成立了《馬藏》編纂與研究中心，由北京大學馬克思主義學院負責編纂工作的具體實施。

《馬藏》中國編的編纂原則如下：一是突出思想性。按照毛澤東所揭示的馬克思主義中國化歷史過程的“使馬克思主義在中國具體化”和“使中國革命豐富的實際馬克思主義化”的基本特點，編纂堅持尊重歷史、求真拓新，系統編排、科學詮釋。二是體現全面性。《馬藏》力求全面搜集文獻，這些文獻主要包括馬克思主義經典作家著作的中文譯本、國外學者有關馬克思主義和社會主義問題相關著述的中文譯本、中國共産黨領導人和重要理論家的著述、中國學者有關馬克思主義和社會主義問題的研究著述、報紙雜誌等媒體的通訊報道等、中國共産黨成立以後有關馬克思主義中國化的文獻資料，以及其他相關的各種文本，如檔案、日記、書信等。三是彰顯學術性。編纂與研究過程，力求忠實於原始文本，完整呈現文獻内容。對原始文本作學術考證和研究，注重對各種文本及其内容、作者、版本、出版者、流傳和影響等作出基本的、必要的學術考證和研究，同時還對文本中的重要詞彙、用語和關鍵詞的内涵及其演化、流變等作基本的、必要的學術考證和説明。四是力求權威性。對相關文本作出準確説明，注意整理國内已有的研究成果，甄别有争議的問題，并且提供有助於問題解决的相關文本資料。通過文本再呈現，爲進一步研究提供學術資源和理論依據。對一些有争議的問題，重於文本引導、考據説明，避免作簡單的判斷。

根據上述原則，《馬藏》中國編分作四部：第一部爲著作（包括譯著）類文本；第二部爲文章類文本；第三部爲各類通訊報道，各種檔案、筆記、書信等文本；第四部爲中國共産黨有關文件類文本。各部之下，按照歷史發展過程分别設卷。

《馬藏》對各文本的編纂，主要分爲三大板塊，即文本呈現、文本校注和文本述評。一是文本呈現，堅持原始文獻以原貌呈現。爲有利於學術研究，凡與馬克思主義在中國傳播和發展相關的有思想價值、學術價值或文本價值的文獻，在内容上依照原貌呈現。對於同一文獻有不同版本的，如有思想價值、學術價值或文本價值，則逐一收録；對於不同時間出版的同一文獻和資料，在内容上没有變化或變動較少的，只收録最初的版本。二是文本校注，以頁下注釋的方式，對原書中的誤譯、誤寫或誤排之處，予以更正；對文本中出現的人名、地名、著述、歷史事件、組織機構和報刊等名詞給予準確而簡要的説明。三是文本述評，以“編者説明”的方式附於相應文本之後，呈現編校者對該文本的述評。“編者説明”對文本形成和流傳情况作出描述，如介紹文本原貌及來源、作者、譯者、歷史背景、出版情况、不同譯本和版本演變情况、文中涉及的重要概念和史實、文本傳播狀况、文本的思想傾向等。“編者説明”也對文本研究狀况作出述評，注重對與該文本及其主要内容相關的國内外學術界研究現狀、主要觀點和各種評價作出述評；力求對已有的研究成果作出思想性和學術性的總體述評。

《馬藏》不是簡單的資料彙編或者是對原有文本的複製，而是强調對所收文本進行必要的研究、考證、注釋和説明，以凸顯《馬藏》彙集與編纂爲一體的學術特色。需要説明的是，由於收集、整理和研究的是繁蕪叢雜的歷史文獻，不可避免地會出現一些缺憾：一是文獻收集過程中，雖然編纂人員盡力收集已見的和可能發掘的所有文獻資料，但因文獻數量龐大，原始文本散落，著録信息不完整等原因，難免會有部分重要文獻遺漏；二是編纂過程中，編纂者雖盡力對文獻的版本、作者、譯者、出版者、翻譯狀況，以及文獻中的人名、地名、事件等作出有根有據的考證、注釋與説明，但因文獻情況複雜，在一些文本中仍有少許問題没能解决，注釋與“編者説明”中也可能存在偏差。

《馬藏》編纂意義重大，可謂功在當代，利在千秋。《馬藏》對於促進馬克思主義學術研究和理論發展，增强馬克思主義理論自信和文化自信，提升中國化馬克思主義的影響力，推進中國哲學社會科學的繁榮發展有着重大而深遠的意義；《馬藏》對中國近現代思想文化史資料的收集與整理，對於促進中國近現代思想文化史、中外文化交流史的研究，對於展現真實而客觀的中國近現代史具有重大意義；《馬藏》翔實的文獻將向人們展示近代以來中國人民是如何歷史地選擇馬克思主義和社會主義，是如何執着地傳播馬克思主義和推進馬克思主義中國化時代化大衆化的，具有以史爲鏡、資政育人的重要意義。

本卷文獻及編纂説明

本卷收録文獻凡三册。

《無政府主義粹言》，晦鳴學舍編纂，1912 年晦鳴學舍發行。本册由萬仕國編校。

《泰西民法志》，英國甘格士著，胡貽穀譯，1912 年上海廣學會出版。本册由劉芳編校。

《理想社會主義與實行社會主義》，德國弗勒特立克恩極爾斯著，施仁榮譯，1912 年 5 月至 8 月連載於《新世界》第 1、3、5、6、8 期。本册由許文星、路寬編校。

孫代堯、王憲明參與部分編校稿的審讀。

萬仕國、王保賢、裴植、路寬對本卷全部編校稿作了審讀、修改。

鞏梅負責本卷文獻資料總彙。

顧海良主持本卷編纂和審讀，作統修和定稿。

本卷凡例

一、本卷各册文獻原爲竪排版，今均改爲横排版。行文中“如左”“如右”等表述，保持原貌，不作改動。

二、底本中的繁體字一仍其舊，舊字形今均改爲新字形。

三、底本中的異體字原則上不作改動，但過去使用而現在不再使用的異體字，以相應的繁體字替代；“編者説明”中引用的原文，其中的異體字亦如是處理。

四、底本中以“。”“、”表示的句讀，均保持原貌。

五、底本中字旁表示强調的“●”“○”“◎”“、”等符號，今以字下着重號“.”表示；底本標示强調符號時，首字不標句讀的，今在該字前補斷句號“。”。

六、底本中的竪排引號『』和「」，今均改爲横排引號。

七、底本中錯、漏、衍、倒字之處，今保持原貌，另在頁下注中予以補正；底本正文中的個别文字漫漶不清，今以“□”替代，不再出注説明；底本中“己”“已”“巳”及“戊”“戍”“戌”混用的，今根據文意徑改，不出校記。

八、底本中所涉及的國名、人名、地名、報刊名和機構名等，與現在通行的譯名不一致的，均出頁下注説明。

九、底本中的“支那”“夷”“蠻”等歷史詞語，均保持原貌。

十、各册文獻扉頁上的内容，由編校者根據底本封面、正文首頁和版權頁等所載信息綜合而成。

十一、各册文獻的目録，均依底本目録録入。底本目録與正文標題不一致處，目録和正文標題均保持原貌，在正文標題處出頁下注説明；正文中標題缺漏的，今據目録增補，并以方括號“[ ]”標示。《理想社會主義與實行社會主義》原無目録，今依正文補作目録。

目録

插圖目録

無政府主義粹言

晦鳴學舍 / 翻印

晦鳴學舍

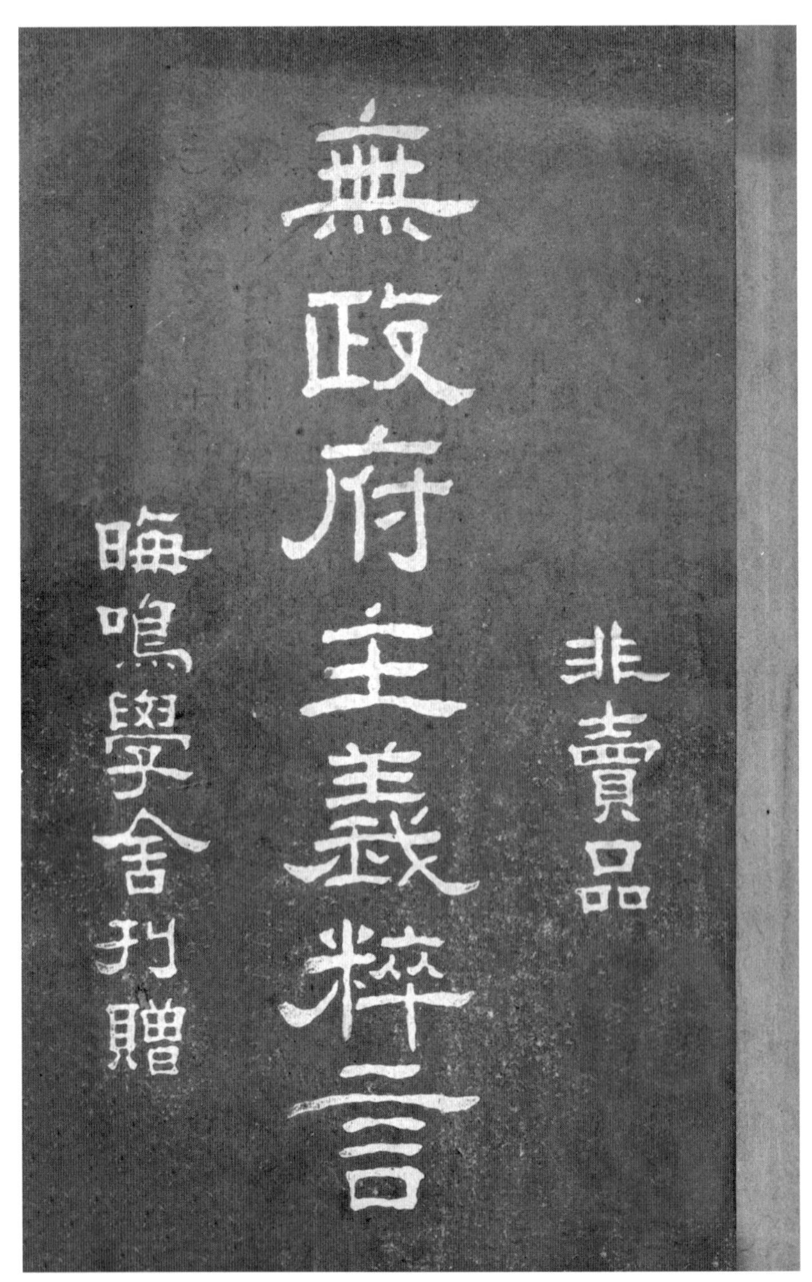

《無政府主義粹言》封面

普告讀者

（一）本書現印出五千本。除分贈同志外。所存無多。愛讀者請速來取。（或函示住址夾入郵票亦當奉寄）並望得書者廣示友人。展轉傳播。幸勿視爲覆瓿。則所冀也。

（二）本學舍爲傳達主義。印贈"新世紀叢書""無政府主義粹言"二書。惜限於棉力。未克多印。尚望好義君子。或獨力。或醵資。多印遍佈。以期普及。其有欲圖簡捷。直委本學舍代辦者。亦當樂從。印成後或由本學舍代贈。或由出資者取回自贈。均聽其便。

（廣州存善東街八號）晦鳴學舍[①]啓

無政府主義之原則 { 各盡其所能 / 各取其所需 }（魯意布蘭[②]Louis Blanc）

① "晦鳴學舍"，1912 年 5 月由師復（1884—1915）在廣州創立的中國第一個無政府主義團體，有機關刊物《晦鳴録》。

② "魯意布蘭"，即路易・勃朗（Louis Blanc，1811—1882），法國新聞工作者和歷史學家，小資產階級社會主義者，1848 年臨時政府成員和盧森堡宫委員會主席，後流亡英國，成爲倫敦的法國布朗基派流亡者協會的領導人。1871 年爲國民議會議員，反對巴黎公社。

選餘贅言

二十世紀光如日明如月之“無政府主義”。其在歐陸。突飛進步。駸駸乎已由言論而入於實行。若支那今日一般人之心中口中。則不過僅僅能舉其名。或並其名而不能舉。華文書報。言者頗罕。其算爲純粹倡導此主義者惟一數年前之“新世紀”[①]。（雖前有天義[②]等報近亦有社會黨各機關雜誌。然皆非純粹倡此主義者）壽命既短。出板又遠在巴黎。當時清酋禁之殊酷。内地人士得見者絶希。以故此主義至今尚未得多數人之注意也。同人惜之。既重刋“新世紀叢書”。今復選録新世紀報中之精要。都爲一集。名曰“無政府主義粹言”。重付剞劂。以貽同好。亦庶幾傳達主義之一道爾。

“無政府”之名詞。其五大最顯主義。曰“反對宗教主義”。曰“反對家族主義”。曰“反對私産主義”。曰“反對軍國主義”。曰“反對祖國主義”。合而言之則曰“反對强權主義”。其中學理至精邃。派别亦不一。欲聞其詳。固非一小册子所能盡。然得此一篇。鱗鱗爪爪。已於所謂“無政府主義”之概念。犂然而有當於中矣。

“新世紀”始刋於一千九百七年。至一千九百十年停刋。産兒墮地。三歲而殤。其出世距今已五年。其物化至今亦二稔。中間所論時事。自然明日黄花。無足抱守。故今惟擇其精要者録之。其他不切於現情及涉於膚泛者。

① “新世紀”，1907 年 6 月，由張静江出資，李石曾、褚民誼、吴稚暉主編，創辦於法國巴黎，共出 121 期，1910 年 5 月停刊。該周刊介紹巴枯寧、克魯泡特金、蒲魯東等的無政府主義學説，主張實行傾覆一切强權的社會革命，贊揚暗殺，激烈抨擊清政府，提倡世界語。

② “天義”，1907 年 6 月創辦於日本東京，是何震、陸恢權、周怒濤等發起的“女子復權會”的機關刊物，何震任編輯兼發行人。該刊“以破壞固有之社會，實行人類之平等爲宗旨”，“於提倡女界革命外，兼提倡種族、政治、經濟諸革命”，重點介紹克魯泡特金、巴枯寧、托爾斯泰等的學説，關注農民革命，曾翻譯《共産黨宣言》序言及第一章。1908 年 10 月停刊，共出版 19 期。

均予刪薙。亦以免讀者之惱厭也。（惟其中散失十餘册致隹著[1]或有見遺俟覔得後當再刊續篇）

一千九百十二年八月　　　　選録者識

落紅不是無情物
化作春泥更護花

① “隹著”，有誤，應爲“佳著”。

選餘贅言

二十世紀光如日明如月之「無政府主義」其在歐陸突飛進步駸駸乎已由言論而入於實行若支那今日一般人之心中口中則不過僅僅能舉其名或並其名而不能舉華文書報言者頗罕其算爲純粹倡導此主義者惟一數年前之「新世紀」(雖前有天義等報近亦有社會黨各機關雜誌然皆非純粹倡此主義者)壽命既短出板又遠在巴黎當時淸廷禁之殊酷內地人士得見者絕希以故此主義至今尚未得多數人之注意也同人惜之旣重刊「新世紀叢書」今復選錄新世紀報中之精要都爲一集名曰「無政府主義粹言」重付剞劂以貽同好亦庶幾傳達主義之一道爾

「無政府」之名詞其五大最顯主義曰「反對宗教主義」曰「反對家族主義」曰「反對私產主義」曰「反對軍國主義」曰「反對祖國主義」合而言之則曰「反對强權主義」其中學理至精邃派別亦不一欲聞其詳固非一小冊子所能盡然得此一篇鱗鱗爪爪已於所謂「無政府主義」之概念犂然而有當於中矣

「新世紀」始刋於一千九百七年。至一千九百十年停刋。產兒墮地。三歲而殤。其出世距今已五年。其物化至今亦二稔。中間所論時事。自然明日黃花。無足抱守。故今惟擇其精要者錄之。其他不切於現情及涉於膚泛者。均予删薙。亦以免讀者之惱厭也。（惟其中散失十餘册致佳著或有見遺俟覓得後當再刋續篇）

一千九百十二年八月　　選錄者識

落紅不是無情物
化作春泥更護花

目録

無政府乃無强權也非擾亂也（克若泡特金 Kropotkine[①]）

① “克若泡特金 Kropotkine”，即彼得・阿列克謝耶維奇・克魯泡特金（Pyotr Alexeyevich Kropotkin，1842—1921），俄國革命家和地理學家，無政府共産主義創始人，著有《田野、工廠和工場》《互助論：進化的一種因素》《麵包的征服》等。

目錄

目錄

無政府乃無強權也非擾亂也

（克若泡特金Kropotkine）

革命原理[1]

革新之一人著　真譯

譯者曰。革命正當之理。實來自真理之科學。近來社會革命風潮之膨脹。亦實與科學同進也。科學所求者。發明公理。革命所圖者。實行公理也。故科學與革命之宗旨。同是求公理而已。其所異者。一原理。一實行耳。

由此而知革命固非僅一時之衝突。實助社會久遠進化之要務也。觀舊世紀之革命。無非彼此争奪。以暴易暴。不得達其正當之目的。實科學不明。公理未彰之過耳。故實行革命運動。與傳達革命原理。實並重而不可偏廢也。玆譯“革命原理”。質諸同志。

“革命原理。”本名“革命必不可免”。是書闡明革命諸原理。至爲精當。故以“革命原理”名之。其内容目録如下。

---

① 原載《新世紀》第22—30號（1907年11月16日—1908年1月18日），署名“革新之一人著，真譯”。據鞏梅考證，法國國家圖書館所藏 Un Proscrit 著 *L'inévitable revolution*（1903）一書，應爲此譯文的來源。作者“革新之一人”，疑即弗雷德里克·斯塔克爾伯格（Frédéric Stackelberg，1852—1934），法國人。“真”，李石曾的筆名之一。李石曾（1881—1973），原名李煜瀛，字石曾，筆名真民、真、石僧，晚號擴武，河北高陽人。1902年隨駐法公使孫寶琦赴法國，入蒙城農業實驗學校學習，1908年8月畢業。1906年加入同盟會，與張静江等在法國巴黎發起成立世界社，1907年6月參與創辦《新世紀》周刊，出版《新世紀叢書》，宣傳無政府主義思想。1911年回國，次年創辦留法儉學會；1915年在法國設立勤工儉學會。民國時期，創辦中法大學，曾任北平大學校長、北平研究院院長，國民黨中央監察委員、中央評議委員及國民黨總統府資政等職。今以《新世紀》周刊（簡稱“《新世紀》本”）、1914年晦鳴學舍排印《無政府主義名著叢刻》本（簡稱“《叢刻》本”）校。

第一編〇政教的問題

世界　上帝與國家　兵與祖國主義　教堂與宗教　官吏與法律[①]　警察[②]

第二編〇經濟的問題

貧困與靈魂不死説[③]　資本家之集權　地之出産與人之工作

第三編〇道德的問題

愛情　結婚　家庭與教育

（第一編之一）　世界

中世紀以下。文化猛進。科學大明。此實人類歷史中之一大光明時代。自地圓與行星繞日之説明。宗教日衰。科學日著。復經十九世紀諸博物學家（達爾文[④]等）之發明。徵實學説唯物哲理全勝。由是上帝虚渺之説。如朝露于晨旭也。進化之公例。在更易。上帝之職。爲造物。夫更易與造物二説不能相容也。故進化適爲誅滅上帝者矣。近今之化學與人學之傾覆僞説益甚。化學以明物質之隱微。人學以明人獸之變化。此二者。表明物質之不相離。及生物死物無確定之界限。植物之與動物。獸之與人亦然。且可斷言曰。獸與人腦關之運用。非有特别之性質。惟具較良較不良之比例耳。

質與力。或體與魂。實同原而異式也。就地言之。地乃質也。體也。地之吸引。乃力也。魂也。就火言之。火乃質也。體也。光與熱乃力也。魂也。就人腦言之。腦質乃質也。體也。腦思乃力也。魂也。故魂即發之于質者也

① “官吏與法律”，下文標題中爲“官吏法律”。
② “警察”，下文標題中爲“巡警”。
③ “貧困與靈魂不死説”，下文標題中爲“困苦與迷信”。
④ “達爾文”，即查爾斯・羅伯特・達爾文（Charles Robert Darwin，1809—1882），英國博物學家，進化論奠基人。晚清時期，他的生物進化思想、自然選擇學説被譯介到中國，對中國知識分子産生重要影響。

無政府主義粹言

革新之一人著
眞　譯

革命原理

譯者曰革命正當之理實來自眞理之科學近來社會革命風潮之膨脹亦實與科學同進也科學所求者發明公理革命所圖者實行公理也故科學與革命之宗旨同是求公理而已其所異者一原理一實行耳

由此而知革命固非僅一時之衝突實助社會久遠進化之要務也觀舊世紀之革命無非彼此爭奪以暴易暴不得達其正當之目的實科學不明公理未彰之過耳故實行革命運動與傳達革命原理實並重而不可偏廢也茲譯「革命原理」質諸同志

「革命原理」本名「革命必不可免」是書闡明革命諸原理至爲精當故以「革命原理」名之其內容目錄如下

第一編〇政教的問題

世界　上帝與國家　兵與祖國主義　教堂與宗教　官吏與法律　警察

第二編〇經濟的問題

明矣。地如觸碎。則吸引力亦必因之更改矣。如火滅。則光與熱亦必息矣。如腦關不克運用。則魂亦止矣。故宗教靈魂不死之談。無稽之言也。

今人智大進。與架空之理斷絶矣。乾坤者。無擬之大試驗所也。其中有星球而無上帝。賴其中之原質。化爲無窮之萬生。此世界也。無上帝。無君上。無使令者。亦無崇奉者。無所創。亦無所毁。（化學物質不滅之公例）故平等爲萬物之原。進化爲古今遐邇所同也。

（第一篇[①]之二） 上帝與國家

上帝之意念。發之于恐懼。恐懼者。愚惑之所生也。（科學不明之時。風雲雷雨。皆令人生恐懼。）巧者乃乘其恐懼而利用之。此宗教之所以成立。亦政府之初基也。

自古迄今。政府爲宗教之保障。爲社會不平等之護符。以爲多數人之殘賊。政府者。制人之謂也。被制者。則居于其下者也。故政府無他。即不平等也。即自利也。政府之特利。即以工作委之于被制之人。而自享其益。無論是何政體。由專制以至共和。一切政權。皆不外制人與利用人之具而已。自古迄今。凡政權皆系壓制。殺之以兵。愚之以教。罰之以官吏。侮之以警察。凡此諸務。皆與政府爲終始。如知覺觀聽之表裏于腦關也。

（第一篇之三） 兵與祖國主義

革命之第一要務。即去兵也。自古以來。兵爲腐敗殘殺之物。名爲國家保障。實爲制人者壓制之具也。

---

① “第一篇”，有誤，應爲“第一編”。下“第一篇之三”同。

富紳之首先經營者即兵也。獎勸之以榮名。曰神武。剛勇。忠義。國光。（頗似皇帝及大臣之謚號）誥誡之以災危。曰軍事失計。爲亡國喪家之由。（頗似近來支那所謂愛國者之聲口）。此皆所以使歐人尚武之由也。更從而僞飾其説。表明軍備之要。以實其歲費巨欵之有因。雖然。歷史足以證其非也。夫民之所以自防以勝外侮者。即人權與自由是矣。（若人人皆以人權自由爲性命。猶懼外人得而凌虐之乎。）觀千七百九十三年。法國大革命時。以平民抗拒聯軍[①]。千八百八年。西班牙人戰退拿破倫第一[②]。由此皆足證明所以禦侮者不必爲精練之軍人。而以祖國主義爲名以修戰備者。固亦非爲此方之民禦侮者也。

當今之時。萬國交易。科學彰明。于此瀛電流通之世界。何復有祖國主義哉。究其實。祖國主義。不過制人者之一利器耳。况今宗教失敗。所以繼之以愚黔者[③]。非祖國主義其誰乎。

昔支那人深信忠君敬神之義。而無祖國主義之説。今以上之迷信方衰。祖國主義方盛。由此可見東西宗教變遷之路徑略同。祖國主義。亦即宗教迷信之一變象也。宗教迷信。在惑人以利己。其所用以惑人者。上帝也。君長也。祖國主義。亦在惑人以利己。其所用以惑人者。祖國也。以上帝君長與祖國較。自祖國之詞意。較爲正大。故已脱上帝君長之迷信者。仍往往不能脱于祖國之迷信。雖然。其智而務公理者。得見祖國主義之内容。亦未有不厭棄之者矣。

① “以平民抗拒聯軍”，1792 年 8 月巴黎人民舉行第二次起義，推翻君主立憲派的統治，成立法蘭西第一共和國。取得政權的吉倫特派把主要力量用於反對以羅伯斯庇爾爲首的雅各賓派和巴黎無套褲漢，而民衆要求打擊投機商人和限制物價的情緒日益高漲。吉倫特派頒布法令，對民衆進行鎮壓。1793 年 2—3 月，英國與普魯士、奥地利、西班牙、荷蘭、薩丁尼亞、漢諾威組成反法聯盟，對法國進行武裝干涉。法國國内發生大規模叛亂，巴黎人民於 5 月 31 日至 6 月 2 日發動第三次起義，推翻吉倫特派的統治，建立雅各賓派專政。

② “西班牙人戰退拿破倫第一”，此説有誤。1808 年西班牙人民因不滿法國占領軍的恣意妄爲，爆發馬德里起義，但最終敗於拿破侖一世。“拿破倫第一”，即拿破侖一世。

③ “愚黔者”，有脱文，《新世紀》本作“愚黔首者”。

所謂兵與祖國主義之歷史。即述言野蠻之行爲。貽羞于人類者是也。

青年之子入營隊。喪其仁愛之情意。耗其有用之光陰。歐洲尋常軍費。日計三千三百萬佛郎。營隊者。製造浪子、殘賊、奴隸之所也。損友之習慣。長官之縛束。雖賢者亦終不免失其人格。習于服從而已。一旦有罷工之事起。則軍民之血肉。代富者爲護符。以與工民相殺。此則軍人之實用也。

一切政府。或共和如美。或專制如俄。皆以軍人爲保護經濟之屏障。軍人用之于國内之戰。較之國外之戰尤多。

爾我之權利産業。實爲戰鬭之原。總不外乎爲資本家求利益。如建屬地争取土地是也。

昔之呼曰“軍人萬歲”“祖國萬歲”者。今則爲革命之仇矣。凡貴族、教徒、富紳。皆熱心于祖國之輩也。

祖國者。乃扁小而虚矯。此貴族自利之餘風也。祖國者。乃嫉惡他人。懷恨異族。此愚陋者之見也。祖國者。乃争鬥之由。美之于非利賓①。英之于特蘭斯法②。法之于馬大加斯③。俄之于支那是也。以此多故。吾無政府共産萬國之革命。大聲急呼曰。“去兵。”

去兵者。去種族國界之成見也。去兵者。爲工作之平民求公益。即和平與平等也。去兵者。求公道博愛也。吾輩之祖國乃全世界也。吾輩共居之星

---

① “非利賓”，即菲律賓（Philippines）。1898 年，美國與西班牙爆發戰争，菲律賓宣告獨立。但西班牙戰敗後簽署的《巴黎和約》明確規定：由美國接收菲律賓，并對其實行殖民統治。

② “特蘭斯法”，即德蘭士瓦（Transvaal），在今南非共和國境内。1806 年，英國奪占開普殖民地，荷裔布爾人被迫向内地遷徙，并於 1852 年和 1854 年先後建立奥蘭治自由邦和德蘭士瓦共和國。1867 年和 1886 年南非發現鑽石和黄金後，大批歐洲移民蜂擁而至。英國人通過英布戰争（1899—1902），吞併了奥蘭治自由邦和德蘭士瓦共和國。

③ “馬大加斯”，即馬達加斯加（Madagascar），今爲馬達加斯加共和國。1883 年，法國入侵馬達加斯加。兩年後，兩國簽訂和約，法國承認馬達加斯加的獨立和主權，但外交事務由法國統監領導，土地則法國人有權長期租借，馬達加斯加成爲法國保護國。1896 年，馬達加斯加淪爲法國殖民地。

球。爲吾衆人之所同有也。

（第一编之四） 教堂與宗教

保存社會貧富貴賤不平之怪狀。宗教有厚力焉。宗教之所利用者。恐懼也。戰争之所利用者。亦恐懼也。故宗教與戰争同原。所異者。一實有之强權。一架空之强權而已。故宗教永爲國家政府之輔助具[①]也。當政府危急之秋。其所利用者。兵也。其常時所以預造服從之性。及所以愚民者。則教堂是矣。

宗教中之最酷者。莫過于基督教。由千百年至千四百年。此三世紀中。焚死者九百萬人。更如“聖八爾特密”[②]“三十年”[③]“愛第得襄”[④]“大高納”[⑤]……諸誅戮。死者更不可勝計。總之一部耶蘇[⑥]基督教歷史。不外乎凶惡殘殺。爲人道之賊而已。

其他宗教之殘酷雖較遜。而其思想主義則略同。基督諸教皆以“覺意”

---

① “宗教永爲國家政府之輔助具”，巴枯寧在《上帝與國家》中轉述伏爾泰的話説：“‘假如上帝不存在的話，必得發明一個。’因爲你知道，‘人民必須有一種宗教’，這是安全閥。”見巴枯寧. 上帝與國家[M]. 朴英，譯. 上海：華東師範大學出版社，2005：11.

② “聖八爾特密”，即聖巴托羅繆之夜（Massacre de la Saint-Barthélemy）。1572 年 8 月 24 日凌晨（即聖巴托羅繆狂歡節前夜），巴黎數萬名天主教徒夥同警察、士兵，對城内的胡格諾教徒進行血腥大屠殺，并將其尸體抛入塞納河中。隨後，法國許多其他城鎮也發生了屠殺事件，數萬名新教徒被殺，由此引發法國第四次宗教戰争。直到 1598 年南特敕令頒布，法國的宗教戰争才告平息。

③ “三十年”，即三十年戰争（La guerre de Trente Ans），指 1618—1648 年由神聖羅馬帝國的内戰演變成的一次歐洲國家大規模混戰，是歷史上第一次全歐洲大戰。

④ “愛第得襄”，即“南特敕令”（Édit de Nantes）的音譯。1598 年 4 月 13 日，亨利四世爲結束胡格諾戰争，在南特城頒布敕令，承認法國國内胡格諾教徒的信仰自由，并在法律上享有和公民同等的權利。然據法文本原文“la révocation de l'Édit de Nantes”，此應當指 1685 年 10 月 18 日路易十四頒布“楓丹白露敕令”（Édit de Fontainebleau），廢除“南特敕令”，用暴力手段强迫新教徒皈依天主教。

⑤ “大高納”，即龍騎兵（Dragonnades）。這裏指法國國王路易十四利用龍騎兵騷擾和迫害新教徒。

⑥ “耶蘇”，即耶穌。

（覺意謂上帝之意示人）與“聖經”爲本。畧謂。“上帝以六日造世界。第七日休息。（此禮拜陋俗之遺傳也）先分晝夜。更造太陽。又次造人。至女人則以男人之髀骨所改造。（此男女不平等之所藉口也。）以人之第一對偶。置于科學樹下。其果永爲上帝所有。此二人食其果。其目開見露體。上帝怒其喜事、多情。罰降生于世。受人生之苦。（此所謂苦行無罪。喜事多情者受罰。乃刑法之所本。亦賞罰之説也。）地爲苦海。不可久留。惟宜時時祈禱上帝之靈佑。耶蘇[①]無父之子。遺降世。死于苦行。無妻無子。以爲人法。（此宗教家不近女之意也。）”

總之、宗教之大意。一曰好死惡生。謂靈魂不朽。遂有造福身後之説。貧困者懷知命之意。乃減其權利之心。此强者所以利用之也。（權利謂應得之權利非權利之侵凌）

二曰處女修節。是賤視女子。減[②]絶愛情。以成其柔順服從之性。此男子之所以利用之也。

三曰清操爲人生上德。由是安分守己之説生。此亦强者之所以利用弱者也。

總之、宗教者。反背社會人情。與科學真理。故吾輩當力圖革除之也。

宗教愚謬之非。今人多知之。不待詳道。然恒不能定其確切之性質。遂易誤會以他事。其誤會者。畧可别爲二端。

（一）謂“西教與儒教不同”。實則二教同原而異形也。

---

① “耶蘇”，有脱文，《新世紀》本下有“爲”字。
② “減”，有誤，《叢刻》本、《新世紀》本作“滅”。本書“校誤表”（以下簡稱“校誤表”）云：“‘滅’誤作‘減’。”

（甲）西教儒教同本于迷信。〇西教言上帝。儒教不言上帝而言天命。故西教于形式上較儒教尤爲愚陋。然儒教亦非能脱于迷信者也。故信河圖洛書[①]之覊。行五嶽三川之祀[②]。麟鳳之祥[③]。大人之跡[④]等異説。亦皆見之于諸經。更如祖宗迷信。亦自儒教演來。惡俗遺傳。後世尤盛。其所以愚民惑世。較之西教。殆有甚焉。由此可斷言曰。西教儒教之原。不外乎迷信也。

（乙）西教儒教皆政府之輔助具。〇作者曾謂宗教永爲政府之輔助具。誠哉斯言。西國帝王無不崇宗教者。及今猶然。觀俄皇德皇解散議院之詔。皆首稱“上帝祐我皇家……”儒教以天子名帝王。奉古帝王爲聖。後世因緣之。凡帝王皆以聖爲號。且儒教尊王敬上。至于極點。無可争議。此皆宗教爲政府輔助之具。及西教儒教同爲强者所利用以侮弱者之明證也。

（丙）西教儒教同以安貧守分爲良。〇西教儒教皆獎勵安貧守分。以“知命”爲解决之方法。此所以使人退讓于强者之前。而成此社會不平之秩序也。

（丁）西教儒教同賤女子絶愛情。〇西教尚處女。儒教尚貞潔。“牝

① “河圖洛書”，是由圈、點、綫組成的兩組神秘符號。《易・繫辭上》稱：“河出圖，洛出書，聖人則之。”西漢劉歆以爲河圖即八卦，洛書即《尚書・洪範》，認爲“河圖、洛書，相爲經緯”。漢代緯書有《河圖》九篇，《洛書》六篇。後世又多所附會。

② “行五嶽三川之祀”，五岳，《爾雅・釋山》云：“泰山爲東岳，華山爲西岳，霍山爲南岳，恒山爲北岳，嵩山爲中岳。”三川，《國語・周語上》：“幽王二年，西周三川皆震。”韋昭注：“涇、渭、洛。”《周禮・大宗伯》：“以血祭祭社稷、五祀、五岳。”

③ “麟鳳之祥”，《公羊・哀公十四年傳》：“春，西狩獲麟……麟者仁獸也，有王者則至，無王者則不至。”又云：“西狩獲麟，孔子曰：‘吾道窮矣！’”《詩經・大雅・卷阿》：“鳳皇於飛。”毛傳：“鳳皇，靈鳥，仁瑞也。”王充《論衡・講瑞》云：“夫鳳皇，鳥之聖者也；騏驎，獸之聖者也。”

④ “大人之跡”，周人稱其始祖姜嫄履大人迹，無父而生子。《詩經・大雅・生民》：“厥初生民，時維姜嫄。生民如何？克禋克祀，以弗無子。履帝武敏歆，攸介攸止，載震載夙，載生載育。”王符《潛夫論・五德志》云：“大人迹出雷澤，華胥履之生伏羲。”又云：“後嗣姜嫄，履大人迹，生姬弃。”

雞無晨[①]。”“男女受授不親[②]。”亦皆儒者之言。此亦二教恃强欺弱。用意所同之明證也。

由以上數端之比較。而知西教儒教之爲患社會者略同。支那之人。其勿復懷“國粹”以張美其儒教于社會矣。亦勿誤于“求新”以羨美西教矣。蓋二教皆爲進化之阻力。同宜革除者也。

（二）或曰。無政府主義。亦宗教之流也。是未深考其性質。因無政府主義。與宗教雖有貌似之時。而其原迥異也。故不得謂爲同流。

（甲）宗教信神道。　無政府尚科學。（無神）

（乙）宗教輔政府。　無政府敵政府。

（丙）宗教主安貧守分。　無政府以平等爲原理以衝突爲作用。

（丁）宗教輕女子。　無政府主男女平等。

由以上數端觀之。二者之異。固不待辨矣。

或曰。宗教尚慈善。無政府亦尚慈善。此二者所同也。

實則不同。宗教尚慈善者。一時一事之慈善也。如善堂是矣。無政府不尚一時一事之慈善。而尚全體永遠之改良進化。如社會革命是矣。故宗教之善。爲姑息之仁。無政府求進化之道也。

宗教家有主不食肉者。無政府黨亦有主不食肉者。宗教家之所以不食肉。爲積福。是迷信也。無政府黨之主不食肉。求合于衛生。或衛己生。或衛被食者之生。此科學之公理也。

宗教主無家。無政府亦主無家。宗教之主無家。爲苦行。乃迷信也。無政府之主無家。而不主獨處。爲幸福爲個人之自由也。乃科學之公理也。

---

① “牝雞無晨”，語出《尚書・牧誓》：“古人有言曰：‘牝雞無晨。牝雞之晨，惟家之索。’”

② “男女受授不親”，語出《禮記・坊記》：“故男女授受不親。”《孟子・離婁上》云：“男女授受不親，禮也。嫂溺援之以手者，權也。”

由以上數端。而見宗教與無政府。雖有表面相似處。而其實絶相反對。因宗教。乃僞德之迷信。無政府乃科學之真理也。（無政府三字。乃無政府黨之一性耳。遂以之爲名。以免混淆之弊。實則無政府黨。即求進化者也。即求較是者也。此即科學惟一之目的。故無政府主義不離于科學而已。）

（第一編之五） 官吏法律

官吏法律。亦政府之輔助具。左右軍教。以行政治之强權。而衛富貴者之資産者也。

官吏法律之職務。即助資本家壓制工人。助男人壓制女子。助父兄壓制子弟。一言以蔽之曰。助强凌弱而已。

託名法律。懲罰革命者。謂爲大逆不道。託名法律。以酷刑加之于貧困無依之民。名之曰。懲誡賊盜。保全治安。託名法律。侵侮婦女自由之愛情。謂之懲誡淫行。維持風化。託名法律。禁錮人子。謂之懲罰忤逆。

如有虐待其子者。吏其[①]置之而不過問也。

如有殺其妻者。諒其憤恥之心而赦之也。（支那有夫執奸殺二人者。官吏且奬以花紅。如妻殺夫。則受淩遲之罪。不平等之野蠻。孰甚于斯。）大經濟家傾害之人。常以千萬計。則不以盜論。偶或犯法。終必得而解脱也。帝王憑其喜怒。玩生殺。興戰争。以萬民之血。易一己之名。于是時則無懲暴誡殺之法。反有頌功紀德之臣矣。

由此觀之。而知今之所謂文明法典。不外以强欺弱而已。故法律者無益有損之物也。

---

① “吏其”，有誤，《新世紀》本、《叢刻》本作“官吏”。“校誤表”云：“‘官吏’誤作‘吏其’。”

夫世界行星之吸引。不賴白紙黑字之法律爲之。吾人亦獨一之自治之物。飢而食。渴而飲。亦何待法律干預乎。

法律主賞罰。其大失也。人之生無善無惡。人之行爲。非其所自能。乃遺傳性習慣性使之然也。故凡盗賊殺人者流。未有出自心願。皆他故有以成之。今社會中之暴行。皆爲不正當之社會所致。若非由于教育失當。即由于生計困苦。由此益可見法律之無益而且有害也。

支那之刑法最嚴。殺掠者較各國爲多。然社會人[①]敗德醜態更甚。此非刑法無益有害之明證乎。

賴科學明[②]人于世間之真象。不容一毫主宰迷信之説存。人之所以改良人格以致幸福者。惟自由陶汰、完美教育、工作、安樂。數端而已。此科學真理之方針。而官吏法律之末日也。

官吏法律之惡。與軍備宗教同等。此三者。必爲社會革命之風潮。同掃而去之矣。

（第一編之六） 巡警

政府之强權。成之于以上三者。自無疑議。殺人以兵。愚人以宗教。制人以法律。然于此三者之外。豈遂無他物以黏合之。如起牆者之以土漿[③]黏合瓦石乎。有之有之。所以黏合兵、宗教、法律。而築政府者。則巡警是矣。巡警名爲保全社會治安。實則擾亂之者也。蓋巡警之所保護者。皆富紳。所防害者。爲平民。是不外保少數之人以欺多數。保强者以欺弱者。

① “然社會人”，有誤，《叢刻》本作“社會之”，《新世紀》本作“然社會之”。“校誤表”云：“‘然’字衍。‘之’誤作‘人’。”

② “科學明”，有誤，《叢刻》本作“科學發明”。“校誤表”云：“‘學’下脱‘日’字。”

③ “漿”，有誤，《新世紀》本作“漿”。

然社會乃衆人之社會。而非彼富紳獨有之社會。而巡警所保衛者惟富紳。其非擾亂社會而何哉。

昔支那本無巡警。而有差役。此二者。名式不同。而用意一也。昔人多知差役之惡。知道者惡而鄙之。積久相沿。謂爲賤役。夫人有善惡而無貴賤。賤役固不正當之名稱也。雖然、由此亦可以表見知道者對于此班爲惡之差役之觀念矣。

今與他國交通。不計是非善惡。事事效颦。派學生習巡警。設警務學堂。建立警部。諸事踵起。今之巡警。較昔之差役。表面之儀式。或稍文明。而所以保强欺弱。更有甚焉。昔之以讀書明理自居者。皆不肯爲差役。是尚有善惡是非之心。今則皇皇然爲巡捕學生。爲巡捕頭。爲巡捕總長矣。嗚呼、謬矣。

難者曰。昔人不肯爲兵丁差役。于是不肖之徒乃爲之。此其事之所以廢墮。今士大夫肯自爲之。乃進步也。

答曰。吾輩宜先定巡警之是非。而後論其爲進步退步。即以警部而論。人人皆識其發起之原。即吴樾[①]炸裂彈是也。是警部與吴樾事爲正敵。故凡與警部同類之事。（一切警務）皆與吴樾同類之事（革命等事）爲正敵。簡言之巡吏乃政府之作用。自爲革命之正敵無疑。然政府以保少數人之權利者。革命乃求多數人之幸福者。故巡吏爲保强權以欺人。由此益明矣。若不求公理與革命。而惟私利是圖者。贊成捕務。乃情理

① “吴樾”，吴樾（1878—1905），字孟俠，又作夢霞，安徽桐城人，光復會會員。光緒二十八年（1902）就讀於保定高等學堂。1905 年，清政府派紹英、載澤、端方、戴鴻慈、徐世昌五大臣出洋考察憲政，預備立憲。吴樾於 9 月 24 日在北京車站因以炸彈暗殺五大臣而犧牲。著有《暗殺時代》。

之自然。而知道之革命黨。則未有非巡吏之仇敵也。

自此觀之。則巡警之確性。與對待之之法。可斷定之曰。

（一）巡吏保全社會不平之劣秩序。與革命爲仇。

（二）革命求掃除一切社會不平之劣秩序。故宜掃除巡吏。

巡吏供强者之使役。爲之鷹犬。殘賊吾民者也。巡吏製造僞案。以誣無辜者也。（巡吏恒造僞詞。取僞證。以自圓其說。故作者云云。）巡吏傾詐商家者也。巡吏陷害革命者也。巡吏迫困者于死者也。巡吏欺貧民凌婦女者也。嗚呼巡吏。嗚呼巡吏。吾革命者。焉得不傾覆汝乎。

以上所舉巡警諸惡。無日無之。人所共識。不待詳述。玆記譯者所聞見之數事。再以表其態耳。

（一）俄無政府黨克若泡特金近居英。仍暗中與俄之黨人通消息。鼓吹革命。俄政府時欲得而甘心。惟患鞭長莫及。

前數載[①]有一病老之俄人。至克氏家。自稱爲革命黨。謂俄巡吏正捕拿之。且病老無依。乞克氏暫爲留宿。克氏允之。此人有肺病。且言且欬。于克氏面前呼息。克氏曰。吾輩對語時。宜少遠。此衛生所關。同志當可見恕。此人去後。克氏乃得友書。謂有某人者。爲偵探所使。宜留意。蓋巡吏既不能直得克氏。乃欲以危險之疾。傳染克氏。而暗殺之。噫偵探之陰險。有出人情之外者。此其一証也。其餘種種偵探之惡歷史。不勝書矣。

（二）一日在巴黎甬道上。見羣人圍立集觀。余亦往視之。一人臥于地。巡捕詰以何故。伊答曰。因病不能作工。數日未食。飢不能行。

① “數載”，《新世紀》本作“二載”。

巡捕曰。汝一青年。稍有病。何足爲患。汝知巴黎向未有餓死者乎。如有餓死者。乃其自取也。言畢冷笑而去。旁觀之人。集資與之。

（三）西歷七月十四日。法國大操之日[①]也。是日適與友人遊於近操場之林中。于某路中遇巡吏。阻不使過。因總統將行其路也。

由以上數事。比較觀之。乃知巡吏之功用矣。

第二編之一[②]　困苦與迷信

今雖科學大進。藝術改良。而女子與工人。仍多不脱于迷信。迷信者。實不平等不公道之所自來也。

女子與工人之迷信思想。來自愚惑。而爲男子及强者所利用以欺之也。儒教以“女子小人”爲賤[③]。西教亦然。“愚黔首”“女無才”。皆爲强者使弱者迷信之手段。此亦女子與工人之迷信者所以多于男子與富貴者之故。女子恒曰。“不知前生做了何等壞事。今生罰我作女子。”工人亦云。“不知我前生做了何等壞事。今生罰我作苦工。”此無他。即“安貧”“聽命”之説耳。

至科學公理則反是。即人人平等。故遇有不平等者。則必改革。即革命也。

總之。迷信即勸人安貧聽命。使人勿革命也。公理乃表明安貧聽命之非。而尚人人平等。故必賴革命以達其目的也。

夫生計與思想。二者相乘相因。互相導率。無有先後。然迷信思想。固

---

① “大操之日”，“大操”，即閲兵。此處指1907年7月14日法國的國慶閲兵活動。

② “第二編之一”，《叢刻》本有括號，爲“（第二編之一）”，與前格式相同。下各編序號同此，不復注。

③ “以‘女子小人’爲賤”，《論語·陽貨》：“子曰：‘唯女子與小人爲難養也，近之則不孫，遠之則怨。’”

生等級不平觀念之一大原因也。

就普通言之。貧者愈愚。愚者愈貧。二者相乘。而爲困苦。富者愈智。智者愈富。二者相乘。而爲安樂。困苦者服從。安樂者尊榮。由此而別爲上下之等級。

從古昔推而言之。其初之貧者。乃生于不良之地者。于是體力聰明之發展較不善。遂爲愚者。然此非愚者之過。謂之爲賤。非公也。其初之富者。乃生于良地者。于是體力聰明發展較善。遂爲智者。然此非智者之能。謂之爲貴。非公也。

從今日言之。生于貧家者。不得受教育。而爲愚者貧者。生于富家者。得受教育。而爲智者。其愚智固非本質然也。一則困苦。一則安樂。不公之至也。

然間有生于不良之地。不富之家者。而能以聰明勝。卒爲智者而享安樂。以聰明勝者。即去迷信也。迷信去。而困苦亦去。故此二者實相表裏者也。

世界中困苦不平等不公道之度數。實與世界中人迷信之程度爲比例。而革命風潮進步。亦與迷信思想退步爲比例。故困苦與迷信之關係。實社會革命中之緊要問題也。

女子産生人類。工作者改良人事。斯二者於社會中何等重要。而反爲宗教之所輕侮。相緣而成今日不平之劣秩序。此固迷信之過。然由此益足張明斯二者之功用。以激促革命之風潮也。

昔蒙于迷信。弱者被侮。“女子小人”爲人奴隸。今則社會革命將至之時代矣。凡知公理者。皆大呼曰。“宗教革命。”“男女革命。”“貧富革命。”此亦足以爲社會進化之徵矣。

第二編之二　資本家之集權

勤工作而享安樂。乃至理也。今則反是。作工者應得自主。而反爲人奴。觀資本家與工作者知之矣。

鄉人耕作辛勞。所得不足償其苦。（不耕不作者坐享其利。）礦工時時不免殺身之險。而所得之利尤微。土木工登高犯險。建得華美宫室。以奉富者之安居。不但是也。各種行業之所獲。恒與其應用之大小爲反比。如造人生日用之器者。終日工作辛勞。所得數百文耳。歌妓一博富者之歡心。一夕而得千金不難也。此種種不平之事。孰非私産爲之媒乎。

今資本家主義。即集資財、田産、機械于少數人之手。昔之壟斷爲遠源。大資本家愈中集。小資本家益消滅。勢如江河日下。無所底止。工民累積困苦。勢不可常。資本主義固造大私産之原。然共産主義抵禦之法。亦因之而生矣。

共産革命。乃二十世紀必不得免者也。其故有三。

（一）因資本主[1]以聚斂爲務。而農民工人皆易爲無恒産之民。此即所以助成革命之人也。

孟子曰“無恒産而有恒心者惟士爲能[2]”。此語所謂之“無恒産者”。即非資本家也。“有恒心者。”即守僞道德之人也。“士者。”即少數之腐敗者也。從此意而解釋之。則其詞如下。“非資本家而守僞道德（如不肯革命者是也）者。惟少數之腐敗人爲能。”簡言之。即“非資本家而肯不革命者鮮矣。”故資本家之集權。正減少資本家之數也。是資本家與革命黨之數目。適成反比例。故資本中集之進步。亦即社會

① “資本主”，有誤，《新世紀》本作“資本主義”。
② “無恒産而有恒心者惟士爲能”，語出《孟子・梁惠王上》：“無恒産而有恒心者，惟士爲能。若民，則無恒産，因無恒心。苟無恒心，放闢、邪侈無不爲已。及陷於罪，然後從而刑之，是罔民也。”

革命風潮進步之表證。此不可逃之天演①。故作者以資本主義膨脹。爲共産革命之一因。

以上乃就普通人而言。乃就現在經濟之事勢而言。即有資本者不革命。無資本者革命。有資本者多。則無資本者受壓制。無資本者多。則有資本者傾覆矣。若知道之革命者。及公理發達之時代。則雖有資本者亦革命矣。是不計利害。而計是非者也。此更革命者之最光明者也。舉數事以實之。

（一）法國有“納禹居人”②者。大富翁也。恒以巨資助革命黨。法政府懼其釀事。而又無實據得以處之。于本年五月工黨示威之期前。政府派員看守之。防與革命黨以巨資。

（二）西班牙有佛瑞③者。無政府黨也。其家巨富。恒以運動革命爲事。因刺西王案④株連。入禁二載。今已解釋。佛氏助行公益如故。

如此類者。各地皆有之。此固革命黨之特色也。

（二）今歐美所産之食品及製造諸物。供人類享受之外。尚餘兩倍。故今之貧困。非寡之爲患。乃不均之爲患。此共産之革命。所⑤不容已也。

在歐洲諸君。人人皆識得幾家大商店。如巴黎之“朋賣手”（Bon Marche）⑥其一也。此等大店中。各種衣物。累積如山。不知用何等妙法消售。諸君之閱報。亦常見報中載某日巴黎或倫敦或……。凍死者若干。其餘各事。在今之社會中。亦未有不如此者。于此等事一爲思量。未有不

---

① “天演”，語出赫胥黎著、嚴復譯的《天演論》，此處指適者生存、優勝劣汰的進化規律。

② “納禹居人”，不詳。

③ “佛瑞”，即弗蘭西斯科·費雷爾·瓜爾迪亞（Francisco Ferrer Guardia，1859—1909），西班牙啓蒙運動家、教育家。1901年在西班牙開辦“現代學校”（Escuela Moderna），後從事無政府主義工團運動。1909年西班牙加泰羅尼亞工人暴動後被捕，同年遇害。

④ “刺西王案”，即1906年西班牙國王阿方索十三世（Alfonso XIII，1886—1941）大婚時遭遇刺殺一事，弗蘭西斯科·費雷爾·瓜爾迪亞因被懷疑爲主謀者而被捕，不久獲釋。

⑤ “所”，有誤，應爲“所以”。“校誤表”云：“‘所’下脱‘以’字。”

⑥ “‘朋賣手’（Bon Marche）”，即波馬舍（Le Bon Marché），法國首家大百貨公司，位於巴黎七區色佛爾（Sèvres）街，1838年建成。

解社會革命之要者矣。

支那出産。雖不如他國豐富。然亦足供民生所需。現在之實事則不然。每一黄河決流。死者無數。平日之凍餒者亦不知凡幾。然那班民賊。由皇帝大臣以及縣官。每日所費。由數萬金。至數千金。數百金。數十金。最少至數金。所爲何事。不過病民而已。未曾出洋諸君于此等事思量一番亦未有不解社會革命者矣。（所謂共和國何獨不然）

（三）工藝日漸改良。機械日益精善。每人每日三四點鐘之工作。必足供大衆之所需。此即社會革命之要義。今資本主義雖日進。而不能免此最利于革命之工藝之改良。而且助之。此亦社會革命不得免之明證矣。

于此科學日明。公理顯箸之時代。革命膨脹。固無以禦之。資本家每一營作。必得巨欵。欣然自得。殊不知已爲其正敵之革命代勞矣。雖然。若社會革命已行後。各種工藝。更必勝于今矣。

資本之中集。自亦隨地而異。英美最甚。德[①]較遜。俄乃初興而效之者。

小商與大資本家之消長一覽表

美	一八九九年	壟斷大商	三百五十三
英	一八四四年	銀行	由二〇一減至三八
德	一八七一年 一八七五年	礦廠	由六二一減至四〇六
比	一八五〇年 一八九〇年	鐵廠	一八〇減至六二
法	一八四九年 一八八二年	倒帳[②]	二一一七二[③] 四一一六[④]

右表可畧表明大資本家逐時增進之狀。大資本家集權之甚。以美爲最。故經濟界之破敗決裂亦必始于其地也。于此競争之中。大商日以自肥。小商

① “德”，有誤，《新世紀》本作“德、法”。
② “倒帳”，即倒閉。
③ “二一一七二”，有誤，《新世紀》本作“一二一七”。
④ “四一一六”，有誤，《新世紀》本作“二四一一六”。

日見消滅。于商界中固若大病。然就吾社會革命者觀之。則有若以毒攻毒。經濟界困難愈增。是正所以催激革命之風潮。以使達于共産之目的也。

經濟之困難。實社會革命之要因。而所以致經濟之困難者。則大資本家之集權。謬誤者不察其本。顛到[①]是非。如支那人。見西人商業而羨慕之。亟亟欲以資本主義。傳入内國。若其爲自肥計也。則無足異。最可怪者。即以資本主義。目爲救世之方法者也。

難者曰。今工業大進。非巨資不足以舉行。若因資本家之惡。遂不用工蓺新法。豈非因噎廢食乎。

答者曰非也非也。吾社會革命者乃主張改良工藝。合力大作。而所攻擊者爲以大宗工業聚于數人之手。彼資本家之大工業以供少數人者也。吾輩所謂之大工業。以衆人所産。供諸衆人者也。

今歐美經濟界之失序。幾達極點。不久必有大改革。即社會革命也。其端倪已露。請即舉近事以言之。

（一）數月以來。德國物價騰貴。民不堪命。煩科重税其一因也。

（二）法國擬設利息入欵税。資本家思避此税。往往移其産業于他國。法國經濟亦頗受影響。法國之所以增此税者。因將以之爲工人養老費。所以增工人養老費者。欲以解散革命之風潮。總之革命由于民困。假爲解脱民困。必須變法。欲變法。必須籌欵。此數者循環無端。不至革命不已。此各國之通情也。

（三）美國因帋幣多于現錢。經濟困難。銀行與壟斷大商多傾覆者。因而工廠停閉。工人賦閑者頗多。

有法人欲避税。移其存欵于美者。無何。遇美銀行倒閉事。盡失其欵。當社會革命將至時。各地經濟界必同受影響。凡富者無一不如此法

① “顛到”，《新世紀》本作“顛倒”。

人之遇合。是時也。爲經濟困難之極點。社會革命展發之期也。

（第三①編之三） 地之出産與人之工作

于今之社會中。田産工業爲少數人所聚有。多數人因而困苦流離。然豈因田産工業之缺乏使之然乎。非也非也。實措置失當有以致之耳。

有謂“世間無許多幸福。以供全世之人。苦樂不齊。固所前定。”此迷信謬誤之談也。實則地之所産。分取得當。足以供全世人之安樂。“若可侶”②之“農工出産”③言之最明。若氏就各地統計核算。以爲之證。取列如下。

歐美每年物産及每人應得統計表

物産	每年歐美物産	每年每人應得
麥麪麪包	五一。三二四。●●●。●●●	一三九
他種麪包	一二二。四●●。●●●。●●●	三三二
菜菓	一三三。●●●。●●●。●●●	三六一
糖	一。八三八。四二九。●●●	五
肉	一二。四六四。九●八。●●●	三四
乳	五五。四●●。●●●。●●●	一五●
蛋	一。七●一。二五●。●●●	二
魚	三。七●●。●●●。●●●	一●
數總④	三八一。一二八。五八七。●●●	一。●三三

（一）每年歐美物産表。本于由千八七五至千八八二年之統計。

（二）每年每人應得數目。以千八八一年之歐美人口統計。（三六八。六七六。〇〇〇人）照前表分算。

（三）以上數目皆以啓羅格蘭⑤爲本位。每一啓羅格蘭合支那二十六兩。

---

① “第三”，有誤，應爲“第二”。
② “若可侶”，即埃利澤·雷克呂斯（Elisée Reclus，1830—1905），法國地理學家，克魯泡特金好友，無政府共産主義者，主張進化革命論，著有《人與地》《世界新地理》《進化、革命和無政府理想》等。李石曾在巴黎期間，從伯魯·雷克呂斯（Paul Reclus，1858—1941，埃利澤·雷克呂斯的侄子）那裏了解到克魯泡特金的互助論、拉馬克（Jean-Baptiste Lamarck，1744—1829）的生物互助并存論、居約（Jean-Marie Guyau，1854—1888）的自然道德論等，并深受影響。
③ “農工出産”，即埃利澤·雷克呂斯所著 *La Nouvelle Géographie universelle*，*la terre et les hommes*，曾翻譯爲英文，名 *The Earth and Its Inhabitants*，爲近代著名地理學著作。
④ “數總”，有誤，《新世紀》本、《叢刻》本作“總數”。表中“●”代表數字“〇”。
⑤ “啓羅格蘭”，kilogram 的音譯，重量單位，千克。

每人每日所需之食物計一“啓羅格蘭”有奇。每年每人所食計四百七十四“啓羅格蘭”。照前表每人應得之數計之。較增兩倍尤多。表列如下。

（一）歐美每年物産　三八一。一二八。五八七。〇〇〇

（二）歐美每年所食　一七四。七五二。四二四。〇〇〇

（三）餘物　二〇六。三七六。一六三。〇〇〇

由以上諸表。可證明農産所得。必可供人食品之所必需。無疑矣。就工藝製造品言之。亦然。本于千八八六年之統計。歐美諸邦之製造品。共值九七。七二五。〇〇〇。〇〇〇佛郎。

若氏云。工藝品之消耗與農品不同。蓋農品既食。則不復存矣。至工藝品之消耗必以數年計（如衣物等可供數年之用）故此欵當加增計算。方與實情相符。應加之數。姑以三分之二計之。（有過之無不及）其數如下。

（一）製造品所值　九七。七二五。〇〇〇。〇〇〇

（二）應加三分之二　六五。一五〇。〇〇〇。〇〇〇

（三）得數　一六二。八七五。〇〇〇。〇〇〇

然一六二。八七五。〇〇〇。〇〇〇。猶不能爲的確之數。因買者所付之價較所值之價。猶增加數倍。表明如下。

物	本錢	售價
煤	十二佛	五十六十或七十佛
鹽	四十四佛	百五十或二百佛
臘	千七百佛	三千五百或四千佛
肥皂	六百二十佛	千六百或二千佛
衣料	百佛	三百至千佛

由此可斷言曰。物之售價較本錢高至五倍。因而以上所言之一六二。八

七五。〇〇〇。〇〇〇之數遂爲八一四。三七五。〇〇〇。〇〇〇佛矣。

是年（即千八八六）歐美人口係三八七。〇〇〇。〇〇〇。以此數均計之。每應得人[①]二千百四佛。若以近年工藝（更進于前）計之。則每人必不下二千四。五百佛。

此每人之二千餘佛。僅就以上數種商品計算之耳。若合他種商品尤不止此數。況再加以食品。則爲數更多。由此可以表明世界中之物產。不僅足以供世人生命之所必需。且得從容而享安樂也。

于今世界之中。有作者。有不作者。作者無財而被制。不作者有財而制人。作而被制者終困苦。不作而制人者享安樂。社會經濟措置之失當。至此而極矣。

問者曰。君子勞心。小人勞力。若只有工作者而無籌畫者。其勢有所不能。答者曰。不然不然。（一）人性不一。有近于此者。有近于彼者。衆人不但不當爲一種之事。且不能爲一種之事。如于建築中。不能衆皆爲工程師。亦不能皆爲工人。其理必然。雖然。無所謂君子小人。蓋同一重要者也。于將來之社會中。如工程師與工人。自無貴賤之分。則其所得之享受亦同等。作工之時亦畧同。作工長短。自從各人所能。無所限制。所謂畧同。無太過之謂也。今之社會中則不然。作工程師者爲貴。作工人者爲賤。故作工程師者較作工者所得多數千倍。工人每日作工八鐘。工程師每禮拜或作工八鐘。此吾輩所謂“社會失當”者也。並非謂社會中僅應有工人。不應有工程師也。（二）今人以爲工人皆系愚者。而籌畫者皆智。此更大非。工人若生于富家。得受工程師之教育。則亦可爲工程師。若工程師生于貧家。無力爲學。于小學卒

① “每應得人”，有誤，《新世紀》本、《叢刻》本作“每人應得”。

業後。即去作工。便是一工人。故可知工人與工程師本無一定之資格。所受之教育爲最重。于將來之社會中。人人得受平等之教育。人人有閒暇爲學。各以其所欲而從事焉。善畫圖善組織者。（即今之所謂工程師）于此外亦可隨其所欲從事建築製造。未嘗非彼所極樂從事之體操消遣術也。善建築製造之實行者。（即今之所謂工人）亦可隨其所欲而爲繪圖測算之事。此亦未嘗非彼所極樂爲之消遣術也。由此亦見工程師與工人之能力。非有所界限而不能通融。故將來之人。皆是作事人。惟所擇之事不同。而所享受除老幼疾病外。無特異也。此吾輩之所謂“社會得當”者是也。

設衆同作有益于社會之事。每日每人三鐘之工作。必足供衆人之所需。且得華美之觀也。惟今之社會則不然。富者主。貧者奴。此社會革命之所以不可免也。

今之田産器具皆在富紳之手。畏他人生妒而與之争也。遂託名于祖國民政之美名。設兵役官吏。爲之保護。其實、則不過保護富有者之利而已。因此經濟失當。公道敗壞。乃有貧富之等級。富者日以自肥。貧者日趨于窮困。致工人之所得與出産之業爲反比例。美國乃工業最盛之地。而工人所得尚不及其所産十分之二①。意大利每人所産較少。而每人所得者。幾及其所産者二分之一。由此可以證明工人所得與其所産爲反比例。資本家所費與所得亦爲反比例矣。列表以明之。

地名	每人每年作工所得出産之所值（美洋）	每人每年作工之所獲
意	二六五	一三〇
粤②	四〇九	一五〇
瑞	四三三	一五〇

① “十分之二”，有誤，《叢刻》本亦誤作“十分之二”。“校誤表”云：“‘三’誤作‘二’。”
② “粤”，有誤，《叢刻》本改作“奥”。“校誤表”云：“‘奥’誤作‘粤’。”

續表

地名	每人每年作工所得出産之所值（美洋）	每人每年作工之所獲
日	三六四	一二〇
俄	三八一	一二〇
法	五四五	一七五
德	五四五	一五五
比	六四五	一六五
英	七六〇	二〇四
美	一一八八	三四七

由以上表中之數目。可以證明工人所得。與所産爲反比例。不但此也。工人且欲少作。以免貨産膨脹[①]之致缺工作。若于共産社會中。貨産膨脹。乃衆人之利。于今之社會中。則爲工人之害。故今之足以擴張富源之新機械。不伹[②]無裨于工人而且害之。設如工廠中須用五百工人。若改用新機。二百五十人便足。則有二百五十人失業矣。由此而知工藝之改良爲富者之利。貧者之災。故必須有萬國之社會革命。破壞今資本家之劣術。取田産器械而置諸公。以供衆人之需也。

賴工藝改良。出産精速。世界中人應得而享安寧豐富之福。此社會之進化所宜然也。今科學工藝所産之幸福。本足以供世界之衆人。惟被少數人所攘據。而多數人益困苦。此誠現今社會中至黑暗之問題。對于此問題之觀念有三。

（一）重工藝而忽民生者。則惟知擴張工業。取用良機。以求多得。實行之者。則爲資本家。不過圖一己之利。有熱心公益者。亦往往見其一而不見其二。一力鼓吹實業。而其結果仍不過爲少數之資本家盡力耳。今支那之所謂實業家。多此二流也。

① “貨産膨脹”，即産品過剩。
② “伹”，有誤，《新世紀》本、《叢刻》本作“但”。“校誤表”云：“‘但’誤作‘伹’。”

（二）憐貧者之苦而忽科學進化者。因新工藝足以奪貧者[①]利而阻撓之。如支那將興鐵路之際。此輩曰。若鐵路興。則車夫與店家。皆失生計矣。此因噎廢食也。

（三）知社會公理與科學進化者。則求以實業之改良。謀衆人之幸福。即同致力同享受。人人平等。此共産主義也。惟今社會久弊。非經大改革不得達此目的。故必實行社會革命。

由以上三者比較。凡有良心者。皆可別其優劣是非。而定其趨向。諸君諸君。其爲資本家以謀自利乎。其爲守舊者以阻進化乎。其爲社會革命黨以圖改良社會謀衆生之幸福乎。諸君自擇之。

如每人日作工數鐘。所産之物供衣食之外。尚有豐盈。吾已詳言于前矣。况物産既歸公有之後。衆必同心工作。無趨避無競争。則物産之膨脹。更非今日所及料矣。將來革命之景况如何。吾輩固無從預擬。雖然、器物必置諸公有。而無貧富之别矣。

有政府之社會黨。則欲行集産主義。以物産爲國家所有。工人憑其所作之多寡久暫。定其所得。終仍不外乎一不平等之社會而已。

共産主義。則各盡其所能。各取其所需。難者曰如是則不足誡懶者。殊不知人生皆喜動作。固無懶者。各人工作應隨其所欲而不得以力强之。此種自由。蓋亦生理之要。與人之須飲食。須呼息。同一重要也。

且將來共産之社會。絶無物産不足之患。更何懶惰之可憂。由近二世紀之進步觀之。已可畧見。今種種物産。已增五十倍于前。若再行以共産之法。其數更不勝計。"維廉惠"[②]憑統計計算。若每人公同工作。每一日一鐘半之工作。足供衣食及其他項。"亨理伯蒙"[③]于"法蘭西經濟"中亦云一人

① "貧者"，有脱文，《新世紀》本、《叢刻》本下有"之"字。"校誤表"云："'者'下脱'之'字。"
② "維廉惠"，不詳。
③ "亨理伯蒙"，不詳。

作工七日。可供千日之食。“克若泡特金”于“麪包畧取”[①]中以巴黎所在二省（賽江省賽江烏河省[②]）之人口及其田地計算。每人每年作工五十八日。每日五鐘足矣。

總之以科學競勝。人力無不可爲。“那子昂”[③]“貧者不絶”之言。今已失其價值。而平等幸樂之域。將見之于來日矣。

第三編之一　愛情

人類生理中有二力。曰保留。曰演傳。此二力之源。不過飲食男女。即生計與愛情也。

今社會失當。生計與愛情二端。仍皆不脱于野蠻“奴隸”“迷信”之謬誤。

如娼妓之異于正式之夫婦。其權利與其榮辱。皆不可並道。然求其實。正式之妻與娼妓。所異者不過一貧富問題。蓋娼妓者即賣身以養命也。雖然。彼官吏之“爲貧而仕”。又何異于娼妓。乃獨享榮名。

實則官吏固不若娼妓爲正當也。娼妓有損己身。而無害他人。即或因疾而損他人。亦他人欲受其損。而非爲妓者强之。至娼妓取他人資財。亦他人之所情願。至官吏乃損人利己。若他人不欲受其損。且以力强迫之。而今人乃尊崇官吏。而輕侮娼妓。固是非顛倒之極矣。

娼妓爲女子中困苦者。如工人爲男子中之困苦者。一賣身。一賣力。以求苟且之生活。其所以致此者。固非彼之過。而彼得安榮者流。且謬設貴賤

---

① “麪包畧取”，即 *La Conquête du pain*，克魯泡特金著，今譯爲《麵包的征服》。
② “賽江省賽江烏河省”，即塞納省（Seine）與塞納-瓦兹省（Seine-et-Oise）。1968 年，此兩省被撤銷，拆分爲多個省。
③ “那子昂”，不詳。

榮辱之差别。社會不平之事。至此其極矣。

正式配合中。亦有二式。曰一夫多妻。（如支那。土耳其等）。曰一夫一妻。（如泰西各國等）。一夫多妻乃一人得多女以爲己有。一夫一妻則兩相强迫。忠于一人。就表面觀之。似一夫一妻爲正當矣。然亦不然也。無論男女。其愛情不能久而無異。即或有之。亦屬偶然。且愛情乃順乎自然。豈能加以强迫。强迫者。即産業專制之遺風。道德迷信之陋俗也。

結婚與結婚之年。爲父母及法律所限定。亦謬誤之極者也。本于生理之試驗。男女由十八歲至二十歲。皆爲成熟之年。（十三歲生殖器已完。惟體未充足。至十八歲或二十歲乃充壯。交合不損衛生。）拿破倫定律。至二十五歲始得婚姻。其反背生理。侵侮人權。莫甚于此矣。

交合乃兩人之事。固非父母法律所當干涉。而其干涉之故有二。一衛生的問題。二經濟的問題。就衛生而言。乃其成熟之年。便可不干預之矣。而猶干預之者。因有經濟問題在。然有損衛生者。非結婚。乃交合。今雖有此等限制。于未結婚之前。亦固不免交合。是父母法律所謂衛生問題。固不能因此而解決。既不使其結婚。而又不能使生理改變。則青年之子女。遂不能免于交合。若順乎生理而交合。固無所損。而經濟問題。或道德迷信。又生他種問題。一未娶而交合者。謂爲“私通”。爲社會所輕。致損生計。未娶[①]生子。謂爲“私生”。既致輕侮。且累生計。此二者。皆自經濟與迷信中出。因有此等不便。遂興娼妓之風。由此又生兩弊。一女子被侮。二傳染疾病。然則“私通”“私生”。與“侵侮女子”“傳染疾病”。二者孰惡。則必第二端爲實害無疑矣。因

① “未娶”，有脱文，《叢刻》本上有“二”字。

第一端與迷信衝突。而不害于真理公道也。雖其不害真理公道。而不克自由行之者。即經濟不平爲之阻也。第二端之害。人人知之而不能免者。亦爲經濟困難所迫者然也。故欲圖男女平等之實行。能得自由結合之幸福。亦必自經濟革命始也。

就生理言之。男女乃具同等之能力。而其享受之權利則不同。

科學既明。乃知孕卵精蟲。相合爲胎。足見男女並重。不但此也。即就道德與智慧而言。亦然。或謂女子之智慧思想不如男子。此乃無證之言。人之智慧思想。與腦關之大小爲比例。男女之腦畧同。即使其智慧果遜男子。亦不應因此而欺侮之。總之女子就生理心理上言之。未有不若男子者。惟生育之苦。累其經濟。使爲男子之奴隸。故女子之求自由平等。除破除迷信之外。經濟革命其最要也。

（第三編之二） 結婚

男與女二者之功用相值。而其權利不相等。其遇合不自由。此無他。實經濟與僞道德二者之爲患。結婚者。實反背愛情。以害個人之自由。而傷人類之幸福者也。

愛情者。乃出乎自然。互相吸引。而成適宜之産生者也。若無愛情而强合。其生育亦必失當。乃背乎自然之行動。若順乎愛情而交合。則順于自然陶汰之公例矣。

故男女之結合。當純本乎愛情。一旦情絶。則應分離而别爲結合。此不但個人權利之所準。實亦社會公義之所當然也。

愛情、乃純乎生理與心理上的。故全無規章之可守。愛情、亦順乎各人之秉性而異。自無成式之可拘也。自此而知所謂節義貞操。不外乎迷信。而自由交合。乃人生幸福之必須也。

今之謬誤之家庭。醜惡之婚嫁。皆反背情意之具。而强權私産之胚胎也。

婚嫁者。乃以人爲質。其所異于奴隸者幾何。且婚嫁以一時之遇合。而預定終身之事。蓋較奴隸之苦。尤有甚焉。

婚嫁之制。不但有損于兩人。且有損于其子女。反背自然之公例。侵侮男女之人權。今子有三等。曰、公生子。曰、私生子。曰、姦生子。其權利不同。成其惡者。家庭也。

欲求婚嫁歸于正當。無背自然。無害人權。或謂須以愛情爲本。同守終身。理想如斯。而實事不能。千百人中未必得其人也。

今之定親者。多彼此相識甚淺。此不能保全長久相愛之一因。（支那結婚者。多不相識。更當如何。）亦有結婚時兩人相愛甚篤。終乃至于衝突。此亦愛情不長之明證也。今少年結婚者少。實經濟困難使然。因而自由配合多。私生子衆。就統計攷證。而知私生子日增。列左表以明之。

國名	年代	每千中之私生子
法京	一八八七	二六三
	二[①]八九七	二七五
	一九〇〇	二九四
德京	一八七〇	一四二
	一九〇〇	一五三
義[②]京	一八七一	一四三
	一九〇〇	二〇〇
奥[③]京	一八七〇	四一六
	一八八〇	四三五
	一八九〇	四五二
俄京	一八七〇	二五〇
	一八九〇	二七〇

① “二”，有誤，《新世紀》本作“一”。
② “義”，即意大利（Italy）。
③ “奥”，即奥匈帝國。

雖今之僞德迷謬。經濟不平。爲人道之累。而自由配合。固自增進。而行社會之進化。其所以結此果者。有二因。即宗教失敗與女子工作。女子工作。實與男子争立于平等者也。

總之、愛情出乎自然。不待他人之裁制。而今之所謂合于禮法之婚姻。皆利益與産業之問題耳。若去其僞榮僞德之表面。而窺其内容。則知結婚不離乎産業。娼妓等不公平之性質。而與宗教政府爲表裏。故革除所謂合于禮法之結婚。亦社會革命之一端也。

（第三編之三） 家庭與教育

今家庭之組織。非本于人類生理之自然而成。乃本于私産强權而成也。初因女子不能自立自養。男子從而保護之。於是自由平等之誼失。而惟强力父威是用矣。故家庭者。實亦專制政體之胚胎也。

昔之荒陋時代。男者爲一家之長。外以禦侮。内行專制。至埃及羅馬以及中世。家長之勢力猶盛。有罰妻殺子之權。由此而知家庭之組織。實非社會人類之福也。

自法國大革命[①]後。家庭權力乃漸減縮。將來必及于零度而後已。當昔之文明幼稚時代。家庭有輔助婦孺以禦外侮之功用。且爲教育之源。而今則非其時矣。今之時也。匪但家與家之争鬬已絶。而國與國之戰争亦將息。至教育則行之于公共之學校。傳布以舟車機電之交通。故文化日進。舊俗日減。家庭舊制。將易之以社會之通義矣。

家庭于保衛及教育之功用。今已無所用之。而其組織所以及今不絶。尚

① “法國大革命”，指 1789—1794 年爆發的法國資産階級革命運動，以 1789 年 7 月 14 日巴黎人民攻占巴士底獄爲開端。

延殘息者。即婦女經濟困難與教育父母司之之二事所致然也。

必得經濟自立。而後女子乃無仰鼻息于人①。則女子自不受男子之壓制。男女和則聚。不和則離。固無所用其今之家庭矣。本于進化之公例。女子之聰明才力日增。其事業亦漸廣。必有與男子平等之一日。故家庭革命。實社會革命之要端。而人道進化之表證也。

教育亦然。必得教育普及。而後無貴賤之等級。然欲教育普及。必使公而不私。然家庭者。所以私其教育者也。故今之家庭。不但無益于教育。而且害之。雖然。本于進化之公例。教育日趨于公。學校增進。其一證也。故教育普及即所以致家庭革命者矣。

今之家庭。實社會之贅瘤也。凡社會贅瘤。皆有阻于人道之進化。智德之發揚。因其有礙人之自由發展也。家庭所以阻人道發展。因其分門別類。不順乎各人之能力性質。此大背于自然。而家中之父老。多有無教育之能力者。則其子弟因而不能達於其性之所能。即其人有學有識。亦未必善育其子。必爲良師。其富者尚有施教之法。而貧者則惟教其子弟苟且謀生。雖有具特才足以盡力於人道者。亦無從發展。豈不謬哉。今之良才爲家庭教育所毁壞者。蓋不可勝計矣。此皆足以表明家庭之爲累。與社會公共教育之爲急務也。

（結論）

二十世紀之科學發明。經濟更化。實所以致革命之大因。今之革命。非一時一事之顯象。而全社會組織更新之必然也。

撮要言之。

① “人”，有脱文，《新世紀》本作“男人”。

欲實行自由平等。必去宗教政府。以絶迷信。毁軍警法律以覆强權。行共産以均教育而濟公需。罷婚姻以行自由結合。廢家庭以行人類之生長自由。於是共産之主義實行。而自私之法度廢絶。長幼無所侵凌。男女無所避忌。工作各從所適。而無精粗之重輕。是時也。人類乃脱於經濟道德之縛束。乘其自由平等之良基。逐進化之道而日就於光明。

普及革命[1]

民

革命之于社會。猶輪葉之于瀛舟。革命憑公理。而社會進化。輪葉頼路針。而瀛舟前進。其理一也。

乘風破浪。日進夜行。路針所指。無迷失路途。得寸進寸。得尺進尺。風浪平静。則開速度以前進。遇風潮。則乘浪而横行。風潮愈大。進行愈力。永無退縮畏避者。以輪葉旋轉不息。而瀛舟得以直趨長駛。路針指引無誤。而行程得以日新月異。此爲瀛舟進行之方。而于社會之進化亦然。人類之所以有今日者。以自古及今。歷數百萬次大小之革命。有以造之也。革命多而猛。則社會之進化速而大。今之所有者甲。不合于公理也。破壞之而代之以乙。他日乙又不合公理也。又破壞之而更代以丙。由不善而至於較爲善。漸進漸善。而至於較爲盡善。此之謂改良。此之謂進步。

故無革命。則社會無進步。公理昌明。則革命益趨於公正。亦益趨於和平。昔以刀兵。流血成渠而爲革命也。今日僅以言論書報。而成革命。蓋人

---

① 原載《新世紀》第 15、17、18、20、23 號（1907 年 9 月 28 日—11 月 23 日），署名“民”，爲褚民誼所作。今以《新世紀》本校。褚民誼（1884—1946），原名明遺，號重行，浙江吴興人。1903 年赴日本學習政治經濟學，1906 年隨張静江赴法國，與吴稚暉等創辦《世界畫報》《新世紀》周刊。武昌起義後回國，掌理上海同盟會總機關事。1912 年後又兩度赴法，先後與蔡元培等組織華法教育會，與吴稚暉、李石曾創辦里昂中法大學并任副校長。1924 年底回國，任廣東大學教授，後代理校長兼該校醫學院院長等職。1928 年起，在國民政府任職。1938 年 12 月，隨汪精衛逃往越南河内，後在汪僞政權任職。1939 年 7 月，被國民黨中央常務委員會開除黨籍。抗戰勝利後被捕，1946 年被判處死刑并執行槍决。著有《歐游追憶録》《國術源流考》等。

人知公理。舉凡世間一切不合公理者。抗拒而不肯爲也。于是據强權者。不得壓制平民。挾財産者不得奴隸貧人。政府無以施其威福。雖有若無。金錢不能買其安樂。雖多奚益。當兵不願。則軍隊無所成。而戰争自息。法律不受。則賞罰有何效。而束縛自脱。强權掃地。人始各盡其所能。各取其所需。作息自由。享受平等。所謂文明世界者也。今日尚夢想不到。他日至此境。較爲善于今日者。猶歉不盡善也。後之視今。猶今之視昔。以革命不已。則進步無窮也。

革命憑公理。而最不合公理者。强權。故革命者。排强權也。强權最盛者爲政府。故排强權者。傾覆政府也。然傾覆政府。非得大多數之承認之贊成不可。今猶非其時也。蓋不知公理。拘于道德。迷于利禄。溺于功名。怵于禍患者。居多數。大半助强權者損人以利己。以致釀成此不公平之社會。故今世紀之革命。尚不爲平和。政府恃軍備。以利鎗快砲。保其强權。主革命者。何能見之于疆埸。私運軍火則嚴禁。隱練軍隊則干涉。欲大起革命軍以傾覆政府者。今猶非其時矣。無已。普及革命使大多數承認之贊成之。則强權不待排而掃地矣。

公理顯明。始知革命必要。爲社會之進化。承認之贊成之者多。則實行甚易。而進步殊速。故革命之出于一人或少數人也。則危險大。而進步遲。蓋大多數人不知革命爲必要。而反對之。于是殺人如麻。徒生擾亂者。是之謂易姓改朝之革命。革命之出于較多數人或多數人也。則危險較小。而進步較速。蓋反對之者少。成之于多數人之意。尤不難也。是之謂政治革命。至于革命之出于大多數人或全體也。則平和而進步速。蓋無反對者。舉凡一切憑衆意規畫。合公理則行。不合公理則去。是之謂社會革命。行社會革命。舍普及末由。

普及革命之方法。

（一）主義之傳達。

（二）論理之鼓吹①。

傳達鼓吹之目的

反對一方面

對於政府——（甲）反對軍備
（乙）反對法律
（丙）反對賦税

對于資本家——（丁）反對財産

對于社會——（戊）反對宗教

實行一方面

對于政府——（己）實行暗殺

對於資本家——（庚）實行罷工

對於社會——（辛）實行博愛。

（甲）反對軍備〇政府所賴以保其强權者。以有軍備。故得恣其欲。平民無寸鐵。祇任其所爲。所謂弱肉强食者是。道德也。法律也。宗教也。無非爲利於强權者而設。昔日政府之無道。尚能反抗而傾覆之。今也。諺所謂“後膛鎗出。而革命軍絶”。彼强權者。恃軍備以自固。耀武於外。揚威於内。豈不曰。天下莫予毒者②哉。故欲傾覆政府。而先摧其堅者。莫如反對軍備。使一般無知識受欺於强權者。明公理。知軍備徒犧牲平民之財命。以保强權者之私産私利。且人類無故自相殘殺。爲不近人道之至。曉然於此者。自不願爲此。一人如是。人人皆然。則政府所有之軍備罷散矣。政府之

① “論理之鼓吹”，“論理”，有誤，“校誤表”云：“‘理論’倒作‘論理’。”“理論之鼓吹”，《新世紀》本作“以演説爲鼓吹”。

② “天下莫予毒者”，語出《左傳·僖公二十八年》：“及連穀而死，晋侯聞之而後喜可知也，曰：‘莫余毒也已！’”

軍備罷散。如猛獸之失其瓜牙[①]。革命軍不起。而政府已傾覆矣。不然。彼强權者。所恃之軍備。而我亦主張之擴興之。雖不爲自私自利争地奪地之用。欲以之誅除人道之敵。冀收兵一用而永弭之効。然試問所以爲人道之敵者。以有軍備而保其强權也。彼以之反對革命。蹂躪人民。而我反主張之。擴興之。欲使其誅除人道之敵。非平日普及革命。辨明公理。有以運動之何能于出征司令之際。使其反戈哉。既平日普及革命辨明公理以運動之。何徒多此主張與擴興軍備之一舉哉。直反對之。使强權者。無所恃。以自固可也。苟主張之擴興之甚烈。而忽于普及革命。輕于辨明公理。一旦惑於是非。而迷於利禄。逼於境遇。爲强權者所利用。猶殺人而授人以柄。其危險爲何如耶。世嘗有捐官欲得兵權而後革命。然往往官不大。而官氣甚深。相處於腐敗官場之中既久。而忘其所爲者。有之。或稍有兵權。而無機可乘。平時不得運動於軍營。一時不能宣告。欲宣告而應之者不多。反敗其事。顧此失彼。牽制執肘[②]。終難得成。故主張與擴興軍備[③]而欲誅除人道之敵者。適類於捐官而欲得兵權以革命也。

野心勃勃。欲主張與擴興軍備。謀報復雪耻。以圖執世界之牛耳於將來者。尤背道悖理不堪。嗚呼。掩耳盗鈴。冒公行私者。吾不知如何與彼分辨也。其亦憶“以暴易暴”之言乎。可以恍然自明矣。

故反對軍備。非惟能摧政府之堅。而亦免人類争戰之慘殺。實爲維持人道之舉也。

（乙）反對法律〇政府既以軍備爲保障。以禁壓一般人之勇于抵抗者。

---

① “瓜牙”，有誤，《新世紀》本作“爪牙”。
② “執肘”，有誤，應爲“掣肘”。
③ “主張與擴興軍備”，指主張軍備與擴興軍備。下同。

而又以法律爲護符。以束縛[①]一般人之敢於反對者。專制政體。固無一定法律也。憑獨夫民賊之私意。以爲是則是。非則非。有敢犯逆之者。不斥之曰。犯上作亂。則罵之曰。大逆不道。從之則免。犯之則罪。順之則生。逆之則死。而無數之貪官汚吏。從而逸法作敝。暴虐人民。不遺餘力。其無人道極矣。就歐美日本之立憲共和國而論。其法律千條萬緒。皆爲少數人之有權（强權）勢（錢勢）者設法。而大多數人之利益罕及也。昔以科學不發達。公理爲虚僞道德宗教迷信所蒙蔽。平民不知强權者之狡計。甘爲牛馬爲奴隸。而不敢抵抗。今也。科學發明。公理顯著。個人自由。應求完全無缺。豈容有所謂法律者而侵犯之哉。故反對之。非惟反對之。且消滅之。蓋有法律。無論如何公平。出之于多數人。終不能完全個人自由。且終不能合公理。利于少數人或多數人。不利于全社會。（如利于全社會則不必有法律）合公理于昨日。而不合于今日。合公理於今日。而又不合于明日。欲定一法律。而相守以數百年數千年者。閉關自守之老大帝國則可。而今不能也。故反對法律者。實爲求個人自由之完全無缺也。

"不自由毋甯死[②]。"人之所以爲人者。以有自由也。無自由而束縛于人者。牛馬不若也。故有侵犯我之自由者。我必出死力以爭之。我雖死而自由不死。故曰。不自由母[③]甯死。法律者。束縛人者也。侵犯人之自由者也。惟其束縛人。不合公理也。故反對之。使强權者無所掩飾以欺人愚人。而我得脱束膊[④]。以伸我之自由。惟其侵犯人之自由。不合公理也。故消滅之。

① "束縛"，有誤，《新世紀》本作"束縛"。下同。
② "不自由毋甯死"，帕特里克・亨利（Patrick Henry，1736—1799）1775 年 3 月 23 日在殖民地弗吉尼亞州議會演講中的最後一句：Give me liberty or give me death. 爲無政府主義者廣泛引用。
③ "母"，有誤，《新世紀》本作"毋"。
④ "束膊"，有誤，應爲"束縛"。

使强權者無所憑藉以束縛人。而我得伸自由。以求其完全無缺。

（丙）反對賦税〇欲舉辦地方上公共事業。則必籌集一公共之欵。于是賦税爲常年所集之欵。橋梁街道之建築及修理。以及不測水旱之災。可不必臨時催捐。政府納之而爲民代理耳。此賦税之本義也。社會之組織不發達。則賦税之本義尚矣。然强權者納之。視爲己之私産。專制國所謂普天之下。莫非皇土[①]。剥削民脂民膏。徒事淫逸奢侈。不顧民情。固無論矣。立憲國。共和國。亦何獨不然。公共事業。雖不置之罔聞。然軍備則出全力以修之。争戰則亂擲國債券以成之。又恐人民之疑之也。故托空言以掩飾之。曰。“對於國之義務。”又以激勵之。曰。“兵强則國盛。兵弱則國衰。盛則榮而存。衰則辱而亡。亡則我等爲他國奴隸。而困苦不堪矣。”人民不察。以爲是我等之義務也。當罄囊以捐助之。是我等之盛衰榮辱存亡之之[②]所繫也。當奮身以犠牲之。故敢于戰死。視爲美德。甚而至于封爲軍神。其奮躍可謂極矣。殊不知此爲少數獨據强權者之自爲計也。彼等享受無上之尊榮。固不願一日失之也。使不掩飾不激勵人民以犠牲其財命。則己將必爲他强國所侮或亡。侮則己之尊榮减。（保全國體者鑒之）亡則己之尊榮失。與平民無異。（愛國者鑒之）故國亡爲奴隸困苦不堪之説。爲彼等自己着想。人民之爲奴隸如故。困苦之增减。雖或時有差。要之爲奴隸而受困苦一也。使無政府之患失其尊榮。以鼓吹其自私自利之祖國主義軍國主義于人民。則兩交戰國之民之感情。何頓異如此。平時雖無争戰。何亦懷薄意以向他國人如彼。利己害人仇外排外之原因。均由是生。嗚呼。政府。實敗壞人心。擾亂和平者也。人民出

① “普天之下。莫非皇土”，語出《詩經·小雅·北山》：“溥天之下，莫非王土；率土之濱，莫非王臣。”

② “之之”，有誤，《新世紀》本作“之”。

血汗所得之金錢。以納賦税。而政府以之堅保障。固護符。其不合公理而阻社會之進化也極矣。今不反對賦税。政府之保障愈堅。護符愈固。而平民愈困苦愈薄弱矣。故反對賦税。即間接反對軍備與法律也。

政府無賦税。不能成軍備。無軍備。不能行法律。無法律。不能收賦税。三者相乘而爲政府。故欲傾覆政府者。非反對此三者不可。

無政府。則無國界。無國界。則世界大同矣。人不役人而不役于人。人不倚人而不倚于人。人不害人而不害于人。所謂自由平等博愛是也。

（丁）反對財産〇人生于世。應得世間衣食居之一分。豈既生于世。衣不能禦寒。食不能充饑。居不能避日露風霜雨雪哉。有一人無故而寒死或餓死。則爲全社會之過失。試問現世紀每年之死于寒死于餓者。何啻千萬。彼富者之堆衣成山。（各衣服舖）積食如海。（各糧食店）曾不一念及此也。所謂倉廩實。府庫充。而餓莩盈野。凍尸徧地矣。是皆財産之結果也。作工者。勞力一世。尚朝不保暮。彼紈袴者。接受祖上之財産。吃着不窮。一勞一逸。一苦一樂。不[1]平等如是耶。其原因。在于誤認世物屬人。故指此物屬我。彼物屬爾。請問彼生不帶來死不帶去。有何憑據（土地則立一界牌。貨物則加一名氏。足矣。其憑據最靠得住者。爲官吏之圖記。買賣者之契約耳。究不能證其物之所屬也。）以證此物屬我或爾哉。惟其誤認世物屬人。故吾奪爾搶。得之則樂。不得則苦。今之大資本家。實兇悍之大盜也。藉錢勢以示威福。縱奢侈。一若彼應得之權利。使一旦失其財産。則與一工人無異。一有一無。此貧富之以[2]有懸隔也。觀中國現今大資本家不多。故農民尚有一屋一田。以自食其力。市民有住宅者亦多。蓋土地不屬于少數資本家。貧民尚易生活也。今歐美之土地。日滚于少數之資本家之手。農民租屋

① “不”，有誤，《新世紀》本作“何不”。
② “以”，有誤，《新世紀》本作“所以”。

租田。以養一身尚不敷。何況于八口之家。可以使其無餓哉。工人入廠工作。仰資本家之鼻息。終日勤勞。得保無饑。一有疾病。或停工。則全家慘然。故其困苦與不自由之差。當以資本家[①]之多少爲比例。嗚呼。財産不廢。則貧富之懸隔日距[②]。忍令少數資本家之安於逸樂。而大多數平民之終於困苦乎。則反對財産。實爲鋤資本家之横暴。而救平民之困苦也。財産廢而爲公共。無食人與食於人之分。而貧富之别。饑寒之憂絶矣。同作同樂。同息同游。其爲將來共産社會之現象乎。反對財産尚矣。

（戊）反對宗教〇或曰。宗教有造於野蠻未開化之時代。中國際此民德不培、民智不開之時。當建立一善良之宗教。以補救之。庶不致道德之腐敗。日落千丈。智識之卑陋。千載如故。宗教其補救之一道乎。余聞其言。似覺近情。然察進化之理。而知其大謬不然者也。夫宗教者。束縛人之思想。阻礙人之進步。使人信仰。使人服從者也。信仰則迷信生。服從則奴性根。古之所謂大教主大聖賢者。未嘗不懷救世之心。抱教民之念。而又以先知先覺自認。全知全能自居者也。故慮人民之散漫而無所團結也。以兼愛之義。制其私慾。以一定之理。平其分争。恐人民之偷安而不耐勞苦也。以果報之説。銷其悔心。以餘慶之言。助其歡心。鑒人民之無忌憚而放恣暴棄也。以末日審判賞善罰惡之預言以恐嚇之。使有所禁戒。而崇信悠悠昊天、冥冥上帝之不爽禍福也。憂人民之無魄力而貪生惡死也。以身死魂不死之幻語。以激勵之。使有所覺悟於不生不死、即生即死、亦生亦死之輪迴也。患人民之溺於聲色貨利而不能懺悔也。創生爲暫時、死爲永久之説。然後不留戀於此數十寒暑之生涯。而欣羨天堂之無量幸福也。懲人民之昏於功名爵禄而不能解脱也。倡人生一幻夢、死後爲真境之玄理。庶能敝屣一切、看

① “資本家”，有誤，應爲“資本”。
② “距”，同“巨”。

破紅塵也。人民根器薄弱。智識幼稚。易受可驚、可欣、可羡、可怕之佛説、福音、儒論、神話。而淘汰磋磨於不知不覺之中。散漫者漸統一矣。偷安者漸耐勞苦矣。無忌憚者。生恐懼矣。無魄力者。生膽略矣。溺於聲色貨利者。知有所懺悔矣。昏於力[①]名爵禄者。知有所解脱矣。皮相淺見者。嘆古之大教主大聖賢之真能救世教民也。殊不知扶得東來西又倒。無正當的教育。而代之以迷信的宗教。其利一。而敝十百。或千萬也。况經數百千之如狼如虎之民賊獨夫。取便於己。從而揚湯加薪。以提倡之。幾千萬如蝗如蠹之迂儒汚僧。取利於己。從而推波助瀾。以附和之乎。宗教一變爲御民之具。而與政治雙方並進。彼（政治）阻人道之進化於有形。而此（宗教）無形也。彼束縛人智之發達於有形。而此無形也。語曰。政治與宗教有密切之關係。其亦爲其狼狽爲奸而爲此言乎。昔以無科學。真理無從發見。亦無從證明。彼大教主大聖賢者。不過加尋常人一等。其智識之幼稚。其理想之謬誤。今可想見矣。彼既以先知先覺自認。全知全能自居。不得不吐其懷抱。以達其救世教民之目的。然其伎倆。非武斷而自大。則狡猾而自飾。除信仰與服從外。别無良法以救世教民。使其由之。而不使其知之。僅告其然。而不能告其所以然。適有不能解者。動輒歸之於天。推之於神。而不深察乎宇宙森羅萬象之變遷與進行也。故疑雷電風雨不測之作。必有司之者也。嘆天地山水偉大之狀態。必有造之者也。於是神靈與上帝之想像生焉。不解日蝕月蝕之爲月形地影也。彗星之爲無定軌道之行星也。地震之爲地心熱度膨脹而致火山爆烈也。洪水之爲山水湧溢而致江河决口也。於是驚爲禍兆。天災流行之説起焉。其武斷。其自飾如是。人民不知其自大。不解其狡猾。受先入爲主之言。深印於腦。而牢不可破。常戰戰兢兢。

① “力”，有誤，《新世紀》本作“功”。“校誤表”云：“‘功’誤作‘力’。”

若有所犯罪也者。其失自由之思想獨立之精神也久矣。一旦以真理之科學。破其宗教之迷信。反固執不聽。阻撓不受。嗚呼。誰謂宗教有造於野蠻未開化之時代乎。德之適以賊之。智之適以愚之。其宗教之謂乎。豈僅阻碍進步、束縛思想而已哉。今世紀、科學日以發達。真理日以顯明。當以正當的教育代宗教。以真理的科學破迷信。而不當以宗教代教育替科學也。不知出此。而惟斤斤以宗教爲補救之道。其謬誤爲何如哉。

或又曰。宗教亦野蠻過渡時代所必由也。如政治然。古初人類教育未能普及。尚不能各有自治之能力。不得已而以政治爲機關。支配公平之法約。以保護一般之愚弱者。宗教助政治權力所不及之處。於不知不覺之中。以駕御一般之兇悍者。使歸於秩序。似宗教實有造於野蠻未開化之時代者然。然此乃由乎古之倡設政治機關與主張宗教者。彼亦無適當之教育。可與人以自治之能力。以跛導跛。故用跛法。以盲導盲。故用盲法。豈今人生於科學大明之新世紀。吾輩心中已豁然見宗教之實爲迷信者。尚忍復以己之昭昭。導人於昏昏。使此後之民智。仍落於黑暗乎。諺曰。“日出露銷。”是喻科學現而政治與宗教無立足地矣。

宗教與科學。適爲反對。科學求真理。而宗教尚妄誕。科學重實驗。而宗教尚虛僞。求真理。智識日以發達。尚妄誕。思想日以謬誤。重實驗。則新理、新學、新器之發明日見。尚虛僞。則無益、無用、無理之事日多。又與革命爲絶對。革命求進取。而宗教尚保守。革命重有爲。而宗教尚無爲。求進取。社會日以改良。尚保守。世界日以腐敗。重有爲。則新事業、新社會之現象日見。尚無爲。則可厭可惡之事日多。有宗教。則革命不得普及。欲普及革命。不得不反對宗教。有宗教。則科學不得發達。欲發達科學。不得不反對宗教。故反對宗教。一以普及革命。一以發達科學。誠對於社會之急務矣。有志於社會之改良。於[①]人道之進化者。可不一念及此乎。

（己）實行暗殺。〇少數革命者。不得大多數之承認之贊成。不能同聲相應。傾覆政府也。又不忍坐視强權者之魚肉平民。阻礙進化也。則實行暗殺。以誅除一二人道之賊。使大多數人之迷夢驚醒。使一般之據强權者寒心。蓋起革命之風潮而速社會之進化者。暗殺也。平静無事。則革命無大速力。一有風潮。則革命之動機勃發。一般之假革命黨。口革命而心功名者。雖退縮畏避。或改面變相。而信道篤明理透者。愈奮勇直前。强權者施暴刑慘殺。株連妄逮。欲恐嚇禁壓人民者。反覺露其横暴。明其罪惡。故多數之宅心忠厚。平日欲維持固有之秩序。而痛詆革命之圖破壞者。反豁然明於公理。而始知誅除人道之賊。以摧滅無秩序之政府者。爲今日之急務矣。使無一二犧牲其身以伸公理者之暗殺。則强權者見平民易欺也。尤暴極暴。而無所忌憚。一般之假革命黨。託於公理。乘間以圖一己之功名富貴者。將車載斗量。多數之宅心忠厚者。不敢放言高論。而惟蠕蠕於維持帝皇之秩序。而終痛詆革命。無豁然知見前蒙蔽之一旦[②]也。故暗殺者。非惟起革命之風潮。發革命之動機已也。而又養成與淘汰革命黨者也。

雖然。暗殺亦豈易言哉。民曰。暗殺也者。爲除害而非爲狥私也。爲伸公理。而非爲名譽也。爲排强權。而非爲報復也。使爲狥私而暗殺。則暗殺不得爲暗殺。而爲謀殺。使爲名譽而暗殺。則暗殺不得爲暗殺。而爲好殺。使爲報復而暗殺。則暗殺不得爲暗殺。而爲妄殺。夫殺之爲謀爲好爲妄者。

① “於”，衍字，《新世紀》本無。
② “見前蒙蔽之一旦”，有誤，《新世紀》本作“前蒙蔽見之一日”。

則大過且罪矣。故非有正當暗殺之目的者。不可以言暗殺之言。非有實行暗殺之膽畧之手叚[①]者。不可以事暗殺之事。暗殺誠出于至誠至公而不可假借者也。不然者。徒尚勇氣。逞一時之興。而未聞道明理。徒爲貨利爲銅像或爲怨仇以事暗殺。囂囂然號於衆曰。吾能暗殺。嗚呼。暗殺豈如是哉。政府之屠戮人民。尚藉法律。而得掩人耳目。曰正法。而我不憑公理以事暗殺。與政府之所爲何異。是亦强權耳。是亦民賊耳。故夫暗殺者。仁人義士不得已之所爲也。爲除害爲伸公理爲排强權耳。是之謂暗殺。

（庚）實行罷工〇我謂人生於世。應得世間衣食居之一分者屢矣。然所以應得此者。以工作耳。故工作者。因衣食居。而非爲衣食居也。因衣食居。則工作爲人生之應當。爲衣食居。則工作爲人生之逼迫。工作而應當也。則自由。工作而逼迫也。則勉强。夫勉强工作。則必有權利義務之分。于是盡義務而始得權利。或盡義務而不得適當權利。或不盡義務而反得權利。以是狡猾者思所以得享不盡義務而得權利之幸福。避工作之勞苦。而得工作[②]之安樂。此社會安樂勞苦之所以不平也。惟逼迫故。故碰頭請安。而得高官也。蒙恥我爲之。敲剥搜刮。而得厚禄也。冒害我爲之。阿意諂媚。而得寵歡也。忍辱我爲之。奸詐妄騙。而得漁利也。背理我爲之。反是。則我不爲也。何也。不能得衣食居也。不能得衣食居。雖利于天下不願爲也。惟勉强故。故有衣食居者不肯工作也。富有衣食居者。不屑工作也。祇無衣食居者之求衣食居而工作也。由是工作不視爲人生之應當。而視爲賤事矣。工作者視爲賤人矣。愈賤愈苦。愈苦愈賤。幾視工作者爲牛馬而非人矣。嗚呼。勞力工作。灑血汗而造世界上之事事物物。以供人之日用所必需。而反不齒于

① “手叚”，有誤，《新世紀》本作“手段”。下同。
② “工作”，有誤，應爲“不工作”。

人類。其顛倒謬誤。至于斯爲極矣。

造穿山入地之火車。與乘風破浪之瀛舟者。何人乎。工人也。享其便利。而得横游于地球者何人乎。非工人也。富與貴者也。往來工作。祇三四等。或終身不得一乘者有之。勞苦則受之。而安樂非所分受也。

世界各大都會大市場。其街道之清潔整齊。建築物之偉大莊嚴。園囿之幽美雅好。宫室樓亭之高大華麗。無一非成之於工人之手。而優游逸居者。非工人而富貴者也。苦[①]則受之。而安樂非所分受也。

受勞苦而不得安樂。非天下之大不幸人而何。推其所以致此之由。而得兩大迷信。相傳沿習。深印於腦中。而不之怪也。其兩迷信惟何。

（一）由於命運◎謂彼富貴者。祖上積德。而餘慶於其子孫。爲子孫者。當安富尊榮也。彼貧賤者。前世作孽。或祖上不修。而惡報其子孫。爲子孫者。應忍勞耐苦以修之。爲下世之善報。此種説法。中外皆同而通行。貧賤者安之。富貴者固之。是以數千年貧富之懸隔。至今而人無異詞也。

（二）由於智愚◎古人曰勞心者治人。勞力者治於人。治於人者食人。治人者食於人[②]。此言猶勞心者智。勞力者愚。智者當樂。愚者當苦。智愚以此而分。苦樂由是而定。富貴者視爲金科玉律。以爲我當居民上者也。貧賤者知强弱之勢已定。己智若不及。宜受治於人也。是以數千年苦樂之不均。至今而人無怨語也。

破第一重之迷信。當以生物學與社會學。使彼知人之所以生存。所以生存于世之道。人各受父母之遺傳性。與社會之演習性。而生存。而變遷。宗教之善惡報之於子孫之謬説。固無與焉。彼承父母之遺産。而奢侈淫逸。或

---

① “苦”，有誤，應作“勞苦”。《新世紀》本上空一字。
② “勞心者治人”至“治人者食於人”，語出《孟子·滕文公上》：“治於人者食人，治人者食於人。”《新世紀》本作“治人者制人，治於人者制於人”。

壟斷而漁利。皆爲社會之蠹。當擯斥之。使社會歸於正當公平。然後各盡其所能。各取其所需。固無逼迫。尤非勉强也。工作既視爲人生之應當。人人所願。無所爲而爲也。是之[①]自由工作。

破第二重之迷信。當以適當之教育。使其知人本無智愚之分也。各有其所智。各有其所愚耳。智於此而愚於彼。愚於此而智於彼。大智若愚者。智其所智。愚其所愚也。據一事。而智愚之分若此。於他事。而智愚之分反是。不智其智。而愚其愚。愚矣。不愚其愚。而智其智。智矣。彼生於富者家。少能入學讀書。遇良師之解惑。有好書之參考。又以精良之試驗器。應用其所學。從而發明一二新理新學新器。固不難矣。彼生於貧者家。無力入學。亦不得[②]受高等教育。不得已作工度日。終于庸劣。而老於勞苦而已。此爲最貧者也。其次能受高等教育。而不能購善良之參考書。以研究其所學。即能研究。又無器具以試驗之。有而不精良、不完備。等於不有。欲多年研究。而欲發明新理新學新器者。已無力及此矣。不得已。止其研究。而以其所學授人。以爲衣食居計矣。余猶記幼時聞余師之疑其友謂富家子弟讀書勝于寒家曰。“富家子弟。多放蕩而不克苦。寒家子弟。多好學而發憤。在理宜寒家子弟勝于富家子弟也。而彼云云何哉。”後吾師恍然曰。“吾知之矣。富家能聘良師。備好書。見多而識廣。宜其進步速矣。彼寒家子弟。不得良師。又不得好書。雖敏而好學。見少而多不解。終難會意也。”由是二説。足證人之智愚之無一定。而與富貧爲等差也。使易地而處之者。智愚亦相易也。何哉。逼于境遇不能智其所智也。不能智其所智。是以愚也。天下皆愚。而獨一人智。一人之利也。此專制政體之所以重愚民也。民愚則易欺。是故命

---

① “是之”，有誤，《新世紀》本作“是之謂”。
② “亦不得”，有脱文，《新世紀》本上有“即入學”三字。

運與智愚之説。富貴者之欺貧賤者使其勞苦而無怨語異詞也。彼以工作不爲人生之應當。避勞苦而專責之于貧賤者。貧賤者以工作之勞苦。專供富貴者之安樂。于是社會之終于苦樂不均。而無進步矣。富貴者。縱奢侈。尚華麗。貧賤者。求衣食。保殘喘。而社會之改良。公衆之幸福。不遑及也。觀今之工作。有裨益于社會之改良。公衆之幸福者。百不得一。此社會之所以停滯而不進也。

社會之停滯不進。以富貧懸隔。而有智愚之分。命運之差。上既證人無命運也。亦無智愚也。彼富貴者人也。此貧賤者亦人也。彼獨安樂。而此獨勞苦。何哉。蓋彼藉財産而奴隸人牛馬人耳。故彼不勞苦而得安樂。此勞苦而不得安樂。此誠人類不平等之至者也。今不抵抗之以維持人道。則富貴者愈益安樂。貧賤者愈益勞苦也。其抵抗之法爲何。厥維實行罷工。使彼富貴者不得憑藉財産。避工作之勞苦。而專責之于貧賤也。

是故此罷工也。實爲脱奴隸牛馬。而非要求休息與增多工錢也。不受制於人。而各謀社會之改良。求公衆之幸福。盡其所能。取其所需。同受工作之勞苦。同享工作之安樂。是之謂自然生活。

自由工作與自然生活。即勞心（用腦力）亦勞力（用體力）也。擇其性之所近所好。而從事於勞心與勞力。勞心以求智識。勞力以操體力。勞心而不勞力。則身體軟弱。而精神萎頓。勞力而不勞心。則思想不發達。而智識蒙蔽。故第[1]勞心與第勞力者。爲不合衛生。勞心即所以安力。勞力即所以安心。安勞相息。是謂最得衛生之法。

彼不勞心不勞力者。逸居無事。然其享受常出自千萬人以上。勞力者與

① “第”，有誤，《新世紀》本作“單”。下“第勞力”同。

勞心者。終日工作。而困苦不堪。一安樂。一勞苦。相去天壤。逸則怠。勞則疲。而成今黑暗社會。嗚呼。非實行罷工。以抵抗富貴者。吾知後日金錢之爲患。而致社會苦樂懸殊。有更甚於今日者也。以此而欲社會之改良。公衆之幸福者。豈可得乎。

（辛）實行博愛〇宇宙間森羅萬象。大而恒星。（比恒星大者尚有。）小而微塵。（比微塵小者更多。）莫不有一公性。公性惟何。厥惟曰力。力發于體。體由質成。然質賴力而成形。力賴體而發生。力與質。互相爲因。互相爲果。變化萬能。作用無極。此大千世界之所以成也。亦以此力與此質之循環變更。輪迴孳生。此大千世界之所以進化而無窮盡也。

質之散布充塞于太空。漂流無定。視之無形。聽之無聲。一遇相當之力。即成爲形。力有時而盡。盡則形散。散而遇他相當力。復感而成形。此爲物質不生不滅之理。實隨力之存盡而生滅也。故力之作用最大。無力。即可曰無質。

質爲物質。此不贅及。謹請言力。

名其實曰力。名其虛曰氣。力與氣。二而一者也。發于體爲力。不發于體爲氣。猶體質也。遇力爲體。不遇力爲質。其義一也。

合若干質。由日球脱殼。互相摩激。化合而成地球。曰力與氣。合地球、金星、水星、火星、木星、土星、天王星、海王星、慧星及其月。（衛星）繞日疾旋。以成此太陽系。（日統）而爲一世界曰力與氣。合此世界之無量恒星、恒河沙行星、慧星、衛星。與天河之星團星雲。又別有繞而疾旋。以成大千世界。曰力與氣。使太空中無此力與此氣。則大千世界無由成。而吾等所居日統之地球。尤無形。安有作者之論及此文。

此力何名。名之曰吸力。此氣何名。名之曰電氣。二者相乘相因。總名之曰“愛”可也。

萬物無大小。俱含數種原質而成。其意猶云不能獨成。必含他種原質。互相吸合。然後可形也。故其愛之度數。各各不同。其度數之多寡。不與本體之大小重輕爲比例。而常與其化合之關係密切與否。結構之機關完備與否爲等差。故其愛之作用。隨其關係與機關而分配。愛于是乎有别。

愛有無覺之愛。有有覺之愛。有無情之愛。有有情之愛。有無知識之愛。有有知識之愛之别也。

無機物之化合。無覺之愛也。有機物之組織。有覺之愛也。植物之相感。無情之愛也。動物之相交。有情之愛也。禽獸之互相扶助。無知識之愛也。人類之交際對付。有知識之愛也。所以然者。以人、禽獸、動物、植物、有機物、無機物之化合關係之密切。與結構機關之完備。遞相差異也。人所得結構之機關。較萬物爲完備。故其愛。亦不得不較爲廣大也。

人動物也。由猿猴演進而爲人。初時獸性未脱。故僅有有情之愛。後以腦關日開展。知識日發達。由無知識之愛。漸進爲有知識之愛也。

（一）何爲有情之愛。父母、子女、昆弟、姊妹、親戚之愛也。

有情之愛。非出于天然。而根于習慣也。吾之所以愛吾父母、吾子女、吾夫、吾婦、吾昆弟、吾姊妹、吾親戚者。以彼等與吾最爲親近。常相扶助而共患難共樂利者也。父母愛子女而教養之。欲其有所成就。而得報于將來也。子女愛父母而奉養之。報其養育之恩。而繼續其産業也。昆弟姊妹之相愛。以幼時常同游、同學、同樂、同苦也。親戚之相愛。以患難之可相助也。苟不爾。則父不父。子不子。夫婦不睦。昆弟鬩于牆。姊妹鬨於闈。親戚有嫌隙矣。然而不常有。而不然者。父母、子女、夫婦、昆弟、姊妹、親戚之相愛。過于他人者。本于親疏也。父母、子女、夫婦、昆弟、姊妹、親戚。常相見。性近而意合。（意不合。而感情異者。以遠出既久。或所受之外界感觸不同。然以習慣難易其心。父母、子女、夫婦、昆弟、姊妹、親戚之相愛。總不减也。）其愛以此益切。如足不出户。除父母、子女、夫婦、昆弟、姊妹、或親戚外。無人可愛也。非人不可愛。實親疏使然也。苟以一嬰孩。初生時置于他家。他家之父母。視若其子而教養之。及其漸長。愛他家之父母。亦如其父母。雖親見其父母在側。而不父母其父母矣。何者。蓋嬰孩以所親爲親。雖父母爲真親。而亦不知爲親也。父母、夫婦、昆弟、姊妹、親戚。同詞而喻之。亦如是也。故父母、子女、夫婦、昆弟、姊妹、親戚之愛。非天然而根于習慣也。根于習慣。即本於親疏。此孟子之所以有孩提之童。無不知愛其親[①]之言也。

（二）何爲無知識之愛。君臣、國家、種族之愛也。

無知識之愛。尤非出于天然。而根于成見也。君臣之間。常以名教爲體。利禄爲用。古義釋君臣之相愛。君使臣以禮。臣事君以忠[②]。然而實行則不然。君可不使臣以禮。臣不可事君以不忠。專制國無所謂國家。朝廷即國家。朕即國家。故爲專制國人民者。在家當孝。在朝當忠。猶女子之未嫁從父。既嫁從夫[③]。同其律也。君挾權勢。輒以小恩小惠買人心。而爲臣者。迷於利禄。溺於名教。得君之一顰一笑。常沾沾自喜。雖肝腦塗地而無悔。君臣之綱。既鞏固而立。父子、夫婦之綱。亦隨而定。視爲人生莫要之道德矣。

---

① “孩提之童。無不知愛其親”，語出《孟子·盡心上》：“人之所不學而能者，其良能也；所不慮而知者，其良知也。孩提之童，無不知愛其親者；及其長也，無不知敬其兄也。親親，仁也；敬長，義也。無他，達之天下也。”

② “君使臣以禮。臣事君以忠”，語出《論語·八佾》：“定公問：‘君使臣，臣事君，如之何？’孔子對曰：‘君使臣以禮，臣事君以忠。’”

③ “女子之未嫁從父。既嫁從夫”，語出《白虎通義·爵》：“婦人無爵，何？陰卑無外事，是以有‘三從’之義：未嫁從父，既嫁從夫，夫死從子。”

此三綱之説[①]。所以盛行于專制國也。專制國爲帝王一人之私産。君不愛民。民不愛君。君民不相愛。故民祇有家族之觀念。而無國家之觀念也。孟德斯鳩[②]謂專制國之真愛國者。爲帝皇一人。蓋帝皇視國家爲一己之私産。不得不愛之。以傳子孫萬世。人民認國家爲帝皇一人之私産。而不認爲人民之公産。亦無從愛之也。臣食君禄。盡碎[③]于民事。愛君而非愛民也。君悉民情。察羣臣。勝任、賞之以功名利禄。失責、罰之以誅刑黜革。愛臣而非愛民也。故于專制國。有君臣之相愛。而無君民、臣民之相愛也。民祇愛家。而不知愛國。非無由也。進一步言之。立憲、共和國。則與專制國迥異。人民視國家爲人民之國家。而非帝王一人之國家也。享此國家之權利。祇吾一族。而非他族也。以此故。君臣之愛絶。人民推愛家之心。而愛其國。推愛己之心。而愛一族。故國民皆兵。爲保守此國家也。故願戮力相從。戰必勝。攻必克。此立憲共和國之所以勇于戰。而專制國之兵。等于烏合之衆也。

原愛國愛種族之心。根于成見。而實出於利害也。專制國人民之祇愛家而不愛國者。以國家爲可逐之鹿。强而狡者。皆可襲而取之也。帝位之争奪。民賊獨夫之事。與小民無關係。今日楚。明日漢。成則爲王。敗則爲寇。一旦居民上。即奉之爲君。納賦税以盡小民之責可矣。於立憲。共和國。則不然。國之興亡。即吾家之興亡。種之存滅。即吾身之存滅也。家固可愛。而不

① “三綱之説”，語出《白虎通義·三綱六紀》：“三綱者，何謂也？謂君臣、父子、夫婦也……故《含文嘉》曰：‘君爲臣綱，父爲子綱，夫爲妻綱。’”又云：“三綱，法天、地、人……君臣法天，取象日月屈信歸功天也；父子法地，取象五行轉相生也；夫婦法人，取象人合陰陽有施化端也。”

② “孟德斯鳩”，即沙爾·孟德斯鳩（Charles Montesquieu，1689—1755），法國啓蒙時期思想家，西方國家學説和法學理論奠基人，與伏爾泰、盧梭合稱“法蘭西啓蒙運動三劍客”。著有《波斯人信札》《羅馬盛衰原因論》《論法的精神》（中譯本又名《法意》）等。

③ “碎”，有誤，《新世紀》本作“瘁”。“校誤表”云：“‘悴’誤作‘碎’。”

得不愛國。身固可愛。而不得不愛種。興國即所以興吾家。存種即所以存吾身。故吾國而受他國侵辱也。不得不求雪恥。吾族而受他族陵侮也。不得不求報復。此利害心使然。而與親疏無與也。何者。父母、子女、夫婦、昆弟、姊妹、親戚之愛。雖或時因利害而見衝突。然終以親暱故。不失其習慣。久必復愛。故親則親。疏則疏。無容假借也。而出於利害之相愛。則有異乎是。彼與吾固無所謂親。無所謂疏也。苟與吾有密切之關係也。則愛之。否則不愛也。見同州縣者於他省。便覺鄉誼可掬。遇之於本州本縣。同爲路人也。遇異國人而懷薄意者。亦若是。以此利害之故。此所以專制國之民。不愛國而愛家。立憲共和國之民。並其國其種而愛之也。由愛己之心。推而及之。以至於父母親戚。由愛家心。擴而充之。以至於一國一種。故出於親疏之有情之愛。其範圍爲小。出於利害之無知識之愛。其範圍爲大也。

（三）何爲有知識之愛。博愛之愛也。

有知識之愛。出於天然。而根於良心也。何以知其然也。因牛羊之觳觫。而欲廢釁鐘[①]。見鷄豚之慘殺。而欲遠庖厨[②]。牛羊鷄豚。與吾無親疏。無利害。而必以其觳觫。以其慘殺。而欲有所廢有所遠者。何哉。惟其觳觫。惟其慘殺。適觸人之惻隱之心[③]也。惻隱之心者。不忍人之心[④]也。有不忍

① “因牛羊之觳觫。而欲廢釁鐘”，語出《孟子・梁惠王上》：“王坐於堂上，有牽牛而過堂下者。王見之，曰：‘牛何之？’對曰：‘將以釁鐘。’王曰：‘舍之！吾不忍其觳觫，若無罪而就死地。’”

② “遠庖厨”，語出《孟子・梁惠王上》：“君子之於禽獸也，見其生，不忍見其死；聞其聲，不忍食其肉，是以君子遠庖厨也。”

③ “惻隱之心”，語出《孟子・告子上》：“惻隱之心，人皆有之；羞惡之心，人皆有之；恭敬之心，人皆有之；是非之心，人皆有之。惻隱之心，仁也；羞惡之心，義也；恭敬之心，禮也；是非之心，智也。”

④ “不忍人之心”，語出《孟子・公孫丑上》：“人皆有不忍人之心。先王有不忍人之心，斯有不忍人之政矣。以不忍人之心，行不忍人之政，治天下可運之掌上。所以謂人皆有不忍人之心者，今人乍見孺子將入於井，皆有怵惕惻隱之心。”

人之心者。仁也。人有仁心。故能推其愛。足以及禽獸。豈惟禽獸。實萬物也。今夫於大千世界中。而有地球。無異與恒河中之粒沙。於其間强分畛域。襲爲己有。而别之曰家。曰國。於無量生物中而有人。人不過較爲完備。復於其間區别種族。而曰白種。黄種。曰漢族。滿族。局脊于一小天地間。而爲井蛙之見者。多見其不知量也。

原人時代。散漫而無秩序也。（無秩序。不可目爲無政府。閲者勿誤）。後以逐漸改良。首定婚制。男長必娶。女長必嫁。於是乎有家。生子女而教養之。視爲己有。親愛無匹。子女之視父母。亦如是。親疏由是而分。聚家而爲村。聚村而爲邑。邑邑相交相[①]往來。同利害。則和平。不同利害。則争戰。有争戰。有和平。於是乎有國。同國而異種。同種而異國。亦以利害而和平或争戰。于是乎有種族。相沿既久。習以爲常。同國同種人。待之如兄弟。而曰同胞。異國異族人。視之如寇仇。而曰外人。於是漸失博愛之心。而以親疏、利害之故。遂立淺狹之門户。以自相愛相妒。

雖然。博愛漸失。然以世運進化。固不舍晝夜。習於親疏。蔽於利害者。智識不開展也。今既智識漸開展。己能化昔日之愛君與家之心。而爲愛國。愛己與父母之心。而爲愛種。安知他日不能化愛國與種之心。而爲愛人類與世界哉。况人之博愛。出于天然。徒以親疏利害而易其趨向也。一旦破其親疏之習慣。與利害之成見。則博愛不期而實行也。

親疏由于有家族。家族由於有男女配合而成。故欲破親疏之習慣。必自破家族始。欲破家族。必自廢婚姻始。婚姻既廢。家族不得成。始人各無自私自利心。無親無疏。互相扶助。四海一家。天下大同。無君臣、父子、夫婦、昆弟之别。祇有朋友之愛。愛以是爲博。

---

① “相交相”，有誤，《新世紀》本作“相交際”。

利害。生死之關係也。生存競争。優勝劣敗。俱以衣食住爲目的。財産于是乎爲貴。個人力薄。不得不合羣力。羣大而强者。常勝。小而弱者。時敗。勝敗乃興亡存滅之所繫。非設政府不可以佔優勝。國界以是而定。故欲破利害之成見。必自破國界種界始。欲破國界種界。必自廢財産始。財産既廢。國界種界不得定。始人各無利害心。人類平等。享受共同。無國界種界之分。祇有人類之愛。愛以是爲博。

夫博愛乃爲真愛。今世俗之愛。非真愛乃假愛也。父子之愛。繼續報答之愛也。夫婦之愛。柴米肉慾之愛也。昆弟之愛。財産共通之愛也。朋友之愛。酒肉烟茶之愛也。君臣之愛。功名利禄之愛也。國家種族之愛。興亡存滅之愛也。有所爲而愛。其愛不得真。設使一旦無所爲。便不愛矣。父子、夫婦、昆弟、朋友之争鬥衝突。其情形之奇怪特别。非筆墨所能盡。臣君之愛。尤鄙陋不堪。國家種族之愛。範圍較大。非如以上之狹隘。故得謂較爲正當。然其流弊。亦不可勝言。善察社會狀態者。自不待明言而後知其然也。

或曰。言博愛。得無與暗殺矛盾乎。曰、惡。是何言。彼民賊獨夫。悍然不顧公衆。專求一己一家之安富尊榮。不甯惟是。動輒藉權勢以阻碍一切社會之進化。吾殺之以除社會之害。正所謂除害羣者。即所以愛羣也。豈得與一私人之復仇。同年①而語哉。

總之。博愛無成見也。不必吾父母、吾子女、吾夫、吾婦、吾昆弟、吾姊妹、吾親戚、吾君、吾臣、吾國家、吾種族。而後吾愛之也。人類無别。吾愛不偏。合世界之人類。相愛相友。以求世道之進行。他日社會進化之速度。當十倍、百倍、千倍、……于今日也。思潮噴湧。信筆直書。終不能盡博愛之意。吾論雖于此終。吾意猶未盡。願閲者諸君。爲吾賡續思之。而得

① “同年”，有脱文，《新世紀》本上有“可”字。

其盡。

（結論）吾之"普及革命"論終矣。雖然。傳達與鼓吹革命。欲使其普及。以圖社會之進化者。其所反對。其所實行。豈盡括于是論哉。吾不過舉其一二大者而畧言之。若欲論現世界之事事物物。一一指摘之。縱論何者當反對。何者當實行。雖汗牛充棟。猶不能盡也。夫革命者。全社會之事。非吾一私人之事也。吾之所言。欲有所忠告耳。議論自議論。實行自實行。熱心于社會之改良者。自不好多議論。惟不憚煩。盡其所能。隨事隨地。隨時隨勢。而一一反對其所不合公理者。實行其所合公理者。無所推諉。尤無所畏避也。有公理在。吾當以爲權衡。吾之所欲反對。所欲實行者正多。盡吾一分心力。必有一分補益。勿以一人力薄。而不能任此大事也。尤勿以所懷抱之目的。爲太高尚。時候不到。不能實行也。人各有良心。第問所懷抱之目的如何耳。果認爲較爲善。而可以改良現今之社會也。吾主張之。實行之。利害不能易吾心。毀譽不能動吾容。威武不可屈。貨利不可餌。人各如是。社會逐漸改良。何危險的革命之有哉。

今之反對革命畏革命者。輒以革命爲危險。不知其危險自造之也。積數年、數十年、數百年、數千年之惡弊。應當一一予以數十、數百、數千萬、數億兆之小革命者。相因相乘。愈積愈大。遂合爲今之大革命。欲一旦廓清而掃除之。豈無危險哉。茍人人不因循坐誤。彌縫補苴。而時時求改良。刻刻求進化。自無危險之革命也。蓋革命者。革去社會一切之惡弊。合公理則存。不合公理則去。茍一事一物。能隨時而進化。因時而改良。雖欲大革而無所革也。惟不進化不改良者必革命。已進化已改良。而不隨時進化。不因時改良者。亦必革命。故革命催進化、促改良也。一不進化。一不改良。則革命。故革命不已。而進化改良無窮也。

人生于世。如逐日月。月繞地。地繞日。旋轉不息。時運日進。人事日繁。温故知新。不容稍懈。今日爲一時代。明日又爲一時代。苟一停足。便爲退化。故處世當以昨日種種。譬如昨日死。今日種種。譬如今日生爲本。始能時時改良。刻刻進化也。前人因循。而坐誤于今人。今人又因循。必將更坐誤於後人。昔時苟且。而遺害於現時。現時又苟且。必將更遺害於來時。造因收果。自不爽然。有志於社會之改良者。當必不蹈前車之覆轍也。吾青年其勉旃。吾同志其勉旃。

社會主義釋義[1]

和孟[2]著　真譯

今講社會主義者日衆。自號爲社會黨者亦日衆。然則何爲社會主義與社會黨乎。其義不可不釋也。今“社會主義”之字。頗似一運動選舉之銜名。于是以被舉爲獨一之宗旨。餘所不計。故且加以他銜。或爲“社會黨”。或爲“共和社會黨”。或爲“國家社會黨”。……因詞意寬泛而弊生。鮮能得其確當之義者。

雖然。可從而與以清了、確當、美善之釋義。所謂清了。使人聞而明之之謂也。所謂確當。使無誤會之弊也。所謂美善。使名實相符也。

社會主義者。凡有關于社會之主義也。當隨其性質而列分之。

或曾釋之曰。“社會主義者。使社會改良之法也。”今恒用其意。如此則人人得而名曰“社會黨”矣。復何所用其區別。因而混淆之弊生。誤會之者多矣。

或曰。“社會主義。”政治之一法也。或曰。“社會主義。”工作之組織也。皆寬泛不足以明其意。

又有釋之者曰。“社會主義。”主張以“生財之物與所生之財。皆屬之

① 原載《新世紀》第21號（1907年11月9日），今以《新世紀》本、《叢刻》本校。
② “和孟”，不詳。

日種種。譬如今日生爲本。始能時時改良。刻刻進化也。前人因循。而坐誤于今人。今人又因循。必將更坐誤於後人。昔時苟且而遺害於現時。現時又苟且。必將更遺害於來時。造因收果。自不爽然。有志於社會之改良者。當必不蹈前車之覆轍也。吾青年其勉旃。吾同志其勉旃。

社會主義釋義

和孟 著　眞 譯

今講社會主義者日衆。自號爲社會黨者亦日衆。然則何爲社會主義與社會黨乎。其義不可不釋也。今「社會主義」之字。頗似一運動選舉之銜名。于是以被舉爲獨一之宗旨。餘所不計。故且加以他銜。或爲「社會黨」或爲「共和社會黨」或爲「國家社會黨」。……因詞意寬泛而弊生。鮮能得其確當之義者。

雖然。可從而與以淸了、確當、美善之釋義。所謂淸了。使人閱而明之之謂也。所謂確當。使無誤會之弊也。所謂美善。使名實相符也。

社會主義者。凡有關于社會之主義也。當隨其性質而列分之。

或曾釋之曰。「社會主義者。使社會改良之法也。」今恒用其意。如此則人人得而名曰「社于社會”。此庶幾近之矣。各處政治社會黨、革命社會黨、共産無政府黨所求者。皆以生財之法。與及所生之財。屬之于社會。故可大書曰。“社會主義者。即以生財之物。與所生之財。屬之于社會。”

以上之言。即社會主義之特性。社會主義者。總稱也。分而言之。則有集産主義。即産業爲衆所集有也。又有共産主義。即産業爲衆所共有也。

集産共産之所異者如下。集産主義之大旨。在各取其所值。共産主義之大旨。在各取其所需。

隨上帝　强權　家庭　祖國仍可別爲多派。

曰無宗教社會主義　　曰有宗教社會主義

曰無政府社會主義　　曰專制社會主義

曰自由社會主義　　曰强權社會主義

曰反對祖國社會主義　曰祖國社會主義

社會主義。（生財之物與所生之財皆屬之於社會）純是經濟上的。與其他繫詞。（無……有……等）自無所衝突。

社會主義與無政府主義之本意。亦非反背。一經濟上的。一政治與道德上的。

無政府主義者。無强權之意也。社會主義者。財物屬於社會之謂也。故可合二意曰。無政府的社會主義。

總之。社會主義總稱也。集産與共産主義分稱也。有政府的與無政府的集産與共産主義又分稱也。釋義如此。庶明了而無誤矣。

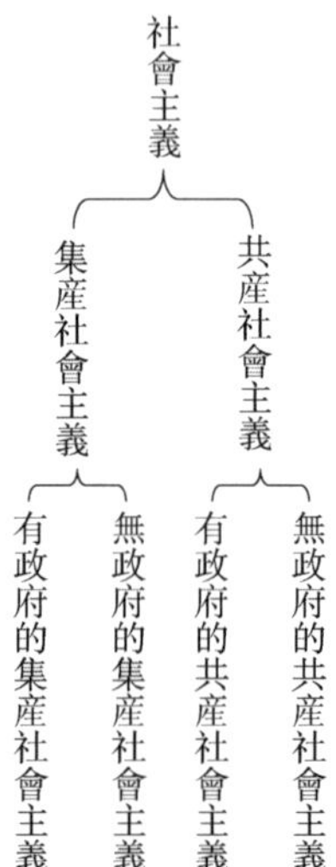

譯者曰。觀和氏之釋義。社會主義之意乃明晳。今有主張無政府。而惟以社會黨或社會主義爲名者。殊覺寬泛。故有專名“無政府”。從減之詞也。然凡主張無政府者。與其蹈寬泛之弊。而言社會黨。不若從簡明而言無政府黨。因無政府黨未有非社會黨者。而社會黨未必皆無政府黨也。如人未有非動物者。而動物未必皆是人。故“人”可名之以“人”。（簡明意核）或名之以“動物部多分子羣。有脊屬。食乳班中之人”。（繁而意備）而不可名之以“動物”。（詞簡意缺）故主無政府者。宜名曰。

（一）無政府黨或無政府主義

（二）無政府共產黨或無政府共產主義

（三）無政府的社會共產黨或無政府的社會共產主義

（按第二詞似最繁簡得宜）

以上皆就原理與本意言之。若就現在之習慣。則社會主義與無政府主義。確有衝突之時。蓋從於習慣。人皆以有政府之社會黨。名之以社會黨。以無政府之社會黨。名之以無政府黨。於是以“社會”與“無政府”兩不相對待之名詞。而爲兩相對待之黨派矣。由此言之。主無政府者亦宜以無政府爲名。或於社會黨上。加無政府字。始能明了。聞此言或有笑之者曰。“名固無足重輕。”然而不然。如革命黨。絶不甘名曰立憲黨。其理一也。

巴枯寧學説①

真譯

行畧〇巴枯寧俄革命黨也。中②生于千八百十四年。二十歲入森彼得堡陸軍校。次年爲軍官③。無何。退職。遊學栢林④。從此奔走四方。在巴黎與蒲魯東⑤輩遊。歸俄不堪政府壓制。重來法。從事報章。千八百四十七年。于演説中痛詆俄廷。因此見逐。明年于革命後。重返巴黎。更於歐洲諸方。運動革命之舉。鼓吹社會主義甚力。先後被囚于普、奥、俄、西伯里⑥。千八百六十五年⑦。從西伯里假道日本、北美、逃于英。爲某報⑧主筆。後居瑞士。千八百六十九年。爲“萬國勞動會”⑨會員。因欲行其意旨。致與馬

---

① 原載《新世紀》第9、10號（1907年8月17—24日），今以《新世紀》本校。“巴枯寧”，即米哈伊爾・亞歷山大羅維奇・巴枯寧（Михаил Александрович Бакунин，1814—1876），俄國無政府主義和民粹主義創始人和理論家。

② “中”，衍字，《新世紀》本無。“校誤表”云：“‘中’字衍。”

③ “二十歲入森彼得堡陸軍校。次年爲軍官”，此説有誤。巴枯寧1829年十五歲時入聖彼得堡炮兵學校學習，1833年畢業，獲得準尉軍銜。“森彼得堡”，即聖彼得堡（Saint Petersburg）。

④ “栢林”，即柏林（Berlin）。

⑤ “蒲魯東”，即皮埃爾-約瑟夫・蒲魯東（Pierre-Joseph Proudhon，1809—1865），法國政論家，經濟學家，小資産階級思想家、社會主義者，無政府主義創始人。1837年遷居巴黎，從事著述。著有《什麽是所有權或對權利和政治的原理的研究》《貧困的哲學》《論人類秩序的建立》《社會問題的解決》及自傳《一個反抗者的話》等。他主張階級調和與和平革命，反對暴力革命和無産階級專政，反對國家和政府，反對一切權威。馬克思、恩格斯在《哲學的貧困》《共産黨宣言》《論住宅問題》中對此進行了深刻的揭露和批判。

⑥ “普、奥、俄、西伯里”，指普魯士王國、奥匈帝國、沙皇俄國、西伯利亞。

⑦ “千八百六十五年”，有誤，巴枯寧1861年利用到中國黑龍江沿岸調查商務情報之機，逃出西伯利亞，經日本横濱、美國舊金山，年底到達英國倫敦，并加入《鐘聲》報編輯部。

⑧ “某報”，指《鐘聲》（«Колокол»），俄國革命民主主義報紙，1857—1865年由亞・伊・赫爾岑、尼・普・奥格遼夫用俄文在倫敦不定期出版，1865—1867年在日内瓦出版，1868—1869年改用法文出版，同時出版俄文附刊。

⑨ “萬國勞動會”，即國際工人協會（International Workingmen's Association），後通稱第一國際，1864年秋由馬克思創立，1876年正式宣布解散。

有笑之者曰「名固無足重輕」然而不然如革命黨絕不甘名曰立憲黨其理一也

巴枯寧學說

眞 譯

行略○巴枯寧俄革命黨也中生于千八百十四年二十歲入森彼得堡陸軍校次年爲軍官無何退職遊學栢林從此奔走四方在巴黎與蒲魯東輩遊歸俄不堪政府壓制重來法從事報章千八百四十七年于演說中痛詆俄廷因此見逐明年于革命後重返巴黎更於歐洲諸方運動革命之舉鼓吹社會主義甚力先後被囚于普奧俄西伯里千八百六十五年從西伯里假道日本北美逃于英爲某報主筆後居瑞士千八百六十九年爲「萬國勞動會」會員因欲行其意旨致與馬克司Marx有隙無何創立「萬國社會黨」以平等級平男女共財產去政府覆强權爲宗旨千八百七十年巴氏與其友謀共產革命于里昂未就越二年會于荷京與馬氏分離巴氏創Jurassiesme會此無政府黨發達之始也千八百七十六年巴氏卒于瑞京

巴氏名其學說爲無政府主義其爲言曰「吾輩拒絕一切法律及一切强權不能因保少數人之私利而害大衆之公益此吾輩所以爲無政府黨之意也

克司[①]Marx 有隙。無何。創立“萬國社會黨”[②]。以平等級、平男女、共財產、去政府、覆强權、爲宗旨。千八百七十年。巴氏與其友謀共産革命于里昂。未就。越二年。會于荷京[③]與馬氏分離。巴氏創 Jurassiesme 會[④]此無政府黨發達之始也。千八百七十六年。巴氏卒于瑞京[⑤]。

巴氏名其學説爲無政府主義。其爲言曰。“吾輩拒絶一切法律。及一切强權。不能因保少數人之私利。而害大衆之公益。此吾輩所以爲無政府黨之意也。”

巴氏所箸最要者爲（一）與平和自由會之意見書[⑥]（二）萬國社會黨會約[⑦]（三）上帝與國家[⑧]（行畧已刻入新世紀叢書[⑨]。複録之。以冠此篇。）

主義〇人之公例。即人道之進化也。由未盡善而至于較爲盡善。科學公理。不外乎産發確當之腦思。科學唯物之理。示吾以進化之道。凡生者皆日進于充長。由人之進化史。亦得而見之。由簡單而進于繁複。由幼稚而進于改良。去于猴未遠之野蠻人。由黑暗之獸行。而至光明之思想。先由獸行奴隸之域。經過神道迷信奴隸之塲。總不出人獸之間也。今則向于人類矣。自由矣。吾之回顧者。過去獸行之黑暗也。吾之前望者。將來人道之光明也。惟人道文明。能使我自主。能使我無愧。能使我自由。能使我安樂。能使我

① “馬克司”，即卡爾·馬克思（Karl Marx，1818—1883）。
② “萬國社會黨”，即無政府主義國際。在 1872 年第一國際海牙大會上，巴枯寧因爲國際社會主義民主同盟問題被開除。他隨即在瑞士聖伊米耶召開反權威主義代表大會，建立無政府主義國際，自稱“國際工人協會”（International Workers Association），公開與第一國際對抗。
③ “荷京”，指荷蘭海牙（Hague）。
④ “Jurassiesme 會”，有誤，應爲“Jurassienne 會”，即汝拉聯盟，1871 年在瑞士召開汝拉聯合會代表大會時成立，是巴枯寧主義者的核心。
⑤ “瑞京”，指瑞士伯爾尼（Bern）。
⑥ “與平和自由會之意見書”，即《聯邦主義、社會主義和反神學主義。向和平和自由同盟中央委員會提出的説明理由的建議》（*Fédéralisme，socialisme et antithéologisme. Proposition motivée au Comité central de la Ligue de la paix et de la liberté*）。
⑦ “萬國社會黨會約”，即*L'Alliance de la démocratie socialiste et l'Association internationale des travailleurs*。
⑧ “上帝與國家”，即*God and the State*。
⑨ “新世紀叢書”，指《新世紀叢書》中的《世界七個無政府主義家》，已收入《馬藏》第一部第九卷。

相愛。歷史者革命者之過路。其間作用時緩時睡時憤時强。此作用出於必不可免之原因。吾信人道之決勝於此地上也。吾望吾人同盡力以致之。惟請觀吾之前。吾之前者。人道之光明者也。（即言進化由獸行而向於人道。）

法權〇在人道進化中。由獸域而進爲人域。則法權必滅。法權屬於進化幼稚之時代。法政或出於君長。或出於議院。故永不能合於自然公例。且永背於公理與衆人之自由。憑少數之人定此例。其爲專制無疑。

無論何律。其宗旨不外乎助管轄者以利用多數之民。故權[①]法律皆圖奴隸此社會者也。

不久人道進化。過於有法權時矣。法權緊繫於政府。凡所謂法權及一切規章。有碍民生者。皆當同政府而墮落也。此風潮之近。今人皆已覺之。今之新世紀中可得而見之也。

在此改革之後。仍有一權。爲衆人所認可。然非法權。此權之中。自治權其一也。我不受一人制服我之所爲。不外乎己之信行。此即我之人權也。各人各村各地。皆有自治之全凡[②]。各自組織。勿妨鄰地之自治之自由。凡永遠强迫之行爲。皆爲人類公道所不認。聚集解散。各聽其自由。再有一權。田地器械與一切資本。皆爲全社會之共産。非作工者。不得用之。即農會與工會是也。

政府〇在人類進化中。由獸域而進爲人域。則政府必滅。政府者乃社會中一過渡之組織也。政府屬於進化幼稚之時代。野人由獸域出而入人域。然一刻不脱於宗教。則一刻不能達其目的。因宗教愚人者也。使誤其津途。凡可教以人道者。皆教以神。故宗教皆具不完之智能。盡與人道相反。

---

① “權”，有誤，《新世紀》本作“凡”。“校誤表”云：“‘凡’誤作‘權’。”
② “凡”，有誤，《新世紀》本作“權”。“校誤表”云：“‘權’誤作‘凡’。”

政府乃一宗教之遺傳物也。成之於强道之婚媾。成之於掠奪。成之於争鬬。迷信從而創之。傳殺[①]者與執法[②]皆託於神明而爲之代表。故當有特權。凡人皆當服從之。因除有神道而無人道。有天理而無人理。人爲天之奴隸。故亦教堂之奴隸。與政府之奴隸也。

不能有國家而無宗教。雖如合衆國[③]與瑞士之自由。亦甚崇拜上帝。蓋使人崇信者。即政府之强權也。如不真信。亦必假信。一切壓制人利用人者。如牧師、君黨、政家、理財家、軍人、巡警、資本家、皆曰。必須有一宗教。此收拾人心之具也。

國家（政府）之性質。與進化程度之幼稚爲比例。國家者制人者也。國家者。强權也。强力也。亦强力之倨傲迷謬也。政府不講勸化。不求勸化。每其與聞一事。必非幸也。因其永不以信服。而專用强迫。政府之侵人志願侵人自由若是。而欲掩蔽之。乃令以爲善。其實則腐敗此善也。因凡使令。皆侵亂自由者也。即是真正之善。人道之善。（非神道之善）人[④]以至尚人道。尚自由。然每加以使令。則變而爲惡矣。所謂自由。所謂道德。乃其欲爲之也。樂爲之也。非因他人之使令而爲之也。

且政府保護自私者。即所以毁其道德也。因凡自私自利。皆毁人之思想與良心者也。凡自私自利者。或就政治而言。或就經濟而言。其思想良心。未有不毁壞者也。此社會上的通例。（無論國也。等級也。公司也。個人也。皆不能逃此例。）此平等之通例也。

至小國較爲善良。弱之所致也。大國用惡以致其强也。君政國。吾固惡之甚矣。殊不知兵强政專之大共和國。亦勢必至于争鬥于外。專制于內。

① “殺”，有誤，“校誤表”云：“‘教’誤作‘殺’。”
② “執法”，有脱文，“校誤表”云：“‘法’下脱‘者’字。”
③ “合衆國”，指美國。
④ “人”，衍字，《新世紀》本無。“校誤表”云：“‘人’字衍。”

而終不能保其人民之幸福與自由也。雖在最自由之國中。如合衆國與瑞士。亦無非少數人獨享私利。而多數人爲之奴隸也。

由進化之道不久政府當爲人道所過。

於社會歷史之中。自古及今。平民永爲政府所壓制。然則此種之壓力。爲人類社會所必不得免者乎？否！夫歷史最正大最確實之趨向。即人道也。自治也。真自由也。社會中個人之興盛也。人道之得勝除自由無他。國家于往史中爲至惡然將來必歸於消滅。今衆人知其時之不遠。此番改革。今之世紀可得而見之也。

在此改革之後。國家將代之以社會。本於協約。在國家消滅後。衆人同活于社會中。人之進化不外乎由于全社會。若非全社會同力之作爲。以成人道。則人不得而爲人也。非衆人合力作爲。使全地足以利人類之發展。人不足以自立也。無此實力上之自立。則無智德上之自立。若其不能以思想爲行爲之標準則非自立也。夫自立非教育莫得也。教育者。純然社會的也。非有社會。則人不過一野獸而已。

人之窮居獨處。不得謂自由。人之自由。乃衆人以人視之以人待之。故自由非獨處乃連合。自由者乃人權也。人將來不維持以强力。而維持之以協約。（衆人）

我之所以爲人。即我之自由所在。乃不服從他人。吾之行爲。惟準吾之信行。吾之所以自由。所以爲人。因吾認他人之自由。敬他人之人格。因敬衆人之人格。而亦敬我。食人之人食其囚。是以禽獸待其囚。彼亦不失爲禽獸也。故奴隸之主人。亦非人也。若他人不自由。我亦不自由。若他人之自由愈廣大。我之自由愈廣大。他人若爲奴隸。我之自由亦失。如他人有獸行。我之人格亦減色。自由之社會。不能維持于强權之中。而維持以協合之契約。

將來社會之組織何如耶。

人道進達。其勢不可禦。故人之聚合極衆。然其昔日之組織。以上臨下。以强力强權爲作用者。必代之以一新組織。不外衆民之所利。衆民之所須。與衆民之協力也。故“自由公會”從而組織之。個人合于村。各村合于省。各省合于國。（非國家也。乃地方也。）各國合而爲全地。各國、各省、各村。各有自治之特權。不妨其隣之自治之自由。

去一切所謂國權者。去一切關係國界、政界、戰界、商界、之問題。此皆古習之所尚。而今之所棄者也。無一專制之强迫爲人類公道所認者。除自由之外。無他權與他義務。爲吾所認者。自由結合與自由解散第一權也。非此。則“公曾”[①]不外乎一中央集權之假面孔而已。

產業〇人道進化由未盡善而至于較爲盡善。產業改變其今之現象。（私產）

凡私產其進化程度之幼稚與國家同。

個人之產業乃國家成立之原因。營利（資本家）與制人（政府）二者相表裏。營利即所以制人之法。亦即制人之目的。而制人乃所以保護營利者也。（資本家之權利）在一切國家。皆不外營利與制人二者而已。如制人也。果爲求被制者之利益。則營利是與之自相衝突矣。但以宗教玄理解之。則幸福非現在人間之幸福也。乃死後之幸福也。謂今生享受過度爲作孽。犧牲幸樂爲修行。如此言之。則不衝突矣。（因制人非害被制者。保護營利者非利營利也。）

私業之性質實與進化程度低下相符合。

今之社會中當其代表者。（所謂讀書人）非因聰明過于他人。實因其生

① “公曾”，有誤，《新世紀》本作“公會”。

于據私產之家也。惟彼得享幸福。得享文明之利益。得富貴。得奢侈。得家庭之樂。得政界之自由。得使役千百萬人而營其利。且從而制服之。

至大多數之平民。何所有耶。困苦也。愚陋也。其野蠻幾與獸相近也。其結果則爲少數人求文明與自由之享受而已。

工商愈發展。私產愈增大。平民愈困苦。于歐洲英比法德工商最盛之區。而其地之民困尤甚。在英國之餓死者。無日無之。

人道進化。不久必過于有私產之時代矣。營利者之害貧民。如政府之用壓力。奴隸、工人永受少數人之壓制。然營利者之消滅亦與政府同去。今衆人亦已覺之。不久私產必去矣。此番改革。今世紀尚得而見之也。

在此改革之後。產業改變。田地工作之器械。與一切資本。皆歸公共。將來之社會乃集產（即共產）之社會。

彼時出產。工作者同得之。

今世界公道爲主。無公道則無自由。無公道則無興盛。無和平。然非法律之公道。惟亦非神道之公道。惟人道之公道。故須組織一社會。無可得而營私利。無可受用社會中之利者。社會無非工作所成。故其益惟在作之者。

此法即田產、工作之噐械、與一切資本。皆變爲全社會所公共。惟工作者得而用之。即農會工會也。

吾乃主集產主義。而非主共產主義。（彼時有共產主義乃專制共產主義也。故巴氏以集產名之。其實巴氏之所謂集產主義。即今之所謂自由共產主義也。）將來之集產主義。無須强權之規則以行之。因其至爲自由故主之。吾輩永反對國家的共產主義。與國家的社會主義。吾所欲者。社會之組織與公共之產業。自下（民）而上。（政府）而非自上而下用强權以行之也。

實行〇社會進化。由獸境而進于人域。政府無。而法産變。所以致之者。則爲社會革命。此舉出之于自然。知進化之道者。從而助之而已。

欲救現在之困難。惟有一法。曰社會革命。社會革命者。毁去一切不平等之制度。而求經濟及一切平等之組織也。

革命非成之于一人。亦非成于之[①]多人。革命乃成之于各種之遇合。各種之風潮。其所以預備革命者。乃民衆積久之良心。而發引之者。不妨爲細故。今日革命迫切。衆已覺之。吾之世紀尚得而見之也。

吾之所謂革命。乃今人所謂擾亂秩序者也。夫革命非反對個人。乃反對所謂制度者也。因人之無道。殺人流血之革命。常爲必須。此固大不幸也。然不得免。雖然。與其屠殺多人。不若直破其事。即政府也。私産也。爲革命之公益計。必力毁此二者。無加憐惜。此即革命要法。

今之革命性質。純是全世界的。今各國之反對黨。協籌抵禦之術。故必行萬國革命而後可。萬國革命。即純然社會的革命。非國家的革命。非此不足以行此大舉也。

社會革命。應先破壞者。政府及一切政府之制度。

(一)國家例産　(二)免其還債　(三)免其納税　(四)解散軍隊官吏　巡警　教士　(五)去刑名法令　(六)合有關工作之産業器械歸諸農會工會。經營其制[②]造。　(七)國家與教堂之物産。歸公民會。由公民會。分給個人之所須。破壞之後。繼之以組織[③]。

(一)公民會與防守之組織。每街每地有經理人。公民會中。分有各門革命事項。

① “成于之”，有誤，應爲“成之于”。
② “制”，《新世紀》本作“製”。“校誤表”云：“‘製’誤作‘制’。”
③ “破壞之後。繼之以組織”，位置有誤，《新世紀》本中爲單獨一行，總領以下各條措施。

（二）布告公民會之組織。

（三）請各地自由組織公民會。然後各地合集以圖勝反對黨。然後有傳布員分赴各地。告以革命之原因。而開導之。凡有各國各地各村各會之組織以及個人。不分現在之所謂國界。凡表同情者。均爲公民會所接合。凡起事之地互相保衛。由是全世界之革命。成之于破除國界。傾覆政府。

革命應成之于各地之衆民。至預備革命。組織革命。鼓吹革命。皆知進化者所當助力者也。故吾輩助革命之速來。如産娑[1]之盡義務于新生子也。

故吾輩應傳布思想于衆人。于衆民中何者爲之阻力耶。無非愚也。與政治宗教之成見也。此二者皆謀自利者用以愚之者也。吾輩應鼓吹其"自信之良心"。"自然之思想。"若民之思想高尚。至于自然。則其志向堅而其力無以禦矣。

然後當組合誠信、勇敢、聰敏、熱心、而無奢望之革命員。爲革命思想與衆民之紹介。於歐洲百人。於其他諸大陸二三百人足矣。

欲鼓吹全世界之革命。（巴氏于千八百六十八年。組織萬國社會黨。即此意也。）

（一）須力圖傳布關係政治經濟之真理。與哲理諸問題於衆民。傳播書報與結會。皆傳布之善法也。

（二）須力求聯合聰明勇敢誠信之人。熱心於吾輩之主義者。以成世界革命之通貫。

（譯者附識）觀巴氏學説畧。可撮要如下。

（一）人道進化。由未善而至於較善。故必由有政府而至於無政府。此乃進化自然之公例。（由不自由不平等而向於自由平等）

① "産娑"，有誤，《新世紀》本作"産婆"。

（二）政府法律産業。皆互相助虐以爲民害。故必破壞之。

（三）以社會革命爲實行之法。一處之革命已行。則組織公民會。經營經濟之問題。及傳布革命。並聯合各地之人。以圖世界革命。

難者聞之必詰曰。“既云無政府。何以猶有公民會之組織。”夫無政府。即自由也。自立也。自治也。然自由自立自治。本無一定之界限。故愈進而愈向於自由自立自治。社會革命後之組織。較今爲自由自立自治。故社會革命行。非無政府之主義成。乃較近於無政府主義也。

夫無政府。有“哲理”與“作用”之别。其哲理大自由大平等。其作用則社會革命。巴氏之所謂實行。就作用而言也。

克若泡特金學説[①]

真譯

行略〇克氏俄之革命黨也。生于千八百四十二年。其家俄之古貴族也。克氏幼時。肄學于森彼得堡。長爲西伯里亞[②]軍官有年。于波蘭之役[③]去職。而從事科學。更爲地理學會書記。又[④]八百七十二年。有瑞士德意志之遊。遂入萬國勞動會。（Association internationale des travailleurs）返國後。以鼓吹革命爲事。千八百七十四年被逮。後逃于英。由英之瑞士。追逐法國無政府黨風潮。作“革命報”。極歡迎于倫敦之該黨大會。後被逐于瑞士。乃之法。千[⑤]因里昂暗殺案株連。罰入監五載。後居英。

克氏名其學説。爲無政府主義。伊反對强權。故先即以四字爲名。盖初因無政府有擾亂不經之意。故避之。後乃認此名而釋其古誼。曰“乃無强權也。非擾亂也”。無何乃直受其名。曰“無政府之名誼。反對今世之劣秩序。以求人生最光美之佳時。是名也豈不美哉”。

---

① 原載《新世紀》第12、15—17號（1907年9月7日—10月12日），今以《新世紀》本、《叢刻》本校。

② “西伯里亞”，即西伯利亞。

③ “波蘭之役”，指波蘭1863年起義。1861年，面對示威群衆連續遭到沙俄軍警鎮壓，巴德列夫斯基、雅羅斯拉夫、東布羅夫斯基等革命民主主義者組織“紅黨”，并成立領導起義的“中央民族委員會”。1862年8月，東布羅夫斯基被沙俄政府逮捕。1863年，沙俄實行强制徵兵，凡被懷疑策劃起義的青年全被列入徵兵名單，紅黨領導人决定1月22日起義，頒布起義宣言和解放農奴的法令，宣布土地永歸耕者所有。因衆寡懸殊，1864年，起義被鎮壓。

④ “又”，有誤，《新世紀》本作“千”。“校誤表”云：“‘千’誤作‘又’。”

⑤ “千”，有誤，《新世紀》本作“又”。“校誤表”云：“‘又’誤作‘千’。”

克氏箸作甚富。擇要録之。（一）無政府共產主義[①]。（二）麪包略取[②]。（三）無政府的道德[③]。（四）無政府主義在進化中[④]。（五）無政府主義其哲理其意想[⑤]。（六）監獄[⑥]。（七）新世紀[⑦]。（八）革命者之言[⑧]。（九）革命研求[⑨]。（十）將來之世紀[⑩]。克氏對于政府。法律。產業。之意見。多見（二）（八）兩書。（行署已刻入新世紀叢書。復録之以冠此篇。）

主義〇（一）人之公例。乃人道進化。即由人生較不幸樂而至于人生較爲幸樂。

對于有關人類及社會之學。惟有一學理可施。即博物學也。賴進化之哲理興。則學理全然改易。而管轄之意。從此失墜。且滅絶矣。世間一切事物。或地。或人。或風俗習慣。以及思想。無有不變者。凡吾輩之所見。無非一過渡之狀態。而終當更易也。生物機體進化。其理一也。

然進化非盡能緩緩而進。而時常加以猛進。（革命）此猛進。（革命）與緩進。（進化）協和而爲一善果。

秩序者乃平稱。盖羣力之所匯。出之于自然。如一部之羣力。不適然達于其所趨。其動力雖不減。而將變其常。暴動遂生。此之謂革命。

社會者機體之總也。各種機體。各盡其能。各取其需。共求便于其類。（人）求所以費較少之工力。造較多之幸福。人類之社會發展。吾人可從而定其標準。社會進化。由較不高尚而至于較高尚。此進化之目的。即爲全數

① "無政府共産主義"，即*Anarchist Communism*。
② "麪包略取"，即《麵包的征服》。
③ "無政府的道德"，即*La Morale anarchiste*。
④ "無政府主義在進化中"，即*L'anarchie dans l'évolution socialiste*。
⑤ "無政府主義其哲理其意想"，即 *L'Anarchie. Sa philosophie—son idéal*。
⑥ "監獄"，即*Les Prisons*。
⑦ "新世紀"，即*Les Temps nouveaux*。
⑧ "革命者之言"，即*Paroles d'un revolté*，今譯爲《一個反抗者的話》。
⑨ "革命研求"，即*Revolutionary Studies*。
⑩ "將來之世紀"，即*Un siècle d'attente. 1789—1889*。

人造較多之幸福也。吾之所謂進步。乃對此趨向路徑也。人可背此路徑而馳。而終必反乎其正。

於此則非有革命。不能進化。社會之進化同理。有時有若許之時機爲之阻礙。使不得達較多之幸福。因而新理發現。以求人生之實行。然其與以保守爲己利者相衝突。而溺於舊習與成見之中。

今之政治經濟。及社會諸制度。皆腐敗不可復全。徒阻碍各面之生機。故必須有大事出。（革命）以斷其路。而拯人道於泥塗。置之於光明之新路。是以革命爲最要也。

人各知其自然所有之權利。各知一切建作。皆人之所爲。亦惟人可得而改革。夫技藝也。文字也。美術也。人敢從而更革之。然則無論何建作何制度。凡不利於進步者。皆當從而攻之。以求適於人生之正也。（孔丘曰。非天子不制度[①]。今革命者則曰。凡人皆可攻其制度。）

（二）[②]人之公例。乃人道進化。即由人生較不幸樂。而至於人生較爲幸樂。

於生存競爭。人之社會向於進化之目的。求得人類較多之幸福。吾之所謂善。乃順乎此目的而益之也。吾之所謂惡。乃逆乎此目的而阻礙之。即有損於吾之社會也。

夫損益固難言也。然有不可異之理。以求達此目的。略而言之。即所謂“以己之願人待己者待人。在相同之景况”。此諺無他。即平等也。平等亦即公理也。博愛也。公道也。

然更有一不可異之理。以求達此目的。較之平等。愈美而大矣。即“激發其思想與作用之熱誠”。則其聰明愛情勇力。遂輸之於衆人矣。（惟革命

① “非天子不制度”，語出《禮記·中庸》：“非天子，不議禮，不制度，不考文。”
② “（二）”，衍文，《新世紀》本無。

有此）

法權〇人道進化由較未幸樂。而至於較爲幸樂。權不滅而法權滅。（法律）

法權乃人道進化（由較不幸樂而至于爲[①]幸樂而言）之阻力也。

數千百年以來。制吾者不外乎一術。曰"守法尊上"。每添一新例。則謂爲所以補救治安。殊不知法律無一可敬守之資格。此不過集録社會習慣而已。然習慣無用律例以敬守之也。至其他之習慣。除有益於管理者則無他益。凡管理皆有損於衆民。而所以制服衆民者刑法也。初集録習慣而爲法律也。亦無非視爲保守富者惰者之權利以施於衆民也。法律之取意。在使有益於彼少數人者之習慣久存也。

如研求一切法律。可從而别爲三門。

（一）保護産業

（二）保護政府

（三）保護人

將此三類之法律仔細解剖之。則可定之曰。"法律無益而有損。"

保護産業之律。非保護個人與社會應得之幸福。（一切社會中事。皆工人作成。而工人不得享受之。如作衣者寒。作食者飢。）而求竊取工作者之所作。而保護爲賊於工作者與全社會之人。（資本家）

至保護政府之例[②]。吾人知之甚明。無論何政府。或君政。或立憲。或共和。皆不外乎維持富有者之私利。曰貴族。曰宗教家。曰某某。如細查此諸律。無一可用者。

所謂保護人之律。無益而有損也。曰懲罰。曰警衆。然則[③]懲罰向不曾

---

① "至于爲"，有脱文，《叢刻》本作"至於較爲"。"校誤表"云："'于'下脱'較'字。"
② "之例"，有誤，應爲"之律"。
③ "則"，衍字，《叢刻》本無。"校誤表"云："'則'字衍。"

止殺一[①]人者也。殺人或因報復。或因困窮。皆不甚理計其結果之何如。伊固未嘗以爲必可免於罰者也。故至無刑之日。則殺人不必多。而或且減。

人道進化。不久將過於有法律之時代矣。當日本無法律。彼此以習慣相維持。從事耕織牧畜。各食其力。自從社會分而爲貧富兩等。富者求制服貧者。而貧者圖免其制服。於是今之强勝者從而作法律。命爲神聖不可侵犯之物。以便使人敬守。此法律之所由來也。

雖然。今已法律之末路矣。到處暴動者不絶。皆不欲敬守法律矣。夫法律何自來乎。何所用之乎。何人能强我敬守之乎。無法律之時近矣。此救世之術也。吾當從而致力焉。吾或得見於二十一世紀。

在此番改革之後。仍有一權。而非法權矣。今之法律全破。惟習慣可以維持之矣。下一步進化之信權。爲衆人志願所認可。保此信權者公同工作。互相協助。出之於感情。其中之人。亦恐爲衆人所不諒。或衆人之干涉。即設有不肖者。亦不敢犯衆也。

下一步之進化信權。仍有契約。信權之中。凡一切産物皆爲衆所同有。更有一權。“即生活權與安樂權。”凡從事於一部分之工作者。皆當享此權也。

政府〇人道進化。由較不幸樂而至較爲幸樂。政府不久滅絶。

政府乃阻人道進化者。進化就得較多之幸福而言。

所謂政府也者。何所用之乎？以之阻資本家之利用工人乎？保吾輩之工作乎？濟貧者之飢渴乎？非也。非！也！[②]然其干涉吾輩之一切作爲。由

① “殺一”，有誤，《叢刻》本作“一殺”。“校誤表”云：“‘一殺’倒作‘殺一’。”
② “非也。非！也！”，《新世紀》本作“非也！非也！”，《叢刻》本作“非也非也”。“校誤表”云：“‘！非’倒作‘非！’。”

生及死。政府創造若許之法律。雖法律家亦視爲迷津。聚歛巨欵。永不足其所需。每有國家政府。則必有戰事。因列强互事侵畧。不但此也。且有國内之戰。政府所保護者富紳。所攻擊者平民也。

雖已經政府之外形變①。而其内容無易。當日法國傾覆君主。歐洲各國亦從風而至。設立憲政。或名曰議院。或名曰參議會。無論與以何名。其爲自私自利之具。固無異也。即代議政府。所求者。亦不外行其權力。以法律侵害個人之作用而已。

每有保護工人利益之舉。則必行之甚緩。若富貴遇有危機。則趨救甚速。總之凡有深悉政府之情態者。未有不厭惡之者也。

所謂政府者。永無衆人團結之道德也。由政權而知之矣。如選舉常爲富貴者得權之保障。從而免彼此口舌刀劍競争。至爲限制其專制。則未之有也。故制人之人。賴選舉調和者甚多。而被制者何所取益。至謂出板自由。其實安在。即于出板最自由之國。（歐洲各國）其富貴者之横行。固無所忌憚也。至謂自由集會。惟公衆之會然也。此爲富貴者之所許。因其無害彼利。然其所畏者。私會也。會有公私之分。乃有合法不合法之别。何得謂爲集會自由乎？法律大書特書曰。“家宅不可侵犯。”噫。此亦富貴者之狡計也。其爲言曰。吾不欲人侵擾我家。吾故曰家宅不可侵犯。如有得罪吾輩者。吾固得而搜索其家宅。且于牀中執（名曰犯人）之也！何爲書信秘密權乎？若吾輩有所計議。反對富貴者之私利。乃令多人竊拆而觀之。如有詰之者。仍必如英相之直對曰。“諸君。竊拆人書。誠吾心之所不安。惟因此乃祖國（貴族富貴者等）之危害。不得已而發也。”總之所謂政治自由。出板自由。集會自由。家宅不可侵犯等等。除平民用之攻擊營私利者之外。皆可敬守。

① “雖已經政府之外形變”，有誤，《叢刻》本作“政府之外形雖變”。

倘用之以害彼等私利。則所謂自由者。付諸流水矣。（熟思以上之言。可畢窺富貴者之奸狡。而知政府法律等。皆少數人之利器。以害多數人之權利者矣。）

人道進化。不久過有政府之時代。

政府本一較新之建設。昔固無之。惟有自由之聯合耳。既而宗教法律兵力資本乃漸生。而所謂國家政府者遂成立。

今政府則將解散而滅絶矣。各民族（歐洲）已生欲破强權以圖自立之心。不從强者迫令。而由彼此自由之協約。政府之解散滅絶。如病老者之不可復活。惟待盡其餘年。盖政府消滅之期已不遠矣。

人道進化。不久政府爲社會所更代。成之以契約。無政府實將來之人道進化所及者也。

無政府以後。衆人結合而同活于社會中。此社會不本于强權之管轄。而本于衆人之協約。自由之發展。由個人而爲羣。由羣而爲會。由簡及繁。從其所宜。此將來社會之現象也。

今吾見無政府風潮之膨脹矣。即政府之權力日見減縮也。吾人既試以各種之政府。而後知必去一切政府之覊制。而求自由之協合。自由之社會膨脹。其大組織。純本會員自由協和。愈集而愈衆。如今歐洲之鐵路。爲自立之社會所組織。更如航業商業工業各會。以及海患救濟會。醫院建設會等。亦自由組織。即如紅十字會[①]是也。爲國家犧牲之人民。而國家反不得而救濟。乃讓自立會（紅十字會）爲之。此自由組織可行之徵。而爲將來社會組織之新法也。

---

① “紅十字會”，1863 年，瑞士銀行家亨利·杜南根據其所目睹的蘇法利諾戰役慘狀，與日内瓦知名家族中的四位主要人物發起成立“傷兵救護國際委員會”，并於同年 10 月在日内瓦召集國際會議，討論如何制定改善戰地醫療服務條件的可行措施。1864 年 8 月 22 日，瑞士、法國、比利時、荷蘭、葡萄牙等 12 國代表在日内瓦簽訂《改善戰地武裝部隊傷者病者境遇之日内瓦公約》，規定軍隊醫院和醫務人員的中立地位，傷病軍人不論國籍應受到接待和照顧等，并推動各國通過了《日内瓦公約》。1876 年，“傷兵救護國際委員會”更名爲“紅十字國際委員會”。

數百鐵路公司直相連結。無政府之干涉。無法律之限制。行之以議會。由委員討議畫策。而非法律也。此乃一新法。與一切政府議院之法不同。此仍一歐洲尚未大行之新法。然將來必大發達也。

于是時。固不必詳求將來社會之細節。然吾當知其普通之大意。

將來有各村。此各村非諸地界也。無疆界。無圍牆。一村者。即一平等之人羣也。一村中之每羣。與他村中之羣相吸引而聯結之。

衆人協約組合而爲羣。無須强爲協約之條欵。無罰律。無裁判。惟以公共之工作。公衆之熱誠。可得而實行也。若有不肯踐行者。可爲衆人所屏斥。

于各村中。各人自作其事。無須待政府之號令也。村之去國家。非爲重組織之也。最善莫過于自由。即無他人代表也。即無自棄其事也。乃自爲也。無監牢及他懲罰。至對邪僻之人。其最正大之補救。即友應與道德也。

各村之相結以協約。如個人與個人相協約也。各村之外。更有各行公會。每村必與多種行業會相合。以便得一切所需之物品。如食品衣物。以及一切技藝。皆各有公會。無論何種出産。互相交易而無界限。而各村各會。亦互相結合而爲團體。

日後之社會。充任一切今日政府所擔任者。

道路如何？各村之民互相協議。修築道路。必勝于今之工部也。

有鐵路乎？此方諸村樂於經理此方之鐵路。必勝於資本家聚集大多欵爲營利計。而築壞路也。

有學校乎？吾人自行組織。較之學部諸君有過之無不及。

如有外人欺凌。我何以應之乎？吾人自行防衛。勿託以所謂提督大將者。因彼皆謀害我者也。

有機器物具乎？由製器者互相交易。不假商人之手。因彼既欺賣者。又欺買者也。

如有口舌之衝突。由吾衆人將所争者。就理排解。

如有以强欺弱。吾人皆當干涉之。此乃吾人之義務。固不待諸警查[①]也。

産業〇人道進化。由較不幸樂而至于較爲幸樂。今之私産滅絶。

私産爲人道進化之阻力者也。人道進化。就由較不幸樂而至于較爲幸樂而言也。

何爲私産之結果乎？（私産之結果。即富者自肥[②]。貧者愈困。）昔之工業困難。仍不過一時。而今則恒久。今歐洲賦閒之工人。以億兆計。流離失業。迫于凍餒。結羣示威以要食者。以數千計。幼子面青瘦。婦人一冬老。工人之病死者如麻。然則[③]出産豐富之言。固不絶于吾耳也。（倉廩實。府庫充。老弱轉死于溝壑[④]。此即私産之結果。今支那人見泰西都市表面之文明。竟不知西人亦有貧者。遂以爲若支那能如此。即心滿意足。此心醉西法與共和之觀念也。既聞泰西經濟革命之言。乃知泰西貧富不平等之弊。又曰。支那尚無大資本家。只要政治革命足矣。經濟革命可免。殊不知支那之資本家之禍害。亦如水長船高。與時並進。若不預籌抵抗。其將來之弊。與歐西無異。吾敢斷言。現在支那之大資本家未衆。正是革命者之好機。圖社會革命。以求多數人之福者。其勿忽之。故今之重社會主義者愈多。將來經濟革命之衝突愈少。若以爲社會主義非支那之要務而忽之。則資本家之毒。必致養癰成患。而將來經濟革命必猛烈。故欲免或欲減支那經濟革命之衝突者。必廣傳社會主義使之普及。至謂社會主義非支那之要務者。是以造將來猛烈之經濟革命者也。）

---

① “警查”，有誤，《叢刻》本作“警察”。
② “自肥”，有誤，《叢刻》本作“日肥”。
③ “然則”，有誤，《叢刻》本作“然而”。“校誤表”云：“‘則’字衍。”
④ “倉廩實。府庫充。老弱轉死于溝壑”，語出《孟子·梁惠王下》：“凶年饑歲，君之民老弱轉乎溝壑，壯者散而之四方者，幾千人矣；而君之倉廩實，府庫充，有司莫以告，是上慢而殘下也。”

私産乃最背于公道者也。一切富源。皆今昔衆人工作之所致。而享其利益者。則非若輩。所居之房。若非在巴黎。則無價值。然巴黎之華美。乃數十世之工人所成者也。一新機器之發明。非一人之力。乃數世之功。若其不在此十九世紀之大工界。固亦無價值也。故一切之科學。工藝。學識。新發明。腦力。體力。皆互相關涉也。故每一發明。每一進步。皆本于今昔一切之腦力體力而成也。然則何得而言曰。“此物屬我。”衆人所需之田地。屬于少數之人。此少數之人。且有止農民耕種之權。衆人所需之礦産。亦屬于數人。以圖其資本之營利。機器乃工人累世造成。亦屬于數人。此皆私産之背于公道者也。

私産之時代將過矣。私産將滅絶矣。

私産乃歷史中之一現象也。此種贅瘤。與政府有密切之關係。蓋政治永爲私産之護符。保護有者。攻擊無者。國家之强力。乃富紳强力之本也。（故無政府與共産。二者相連。欲以政府行社會主義。經濟平等者。非僞即誤。）

私産已近于解决破壞之時矣。現在經濟之紛亂。不克持久。今之工人。欲以工作得生活。而不欲以之得困苦。今工人已知彼富貴者。不能明[1]彼之所欲。不能治此工業。不能經營出産之交易。以圖改良也。故于工人之中。社會主義大興。其傳播日廣。此十九世紀之特性也。總之私産之滅絶。其不遠矣。

以後之産業。爲社會上之産業。最近最高之進化程度。非但爲無政府。且必爲無政府之共産也。經濟自由。（共産）與政治之自由。（無政府）此二者之所趨。爲十九世紀之特性。此將來協同工作之幸樂也。且後之産業。不外乎社會上的。今之社會。日趨于共産矣。今之橋已自由往來。而無税矣。

① “明”，有誤，《叢刻》本作“滿”。

欄門去矣。道路公矣。以至於博物院。藏書樓。無費之學校。公園。街道。燈火。皆爲衆人之所共。此亦可以示吾將來社會進步之方針矣。

將來之社會。乃共産之社會也。以所有社會的資産。置之於公共。取用與工作亦共之。有别出産與養生之財物爲二者。謂機器、工廠、物料、道路、田地、爲集産。房屋、出産、衣物、屬於個人。（此集産主義也）然此二義[①]者。實無理之分别也。且維持個人之産業。即所以維持不平等。壓力與營私也。共産宣告之後。個人之私産除。同享資本。器械。出産。工作。公共之利益。不久四鄰聞聲而來。觀此自由平等之同樂同作村。

將來共産之社會。非如寺院兵房之公共。乃自由之公共。即將所製所獲。悉置公共。隨個人之所欲以取之也。雖不能詳述其細節。而當研論其大綱。

出産將如何耶？先製人之所必需者。欲得此。每人每日由二十或二十五歲。至四十五或五十歲。作工五点鐘足矣。各人于此人生必需諸行之中。各擇其一。設若立一公會與各會員相約曰。“衆人當保君之房屋。街道。運輸。學堂。博物院。藏書樓等。如君由二十五至五十歲。每日作工四五点鐘。於人生所需各行之中。由君自選其一。餘時或致力於科學。或致力於美術。亦由君自願。每年計千四五百點鐘之工作。以作飲食。房屋。道路。轉輸。盡于公會之所求者矣。”其餘之時。從事於科學美術。喜琴者。入音樂之製器會。助理工作。不久而得一琴。欲習天文者。則與天文會以及哲學家。算學家。製器家交遊。且可以共工作。以易天文鏡。總之每日七鐘工作。除生活必須之外。仍可從事於無限遊藝。以達其歡心也。（快哉。快哉。）

日後農業工業同時爲之。農業爲共同之執業。無城野之别。而工作亦遂

① “義”，衍字，《新世紀》本無。

無高雅粗俗之分。若無貧者迫於飢寒而賣其臂力。則文人學者。亦將自印其詩書。寫者讀者。亦將各習集字。印書。乃極快樂之事也。

一切工作。未有無趣者。如其不適。蓋皆學者未求改良之過。而貧者又爲勢之所迫。不暇計其美惡而認受之。即工廠礦坑。亦可使之合於衛生。精美與大學之試驗所等。其組織愈精善。人工之出産愈豐足。其過於今日奴隸野蠻之工作。不可同年而語矣。

如何分與其所産乎？凡致力於出産之工作者。皆有所得。惟所得不必與所作相等。各盡其所能。各取其所需。（所能就能力而言。所需就必須而言。非可爲有意偷懶。及貪心不足者所藉口。慎勿誤會。）凡執事于工業者。不論其强弱巧拙。皆有生活之權。與從容之樂。

凡執事於工業者。是盡其能矣。自當取其所需。即生活之權。與從容之樂也。

若因其弱或拙。作工較遜。非不盡其所能。是不能也。故亦應取其所需。即生活之權與從容之樂也。

若其不弱不拙。而故不爲。則人亦將屏之會外矣。因其不盡所能。故不得取所需也。

總之各盡其所能。各取其所需。二語至當。吾之好共産者。必不肯藉此以偷懶取利也。與吾同處於吾之社會者。亦必不容同會者以此藉口也。故今之反對共産主義者。亦可以已矣。

實行〇人道進化。由較未幸樂而至于較爲幸樂。故社會之現狀。不久當更易。即政府滅而法産變也。于是有新世界者出焉。此之前必先有一社會革命。成之于自然。惟知時機明進化者。當從而鼓吹之耳。

非有極大之動力。此望不能達。欲得公道勝。新理行。惟有以革命掃除社會一切陳跡。以誠信克己增進人類道德而已。非此。社會未有不腐敗者也。社會革命實急務。即求共産。去强權也。社會革命之時已迫切矣。不久吾將見之。其勢使然。諸公之志願。固無所用之于其間也。

然社會之改變。非一旦之革命所能成也。必以數年之久以成共産及人羣之組織。于是時中。無政府主義。乃深入多數人之腦思。而今日中立之徒。亦遂確信此意矣。

革命之第一要務。即破壞也。破壞實一最自然最確當之美意。因破壞即求新也。

然社會革命。非憤怒而行其殘酷也。當革命之時。必不無應剪除之人。如彼貴族之流。足以爲革命之仇者是也。雖然。吾民萬不致如彼帝王殘酷。且必去其虐刑苛政也。

宜最先傾覆者。即政府。無畏無强。無畏無强！此諸政府似有大權力者。然一遇民鋒。不難立敗。衆民暴起。國制散亂。官吏瓦解。不知何所適從。兵役離心。不復尊信其將領。然此不足以盡革命也。一旦政府掃除。人民不復待政府之重設矣。且將盡去個人之私産。置諸公共。鄉民罷其業主。同理公田。工人共取機械屋場。自持其事。

然則所謂取私産置諸公共。其有現制[①]乎？設有人曾購民房以居其家。亦驅之于外乎。非也。非也。如其房僅足以宿其家人。何奪之之有。如其宅中有他房租于他人。則衆民將告此租房者曰。“今君所居之室。屬于社會。其勿償價矣。”

破壞之後。繼之以新組織。多以爲革命須有革命之政府。其一以爲須由衆民公選政府。以公事託之。其二知當革命時代。以選舉建立政府之難。而欲建設革命之專司。以獨斷之行。施革命之舉。背逆吾之法令者殺之。至吾

① “現制”，有誤，《叢刻》本作“限制”。

無政府黨。則深知此專司。雖初意未必不良。究不外乎政府之迷信。而爲革命結惡果也。故吾欲自爲其事。而不待諸政府之命令。一旦政府傾覆。則自由之協合。即時而成立矣。工藝之新組織。更非數日之中所能成也。先于日用所需。如衣食屋宇。爲暫時之經營。調查而分給之。多者出之。缺者受之。温旨以饗老弱。强勇各任所宜。繼以良禨[1]製造。不久補其缺乏。

鼓吹革命思想。乃預窺時機者之務也。此秘密革命會黨之務也。此無政府黨之務也。無政府黨之數日增。然非革命之日。不成爲大多數。如法大革命以前。欲除王國貴族者。居何等少數。然不久少數之人起。而大衆隨之矣。

然則如何以鼓吹革命思想乎？最要者。普傳革命之目的。導之以語言。張之以事跡。以求普及于民。使一旦有事。衆口同稱。此固不可思議之效果。如此目的。僅爲少數人所知。則非及于大衆。故必藉普通報紙。以廣其傳也。

然此不足以盡之。仍必唤醒自立之心。鼓張果敢之氣。非此革命無以成也。故平静之思。恒足爲損。因其截理想與實行腦思與志願爲二物也。

欲使二者同達。惟有“作爲”。日新無窮之作爲。勇敢。誠懇。犧牲心。亦醫畏怯之良藥石也。

操何法爲之運動乎？各種之法皆用之。隨各人之時機。各人之性格。而爲適宜之運動。或嘲弄。或悲憤。或個人。或集體。無一不可。要之不外乎用果敢之氣。警醒之。激發之。以圖反對營利之徒。輕蔑一切政府。以示彼之窮途。以壯我之懷抱。更從而自踐。以爲之先趨也。

故熱心之人。不徒以語言塞責。必圖施之于實行、甯可被囚禁放逐以及于死。而宗旨不易也。勇猛之人。知非果敢不足以圖成。故不待衆勢已熾。

---

① “良禨”，有誤，《新世紀》本、《叢刻》本作“良機”。

旗鼓已張。而先應其鋒也。于此談訴理論之時。或個人。或集體。必有從而起者。其初衆人或爲壁上觀。或笑其爲瘋狂。既而則必有表同情者。暗暗稱快。前者傾。（入監或放逐）後者繼。而憤辯者有之。暴動者有之。報復者有之。各事紛起。衆意所注。新思于無形中浸入人腦。故數日之風潮。勝于千百萬書説傳布之廣也。

政府從而抗禦之。苛待之。然不過更生支節而已。如是者展轉相乘。則革命益深入而發展矣。而政府之衰微。與此爲反比例也。

操强權者。復思以反動壓服。惟今非其時矣。而衝突益烈。若稍有讓步。更不過助長革命之思潮耳。總之民勝而已。革命爆發而已。

（譯者附識）觀克氏以上學説可撮要如下。

（一）人道進化。由較未幸樂而至于較爲幸樂。故政府必滅。法産必革。因此二者。保少數人之私利。而害衆生之幸福也。

（二）因人道進化。故革命必行。知道者從而助之。用一切激烈之作用。以達破壞之目的。（破壞即更新也。更新即進化也。）然此風潮出于自然。故克氏惟述其情勢以明實行也。

巴氏克氏學説。皆節譯于愛氏 ELTZBACHER[①]所著“無政府主義”。愛氏由原書多種。擇有關學理。（或主義）政府。法律。産業。實行。五門者。輯合而爲學説。此五者之外。則所不及。愛氏之“無政府主義”。亦譯爲“世界七個無政府主義家”。見新世紀叢書第一集。

---

① “愛氏 ELTZBACHER”，即保羅・埃爾茨巴赫（Paul Eltzbacher，1868—1928），猶太裔德國人，無政府主義者，柏林商學院法學教授。他 1889 年出版的《無政府主義》（*Der Anarchismus*），1902 年由 O. Karmin 譯爲法文 *L'Anarchisme*。

愛爾衛反對祖國主義[①]

真譯

反對祖國軍國之思想。由來久矣。凡無政府黨。或真正萬國社會黨。皆主張之。其主義。即崇尚人道博愛。其作用。即以之破富貴者之强權。

軍隊不傾。政府不能覆。則財産不能公。而世界不能平。故反對軍國祖國主義。爲無政府黨（平尊卑）社會黨（平貧富）萬國黨（平遠近）之要也。

反對軍國祖國主義之大興。不過三四年耳。社會革命黨“愛爾衛”鼓吹最力。人恒以“愛爾衛主義”HERYEISME[②]名之。數年以來。愛氏奔走四方。專以傳達此説爲務。兹譯其前二年在公庭陳説之詞。其大旨亦畧備于斯矣。譯者識

每凡一新理出現。人必驚異之。反對祖國主義。亦工黨中之一新理。宜乎其見異于諸公也。今之以反對祖國爲可異。猶昔之以得罪宗教或主張共和爲可異耳。昔有“余詩”者。倡改革耶教。遂指爲異端。罰以火刑。臨

① 原載《新世紀》第 18、19 號（1907 年 10 月 19—26 日），第 18 號題下無署名，第 19 號題下署“真”。今以《新世紀》本校。“愛爾衛”，即古斯塔夫・哈維（Gustave Hervé，1871—1944），法國和平主義和社會主義者，早年是激進的反國家主義者，著有《反愛國主義》（*Anti-Patriotism*）等。

② “HERYEISME”，有誤，應爲“HERVÉISAME”（哈維主義）。

刑時。執其事者似惟恐火塲之不烈。然余詩則惟有聳肩短歎而已。日昨當堂。吾已得嘗此風味矣。有律師某曰。“爾等當登斬臺。”伊之言斬臺。猶言火塲也。若得罪宗教者。當受火刑。則吾輩之受火刑宜矣。因祖國亦即一宗教也。今之以祖國惑人。與昔之以宗教惑人。固無異耳。

宗教之如何惑人。諸公之所知也。當子之幼時。母即教以祈禱之歌。告以上帝之靈。勸戒以天堂地獄。稍長。便託之于教師。鬼神迷信之説。從此不絶于耳。更加之以教堂典禮。謬妄戲曲。隨時隨事之陶鎔。而將來不受宗教之毒者鮮矣。雖博學深思之士。亦往往慣于習俗而安之也。

使吾輩爲愛國者。其方法與此無異。吾輩幼時。于家庭之内。已習聞仇外之言。述他邦之惡行。誇國人之勳業。法人毁英德。德人毁英法。

吾法人則自譽曰。吾國之人。勤而好義。勇而有爲。英德俄日之人。其自譽也亦若是。

吾之父母。與吾以布兵木馬。旗鼓槍矛爲玩具。尚武思想。已漸浸入于腦中矣。稍壯入校。師長教以本國歷史。誇耀祖國之光榮。訓以道德。告以愛國之大義。書中插以戰圖名像。法則拿破崙。德則畢斯麥[①]。暇時一讀報紙。亦不外乎譽我仇外之言。猶恐其祖國迷信教育之不深也。更使之入營伍。得嘗軍人之榮。軍人之榮。入人之深。較教堂尤甚矣。布履素衣。代之以金碧奪目之凱甲。福音祝語。代之以軍樂國歌。巡行頌詞。（宗教故俗）代之以軍操檢視。更有宗教之所不及者。則今之軍隊。即異日赴屠塲之羣羊也。裁判諸公。必以爲我負諸公之心。盖我之言愈真切。則我之負諸公愈深

① “畢斯麥”，即奥托·馮·俾斯麥（Otto von Bismarck，1815—1898），德意志帝國首任宰相（1871—1890），史稱“鐵血宰相”。

也。雖然。當日之“福禄特”[①]“提特路”[②]。豈曾負人乎？

彼輝煌招展之旌旗。無異于售羊之草標。不足以繫吾社會革命黨之心也。旌旗者。無非表揚祖國者也。然則何爲祖國乎？吾爲諸公一譬言之。

一切祖國。無論其爲何種政體。皆合兩類之人所成。一少數。一多數。其少數者。圍一桌而坐。酒食豐美。上坐者。爲皇帝、貴族、大臣、大經濟家、宗教家。陪坐者。官吏、大小資本家諸人。諸公。亦在此中。此桌誠不惡也。居于人上。恒清暇以自得。人多有趨之。享受者爲科學美術之幸福。

諸公之旁。别有一羣人在焉。所執之業。粗拙而無意味。所操之役。汚穢且不得清暇。細工小販。窮日夜之力。猶恐不足以自活。業主大商。一轉瞬之間。而汲取血汗之積利。且賦閑者有之。爲奴僕娼妓者有之。赴戰而死者有之。此即諸公所謂祖國者也。

今之祖國。不外乎損他人以利己。即社會之不平等也。然每見國旗樹于其前。則民必仰而嘆曰。“美哉吾之祖國也。”且歌曰。“爲祖國而亡。乃一世之光。”

諸公或以爲彼圍桌而坐者。乃以勤勞聰敏而致。吾輩則深知彼等固因人而成功也。

由革命以來。富紳居于上。作法定税。自厚而薄人。富强者之利。貧弱者之災。然則名爲共和政體。且對平民而言曰。汝輩之祖國。至好之祖國也。汝有同等之選舉權。汝有結工會權。汝有結會自由權。汝有出板自由權。如祖國不治。乃爾等之過。賴爾等以改良之也。

選舉權名在衆人。實乃不脱于富貴之手。（一）工人爲資本家所壓制。

① “福禄特”，即伏爾泰（Voltaire，1694—1778），法國啓蒙思想家、文學家、哲學家，著有《哲學通信》《形而上學論》《路易十四時代》《老實人》等。

② “提特路”，即德尼·狄德羅（Denis Diderot，1713—1784），法國啓蒙思想家、唯物主義哲學家，百科全書派代表，著有《哲學思想録》《對自然的解釋》《關於物質和運動的哲學原理》等。

易其本意。（二）貧者少受教育。無以資其平衡。（三）日報傳布最廣者。皆出于資本家之手。由此而知號稱之共和。仍富者爲之主也。

罷工權名爲工人所有。俟有其事。則以壓力服之。即罷工者果勝。事後其主人以餘怒臨之。以至工會權。結會權。自由出板權。亦皆名不符實。

諸公一流中人。自愛今之祖國。如諸公赴湯蹈火。盡瘁于祖國。不亦宜乎。因此祖國之于諸公。猶慈母之于子也。少而養之。壯而教之。既光榮而且安樂。故諸公教貧民愛諸公之祖國。爲諸公計。固甚善也。

如諸公之祖國危。吾平民往而自殘同類。作諸公之看家狗。爲諸公計。非不善也。

如吾輩執愛國之迷信。託文明進取之美名。求爲富貴者作牛馬。朝取摩洛哥。馬大甲[①]。夕奪安南[②]。掠北京。爲諸公計。自非不善也。

如德法外交界經濟界有衝突。赴死者則爲吾民。而將來摩洛哥之利益。則屬于柏林巴黎富貴之諸公也。

吾輩深知諸公之所以利用祖國主義也。諸公之欲以愛國思想化吾民。爲諸公自謀。豈不善哉。諸公之欲平民愛祖國。與“狼欲與羊敘同族”無異耳。

吾平民對於諸公所謂祖國之感情則異矣。祖國之於諸公則爲慈。於吾民則爲虐。吾輩焉得不而怨之乎？

吾輩對於鄉里何嘗無情意。而對於諸公之所謂祖國則無之。何也。蓋吾之所謂鄉里者。即吾民也。而諸公之祖國。則不外乎少數人之私產而已。（祖國與平民乃二物。如黑白之不同也。）

由吾輩之眼光觀之。世界中惟有兩界域而已。即據私利者之界域。與平

① “馬大甲”，有誤，應爲“馬六甲”。
② “安南”，越南的舊稱。

民之界域也。此二界域。不以其所生之地與所操之言語而分。如彼犧牲我利用我者。雖係法人。而非吾輩之同儕也。吾輩之所求者。合各地之人。而爲萬國之協會。即人道大同之先趨。吾輩之合諸國而爲世界。如今之合諸省而爲一國。復何有邦畿之界限。祖國之迷信哉。

社會主義所尚者。平尊卑貧富之等級。而無彼我遠近之界限。故吾輩國家思想已滅絶矣。

昔日律師謂吾之祖國至善。能保吾輩自由之權利。以爲祖國美言。然吾輩應如何保我自由。吾輩自知之也。一日經濟奴隸範圍不脱。一日吾之自由不過表面耳。吾曾爲諸公詳言之矣。

吾輩所有之自由。無人可得而侵害之。（所以革命。正是不容他人侵害自由。若恐怕失了自由。不敢革命。是已經失了自由。故愛氏雖是入獄。正是行他的自由。）然多不明之者。即吾同志（社會黨）亦有謂如此主義只盛行于法。將來若法爲德人所吞并。將失吾輩之自由。或以爲若吾爲德人。則吾政權全失矣。殊不知德國亦有普通選舉之制。德國之工會亦多。德國之社會黨報亦鋭也。諸公以爲法人較德尤爲不馴。以德皇尚不能制服今日較馴之德民。而去其政權。乃能侵略法地。而制服其尤爲不馴之民哉。設法爲德所有。則法人必力爲傳布其説。以化德民也無疑矣。

每一民族。具有特性。若他國之人居其地。亦將習染其性質。此遺傳性與習慣性之公例也。故各國之人至法國者恒變爲革命黨。倘德人據法地。則將爲法人所變化矣。故外人之威權無可畏。惟患自己腦力之不足。革命乃至公至當者。焉得而不勝其他。若其不勝。是因其少也。故吾輩惟有勸人爲革命黨。若革命黨多。則其事必行。反對軍國祖國。其理一也。

君不見俄羅斯乎。較諸德國專制之程度更甚矣。雖俄之革命尚未全勝。而不久俄民必得自由權利。蓋當此二十世紀。無地可得而禦此民風也。

以久屈于專制下之俄民。尚以革命之故。將争得權利。豈有奮圖革命者。反墮落于他人之手。以至失其權利者哉。倘有被外人欺侮者。是因其不能革命而然。絶無因革命而致然也。

以俄政府之强暴。且不能制俄民。乃畏德皇有以服法人。不亦妄乎。

總之法政府德政府同一虐也。吾受法政府之虐。同于受德政府之虐。就吾無祖國黨觀之。法人德人蓋無異也。君其勿再以德皇威駭我輩矣。

由此而知“無祖國黨”非欲破壞我固有之祖國。而代之以他祖國。是欲毁一切之祖國。而代之以大同世界也。

律師必云“德皇固曾攻敗我矣”。然每一戰事。豈一政府從而獨斷乎。

每有兩國宣戰。其民不識孰爲先發。開戰後。兩國政府黨報。各道其長。是非無據。然就吾輩觀之。則無非相戰之國富貴者互争所致。無論某國表面似爲近理。吾輩則終不彼助也。

諸公之保護諸公之祖國。(富貴者祖國)是也。若欲藉詞使吾輩(平民)保護諸公之祖國。則有所不能。與其犧牲吾輩之性命。盡力于諸公之祖國。何若以之爲世界求大同之祖國爲善哉。

内國之戰。諸公之所不欲也。因内國之戰即革命也。即等級之競争也。若平民勝。則諸公敗矣。至國外之戰。則惟彼此之平民自殘同類而已。彼富貴者無論勝敗。皆安然無累。且或有利可得。如製軍械者、貸欵者是也。

即以支那甲午、戊戌兩戰[①]論。兵費、陪欵。皆出自各省。各省無非取之于民。其死者亦以萬計。富貴者居其幾何。

惟國内之戰。可有裨于社會。（即革命）俄人現今國内之戰[②]。（革命）無論勝負。其較之日本滿洲之勝[③]。必爲有得也。

有時表面似係萬國之戰。而實革命也者。如千七百九十二年“Valmy”之戰[④]。乃法之革命黨抵抗聯軍之反對革命者也。

設德政府遣軍赴波蘭。反對革命。吾輩革命黨。必助俄波之民而禦德。表面似屬國與國戰。實則社會革命也。

此乃革命。乃反對强權。不能因其爲戰争而名爲“軍國主義”也。非難反對軍國主義者恒曰。“如去軍國思想。則革命不能成。且將受他人之侮。”由此而知其不然。社會革命黨。無政府黨。反對軍國祖國黨。非拱手静坐而言和平者流。其勿誤會也。

非難者又曰。“革命與反對强權。以及暗殺。仍係用武。是與軍國主義名異而實同耳。”

此大不然。二者之所不同。甚易辨别。革命乃反對强權也。軍國主義乃以强服弱。從而漁私利也。

當用兵之時會。則吾輩起而革命。以圖社會之大改革。實行公産之法。

---

① “支那甲午、戊戌兩戰”，“甲午”之戰，指1894—1895年的中日甲午戰争。“戊戌”，指光緒二十四年（1898）。“戊戌”之戰，指義和團運動。光緒二十四年，義和團運動提出“扶清滅洋”的口號，支持清政府反抗西方侵略。1900年，八國聯軍侵占北京。1901年，清政府被迫簽訂《辛丑條約》。

② “俄人現今國内之戰”，指1905年俄國革命。

③ “日本滿洲之勝”，指1904—1905年爲争奪中國遼東半島和朝鮮半島控制權，在中國東北進行的日俄戰争中，日本戰勝了沙俄。

④ “‘Valmy’之戰”，即瓦爾密戰役。1792年9月20日，法蘭西革命軍隊爲一方，奥普聯軍及入侵法國企圖撲滅革命力量恢復君主制度的法僑保皇黨分子支隊爲另一方，在法國馬恩省瓦爾密附近的一次交戰。雙方在十天交戰期内，基本上是以大炮對轟，法軍傷亡300多人，普軍傷亡180多人。後來奥普聯軍因後勤供給不足，撤出戰鬥，法蘭西革命軍獲勝。

彼時之社會必較之今日爲正當矣。生計、幸福、科學、美術。衆所共之。諸公之子女。亦同享受之也。

吾輩之集産或共産主義。諸公必以爲空談。當日路易十四、十五、十六。亦何嘗不以革王位去貴族之革命爲空談。豈其然乎。

排斥軍國主義[1]

華倫西[2]著　無[3]譯

此篇原名 Militarism—the curse of civilisation[4]。係英國著名博物學家華倫西 Alfred Russell Wallace 所著。華氏于一千八百二十三年生于英倫之伊斯葛[5]Usk。一千八百四十八年。偕彭志[6]Henry Walter Bates（英國著名博物學家生于一千八百二十五年卒于一千八百九十二年）往遊亞美西河[7]Amazon（在南美洲爲世界最大之河）流域。在其地四載。搜羅動植物之標本甚富。一千八百五十四年至六十二年。華氏居于馬來羣島。研究其地之動植物。當是時也。達爾文之物種由來雖已告成。然尚不願問世。及聞華倫西主張之學説。與彼所見正同。于是達爾文乃于一千八百五十九年十一月二十四日發刊物種由來[8]。然其時華氏在東方。

---

① 原載《新世紀》第 39 號（1908 年 3 月 21 日），署名“無譯”。今以《新世紀》本校。

② “華倫西”，即阿爾弗雷德・拉塞爾・華萊士（Alfred Russel Wallace，1823—1913），英國博物學家、地理學家、人類學家、生物學家，因獨創自然選擇理論而著名。

③ “無”，不詳。

④ “Militarism—the curse of civilisation”，是阿爾弗雷德・拉塞爾・華萊士 1898 年出版於紐約的《奇妙的世紀：成功與失敗》（*The Wonderful Century：Its Successes and Its Failures*）一書的第九章。

⑤ “伊斯葛”，即阿斯克（Usk），位於英國蒙茅斯郡（Monmouthshire）。

⑥ “彭志”，即亨利・沃爾特・貝茨（Henry Walter Bates，1825—1892），英國博物學家和探險家，曾與阿爾弗雷德・拉塞爾・華萊士一起到亞馬孫熱帶雨林進行探險，是第一個對動物擬態現象作科學描述的人。

⑦ “亞美西河”，即亞馬孫河。

⑧ “物種由來”，即達爾文所著《物種起源》。

固不知達氏著有此書也。華氏所著有亞美西河流域遊記、馬來羣島、動物之分配、及達爾文主羨[①]等書。其中尤以動物之分配一書爲最著。蓋動物之分配一門。曩日博物學家研究之者甚鮮。此科之發達。實華氏之力也。華氏于晚年深信社會主義。故近復有土地國有 Land Nationalisation 等著作。

一千八百五十二年。英國廢決鬥之俗。（譯者按法國決鬥之俗。始于十五世紀。英國則于六十[②]世紀此風方盛行。目下法國此風雖稍殺。然仍未全廢。若德國之大學及陸軍中。則此風正方興方艾[③]。）實爲人民厭戰爭之先聲。蓋決鬥之事。雖大抵皆以名譽被人毀辱而起。然無異于私人激戰。故各國之思想家。莫不排斥其非。以其每以小忿而起殺人之心。實野蠻之根性。十九世紀之後半期中。世界戰爭屢起。亦大抵由于微末之事。因而決裂。當是時也。各國政府。野心勃發。躍躍欲試。故增加軍備。改良軍器。不遺餘力。每年之軍費。日有增加。以致賦税愈重。國漸貧。而人民愈困苦。

一千八百五十一年。倫敦開設萬國博覽大會[④]。當時希望世界平和者。以爲從此戰爭可稍息矣。孰知十九世紀之下半期中。戰爭愈甚。如一千八百五十四年至五十五年之克立米亞戰爭[⑤]。一千八百六十三年法兵入寇墨

① “主羨”，有誤，《新世紀》本作“主義”。“校誤表”云：“‘義’誤作‘羨’。”
② “六十”，有誤，《新世紀》本作“十六”。“校誤表”云：“‘十六’倒作‘六十’。”
③ “方興方艾”，有誤，應爲“方興未艾”。
④ “萬國博覽大會”，指 1851 年倫敦海德公園舉辦的萬國工業博覽會（Great Exhibition of the Works of Industry of all Nations），是世界首個博覽會，展現了世界文化和當時的工業科技成果。
⑤ “一千八百五十四年至五十五年之克立米亞戰爭”，即克里米亞戰争，指 1853—1856 年，奥斯曼帝國、英國、法國、撒丁王國等爲争奪巴爾幹半島控制權，先後向俄羅斯帝國宣戰。這是拿破侖帝國崩潰以後歐洲大陸爆發的規模最大的一次國際戰争，最終俄國失敗，引發了俄國國内的革命鬥争。史學界通常以 1853 年 10 月俄羅斯對土耳其宣戰作爲克里米亞戰争爆發的標志，此文則以 1854 年 2 月英、法向俄羅斯發出最後通牒爲標志。

西哥[①]。一千八百六十六年之普奥戰争[②]。及一千八百七十年至七十一年之普法戰争[③]。皆至血流成河。伏屍百萬。而攷其平和決裂之原因。則大抵由于國主之相争。或政府之野心。因而强人民以赴戰。其于人民之願否。固未嘗一計及也。

十九世紀中。各種科學。異常發達。各國政府遂利用之以改良軍器。以逞其并吞之野心。一千八百四十年。英國軍艦初改用瀛機。一千八百四十六年。德國陸軍改用新式洋槍。一千八百五十九年。法國始造鐵甲戰艦。自此而後。各國政府。争先恐後。惟專注于軍器之改良。炸彈衹求其烈。砲衹求其巨大。戰艦之噸數。自一萬至一萬五千不等。裹以十寸至二十寸厚之鐵甲。配以巨大之瀛機。艦之速力。則自十二海里至二十二海里不等。

目下英國軍艦之數。雖與前世紀相差不遠。然每艦之戰力及建造費。則較十九世紀初增加數倍。其故因近世之戰艦。大抵皆以鋼鐵包裹。舟中之各種機械。所費尤鉅。水雷艇亦大抵新式。近世之一等戰艦。其建造費約須一百萬磅。然建造費雖如是之鉅。而戰艦之被撞沉没。較前尤易。一千八百七十五年沉没之英艦"飛高"。及近來撞沉之"維多利亞"戰艦[④]。即其例也。

---

① "法兵入寇墨西哥"，即法墨戰争。1861年墨西哥停止向外國支付貸款利息，由此激怒了西班牙、英國和法國，三國簽訂《1861年倫敦條約》，整合力量，準備從墨西哥取回其款項。後來因爲發現法皇拿破侖三世意圖征服墨西哥，西班牙和英國撤回軍隊。1863年1月，法軍轟炸韋拉克魯斯，并對普埃布拉進行圍城戰。6月7日，法軍進入墨西哥城，阿爾蒙特將軍成爲墨西哥的臨時總統。

② "普奥戰争"，是1866年普魯士王國與奥地利帝國爲争奪德意志領導權進行的一場戰争，最終奥地利帝國戰敗，被迫放弃其領導權，由普魯士王國主導的北德意志邦聯成立，德意志的統一進程得以加速進行。

③ "普法戰争"，是1870—1871年普魯士王國與法蘭西第二帝國之間的戰争。因長期争奪歐洲大陸霸權和德意志統一問題，普魯士與法國關係一直緊張。1870年7月14日，普魯士首相俾斯麥就西班牙王位繼承問題發表"埃姆斯密電"，觸怒了法國政府。7月19日，法國對普魯士宣戰，但法軍接連敗北。9月2日，拿破侖三世率近十萬法軍在色當投降。9月4日，巴黎爆發革命，法蘭西第三共和國建立。1871年1月18日，普魯士國王威廉一世在法國凡爾賽宫加冕稱帝，成立德意志帝國，法國政府請求停戰。5月，兩國正式簽署和約。普法戰争使普魯士完成了德意志統一，并取代法國成爲歐洲大陸新霸主，同時也促成了意大利的統一。

④ "'維多利亞'戰艦"，疑指1893年6月22日在英國地中海艦隊中與坎普頓號（*Camperdown*）相撞而沉没的維多利亞號（*Victoria*）戰列艦。

至於大砲。則凡一百十噸重者。每尊需費二萬磅。六七十噸者。需費一萬四千磅。目下歐洲六大國之海軍。計有戰鬥艦及巡洋艦三百餘艘。其噸數自二千至一萬五千不等。砲艦及水雷艇等計二千艘。其殺人之力。實較十九世紀前半期之戰艦。增加五十倍。

雖然。此不過海軍耳。若歐洲六大國之陸軍。總計三百萬人。苟將六國之水兵加入。則其數更不止此。各國海陸軍人。大抵皆在少壯之年。而所謂政府者。乃不令彼等擇業而事。反力驅其從軍。名爲保衛祖國。而實則欲奪人土地以自利。其居心誠可謂陰險矣。據一千八百九十七年之調查。歐洲六大國之陸軍費。計一八〇。〇〇〇。〇〇〇磅。以目下每星期工人所得之工值平均計之。（原注。平均計算。各國工人每週所得。約十二先令。）則此數實足抵六百萬人之工值。若再加以戰時被毁之財産等。則一切軍費。可抵一千萬人之工值。此一千萬人之工值。既移作軍費。則其餘之工人遂不得不將每週所得。分助此一千萬人。噫。各國軍費若是其鉅。固無怪人民之困窮矣。

總而言之。政府者。衹知爲帝王貴族及資本家等（原注。此等人衹知攘奪土地。絶無人心。謂爲十九世紀之怪物。誰曰不宜。）保護權利。而於人民及世界無絲毫之利益也。不觀乎列國在古里德 Crete[①]及希臘之舉動乎。其行政之專制。實足爲十九世紀文明之污點。不觀乎列國在亞洲非洲之舉動乎。既占人土地。復視人如奴。其恃强欺弱之情形。實覺更僕難數。及至今日。則歐洲六大國之政府。實不啻六大賭博家。賭博足以引人入迷。攘奪土地足以使政府貪欲無厭。同一例也。今之政府。往往藉口於保護本國之權

---

① “古里德 Crete”，即地中海東部的克里特島。17 世紀，該島被土耳其占領，1830 年被土耳其蘇丹賣給埃及。1841 年埃及在反抗土耳其的戰争中失敗，該島又歸土耳其統治。1898 年，英、法、俄、意四國强行做出解决方案：以土耳其軍隊完全撤離克里特島爲前提，克里特在土耳其帝國的領導下自治。20 世紀初，克里特與希臘聯合，并成爲希臘的重要組成部分。

利。擴充本國之商務。任意用兵於海外。而攷其實情。則大抵皆爲其子孫永久計。其於人民。則惟教以服從。告以納税之義務。而於人民之安樂。固未嘗過問也。即以印度言之。印度被治於英。已逾百年。惟以英政府不知注意於民生之休戚。故印度之時疫荒年。屢見不鮮。不特印度爲然也。英國國內。素稱豐富。然而大城之中。人民之貧困。幼孩之夭卒。工人之短命。較他國爲尤甚。此其故何也。一言以蔽之曰。此皆政府之罪也。

十九世紀失敗之情形。固如上所述矣。雖然。此不過其大端耳。吾輩居文明普及科學發達之時代。而不知善用之。遂使戰爭屢起。人類相殺。吾知他日之歷史家必於世界史中大書特書。謂吾輩野蠻之根性未除。實不足以居十九世紀文明之時代。歐洲各國之舉動。亦不足以副文明之美名。而今日恃强欺弱之政府。尤非十九世紀所應有之政府也。吾嘗聞人言資本家無人心。吾以爲今日各國之政府。尤無人心。（原注。一千九百年各國聯軍在中國之殘暴舉動[1]。實足爲軍國主義能使個人舉動野蠻行爲退化之證。又如南非洲戰爭[2]及菲律賓戰爭[3]兩役之恃强陵弱。勞民傷財。更可知各國於萬國平和會[4]召集時希望世界平和之宣言。全非出於真誠。）

---

① “各國聯軍在中國之殘暴舉動”，指 1900 年英、美、法、德、俄、日、奥、意借口保護駐華使館，組織聯軍，攻占北京，瘋狂燒殺搶掠的行徑。最終，八國聯軍迫使清政府簽訂《辛丑條約》。

② “南非洲戰爭”，指 1899—1902 年，英國與荷蘭移民後裔布爾人建立的德蘭士瓦共和國、奥蘭治共和國爲争奪南非領土和資源而進行的戰争，最終布爾人被迫簽訂和約，承認兩個共和國併入英國。

③ “菲律賓戰爭”，指 1898 年美國與西班牙之間争奪菲律賓的戰争，最終西班牙戰敗，被迫簽署《巴黎和約》。

④ “萬國平和會”，指 1899 年 5 月 18 日—7 月 29 日在海牙召開的第一次海牙和平會議，中、俄、英、法、德、日、意、美等 26 國參加，并簽訂了《和平解决國際争端公約》等。1907 年 6 月 15 日—10 月 18 日召開的第二次海牙和平會議，對相關公約進行了補充。

法律與强權[1]

克若泡特金著　無譯

是篇英名 Law And Authority。係俄國著名地理學家及無政府黨克魯伯特金[2]所著。今之反對無政府主義者。聞廢棄法律之説。每期期以爲不可。以爲法律廢。則人類不能生存。盜賊横行。而人民之財産生命將不保。殊不知法律爲近世之産物。本非古時所有。今人不攷其原。遽認法律爲維持秩序之具。視之爲神聖不可侵犯。信之爲至公無私。遂使居于上者。每借法律之名。以行其蹂躪人民之實。革命黨無政府黨之反對政府。所以求改良。所以爲人民求幸福者也。乃所謂政府者。以其不利于己。故藉妨害治安之名。以法律懲之。且稱之曰罪犯。以顯政府地位之尊。權力之盛。克氏有感于法律之有損而無益。故作法律與强權篇。于其中詳論法律之獘。力闢法律廢則盜賊將横行。人類將不能生存之謬説。

第一章

當社會愚昧無知。人心紛亂不定。于是法律盛行。其時人民之一舉一

① 原載《新世紀》第 40—43、47、48 號（1908 年 3 月 28 日—5 月 23 日），署名“無譯”。此文譯自《一個反抗者的話》第十四章。今以《新世紀》本、《叢刻》本校。
② “克魯伯特金”，即彼得•阿列克謝耶維奇•克魯泡特金。

動。無不求法律之扶助。而不知個人之行爲。全賴乎個人之教育及道德。斷非法律之所能爲力。重以每一新律。與人民之性質相去逾遠。故一新律實行。曾未幾時而人民即稱不便。復要求改良。此數語者。非革命黨之言。乃著 Répertoire de la Législation de doctrine et de jurispru dence①之法國法學家戴魯詩②Victor Alexis Désiré Dalloz 之言也。戴氏身爲創設法律主張維持法律之人。而猶出此言。是亦可見今日社會之惡現象矣。

今日各國之人民。莫不以法律爲維持秩序之具。故偶有不便利之事。每賴法律以改良之。苟兩村之間。道路不修。艱于交通。則農民不知集款自築之。而惟要求修路之新律。苟農業或商界中之貨物銷路停滯。則農夫與豢牛者等不知設法疏通之。而惟望政府設保護之新律。苟資本家增加工人工作之時刻。而減少工人之工值。則所謂政治家者。不知告工人以向資本家取回彼等應得之財産。而惟新律之是求。久而久之。遂至無事無法律。無處無法律。以成今日不可思議之社會。

人生之初。莫不有反抗强權之天性。然而目今各國之人民。莫不重視法律者。何也。則教育使之然也。爲政府者。慮人民獨立之性質過于發達。故於彼等幼時。即竭力於教育中勦滅其反抗强權之天性。而教以敬視法律。服從强權。爲父母者爲教師者。莫不以此八字諄諄告誡年幼之人。且造僞言僞事。以證法律之必不可無。久而久之。遂至服從法律。成爲宗教。保護法律之人。稱爲英雄。及至今日。則各國之人民。成見已深。均以爲法律廢棄之後。人類必不能生存。故雖一旦人民憎政府之專制。及暴官汚吏之貪鄙。率大衆揭竿而起。傾覆政府。而於革命之後。則其第一要事。乃係

① “Répertoire de la Législation de doctrine et de jurispru dence”，有誤，應爲“Répertoire de Législation de doctrine et de jurisprudence”，即《法規類集》。
② “戴魯詩”，即維克托·亞歷克西·德西雷·達洛斯（Victor Alexis Désiré Dalloz，1795—1869），法國律師和政治家，著有《法規類集》。

重設法律。以爲社會之束縛。故世界之革命雖屢起。而人民之真自由。迄今未得。

人民幼時所受之教育。固如是矣。稍長。與社會交接。目所見。耳所聞。親長之教導。師友之忠告。亦不外乎敬視法律服從强權二語。歷史及政治諸書。則多方附會。鼓吹法律之必要。科學書中。亦往往引用神學中之成語。以證其功用。報紙中則更以敬視法律爲言。雕刻家及畫家復尊重保護法律之人。或塑其像。或繪其形。浸淫既久。服從法律之性質。成爲道德。人民之崇拜法律。成爲宗教。上古之時。人類每受制於石像。今日之人民。則受制於法律。野蠻人種恐遭天殛。故不敢撫石像之身。今日之人民。迷信世人之謬説。故不敢倡排斥之議。即一旦革命暴起。破壞舊制。則革命者亦往往藉法律之名。以證其行爲之正當。

法國大革命之後。實爲人民崇拜法律之極盛時代。古人言法律者甚鮮。孟德斯鳩、盧騷①、及福禄特爾②等之著作中。雖曾言及法律。然皆恐帝王之任意恣肆。故每藉法律以限制之。律中有人民求媚于王或王之僕人者。罪以監禁或絞死之言。即其證也。法國大革命之後。律師之權力頓張。且以法律爲彼等噉飯之具。故莫不竭力提倡之。中等社會之人 Bourgeois 慮革命復起。故欲藉法律以勦滅人民反抗之天性。教士牧師恐宗教爲革命風潮所破壞。故亦欲借法律以扶助之。人民鑒于昔日貴族虐待平民之苦況。故聞貴族與平民有罪。于裁判所中受同等之懲罰之言。皆以爲法律乃保護人民之具。

① “盧騷”，即讓-雅克·盧梭（Jean-Jacques Rousseau，1712—1778），法國啓蒙思想家、哲學家、教育家、文學家，法國大革命的思想先驅，著有《論人類不平等的起源和基礎》、《社會契約論》（中譯本又名《民約論》）、《愛彌兒》、《懺悔録》等。

② “福禄特爾”，即伏爾泰。

故亦甘受法律之束縛。歷時既久。迷信益深。故人民于不便利之法律。每求政府改良。而不知排斥之。以爲一勞永逸之計。惟百年以來。時勢一變。情形大異。革命黨既充滿于世界。無政府黨亦已屢見不鮮。彼等（指無政府黨）詳攷法律之原始及其功用。並研究人類所以敬視及服從法律之原因。且熟察其性質。知法律適與人類背馳。人類則依進化之公理。進行不息。而法律則停滯不前。永無改良。更攷法律所以能延至今日之原因。則東羅馬帝國 Byzantine or Eastenr① Roman Empire （建于紀元三百九十五年。于一千四百五十三年爲土耳其所滅。）之殘暴。異教審問所 Inquisition or Holy Office（係羅馬教中用以審問異教徒之裁判所。設于一千二百四十八年。古時西班牙意大利德意志及法國南部均有之。其懲罰之法。每用火焚。此審問所于一千八百三十五年始被廢除。惟意京羅馬則至今仍有異教審問所。）之酷虐。見於歷史。槍殺、絞死、鞭笞、監禁、等刑。見於今日。役吏之視罪犯。有若禽獸。裁判官據案高坐。判人死罪。漠不動心。

今日之政治家及議員等。惟知增設新律。彼等不知衛生之真理。而設城市清潔之規則。不知槍砲之使用。而定軍需之新律。不知教育爲何物。而定教育之制度。獄吏殘暴無人心。偵探凶猛如獵犬。告發成爲美德。行賄視爲通例。凡所謂治人者。其惡德且百倍於被治者。然以彼等爲維持法律之人。故即有腐敗行爲。亦不過問。

由是而觀。可知法律祇便於政府及官吏之自利。絶無維持秩序改良人格之價值。故吾輩於敬視法律。宜易之曰蔑視法律。服從法律。宜易之曰反抗法律。

---

① “Eastenr”，有誤，應爲“Eastern”。

第二章

上古之時。人民皆不知法律。故其一舉一動。但以習慣爲準繩。一習慣使用既久。遂成風俗。人民于襁褓之中。即習而知之。即法學家所謂習慣的法律 Customary Law 是也。上古時代。各村之人民及各種之部落。固莫不藉風俗以相交通以相親愛矣。即在今日。如俄、意、西班牙及英法農民之多數。均不知法律爲何物。彼等于社會上之事業與夫一切之舉動。仍以風俗爲法則。蓋法律于彼等實無絲毫之利益。徒使彼等多一與國家交涉之關係。反令彼等不能安居耳。

吾輩如將上古人民之習慣詳加攷察。知社會上之風俗。實可分爲二大類。社會成立之始。由于人類之同居。同居既久。于是感情及習慣因之而發生。以有感情及習慣。故社會因而團結。種族因而繁殖。此二端（即感情及習慣）皆依進化之公理。自然發達。于動物則謂之天性。于人類則謂之感情及習慣。非法律創之。乃先于法律者也。非宗教設之。乃先于宗教者也。野蠻人種于其最初時代。往往人相食。喜殘殺。其後稍進化。漸知人相食之不足以生存。而始從事于農業。近世之探險家等亦言獨立之野蠻部落。多無酋長。亦無法律。惟族中凡有爭端。每邀第三人公平決斷。不如前之互相殘殺。其故因共居既久。親愛之感情發生。故其人民之舉動。亦漸進化。上古人民往往知敬禮。重人命。哀孱弱。知報酬。甚且爲他人犧牲一身。此類感情。亦皆自然發達。而非法律及宗教之力也。

與親愛之感情同時發生者。則爲自私之習慣。如管轄他人。壓制同類。占據他人之物以爲己有。己不工作而思與人分利。諸如此者。皆所謂第二類之風俗是也。强有力者既恃其勢以蹂躪他人。教士與兵卒復導民以種種迷信。二者狼狽爲奸。無惡不作。又恐利益之不能久占也。于是創設利己之法律以箝制社會。歷時既久。人民習而不察。忘其本原。及至今日。則人民好古之成見已深。重以野蠻之迷信未除。故于此不平之法律。莫敢非之。即一旦有少年攘臂而起。倡言改革。則老者必力阻之曰。吾祖若父。于法律尚無異言。則率由舊章。乃吾輩之本分。安可妄言改革。以破壞舊制哉。蓋其迷信已深。牢不可破。故雖淪爲奴隸。亦復固執前見。野蠻部落聞有人倡改革舊制之説。即羣以自殺爲抵制。蓋彼等于幼時即習聞種種之謬説。故以爲苟有改革。部落將從此不振也。野蠻人民固如是矣。即今之革命黨者。于革命之方法。亦徒知效法前人。不敢或異。故世界之革命雖屢興。萬事之積弊。則未有能一掃而空之者。

强有力者既用强力以侵人自由。復揚言謂人類之不平等。乃天然之事。使民無所藉口。其實行强權之初也。人民雖有抵制者。然彼力能制之。故尚不設法律。迨後被治者與治者相争漸烈。一則思抵制强權。一則欲管轄他人。當是時也。强有力者知非得一勞永逸之計。則不足以爲子孫長久計。于是遂創設法律焉。法律既創設。教士首贊成。陸軍爲後援。及至今日。各國之人民苟有反抗者。則政府每以陸軍鎮壓之。而陸軍乃儼然爲法律之獨一無二之保護物矣。

雖然。法律中而盡係命令之辭。欺人之語。則法律亦必不能久存。强有力者知之甚悉。故將第二類之風俗混合于法律之中。如古律云。毋妄殺。惟須納十分之一之税于教士。又云。毋竊掠。惟有人抗不納税者。則斷其手以警。自表面觀之。則以上二律。似足爲保護治安改良人格之具。然而詳察其内容。則每律實有二種性質。勿妄殺云云者。即法律藉以立足之具。而人民所以迷信法律之由也。納税云云者。即强有力者自私之言也。彼恐人民洞燭其奸心。故特冠以勿妄殺數語耳。法律之真相既如此。法律之積弊復如彼。則法律之不能久存。已無疑義。然而含二種性質之法律而亦能延至今日者。則强權（即刑罰監獄等）爲之後援也。

第三章

資本之原始及其發達之實情。社會黨言之詳矣。惟法律之歷史。則鮮有人言之者。法律之設立。即所以保護資本。扶持强權。故其發達之時期。與資本同。而其禍民之能力亦相等。歐洲各國法律發達之歷史。皆大同小異。故吾輩苟一覽法德之法律。即可以知英奥諸國法律之性質及其發達之歷史。

當法律之初設也。人民尚有權與聞其事。迨後教士與貴族之勢大張。創設法律之權。遂落于若輩之手。而人民乃爲被治者矣。法國第一次革命興。而初設之法律。幾被廢除。惟卒以人民之中。内訌忽起。其願未償。王室乘此時機。恢復已失之特權。而帝王與朝臣。遂爲創設法律之人。歷時稍久。王室之權愈張。議院召集無定期。生殺由王之獨斷。而所謂國家者。幾爲王之私産矣。法國大革命之後。王權復衰。中等社會代之而興。創設法律之權。復歸于若輩掌握。今日創一律。明日設一例。法律愈繁。擾亂愈甚。又恐律之不能實行也。復藉官吏警察陸軍等爲扶助。其設律之目的。表面則似爲保護人民之生命。而實則爲保護富有者之私産。使彼等得以高枕無憂。當今之世。各國内謀殺之事。雖層見叠出。然其謀殺之目的。大抵爲奪財而非有深讐私怨。其故因人道之感情。漸發生于社會。是以侮人者既鮮。而報復私怨因而謀殺其人者。尤不多覯。然此非法律保護人民生命之功也。總而言之法律者乃資本家之護符。而于人民無益也。諸君而果係改良之革命黨也。則焚燬法律。廢除財産。乃革命之時諸君最先之義務也。

第四章

吾輩苟詳考法律之性質。知各國之法律。實可分爲三大類。一曰保護財産之法律。二曰保護政府之法律。三曰保護人民生命之法律。此三類法律之功用雖畧異。而其有害于人類。阻世界之進步則一也。目今各國保護財産之法律。皆爲强權者設想。而于勤勞工作之人。則絶不過問焉。强權者逞其勢力。妄奪他人之財産。而所謂法律者。不特不非之。又從而保護之。即以房屋而論。今之法律往往指定某宅爲某人所有。殊不知以理而論。彼人實無占據此宅之權利。其故一則以得此宅者。未能與建築之工人以相當之工價。以償彼等之勞。二則以各地之房價。大抵隨文明發達與否爲增減。是以同一居宅。在倫敦巴黎等處。則房價昂貴。莫與之京。在西伯利亞荒僻之區。則房價之賤。幾差數十百倍。其故因倫敦巴黎等處。文明發達。交通便利。如戲館學校鐵道電燈等。皆其繁盛之原因。而房價昂貴之理由。雖然。此文明之發達。非一人之力。乃衆人之力也。非一日之功。乃數十年而後致此者也。今法律定某宅爲某人所有。使其獨占利益。是不啻將社會全體之公物而歸之于一人也。此舉也。最背于公理者也。政府知其舉動之背于公理。恐人之起而責問。故遂不得不將警察及陸軍等爲爪牙。

保護政府之法律。即俗所謂憲法者也。此類法律。名目繁多。如徵税律陸軍律宗教律警察律等。皆所以使政治之機關發達者也。此機關無論其性質爲君主爲共和。其所竭力保護者。每爲强權之少數。即貴族教士等是矣。憲法之宜廢除。無政府黨固已衆口一辭。即稍激烈之革命黨。亦多抱廢除之説者。

保護人民生命之法律。于三類法律中最爲重要。人民于此類法律。成見亦最深。以人類屈服于法律與强權之下已久。故每以爲法律廢除。則人類相殺。將不知伊于胡底[1]。殊不知今人所犯之罪案。其三分之二或四分之三。大抵皆爲奪取財産起見。將來私産既滅。則此類罪案必隨之而絶迹。吾可斷言。惟有人非難曰。因私産而起之罪案。固可絶迹矣。然有人往往以報復或私怨而殺人。苟無法律。則吾輩將如何處置之耶。殊不知犯案之增減。不在乎法亦[2]之有無。苟天氣温和。農業有望。則犯案必少。蓋犯案之增加與否。實與氣候爲比例。倘該年收穫甚豐。食物不至過貴。氣候亦佳[3]。（譯者按犯案之增加與否、實與氣候爲比例之言頗確、陰雨之日、人人覺精神頓減、甚爲抑鬱無聊、若天晴之日、則精神勃發、勇氣百倍、絶無憂悶之時、此其證也、）則其人即有小忿。必不至動輒以殺人爲報復。由是而觀。則人之犯罪與否。必不在乎法律之有無也明矣。今人不察。固執舊見。以爲法律乃保護治安及改良人格之具。殊不知**刑罰愈嚴犯案愈多**。欲犯罪之人。必不懼刑罰之嚴酷。蓋其立意殺人之時。固未嘗一注意于將來應得何罪也。今之人往往有犯案已數十次而卒不能悛者。何也。則監獄使之然也。（譯者按監獄斷不能改良人格、已爲有識者所公認、蓋欲教之而先辱之、徒使其人愈趨於邪耳、請以最淺之一事譬之、有某甲者、嘗教某乙以算學、一日某乙於算題有不解處問甲、甲出惡聲曰、即此極淺之算學、尚不能解、愚鈍如是、則不如不學之爲愈也、某乙以此數語、自此以後、遇有難題、亦不復請教于甲、而算學亦遂荒廢矣、）今之監獄名爲改良。而其實情則較中古時代之囹圄尤爲退步。其苦況非規歷[4]其境者不能言也。

總而言之。犯罪之大原因。在乎游惰[5]法律及强權。將來監獄廢除。法

---

① "伊于胡底"，語出《詩經·小雅·小旻》："我視謀猶，伊於胡底。"
② "法亦"，有誤，《新世紀》本、《叢刻》本作"法律"。"校誤表"云："'律'誤作'亦'。"
③ "亦佳"，有誤，《新世紀》本作"亦佳"。
④ "規歷"，有誤，《新世紀》本、《叢刻》本作"親歷"。"校誤表"云："'親'誤作'規'。"
⑤ "游惰"，有誤，《叢刻》本作"監獄"，與下文"將來監獄廢除"合。

律破壞。强權絶滅。則犯案必鮮。即一時不能絶迹。則其補救之法。非鞭之殺之及用種種之虐刑。乃用善言勸導之。使之改良。（譯者按善言勸導、最易令人悔悟、若出惡聲、則其人未有不老羞成怒者也、余聞某西婦夜行、遇剪徑者、婦恐爲所制、乃先謂之曰、此處荒僻異常、予一人獨行、頗恐遇歹人、今有君同路、則予無憂矣、其人聞言、忸怩良久、遂伴該西婦歸家、）蓋以監獄法律非特不能改良人格。實製造罪犯之惟一方法。故吾輩而欲使人類平等。世界平和。則焚燬種種法律。排除一切强權。乃吾輩最先之著手處也。

工人之無政府主義談[1]

信者譯

予偶遊書市。見馬氏 E. Malatesta[2]所著之 A TALK ABOUT ANARCHIST COM MUNISM，BETWEEN TWO WORKERS，一書。（係倫敦提倡無政府主義之“自由”報館所出版。）讀而悦之。並以其解説異常明白。故特譯出。以餉中國人之研究無政府主義者。書三十二“丕其”[3]。以尋常之文體。不易明白。故著者特借二人。（一爲老者。名威廉。甚守舊。一爲少年。名稽果。無政府黨。）設爲問答辭。逐叚[4]辯駁。

英國于歐洲諸國中。爲最守舊之邦。事事皆落人後。其原因、一以宗教氣太重。二以貴族之數過多。故其國民奴性甚深。不如法人之好動。惟近年來。大陸之社會風潮。一日千里。即以好静之英人。亦爲其所激動。今英人之信社會主義及無政府主義者。雖尚不多。然提倡者已有人。無政府主義書。亦已屢見于書市。數年前。倫敦于星期日。衹見

① 原載《新世紀》第 21、23—27 號（1907 年 11 月 9 日—12 月 21 日），署名“信者譯（來稿）”。《叢刻》本署名“馬拉鐵達著，信者譯”。今以《新世紀》本、《叢刻》本校。
② “馬氏 E. Malatesta”，即埃里科·馬拉泰斯塔（Errico Malatesta，1853—1932），意大利無政府主義者，著有《無政府主義》（*L'Anarchia*）等。
③ “丕其”，page 的音譯，頁。
④ “逐叚”，有誤，《新世紀》本作“逐段”。

有傳教者説教于市中。今則傳教者幾絶無而僅有。而社會黨之演説于市中者。竟屢見不鮮矣。此社會主義進步之明證也。

（威廉問）稽果。予久未見汝。急欲與爾一談。當爾居鄉間。如何純正。今竟一變至此。汝父若存。吾恐……

（稽果答）予思予生平。未嘗有不正之事。今見責若此。誠令人不解。

（問）請勿怒。予爲汝父之良友。故欲告誡于汝。爾行爲如此。吾誠失望。汝父欲爾留一善名。而汝竟若此。

（答）予誠不解所云。予乃一誠實之工人。生平未嘗作惡事。更何愧于吾父。予與吾同志。不過欲于社會上改良。爲衆人求幸福。今爾見責。誠出意外。

（問）爾誠善良之輩。惟汝曾被捕入獄數次。人皆知之。故予勸汝專心作工。勿干預政治上事。蓋政治上事。宜任無事之紳士爲之。吾輩干預。未免越俎。汝之改變。諒因所友非人。故宜與彼等絶交以免禍。

（答）咄！爾所言謬甚。吾之友人皆善良者。吾輩不過欲排去一切强權。而改良吾輩之地位。吾與友人誠入獄數次。然係爲衆人求幸福起見。與盜竊被捕入獄者大異。爾同爲工人。受苦相等。乃不與吾輩合力排强權。而反助資本家及政府。良心果何在乎。

（問）吾知天下多不公事。然此係天命。非人力所能挽回。吾輩生爲工人。則作工乃吾輩之本分。他非所知。苟欲改良吾輩之地位。則非特妨礙治安。抑且壞自己之名譽。

（答）吾不知如何謂之爲“名譽”。爾所崇拜之紳士。奪吾輩所應得者。而反令吾輩作工。相待如禽獸。如稍不從其命。則更借警察等以壓制。而彼等則一事不作。驕奢淫逸。坐享清福。吾以爲敵者。而汝反以爲友。汝非喪心病狂。抑何至此。平心而論。政府者。係富者所合成。故常爲富人助。而于吾輩。無絲毫之利益也。今吾輩欲求自由。汝反起而反對。吾語爾。世界最無人格之人者。乃爲被人壓制而不思反抗之人。

（問）爾所言雖善。然一切皆上帝所命。如不懼上帝。恐無事可爲。

（答）上帝與吾輩無涉。上帝者。乃强權者用以欺人壓制人者也。故爲王者。必曰上帝命予爲王。與人戰争。思欲借此以奪人土地。則曰此係上帝之意。苟上帝而如是。吾當戟指而詈之曰。“惡。”

（問）爾口才鋭利。吾誠不能辯。惟吾聞人言。汝欲盜刼人之財産。果有是意乎。

（答）否。吾輩並不欲刼人之財産。不過欲將富者之財産。公之于衆人。此非盜刼。實不過向富者取還貧人所應得之物耳。

（問）爾謂富者之財産。本爲貧人之物乎。吾誠不解。

（答）然。富者所有之財産。乃衆人應得之物。汝知富者何由而得此財産乎。富者有何特權。而能奪此財産而永守之乎。

（問）富人之財産。係彼祖所遺傳。

（答）然則彼祖又何由而得此財産乎。不過彼幸而爲强有力者。故能奪弱者所有而占據之耳。占據之不已。而又使弱者爲之作工。更屢行壓制以示威。使弱者不復有見天之一日。然後其子孫乃可長享清福。今其子孫雖無其祖之盛勢。然爾以爲公平乎。

（問）如彼等確係强奪人之財産而占據之。則安得謂之公平。然富者常言。彼等之積蓄。係正當得來。並非强奪。此果何解。

（答）爾所言愚甚。富者奪得財産。安有自認强奪之理。然試問土地礦産等。彼果何由而得之乎。豈彼作工而得乎。非也。此乃天然之物也。既爲天然之物。則爲衆人所共無疑矣。而何以富者能獨據之乎。吾告汝。土地者。

乃可分割之物。故强者能獨福之[1]。若空氣而可分割也。則强有力者。亦必奪新鮮之空氣。而留其污濁者與吾輩。幸而此事非强者之力所能及。故吾輩尚得稍吸新鮮空氣。以苟延殘喘耳。

（問）爾所言甚合理。然世界上之物。非盡天然者。其用人力而成者。則汝將如何解釋之乎。

（答）世界上之物。自然有用人力而成者。然以理而論。此等物應歸其主。而何以目下之情形。則適與相反。

（問）但富者每言彼祖若宗。均甚勤勞。彼等所擁之資産。實爲祖宗傳下之積蓄。

（答）以予意觀之。其事適相反。富者購得田地。迫貧人耕種。使彼子孫坐收其成。作工者既十分勞力。而所得之工資。尚不足以贍家。且使其子孫永不得改業。苦樂不均如此。爾以爲公平乎。

（問）世界上誠覺貧富不均。苦樂不均。然汝有何法以救之乎。予則以爲此乃天然。非富者及資本家之過也。

（答）汝既不解。吾當用譬喻法以釋之。譬如爾甚勤勞。能自食爾力。而吾則爲一荒嬉之人。吾之應受罰。固無疑義。然吾子將來或係勤勞之人。則又何罪而受此終身作奴隸（現世紀之作工實與奴隸無異）之苦況。甚至食不能飽。衣不得煖。

（問）汝言未嘗不然。然吾以爲吾輩宜知報恩。因世界苟無富人及資本家。則吾輩便無作工之處。既不能作工。則更何能生活。

（答）富者何以有財産。係用强力得之。既得之矣。乃迫弱者爲奴隸。而己則坐收其利。及至今日世界之人類。衹知利己而不知利人。甲勝則乙

① “福之”，有誤，《新世紀》本作“占之”。

仆。甲仆則乙起。彼此競争。彼此傾軋。於是奴隸貧困賣淫等。遂爲其結果。故吾輩而欲救其弊。必先使人人於經濟上皆平等。而使人類有相愛相助之觀念。此即所謂經濟革命也。彼富者淫逸已慣。吾知其必不願有此改革。然吾輩受累已久。斷不可再事遷延。彼富者既以强力得財産。則吾輩亦宜以强力取回之。物歸故主。此理之當也。故吾謂工人而果能人人明此義也。則富者與資本家之傾覆。可翹足而待也。

（問）惟吾有疑者。則世界上苟無富人。吾輩何能生活也。

（答）爾所問愚甚。爾不見世界之現象乎。耕種收穫。非吾輩乎。爲各種之苦工者。非吾輩乎。故富者無我輩。則不特其田地將荒廢。抑且餓死。汝言吾輩宜感激富者。吾以爲富者宜感激我輩。蓋富者之致富。皆吾輩致之也。其所食者。皆吾輩之膏血也。彼富人又安能爲力哉。簡言之。彼富人者。實社會之毒蟲也。此蟲不除。則民困必不能蘇。世界必不能改良。

（問）爾言雖是。然富人有田地及器具。而吾輩無之。則吾輩仍不能不依富人爲生活。

（答）予前已再三告汝。謂吾輩必須向富者取回田地器具。及一切應用之物。若此物而仍在富人之掌中。則吾輩終不能躍出奴隸之範圍。此理之顯而易見者。

（問）爾説甚不謬。然爾所言。皆予生平所未聞者。故多不免誤會。請再詳言之。富人與資本家傾覆之後。財産將如何安置乎。大約欲人人于經濟上平等。莫善于均分之法矣。

讀者注意。今人之不知社會主義者。聞均貧富之言。往往以爲即均分財産之謂。實大誤也。

（答）曰。否否。如財産而果均分也。則一資本家滅。第二資本家將繼之。是以暴易暴也。此豈吾輩所希望者哉。

（問）然則吾誠不解。

（答）其事誠簡易。如欲均貧富。則吾輩必須將財産與人人共之。共産與分財産。大有分別。不可誤會也。欲行共産之法。則人人必須作事。即所謂各事其業也。若社會上而有游惰之人。則游惰者必致與勤勞者分食。此豈公平之事哉。吾言人人須各事其業。乃指無病者而言。若病者老者幼者。則作事勢有不能。社會必須公養之。此乃人情也。况乎吾輩將來亦不免成爲老者病者乎。爾苟細思之。則知世界有用于人之物。可分爲二。其一爲田地器具及一切應用之物。其二爲食物衣服居室。此二者皆人人所必要。故人人不可缺。蓋以無此二者。既不能作事。亦不能生活也。總而言之。社會革命以後。財産繼續之制。必須廢去。蓋以有人生而貧。有人生而富。實爲世界最不公平之事。苟其人生而勤勞。所獲較豐。則其卒後。所有財産。（指除原有資本外所得之利益。所謂原有資本者。即上文所言人人所不可缺之田地器具衣服等是。）必須公之于社會。幼孩必須由社會公養之。務使每一幼孩。均受完全之教育。無分彼此。蓋以不如此。則不足以副平等之説也。再吾于此論中。並未言及婦人。其故因婦人同爲人類。與男子當得同等之利益。斷不能以男女而分界限。

（問）向富者及資本家取回財産。公之於衆人。此固正富[①]之舉。然苟有人因勤勞而得有積蓄。汝亦取之。未免不公乎。

（答）此事予前已再三言之。凡人因勤勞而得有積蓄。則其生前儘可據爲己有。惟其卒後則遺産必須歸之於社會。因繼續之制不廢。則世界未可治也。總而言之。最善之法。莫如將各物公之於社會。然此事將來必能實行。斷不待吾輩强迫之。且將來機器發明愈衆。則諸物公用。尤爲便利。

① “正富”，有誤，《新世紀》本作“正當”。

（問）予意則不然。機器者。乃禍人之具。故必須焚之。使絕跡於天壤。自機器發明之後。吾輩失業者。不知凡幾。故予謂機器於吾輩實有損而無益。不宜存之。若今日無機器。則吾輩謀生當不至艱難如此。

（答）爾以機器發明爲貧困之一大原因。甚當。然所以有此結果者。則以機器爲資本家所占據故也。若機器爲工人所有。則非特無失業之弊。且增無窮之利益。蓋天下事多有非人力所能勝者。故不得不用機器代之。既省人力。亦復較速。故人人而有機器也。則每日數時之工作。實與游散無異。工作而外。兼有餘時可交換智識。進言之。如機器爲資本家所占據。則人爲機器之奴隸。而貧困隨之。若機器爲人人所有則人爲機器之主。而自由幸福隨之。

（問）欲使世界增進若此。當非令人人作事不爲功。

（答）然。

（問）譬如有人生而怠惰。不喜作事。奈何。作事甚勞苦。恐非人人所願也。

（答）爾所言乃現世紀之情形。社會革命以後。人之道德及一切。當大有進步。故可無慮。且爾不聞人性好勤惡惰乎。遠者不必論。吾試問爾。爾肯終日不作一事乎。

（問）否。予一日不作事。則覺異常不適。然此乃予之特性。他人恐未必如是也。

（答）現世紀多游惰之人。實有數大原因。蓋今日之工人。實即奴隸之別名。非特工值甚微。抑且爲人輕視。爲工人者。一生絕無希望。生爲工人。則永遠爲工人。家族之歡。彼亦無之。而反顧富人及資本家。則既淫逸無度。復得他人之尊敬。即以工人而論。其作工最少者。工值反多。人事之不平等如此。固母[1]怪人之游惰矣。雖然。此不可與社會革命以後之情形同日而語也。社會革命以後。每日作工之時限既少。而于衛生尤爲注意。且其時人人知以事爲個人之天職。爲家族及社會求幸福。知行此天職者。爲社會所敬視。不作事者。爲社會之蠹。阻社會之進步。必爲會社所擯棄。得失彰明既如此。而尚有樂于游惰之人者。吾不信也。

（問）爾所言頗足解予昔日之迷信。然予有疑者。則是否他日人人須從事于同一之事業也。

（答）否。人之所需。以衣食爲最。然居室及一切應用之物。皆不可缺。故從事于此等事業之人。亦不可少。總之吾輩既爲人類之分子。則各人必須從事于有用于社會之事業。並可擇其與己性最近者而學之。

（問）爾言人人必須從事于有用于社會之事業。而所事何業。可各擇所好。予則以爲不然。惡難而好易。此人之常情。今苟令人各擇其所好。則人將争爲律師及醫生。而爲礦夫農夫者。將無其人矣。

（答）否。律師及教士。爲社會之贅疣。社會革命以後。此等人將不復見。故可無慮。平心而論。現世紀之人所擇之行業。非因其與己性相近。實因其易學而易于謀生故耳。簡言之。現世紀之人擇一行業。皆爲種種所限制。並非出于心願。城紳雖貧。而羞爲農夫。何也。以限于地位也。然以農事而論。則非特不可厭。而且有樂趣。汝不聞詩人常作詩言鄉居之樂乎。惟在今日之世界。則業農雖樂。亦恐無人心願。其故因現世界之人類。苦樂既不均。是非復倒置。事愈難者。工值愈微。人愈輕視。而其作工之苦。尤非人類所能堪。汝不見製金器之店乎。入内則工人之作工處。皆異常整潔。每日作工之時刻亦短。彼等于晚間可往各地游散。易工人衣之後。即往他處。

① “母”，有誤，《新世紀》本、《叢刻》本作“毋”。

亦不致受人譏笑。故其情形。較他種工人。已勝一籌。然汝苟入製刀店。則見諸工人聚處一室。工值既微。作工處尤不整潔。空氣亦不足。致多有因此致死者。又如以筆墨謀生之人。作文一篇。其所得反十倍於力作之農夫。其苦樂又何如也。予爲此言。並非謂人人須勞力而不勞心。平心而論。世界進化。祇在學問。（指科學）在文明世界。醫生工程師化學家及教師等與農夫及其他工人。爲同一必不可少之人。性質聰穎而性嗜科學者。固宜任其盡心研究。然予意爲世界之人。皆應得科學之智識。彼一人不應得獨其秘。

（問）苟如汝所言。則求學實爲一樂事。然一旦人人皆願求學。則何人作勞力之事乎。

（答）以予意觀之。人既須勞心。亦須兼勞力。研究科學者。其腦思固發達矣。然亦不可無勞力之事。藉以運動其身體。勞力者體固健矣。然亦不可無物以發達其腦思。且善於用腦者。亦必善於勞力。善於勞力者。其身體强健。於科學亦必易於解悟。吾故曰。人必須勞力兼勞心。

（問）但勞力之事甚多。有難者。有易者。苟人人擇其易者。則將來之掃街者與礦夫。將爲何人乎。

（答）汝不見世界之進化乎。各種機器。既日有發明。則將來之作工。將無所苦。社會革命以後。吾輩更注意于衛生。不使作工者過于勞瘁。礦夫等在今日尚有人焉。豈將來一切大改良之後。反無人願執此役乎。此理之不可通者也。抑更有進者。社會革命以後。人人知作工非爲一人計。乃爲衆人計。故甲與乙。乙與丙。皆有相愛相助之感情。而無避害趨利之觀念。世界之多事。大抵由于嫉妬心。今嫉妬心已去。則四海爲一家。親愛若兄弟。事之難者。非特無人趨避之。必且有人争爲之者。

（問）雖然。予尚有疑者。予以爲傾覆資本家之舉動。未免過于重大。恐難于實行。故宜暫求平和之方法。爾以爲然否。

（答）予以爲除激烈之法外。無他善策。爾苟詳思之。即知經濟平等。非特於貧困者有益。即於富者亦何莫不然。經濟平等之後。富者雖不能復如昔日之安樂。而亦須如人人之各事其業。然將來之作工。實與游散無異。富者于平日常事獵獸。以爲消遣。每日工作數小時。亦不過消遣之類耳。惟富者習于傲惰。不知真理。且彼等常言工人爲下等人類。則其愚妄可知。故吾輩除以激烈之法對付之。無他善策也。

（問）譬如吾輩與資本家及富者立約。言財産土地。任其占爲己有。惟須增加吾輩之工值。苟彼能允許此議。則久而久之。吾輩亦能聚有積蓄。以爲購地之資。及吾輩爲地主後。再將土地財産公之于衆人。汝意云何。

（答）貧富不均。至今世紀而愈甚。故經濟革命。必不能免。苟欲免之。則非由富者及資本家。自棄其久據之財産土地不可。蓋以私産若存。則貧富問題。斷不能解決。既有私産。則人但知與人争利。而飽其囊橐。富者與資本家。既不願增加工人之工值。而工人亦將永錮于萬丈之陷阱中。而不能復見天日。以自私自利之心。推而至于商務。則售者高其價。而購者力減之。一以多得爲念。一以節省爲心。蓋皆自私也。更有甚者。狡猾之商人。往往存積其貨。待市上缺少某物。然後盡出其貨而售之。其價雖高。而人亦無如之何。商人固得利矣。而小有資本之商人。則因此而不能立足。遂流而爲工人。故工廠雖衆。而無業之工人常徧地。一機器發明。而失業者常數千人。文明之進步。乃爲人類之患。皆經濟不平等有以致之也。

（問）倘吾輩與資本家約。由彼等出資本。而吾輩爲之工作。惟所得必須與吾輩均分。汝意云何。

（答）爾雖爲之工作。然資本家十人而九。不願與爾均分。苟欲均分。則非用强力不可。既用强力矣。則吾輩又何爲作此有始無終之舉動。而使人類永立於不平等之地立[①]乎。且不事事之資本家。更有何權而得此半分乎。吾常聞某理財家之言。某氏謂貧富不均。非富者占據財產之過。實係天然物產不足之故。此言之謬。不待辨而知。又一理財家言。土地有限。而人口則增加無已時。故將來必有貧富不均之一日。此言亦不足信。何也。以人口繁殖之國。貧者固多。而土地廣大人口稀少之國。貧者亦衆也。故吾謂目下之社會。若不改良。則將來機器發明愈衆。競争愈烈。天下財權。將握於數人之手。

（問）屆時政府苟能定一法律。禁富者欺凌貧人。則吾輩富不致十分受苦。

（答）爾常依賴政府。奴性抑何深耶。吾前曾告汝。謂政府乃富者所合成。故常爲富人助。豈爾未聞之乎。吾謂即使吾輩能一旦執政。代富者爲政府。亦不過一時之事。久後吾輩必爲富者所駕馭。故吾輩苟欲爲一勞永逸計。則莫如傾覆資本家與政府也。

（問）爾以爲宜傾覆政府。吾則以爲吾輩宜建設一共和國。蓋共和者。爲最善之政體。而使人類立于平等之地位者也。

（答）爾以爲共和政體較善于立憲政體。實屬誤會。共和與立憲。政體雖各别。而實則大同小異。立憲國有君主。共和國有大統領。同一有政府也。不觀乎法國乎。名爲共和國。而仍强人民爲兵。其議員但知争得權力。曾未一注意于民生之休戚。結果如此。則共和政體。同爲社會之阻礙。彰彰明矣。

（問）予生平常夢想共和。以爲共和即人類平等之意。今聞汝言。始恍然大悟。

（答）不特爾一人爲然。他人之迷信共和者。亦與爾同一觀念。彼等誤

① “地立”，有誤，《新世紀》本、《叢刻》本作“地位”。“校誤表”云：“‘位’誤作‘立’。”

信人言。以爲共和政體。爲最善之政體。其實則共和不過立憲之改名。同爲害民之物耳。

（答[①]）爾所言甚合吾意。然吾以爲吾輩仍宜設立一改良之政府。因無政府即無法律。無法律則世界將何以治乎。

（答）人之所以勝于動物者。以其有智識也。以其能自治也。吾輩有自治之能力。而必受人之使令。或迫于法律而後自治。是不以人自待也。且爾所謂改良之政府者。究能達改良之目的乎。吾知其必不能也。何也。蓋易令世人沉溺者。莫如勢與利。爾不見各國之政黨乎。一政黨未執政之前。常用甘言誘其國人。並許以改良一切。及其既得權勢。則凡民生之休戚。不復過問。爾更不見各國之議員乎。未入議院之前。則其隨地演説。皆關涉人民之疾苦。及其身爲議員。則寂然無聲。有若兩人。故吾謂無論其人于平日。或一介不取。或立志爲民犧牲。然其一入政府。則無有不專心于勢與利者。何也。以近朱者赤。近墨者黑。勢使然也。故吾謂吾輩而果欲自活。斷不須待腐敗政府之干涉。猶之幼孩學步。必須令其獨行也。

（問）幼孩而有獨行之能力也。則固可令其獨行。苟其無之。則父母必須輔助之。此理之當也。

（答）政府之于人民。未可與幼孩之于父母爲比。平心而論。社會之進步。常與政府權力之消長爲反比例。汝之意。以爲執政之人。大抵皆國中能力最富之人。故甚依賴政府。而殊不知政府實皆富人所合成也。

（問）爾所言似頗合理。然吾不能無疑者。則苟無法律。吾輩將何以治盜賊也。

（答）以貧富不均。故貧者迫而爲盜賊。將來人人于經濟上既平等。則盜賊當不復見。即使偶有一二。則吾輩當以正道勸之。而斷不可如今日世人

① “答”，有誤，應爲“問”。

之虐待盜竊。

（問）社會革命以後。世界之人類。較今日爲幸樂。當無疑義。然不知社會革命。何時可以如願。

（答）此非予所知。總之吾輩苟能逢人便演説無政府之善果。使信者日漸增多。則社會革命之期。當不甚遠。

（問）雖然。社會革命。言之似易。行之實難。苟吾輩實行革命。而政府令陸軍與吾輩抵抗。則奈何。

（答）政府使陸軍與吾輩反對。則吾輩亦能用軍械與之抵抗。且吾輩工人實居多數。苟人人明革命之義。則何懼軍隊之反對吾輩乎。且人而爲兵。實爲貧困所迫。故致賣身而爲政府殘殺其同胞。倘吾輩能喻以革命之理。則彼等早晚亦必與吾輩表同情。

（問）然有人言。革命非人民之福。凡事須由其自然發達。不可假以人力。汝意云何。

（答）城紳等懼革命之不利于彼等。故爲是言。吾輩不宜信之。

（問）爾所言甚善。予嘗聞人自稱爲社會黨者。然予實不知社會黨究抱何宗旨。爾試爲予解釋之。

（答）社會黨者。皆以爲貧困爲人類第一大害。故經濟上而不能平等。則人類亦斷不能平等。又以爲土地財産。爲數人（即資本家）所占據。實爲貧困之一大原因。故欲去貧困。必先傾覆資本家及地主。

（問）然予又聞集産（Collectivism）及共産（Communism）之説者。究作何解乎。

（答）集産主張各取其所值。共産主張各取其所需。以利害言之。共産主義自較集産主義爲善。蓋集産既以各取其所值爲主義。而冶鐵者既不能食其鐵。製靴者既不能食其靴。則社會上便不能不有交易。既有交易。則彼此便生利己之心。而各不相讓。如是則嫉妬之心起。而社會擾亂矣。惟共産主義。則不以人之能力爲限。而以人人須作事爲主義。譬如甲乙二人。甲手工較速。故作事多。乙手工遲緩。故作事少。然此乃二人之能力爲此。故不可以爲甲作事多。便可多食。而乙作事少。便須少食也。簡言之。各盡其所能。各取其所需。是即所謂共産主義也。

（問）苟如爾言。則共産主義實行以後。金錢當可廢矣。

（答）然。吾輩既無交易。則金錢自可廢去。吾輩所宜注意者。祇出産之多寡。及衆人之所需。如是而已。

（問）共産與集産之異同。予已知之矣。惟 Anarchism 一字。又作何解乎。

（答）此字即無政府之意。予前已告爾。謂政府祇爲富人之援助。而于吾輩無絲毫之利益。故吾輩而欲保全吾輩之利益。必先自傾覆政府始。政府傾覆以後。凡有一事。均由吾輩公同商議。如有疑難之事。而一時不能决定者。則吾輩舉人攷察之。如有重要之事。已經公衆决定者。則吾輩舉人實行之。然被舉之人。祇有攷察及實行之責任。而無命令他人之特權。

（問）然予有疑者。愚鈍如予。苟一旦而與今日之所謂政府及議員者易地而居。予將不知所措。

（答）今日之政府議員。表面似覺甚爲忙碌。而實則所爲之事。均與人民無絲毫之利益。今之所謂政治家及外交家者。實即狡猾者之别稱。故此種材能。實吾輩所不需。社會革命以後。人人既各有專職。則吾輩舉人攷察某事。必擇其人于某事熟悉者。譬如爾生平業農。則吾苟舉舉爾[①]攷察農事。爾當時亦必坦然不辭。何也。以爾于此事甚熟悉故也。然在今日。則所謂政府及議員者。忽而談及鐵路。忽而談及農事。其實彼等皆係讀拉丁希臘之

① “吾苟舉舉爾”，有誤，《新世紀》本作“吾輩苟舉爾”。

徒。而于鐵路農業之實情。絲毫未嘗夢見也。

（問）然則爾爲主張共産主義之無政府黨無疑矣。惟予又聞人稱爾爲萬國勞動黨員（Internationalist）者。果何説耶。

（答）一千八百六十四年。萬國勞動者議于倫敦。聯合一會。即名萬國勞動會。此會之宗旨。以鼓吹社會革命爲主。此會雖久已滅亡。然近年社會主義之發達。實以此會之功爲多。目下各國鼓吹社會主義之團體。其最要者。實推萬國無政府黨會。（International Socialist Anarchist Revolutionary Party）此會無首領。亦無會章。一切皆照無政府主義實行。

（問）然則凡有人而與此會抱同一之宗旨者。必爲此會之會員矣。

（答）否。有人深知無政府主義之有益于世界。合于公理。然彼有目前之利益。不肯放棄。故彼雖明此主義。而不肯傳達。此種人吾無以名之。名之曰心死之懦夫。

（問）爾所言實皆予所未聞。誠足開予茅塞。予細思之後。如爾所言。均足破予之迷信。則予當即日入會爲會員。以便協力傳布無政府主義。使世界早登大同。

幸德秋水之演説[1]

録天義報

日本幸德秋水君者。大阪平民新聞社之記者。日本有名之無政府社會黨員也。某某[2]諸君發起之社會主義講習會。第一次開會于清風亭。幸德君與焉。其演説詞曰。

我爲社會黨人。今承諸君之邀。實爲大幸。又我雖爲日本人。對于本國人。宗旨相異者。視之爲敵。對于外國人。宗旨相同者。亦視爲至親之友。並無所謂國界也。況在會諸君。均熱心人類自由。及公平之道德。尤爲可幸之至。特鄙意所不滿足者。則以言語不通之故。然世界言語通行之期。當亦不遠。固不似今日演説之需重譯也。若今日演説之大旨。即社會主義中一部分之無政府主義耳。或所言與某君[3]相複。亦未可定。今特以單簡之語賅之。

---

① 原載《新世紀》第25、26號（1907年12月7—14日），標題作“續社會主義講習會第一次開會記事（録天義報附張）”。今以《新世紀》本校。

② “某某”，《新世紀》本作“劉張”，指劉師培、張繼。劉師培（1884—1919），字申叔，一名光漢，江蘇儀徵人。1907年2月，應章太炎之邀赴日本東京，參與《民報》社撰稿，受日本無政府主義影響，其妻何震與陸恢權、周怒濤等發起成立“女子復權會”，創辦《天義》《衡報》等，宣傳男女平等思想和無政府主義、共産主義理論。同年6月，劉師培與張繼發起成立社會主義講習會，邀請幸德秋水、大杉榮等演講。此即1907年8月31日幸德秋水在社會主義講習會第一次集會上的演講稿，由《天義》譯印爲折頁，免費發放。

③ “某君”，《新世紀》本作“劉君”，指劉師培。

(問)然則爾爲主張共產主義之無政府黨無疑矣惟予又聞人稱爾爲萬國勞動黨員(Internationalist)者果何說耶

(答)一千八百六十四年萬國勞動者議于倫敦聯合一會即名萬國勞動會此會之宗旨以鼓吹社會革命爲主此會雖久已滅亡然近年社會主義之發達實以此會之功爲多目下各國鼓吹社會主義之團體其最要者實推萬國無政府黨會(International Socialist Anarchist Revolutionary Party)此會無首領亦無會章一切皆照無政府主義實行

(問)然則凡有人而與此會抱同一之宗旨者必爲此會之會員矣

(答)否有人深知無政府主義之有益于世界合于公理然彼有目前之利益不肯放棄故彼雖明此主義而不肯傳達此種人吾無以名之名之曰心死之懦夫

(問)爾所言實皆予所未聞誠足開予茅塞予細思之後如爾所言均足破予之迷信則予當即日入會爲會員以便協力傳布無政府主義使世界早登大同

幸德秋水之演說

錄天義報

日本幸德秋水君者大阪平民新聞社之記者日本有名之無政府社會黨員也某某諸

君發起之社會主義講習會。第一次開會于清風亭。幸德君與焉。其演說詞曰。我爲社會黨人。今承諸君之邀。實爲大幸。又我雖爲日本人。對于本國人宗旨相異者。視之爲敵。對于外國人宗旨相同者。亦視爲至親之友。並無所謂國界也。況在會諸君均熱心人類自由及公平之道德。尤爲可幸之至。特鄙意所不滿足者。則以言語不通之故。然世界言語通行之期。當亦不遠。固不似今日演說之需重譯也。若今日演說之大旨。卽社會主義中一部分之無政府主義耳。或所言與某君相複。亦未可定。今特以單簡之語賅之。

考一般社會主義及無政府主義。起源甚久。如中國印度及歐洲。于古代均有此等思想。特其與世界有影響。則始于一千八百六十年時代。當一千八百六十四年時。歐洲有萬國勞動組合。此會之宗旨。在于謀勞動者之幸福。及高勞動者之位置。乃馬爾克斯所創也。欲使土地財產。均易私有爲公有。該會之中。雖主義大畧相同。而行事之手段則相異。蓋無論何國。其人民之謀改革者。均有激烈平和二黨。該會之分派亦猶是也。故平和派。屬馬爾克斯。激烈派。則屬巴枯寧。時萬國勞動者之勢力甚爲拓張。自是以降。歷十餘年。則二派相爭至其結果。致萬國勞動同盟會。因以解散。屬于馬氏者。爲德國派。屬于巴氏者。爲法國派。一欲考一般社會主義及無政府主義。起源甚久。如中國印度及歐洲。于古代均有此等思想。特其與世界有影響。則始于一千八百六十年時代。當一千八百六十四年時。歐洲有萬國勞動組合。此會之宗旨。在于謀勞動者之幸福。及高勞動者之位置。乃馬爾克斯①所創也。欲使土地財産。均易私有爲公有。該會之中。雖主義大畧相同。而行事之手段則相異。蓋無論何國。其人民之謀改革者。均有激烈平和二黨。該會之分派。亦猶是也。故平和派屬馬爾克斯。激烈派則屬巴枯寧。時萬國勞動者之勢力。甚爲拓張。自是以降。歷十餘年。則二派相争。至其結果。致萬國勞動同盟會。因以解散。屬于馬氏者。爲德國派。屬于巴氏者。爲法國派。一欲利用國家之力。舉土地財産之私有者。易爲公有。一欲不用國家政治之力。惟依勞動者固有之力。出以相争。此二派不同之點也。後德國派日盛。勢力及于德澳②。而法國派之勢力。亦延及拉丁諸國。（如法意西班牙）加以普法戰争之後。德相畢斯麥。于以上二派。均嚴爲鎮壓。于巴氏一派爲尤甚。爲萬國所痛絶。不得不爲秘密運動。然秘密運動後。其黨人亦日多。遂成今日之無政府黨。

夫無政府主義所以異於社會主義者。蓋無府政主義。欲爲勞動者謀幸福。必先盡去資本家。並顛覆一切政府。若社會黨之意。則借政府之力。化土地財産爲公有。然行之不善。勢必舉土地財産。均歸政府。夫既歸政府。則土地財産。昔之屬于少數資本家者。易而屬于統一之政府。是不啻以政府爲一大資本家也。舉多數勞動之民。昔也受少數貲本家之壓制。今也受最大貲本家之壓制。豈非不平之甚乎。此無政府黨所由與之反對也。

夫無政府黨之目的。在于不迷信政府爲必要。政府之爲物。由歷史上證

① “馬爾克斯”，即卡爾·馬克思。
② “澳”，指奥地利。

之。有功于人民者甚少。不過以暴力加于人民而已。

政府之所恃。首尚法律。然法律之有益與否。以克若泡特金所解爲最精。彼謂法律之爲物。不過取人民固有之道德感情。以歸之於法律之中。既有法律。則人民所固有之道德感情。決不因之而增長。在外容觀之。似若於人民有益。實則用此以欺騙人民耳。故利於人民者少。利於政府者多。試觀日本帝國議會。每歲所定法律。計四五十種。其利益之所被。僅政府貴族貲本家。而平民之貧苦。則日甚一日。富人之獲利。亦日增一日。豈非法律無益於人民之確證乎。且法律之性質。施之平民則重。施之貴族貲本家則輕。一若貴族貲本家。在法律保護之中。而人民則在保護之外。豈不哀哉。且法律非惟無益于人民。抑且有妨于進步。蓋法律性質。屬于消極者多。僅計目前之利益。不計後來之結果。與進化之公例相反。僅欲制人民使不反抗耳。其所以使民不反抗者。則恃有警察陸軍。以制其後。于一切之事。不曰不可爲。則曰不必爲。此皆阻碍進步者也。故今日之人民。反抗法律。即係異日進化之根本。此政府之惡一也。

其次則爲收税。其收税之意。不外收人民之財力。歸之政府。以吸收民間之貲本。然税重則民陷于死。税輕則民有生機。而政府之收税。則欲使人民陷于半死半生之一境。日本德川家康[①]有言。“國家收税。當令人民居不死不生之境。”誠爲知言。故收税以後。雖僞奬實業。鼓勵農商。實則所生之財。皆歸於上。乃欺民之手段耳。加以官吏之所入。悉取之於民。爲官者既富。則人人均思爲官。實則仍爲富之心耳。然人民之脂膏。既爲在上者所吸取。雖欲不貧。豈可得哉。此政府之惡二也。

---

① “德川家康”，德川家康（1543—1616），日本戰國時代末期政治家，江户時代德川幕府第一代征夷大將軍。死後被賜封“東照大權現”，後人稱爲“東照神君”。

况今之政府。欲壓制多數之人民。必先聯絡少數貲本家。蓋以一切勞動之民。若佃人工人之屬。均居貲本家之下。而資本家對之。又有壓制之權。故政府亦欲利用其力。以間接壓制一般勞動者。又慮貲本家不爲所利用。則又訂爲法律。以保護貲本家。觀治安警察法之規則有云。“如勞動者反對貲本家。則勞動者必治罪。而貲本家解雇勞動者。則爲無罪。”如近日足屋[①]銅山暴動。此山本貲本家私産。而政府則助以兵力。加以捕縛[②]。又昔日日俄戰争[③]之先。議開戰者。均少數貲本家。勞動者不得與聞。而政府之於貲本家。又誘之出財。許以特權及經商利益。及貲本家佐以財。則强迫勞動之民。使之赴戰。此皆利於貲本家不利於平民者也。如人民有聚議罷工之事。則以法律相干涉。或禁之以監獄。豈非政府用少數資本家以壓制多數貧民乎。此事於中國古代。未之或聞。近政府亦獎勵南洋商人[④]。使爲政府所利用。自今以降。必有利用貲本家以壓平民之一日。此政府之惡三也。

由是言之。則政府爲萬惡之源明矣。或謂政府既惡。何以就古史觀之。亦有良善之政府。然此決非政府之良善也。特組織政府之人善耳。况明君良相。其真爲人民謀幸福者。千百載不一出。我輩奚必希望其人而欲留政府乎。故希望政府之得人者。均爲昏愚之見。或又謂專制政體雖惡。若立憲及共和。則未嘗不稍善。不知專制固惡。立憲共和亦非善也。如日英德澳。名爲立憲。實則仍爲君主貲本家之利益。又如法美均共和之國。然今法首相枯

① “足屋”，有誤，《新世紀》本作“足尾”。足尾銅礦在日本栃木縣上都賀郡足尾町，主要出産銅、鋅、砷、硫化鐵等礦石。1877 年由古河市兵衛接手，實現私營化。1903 年轉由古河礦業會社經營。1907 年 2 月，在日本社會主義者的鼓動和組織下，足尾礦工以生産條件惡劣、工資待遇低等爲由，舉行罷工。

② “捕縛”，有誤，應爲“捕縛”。

③ “日俄戰争”，指 1904—1905 年，日本與沙俄爲争奪中國遼東半島和朝鮮半島控制權，在中國東北進行的一場帝國主義之間的戰争，最終日本打敗沙俄，確立了强國地位。

④ “南洋商人”，指因 1906 年建成潮汕鐵路而被清政府授予三品京堂候補的張煜南（1851—1911，號榕軒，廣東梅縣人）。

利曼松[①]。素爲民黨。抱自由主義。及組織内閣之後。則爲鎮壓勞動者。美統領羅斯福[②]素有義俠之名。今亦借政府以籠絡富民。其所以如此者。則希望得富民選舉多數之票耳。故對於平民之壓力日以增加。豈非一入政府。無論善惡若何。均將化而爲惡乎。况考政府所由來。不過由少數野心家及一二雄傑所創耳。因互相競争。乃立不平等之政府以居于人上。漸次相傳。遂爲習慣。試思基督言愛人如己。孔子言己所不欲勿施于人[③]。其理至淺。焉有以一人而統轄多數人民之理哉。又焉有以多數人民服從一人之理哉。蓋人民均能自治。若舉多數人民爲政府所治。豈非視多數人民爲孩童乎。故人民必當脱政府之治。以成個人之自治。能成個人之自治。即無政府可也。

今之反對此説者。謂既無政府。即無法律及秩序。彼此争奪戕殺之禍。必日以加增。實則不然。凡人類非不喜安樂及完聚也。且兼有互相親睦之天性。非以殘殺爲本性也。而今之政府。轉阻礙人類本性之發達。今既去之。則人類共享安樂之生活。豈有互相戕賊之理哉。且就生物界考之。凡動物植物之中。如有以相争相殺爲性者。其種類必不蕃。如虎狼是也。其有互相扶助之感情者。則種類必蕃。且適于生存。如蟲蟻是也。今以人類與虎狼相較。其天性之殘忍。必不若是之甚。乃具有互相扶助之感情者也。譬如今日在會諸君。純然與無政府之制同。行止坐立。均可自由。無規則以相束縛。何以不聞有戕殺争鬥之事乎。

---

① “枯利曼松”，即喬治·克里孟梭（Georges Clemenceau，1841—1929），法國政治家、新聞記者，法國激進派領袖。1906—1909 年擔任法蘭西第三共和國總理，爲第一次世界大戰協約國的勝利和《凡爾賽和約》的簽訂做出過重要貢獻。他 1880 年 10 月在馬賽發表的演説，被馬克思稱爲“半社會主義”的演講。

② “羅斯福”，即西奥多·羅斯福（Theodore Roosevelt，1858—1919），美國第 26 任總統（1901—1909）。

③ “己所不欲勿施于人”，語出《論語·顔淵》。

或又謂共産之制。行于古代。何以行之而旋廢。以復立政府。不知古代之社會。農工商諸業。均未發達。故生産甚寡。而失業者多。及所生之物。不足給人類之求。乃出而相争。或刦掠他部財産。或以他種爲奴隸。積時既久。故首領政治以興。及首領與首領相争。乃區劃國界。設立政府。創國家政府不可無之邪説。及邪説流行。而政府勢力已固。是則共産制度。易爲欲[①]府制度。實由于生産力之不足耳。今則人民進化。農工商諸業亦日興。其生産之力。較之古代。不啻有百倍之增。以社會之所産。分給一般之人民。決無不足之虞。故今日行共産之制。較之古代共産之制必尤爲完全。豈必以此爲疑乎。

或反慮動物本無法律。若人類之有法律。具于階級社會之初。習慣既久。一旦去之。恐終啓紛争。不知近代之階級制度。不外資本家及勞動者二類。故近世紛争之歷史。均資本家勞動者之衝突也。若去此階級。則競争自息。至于政府。則君主統領大臣官吏。處于平民之上。階級不同。使平民處服從之地位。故平民日與相争。若去此階級。人類平等。則争端亦不興。若慮既無法律。恐相争者日衆。則法律愈密之地。争端愈多。法律愈疏之地。争端愈少。故中日商人往南洋者。不受法律之保護。惟以固有之道德。互相扶助。以信義相交。而商業亦日盛。又日本法律日繁。東京附近。干涉甚嚴。而盜賊殺人之事疊出。反觀村野之間。愚民不知法律爲何物。而親睦之風猶存。争奪之端不作。即推之法美德諸國。凡干涉力不及之地。其人民道德。亦迥出都市人民之上。豈非人民固不賴有政治乎。且在會諸君。多抱自由思想。譬如開會之時。警吏突至。肆行干涉。又清國公吏[②]。亦臨會場。以謀箝制。諸君甘安之否乎。足證不悦法律之心。爲人類所共具。豈有去法律而

① “欲”，有誤，《新世紀》本作“政”。“校誤表”云：“‘政’誤作‘欲’。”
② “吏”，有誤，《新世紀》本作“使”。

轉相戕賊殘殺之理哉。此政府不必設之説也。

然疑此問題者。必又以二事相詰。或謂既無政府。儻有野心家崛起其間。必將另建政府。或謂中國既行無政府。則鄰國之有政府者。必起而瓜分。然此均易決之問題也。

夫世界之大野心家。或百年一出。或千年一出。即使有之。則人民之實力既能顛覆數千年固有之政府。奚有並新造之政府。而不能顛覆者哉。此野心家不足慮之説。

若夫瓜分之説。更不必慮。蓋人民欲防禦他國。決不賴政府之力。如法國大革命之際。魯易[①]雖借普奧之師。然決不能敵人民之力。又如拿坡崙第三[②]。以政府所設精强之兵。與普國戰。卒以敗覆。及普軍圍巴黎。法民男女老幼。固守危城。卒以持久。豈非人民自爲防禦。迥出政府防禦之上乎。况法國之革命。仍爲少數之革命。若實行無政府。則爲多數之革命。加以各國民黨。抱此志者甚多。假使中國無政府。日本繼之。則歐美諸民黨。必將效之而行。以自覆其政府。安有瓜分中國之事乎。

况舉歷史之事證之。則法國大革命。影響甚大。及于英普澳伊[③]諸國。足證革命之蔓延。較之傳染病。尤爲捷速。夫政治革命之影響。猶能徧達他境。况于無政府之影響乎。蓋反抗無政府主義者。非各國之人民。僅各國之政府耳。如日俄戰争之際。俄國人民。行總同盟罷工。俄皇乃與德皇相約。

① “魯易”，指路易十六（Louis XⅥ，1754—1793）。1789年5月，因財政困難，路易十六企圖向第三等級徵收新税，而第三等級紛紛要求限制王權，實行改革，并將三級會議改爲國民議會。路易十六準備用武力解散議會，巴黎人民於7月14日發動起義，攻占巴士底獄，法國大革命爆發。1791年6月20日，路易十六喬裝出逃，中途被識破，押回巴黎。1792年4月，法國對奥地利宣戰；8月，奥地利與普魯士聯軍進逼巴黎，要求恢復路易十六的自由與統治。法國人民憑藉“保衛共和國”的高昂熱情，擊敗了普魯士軍隊。1793年1月21日，國民公會以叛國罪處死路易十六。

② “拿坡崙第三”，即路易-拿破侖•波拿巴（Louis-Napoléon Bonaparte，1808—1873），1848年當選法蘭西第二共和國總統，1852年建立法蘭西第二帝國，稱拿破侖三世。1870年發動普法戰争，在色當戰役中慘敗。

③ “伊”，指意大利。

擬合兩國政府之力鎮壓之。然德國民黨。亦與俄民相通。謂德若助俄。則民黨擾其内。即法國西班牙無政府黨。亦相應和。德皇之議遂寢。是一國無政府。彼各國無政府黨。亦必起而與政府相敵。其政府雖强。安有餘力以干涉他境哉。此鄰國瓜分不足慮之説。

今世界各國。均有無政府黨。而就其實際觀之。則實行無政府。當以法國爲最先。蓋法國人民。不計一己之安樂。以傳佈無政府主義爲天職。又以軍隊爲鎮壓民黨之用也。則創非軍國主義。復對于軍人。潛行運動。使之共明此旨。其他各國。近亦效法法民之所爲。蓋政府有陸軍。爲妨礙民黨之第一阻力。今也並此而去之。則實行無政府。其事至易。假令一國無政府。則各國之無政府黨。均可成功。蓋此乃世界變遷自然之趨勢也。

况他種之革命。均有種界及各界[①]。含于其中。如美國爲民主國。然排斥華人。近且排斥日本人。而在無政府黨觀之。則與此主義爲敵。蓋無政府主義。在于視世界萬國爲一體。無所謂國界。亦無所謂種界。主義相同。則愛之若兄弟。主義相背。則抗之若敵仇。故勢力蔓延日廣。近日德皇維廉第二[②]。以英雄自居。對于無政府黨。屢抱感嘆。謂“彼之無政府黨。能合萬國人民爲一團體。而今之政府。則不能合萬國爲大同盟”。據此語觀之。則各政府團結之力。遠出無政府黨之下。故知無政府主義。至于異日。必爲萬國所通行。

加以中日二國。地域相近。諸君如抱此旨。則此後兩國國民。均可互相扶助。均可彼此互相運動。及聯合既固。以促無政府主義實行。此固予之所深望者也。

---

① “各界”，有誤，《新世紀》本作“國界”。
② “德皇維廉第二”，即威廉二世（Wilhelm Ⅱ，1859—1941），是德意志帝國末代皇帝（1888—1918）。

抑尤有進者。無政府黨之人格。與社會黨之人格。決不相同。社會黨人。欲以勞動社會。握選舉國會議員之權。實則欺勞動社會以攫機利。則仍自私自利之心耳。其人格之卑下。爲何如哉。若夫無政府黨人。惟求公共之自由。而己則居于貧苦之地位。犧牲一己之名譽及幸福。以謀公衆之幸福。此其異于社會黨者也。故人格亦有天淵之别。若夫東方人種。又多抱野心。雖口談革命。實則欲爲帝王大統領大臣及官吏耳。此爲一己計。非爲人民計。此東方人格之最不善者也。今欲改造人格。其第一重要者。則爲先去利益心名譽心及權位心。繼去其希戀安樂之心。不爲一己謀幸福。以養成高尚之人格。庶幾可以爲無政府黨人乎。

予素抱社會主義。及游美洲。與各國民黨游。見無政府黨之人格。遠出社會黨之上。由是於僅持社會主義者。頗抱不滿之意。然居己國之中。鮮克發舒己意。今承諸君之召。故不憚舉平昔所欲言者。悉爲諸君陳之。諸君之中。如有信此説及疑此説者。均可隨時面質也。

記社會黨無政府黨萬國公聚會[①]

真

（一）社會黨萬國公聚會〇千九百零七年八月開會于德國之斯地格爾 Stutt-gart[②]

（二）無政府黨萬國公聚會〇千九百零七年八月二十五日開會于荷蘭國之安斯德潭 Amsterdam[③]

（新世紀記者序言）

公聚會之現象。及其所研求。皆隨社會上當時之風潮而起。故欲詳知公聚會情態。必先研求此時社會上之風潮。及各黨組織其本黨之觀念。茲畧述之于下。

（一）三大黨派。現在社會之風潮日進。自賴于社會上之衆民。而鼓吹激揚之者。則由社會黨與無政府黨。其黨派如下。

（甲）一致之社會黨〇此派出于德之馬克斯[④]。贊行之者如法之鳩

① 原載《新世紀》第 14、15 號（1907 年 9 月 21—28 日），署名“真”在“本報記者序言”下。今以《新世紀》本校。

② “斯地格爾 Stutt-gart”，即斯圖加特。“校誤表”云：“‘Stuttgart’誤作‘Stutt-gart’。”1907 年 8 月 18—24 日，第二國際第七次代表大會在斯圖加特召開。

③ “安斯德潭 Amsterdam”，即阿姆斯特丹。

④ “馬克斯”，即卡爾·馬克思。

平昔所欲言者。悉爲諸君陳之。諸君之中。如有信此說及疑此說者。均可隨時而質也。　眞

記社會黨無政府黨萬國公聚會

（一）社會黨萬國公聚會〇千九百零七年八月開會于德國之斯地格爾 Stuttgart

（二）無政府黨萬國公聚會〇千九百零七年八月二十五日開會于荷蘭國之安斯德潭 Amsterdam

（新世紀記者序言）

公聚會之現象。及其所研求。皆隨社會上當時之風潮而起。故欲詳知公聚會情態。必先研求此時社會上之風潮。及各黨組織。其本黨之觀念。茲畧述之于下。

（一）三大黨派。現在社會之風潮。日進自賴于社會上之衆民。而鼓吹激揚之者。則由社會黨與無政府黨。其黨派如下。

（甲）一致之社會黨〇此派出于德之馬克斯。贊行之者。如法之鳩爾斯。格斯德。德之伯伯爾。一致之社會黨。實一政黨也。故以得權位爲作用。以就現在社會而改變之

爾斯[①]。格斯德[②]。德之伯伯爾[③]。一致之社會黨。實一政黨也。故以得權位爲作用。以就現在社會而改變之爲目的。此黨之主義之手段。殊較和平。而政府仍視爲仇敵。雖代議紳之數常增。所希望者不能達。至其流弊。則名爲社會黨。陽以主張公理爲名。以和平改革爲詞。陰以得權位利益爲目的[④]有之。（按此派和平社會黨之于歐美略似立憲黨之于支那）

（乙）社會革命黨〇社會黨之激烈者。有鑒于普通社會黨之力薄而弊多。故主張革命。傾覆現今之政府。純以破壞爲主。其作用則爲反對軍國主義之運動。工會罷工暴動之贊倡。以及一切革命之舉動。然其主張集産。與社會黨同。集産固含中央集權遺性者也。

社會革命黨之于社會黨。其主義相近。而作用異。社會革命黨之于無政府黨。其主義異而作用近。故社會革命黨。介乎社會黨與無政府黨之間者也。

（丙）無政府黨〇昔之無政府黨。如蒲魯東。巴枯寧。克若泡特金等。亦皆社會黨也。其改爲無政府黨者。則鑒于社會黨專制之遺性。故以無政府三字爲名。企免混淆之弊。無政府之主義之作用。皆主傾覆一切政府。推倒一切强權。

---

① “鳩爾斯”，即讓・饒勒斯（Jean Jaurès，1859—1914），法國社會黨領導人，國際社會主義運動活動家。1904 年創辦法國《人道報》。在法國社會主義運動和第二國際中，持改良主義立場。他反對帝國主義列强掠奪、瓜分中國，支持孫中山領導的辛亥革命。著有《社會主義史》《社會主義研究》等。

② “格斯德”，即茹爾・蓋得（Jules Guesde，1845—1922），原名馬蒂厄・巴西爾（Mathieu Basile），法國工人運動和國際工人運動活動家，初期爲資産階級共和黨人，資産階級共和派報紙《自由報》撰稿人和《人權報》編輯部成員。1871 年被判處五年徒刑，後逃往瑞士，加入巴枯寧派，日内瓦社會主義革命宣傳和行動支部創始人之一，松維利耶代表大會（1871）的參加者，汝拉聯合會成員。1872 年流亡意大利，脱離巴枯寧派。1876 年返回法國。後爲法國工人黨（1879）創始人之一和馬克思主義思想在法國的宣傳者，法國社會主義運動革命派的領導人。第一次世界大戰期間，爲社會沙文主義者。

③ “伯伯爾”，即奥古斯特・倍倍爾（August Bebel，1840—1913），德國社會主義者，德國社會民主黨創始人之一。

④ “目的”，有脱文，“校誤表”云：“‘的’下脱‘者’字。”

其作用。如暗殺。如反對軍國主義之運動。工會罷工之贊倡。以及一切革命之舉動。

（二）現在社會風潮之兩大主義與作用。

（甲）反對軍國祖國主義〇反對祖國之觀念。出于無政府黨。其原理即大同也。人道也。近年此等理論乃大興。卓然成一大主義者。則社會革命黨之愛爾衛氏所倡也。愛氏及工會黨無政府黨。皆用演説或書報極力鼓吹于工黨中。其風潮已漸及普通。和平之社會黨。則不主持。故此主義爲公聚會中一極大争點也。

（乙）工會主義〇各地工會設立已久。其初旨在聯結團體。互相協助。社會主義亦漸達于其中。法國及各地之工會。爲無政府黨鼓吹組織。于是工會乃成一革命之機體。工會所主張者。由平民組織團體。以强勁手段。傾覆政府及資本家。工會對于外。具獨立性質。對于内。無中央之强力。此之謂工會主義也。

如罷工反對軍國祖國主義及一切革命運動。皆其作用也。

一社會黨萬國公聚會

（譯法文之"新世紀"德伯郎記）

此會之所争議者。利益多于主義。格斯德及伯伯爾等所防衛者。選舉之利益。故抵抗一切作用之法足以驚其投票員者。（支那作官所恃者上司。歐美作官所恃者投票員故也。）鳩爾斯及法國之多數會員所欲者。得統率工人之權。公會中最緊要之問題。即"反對軍國主義"。與"工會主義"。格黨不以反對軍國主義爲然。因其有礙選舉。鳩黨較格黨爲機警。知時事之不可衝其鋒也。

格黨力攻反對軍國主義。且欲持社會黨對于工會之權。蓋恨此二主義（反對軍國與工會主義）與作用。皆出自無政府黨也。故有此番之争論。

伯伯爾曾表其愛國心。且除選票之外。輕視一切作用。（如罷工暴動等）

愛爾衛則竭力伸述其反對軍國反對愛國之説。

開會之第二日。討議反對軍國主義。伯伯爾曰。“就法國的方面看來。愛爾衛的反對軍國主義。頗有誤于法軍。因德之主軍國主義者。知法軍已弱。遂起挑戰之心也。豈吾德社會黨不欲有所作爲乎。非也。吾輩實不欲有戰事也。吾輩永遠阻之。每有增軍費及殖民地之舉。則吾輩必反對之。有謂共産之平民。固無所謂祖國也者。然昂什[①]異其詞曰。平民應有適當之祖國。……”

伯伯爾演説全文大略如此。會員多厭之者。或曰“無恥”。或曰“可憐”。或曰“此日耳曼之國家主義也”。

愛爾衛曰。“吾不知柏林之軍官。注意于吾輩之争議否。然工黨的法國。聞伯伯爾之言。必愕然也。

“當俄國革命之際。（近年）德帝圖助俄政府。吾知德社會黨不曾以實力反對此事。于摩洛哥之事[②]亦然。故吾輩知諸君無所爲也。吾輩高聲而呼曰。勿往摩洛哥。吾且爲問曰。當有戰機將成之事。社會主義何所爲耶？

“吾輩深知所有之祖國。皆無非虐母也。吾輩欲解狼羊之鬪也。（即制人者與被制者）吾輩高聲呼曰。吾之祖國無他。即平民也。吾爲法相而呼。吾爲德皇而呼。……勿爲狡者之託詞而死也。（狡者謂法相德王之屬）

“吾輩之意念。已得極大之效果。若有開戰之宣言。預備軍將不前也。則法政府知工民之不可恃矣。德國的朋友。其傳布之。吾輩之所爲。足以昭

① “摩洛哥之事”，指1904年10月法國與西班牙簽訂瓜分在摩洛哥的勢力範圍的協定。
② “昂什”，人名，具體信息不詳。

諸君之信也。

“吾法人之特色。（民人革命之風）乃吾人之志願所與也。吾憶此可以爲諸君法。

“現在吾輩何所待耶？‘革命’吾固無所疑也。雖然。諸君之温和。使吾驚異。蓋諸君不過爲投票與聚斂之好機器耳。君無論如何高遠。不出于雲霧之中。君意不知抵抗政府乎。昔君不畏監獄。今君爲富紳矣。吾久已知君避言革命。君之勇氣消滅矣。設德法開戰。德政府不肯調和。君當如何耶？明以告我。

“如君不竭力行之。則君之所謂‘萬國團體’。乃一表面也。如君不與吾輩表同情。則是與德皇表同情。即反對吾紅旗飏展之革命團也。”

鳩爾司略云。“戰争乃獸性迷信之餘波。而攻擊平民者也。”

俄馬爾云。“無論何如。吾固德人也。”

争論既久。乃選定會員三人（鳩爾司。王。及阿。）擬稿。稿云。“準前次公聚會之決議。抵制軍國主義與帝國主義。惟欲抗此二主義。反對資本主義必不可缺。盖列强相競。非獨爲保其商務。且圖侵略土地。因而日修軍備。以成軍國主義。軍國乃富紳之利器。而所以利用貧民者也。戰争來自國家主義之成見。以利彼權貴。且因之破毁平民對于等級與萬國團結之義務。故資本營利。實戰争之本因。欲息戰争。必待資本營業之消滅。或因耗財勞民特甚。使民厭而棄之也。戰費出自工人。工人自爲戰争之敵。社會主義圖創經濟新法。本于諸民之團結。而戰争是與此宗旨正相反背也。

“故公聚會以爲工人及其議院之代表。皆當力圖反抗修武。且教幼者以圖社會愛博之思想。公聚會以爲將來常備軍當易以民團。以息列强之争摶[①]。

① “摶”，有誤，《新世紀》本作“搏”。“校誤表”云：“‘搏’誤作‘摶’。”

萬國團體。自難預定其作用之法。須隨時隨地而爲之。然工民當竭其所能。抵制軍國主義以及戰争。

“自比京公聚會[①]以來。已用各種法術抵制軍國主義。德法奥意俄波那[②]瑞之民。預謀消患息争之類是也。

“萬國之連合愈密。工民作用之收效愈大。賴平民之壓力。必可以萬國之協合而去兵。省此精力以增其文明。勢必然也。

“公聚會宣告曰。如將開戰。其地之民及代議士。當竭力以謀防止。如已開戰。彼當竭力謀立止之。用經濟政治一切恐嚇之。運動衆民。以速經濟强權之終局也。”

以上決議之詞。實極好政治手段也。經衆歡然認可。愛爾衛爲之鼓掌。然愛氏常譏一詞兩義。此文誠一詞兩義也。

譯者曰。德社會黨。非不知反對軍國主義之理。實懼言詞激烈。足以致政府之干涉。駭衆人之聽聞。然政府何得而有此强權。衆人服從之所致。何衆人甘于服從。其革命之思想未充也。然不能因此讓步。且應進步。故法社會黨。以莊言嘲語。勸導譏刺。使增革命之精神。然此亦非一旦可致。故於決議之詞。婉轉論述。以定反對軍國主義之方針。而避其激烈之詞。使愛伯兩面均可下臺。雖然。從此反對軍國主義。已胚胎於德社會黨之首領矣。

記述者乃無政府黨員。無政府主義。高於社會主義多矣。焉得不視以上之文。爲一詞兩義。而笑其屈曲也。

無政府主義與尋常社會主義。高低相隔尚遠。不得相接。今社會革命黨盛行。實爲二者之過渡也。

---

① “比京公聚會”，指 1891 年 8 月在比利時首都布魯塞爾召開的第二國際第二次代表大會。
② “那”，指挪威。

今和平之社會黨。與社會革命黨相聯。（見鳩爾斯演説）社會革命黨。亦援和平社會黨以爲助。（見愛爾衛演説）而愛氏之説。其遠源出於無政府主義。今日社會革命黨與無政府黨之作用亦畧同。由此而見社會黨社會革命黨無政府黨間接之聯合。以謀最近之社會革命。壯哉今日歐洲革命之風潮。

反對軍國祖國主義之盛行。實新世紀之特色。故其爲公聚會中之一最大問題。馬陸德云。（無政府大家）公聚會雖不爲革命製造器。而爲革命風潮之計度也。誠哉斯言。

對于工會問題。亦照德社會黨之意旨解決矣。至法國工會主義之原因與効力。皆所蔑視。其決議原文録之如下。

“欲圖平民奴隸之解放。政治與經濟之争勝當並重。

“社會黨争之於政治界。而工會争之於經濟界。故本黨與工會。同一緊要也。

“此二組織。（即社會黨與工會）隨其地位。各有適宜之作用。自全然獨立。互不相羈。然當此抵禦方烈之時。亦必二者和衷共濟。方能收其效果。

“總之本黨與工會愈加鞏固。其收效愈廣大。然不侵工會之作用。（工會欲獨立。而社會黨則欲其附庸于本黨。然又不敢明言。乃謂二者並重。以上之言頗曲屈。）

“公聚會曰本黨與工會永遠結合鞏固。乃各地工民之利也。

“本黨與工會當互相維持。其作用除有關平民解放者無他。

“工會非傳達社會主義于平民。不能完其義務。而本黨亦當維持工會之作用。于議院中亦援助之。

“公聚會請諸工會于比京之萬國社會黨之事務所。及柏林萬國工會書記所相聯結。以便交易所知。有關工黨之組織與工黨之風潮。

"公聚會以爲工會之組織愈中集。（中央集權）其援救（經濟援救）之法愈完善。會中集欵愈充足。知社會主義愈深切。則其反對資本家之效力愈宏大。"

以上决議。是直與法國工會挑戰也。揭之如下。

（甲一）工會（見下）拒絶兩黨相聯結相干涉。

（甲二）社會黨乃謂兩黨當結合鞏固。

（乙一）工會之組織。全體以協和爲主義。

（乙二）社會黨則主張中央集權。

（丙一）法工會不重集欵救濟。以行姑息之仁。而重革命思想。

（丙二）社會黨乃主張集欵與救濟。

諸如此類。不可勝書。總之公聚會與工會主義多相衝突也。更有一新奇之事。即"社會黨之屬地主義"也。其言如下。

"社會主義所主者。增長全地之出産。使諸民同達於文明程度之高點。故就宗旨而言。公聚會不以屬地政策爲非。因此政策如照社會主義行之。則爲一文明之作用。"

文明之作用！噫！吾知之也！即摩洛哥鐘鼓之音。不絶于吾耳者是也。

此公聚會終矣。多數之法人。不甚得意。而格黨則如其所欲。與伯伯爾立於同等退化之地。至工會黨則惟有鼓舞而前。以正其風潮之方針可也。

以上爲無政府黨德氏所記。始終大不滿意。對於反對軍國主義。嫌其言之不力。對於社會黨與工會之關係。嫌其不合於現在革命之思想。此自然之理也。

至社會革命黨。則曰"此次公聚會對於反對軍國主義。吾黨大勝。

伯氏等曰黑。而會之決議曰白。且二氏不過二人而已。其他德人。均鼓掌與吾輩表同情也。吾知從此德皇恐亦不得安坐矣。……至工會問題。吾黨則失敗。雖然。此法國已成之事。公聚會之一時意旨。亦何足重輕哉”。（見社會革命報愛氏等之言）

又一致社會黨如鳩氏則曰。“此公聚會大勝。萬國主義之思想擴張。其勢力益加鞏固。政治競争與抵抗戰争主義亦大盛。吾人與德友各有所長。彼德國之組織完密。足爲吾輩法。而吾人以進取之熱心。激發彼之作用。總之萬國社會主義興盛已普及矣。”（見社會黨日報“人道”）

按以上三家之言。意各不同。（一）無政府黨于反對軍國與工會兩問題。皆嫌其平庸。（二）社會革命黨則謂勝於反對軍國之問題。敗于工會之問題。是快憾參半。（三）社會黨則有心滿意足之態。由此亦可見三黨之大意矣。

雖然。支那社會風潮之幼稚。無一可及。若以尋常之眼光觀之。必德人之社會主義。或法之和平社會主義。覺爲適宜。因其進化之程度。較爲近也。雖然。公聚會爲萬國之代表。爲一時風潮之計量。故吾不欲以一家之説。以告國人。恐有不得見其真象之憾。故録三家之説。而以無政府黨所記爲正文。不獨爲取法乎上之意。亦因其近實也。雖此種問題與支那情形未必盡同。然道理則無異。其不可不判者有二端。即變法（社會黨）與革命（社會革命黨與無政府黨）也。

以上諸説。皆譯者平心節取。非因其爲革命黨爲無政府黨故有袒詞。閱者亦得而見諸。

二無政府黨萬國公聚會

（節譯“社會革命報”）

無政府公聚會已畢矣。若欲知其持中之意見。吾録二反對黨報以明之。（社會革命報既非無政府黨。亦非其反對黨。故曰持中。反對報最喜譏責無政府黨。今反稱贊。故社會革命報特録之。以示公道自存也。）

八月三十一日“朝報”曰。“諸會員事畢。歡然而去。此會工作甚衆。經七日之久。會議十八次。”

八月二十六日“日報”曰。“無政府黨勤懇公務。令人足以爲法。吾曾少見於公聚會中。作工之誠篤如此。衆皆注意静聽。條理整然。”（尋常人多譏無政府黨無條理。由此見其不然。）

會中解決問題。（擇要）録之如下。

（一）無政府主義與組織〇在會之無政府黨。以爲無政府主義與其組織。非如尋常所云二者不能相容。

盖二者互相補助者也。就無政府本意云。亦謂自由組織。盖凡個人之作用。無論如何緊要。不能如衆人作用之充足。

見團體組織。使傳布發達。正可與工人以協和。及革命之意想。

工人之組織。乃以同利爲本者。此外尚當有一同志之組織。

故在會之無政府黨。以爲可由各地同志。組織無政府黨會。或合已有之會而爲協會。

無政府會宗旨。在交换道德上經濟上之景况。用一切合宗旨之作用。以維持其所争者。

無政府會。純主個人之自由。無能强迫之者。

在會之無政府黨。宣告“萬國無政府會”之成立。此會成之以已有之組織與散處同志。各會皆系自立。

設一萬國交通機關。吾人經營之。與各地之同志交通。會費出自各會及會員。

（二）工會〇萬國無政府公聚會以爲工會。乃一實行等級革命。與改良工業之組織也。亦一工作者之團體。以之變資本社會而爲無政府之共産社會也。故公聚會知將來“革命工會組織”之緊要。願諸同志于今已有之各業工會而維持之。然吾無政府黨之急務。乃建革命元質于此等組織之中。而其所傳布維持者。即直接之革命作用。（罷工暴動等）有益於改變社會者也。

在會之黨人。以爲工會之舉動與全體罷工。皆爲革命中極强之作用。而不足以更代革命也。盖革命之實行。非軍人叛動。與用强勁手段。收取一切産業。不能爲功。故工會之作用。不宜忽于與政府及兵力直爲反對也。

無政府黨以工會爲破壞現今社會之具。由此可見。社會黨則以之爲救濟協助之方。（見前）其觀念迥異也。

（三）反對軍國主義〇無政府黨所欲者。各人之完全自由。其爲政府一切兵力强權之敵。乃自然之理也。故其願由諸同志各就機宜。各從意性。用一切反對之法。或個人。或全體。拒絶軍役。或和平。或激烈。以破軍規。更以軍人罷散。以絶制服之具之根株。

同人所望者。凡遇宣戰。由關係其事之民。各起騷動。

同人所望者。由吾無政府黨爲之先導也。

以上反對軍國主義。詞義決絶。專以破壞强權爲主。無一敷衍之詞。其性味異於社會黨對于反對軍國主義之解決。衆所共見矣。

記者曰。無政府黨之對於無政府公聚會之意想。亦各不一。或曰無政府黨應由個人或衆人實行革命之舉動。至公聚會僅聚少數黨人於一地。議論數日。何裨於事。且以此少數人之意旨。使衆人信從。亦非無政府黨所當爲也。因而有主張公聚會之舉動者。有不主張者。各持一意。記者則以爲馬氏之説。爲最適當之論。即“公聚會雖不足爲革命之製造器。而爲革命風潮之計度也”。

工會[①]

工會爲每行工作者所結合。其宗旨在保全工人之權利。反抗富者之欺凌。工會可由工人自由組織。共推會員經理。工人應得之工價。與每日作工之時間。皆工會所定。如有無工作者。或罷工者。由工會預籌欵項按[②]濟。

工業總所

合各工會而爲一。名曰“工業總所”即總工會也。總工會之章程。擇要譯録如下。

（一）宗旨　本會宗旨在保護工作者道德上經濟上各種權利。此會之組織。純然立于政界之外。惟願諸誠信之工人。自行致力。使無貧富之等級。不得以工會之名目及權力。協助政界之事。而爲運動選舉者盡力。

（二）組織　合各工會而成。（餘略）

（上[③]）作用（甲）機關報　名曰“民聲”。爲傳布及鼓吹之機關。

（乙）罷工　有特別組織。調查各地罷工之情形。並運動罷工之事。

① 原載《新世紀》第 4 號（1907 年 7 月 13 日），附修路工人會《罷工傳單》圖片，無署名。今以《新世紀》本校。
② “按”，有誤，《新世紀》本作“接”。“校誤表”云：“‘接’誤作‘按’。”
③ “上”，有誤，《新世紀》本作“三”。

對于反對軍國主義之解決。衆所共見矣。

記者曰。無政府黨之對於無政府公聚會之意想。亦各不一。或曰無政府黨應由個人或衆人實行革命之舉動。至公聚會僅聚少數黨人於一地。議論數日。何裨於事。且以此少數人之意旨。使衆人信從。亦非無政府黨所當爲也。因而有主張公聚會之舉動者。有不主張者。各持一意。記者則以爲馬氏之說爲最適當之論。即「公聚會雖不足爲革命之製造器。而爲革命風潮之計度也」。

工會

工會爲每行工作者所結合。其宗旨在保全工人之權利。反抗富者之欺凌。工會可由工人自由組織。共推會員經理工人應得之工價。與每日作工之時間。皆工會所定。如有無工作者。或罷工者。由工會預籌欵項接濟。

工業總所

合各工會而爲一。名曰「工業總所」。即總工會也。總工會之章程擇要譯錄如下。

(一)宗旨　本會宗旨在保護工作者道德上經濟上各種權利。此會之組織純然立于政

（四）會務（甲）協議　三月一集。

（乙）會費　或由分會每會每月出資三十五生丁。或每百會員每月四十生丁。或每會員五生丁。不等。

（五）大會　每二年集大會一次。研究各種有工會問題之舉。並期與萬國工會相協合。

（注）

社會主義主張保護工人。故工人中多社會黨。亦有不肖之徒。欲謀權位。遂以社會主義爲運動工人投票之具。每許之曰若吾得權位。必設法救工人之苦。及其願已償。則言行不符。故今工人皆知以社會主義謀權位之輩之狡矣。所以于“議院社會黨”外。又有“革命社會黨”。與“無政府共産黨”。此二者皆反對“作官之社會黨”。故以上章程。指明不得協助政界。及藉行政界與選舉之事。由數年來無政府黨與社會革命黨入工會爲之運動也。

故今之工會。亦不請求政府變法。而恒用革命手段。如罷工也。抗税也。反對尚武主義也。往往出自工會之運動。

今年巴黎罷工。已多次矣。其最著者則爲電燈罷工。燈光俱滅。滿城黑暗。富貴之場。爲之驚絶。此後又有麪包罷工。與修路罷工等。各業之罷工者。亦多不可勝數。

每年五月一日。爲萬國同盟罷工之期。各國皆然。去年與今年。巴黎皆預設防兵。以備不虞。曾捕數千餘人。今年則預將總工會運動員禁錮。然亦不足以警衆。南方之風潮。亦由工會所組織。此其明証也。

三綱革命[1]

真

新世紀常曰。去迷信與去强權。二者皆革命之要點。因此二者互相維持。以圖保存者也。

所謂三綱。出于狡者之創造。以僞道德之迷信保君父等之强權也。

迷信與宗教爲一流。與彼相反者。則科學之真理。若取迷信與科學比較其異同。則是非易決矣。

（甲）宗教迷信　（一）君爲臣綱　（二）父爲子綗[2]　（三）夫爲妻綱　綱領者猶統轄之意也。是臣子妻皆被統轄者也。

（乙）科學真理　（一）人人平等　（二）父子平等　（三）男女平等　以真理言之。孰有統轄之權。孰有服從之義。故一切平等。

（甲一）君爲臣綱

據强權而制服他人者君也。恃君之名義威權而制服他人者臣（官）也。故曰君爲臣綱。又曰官爲民之父母。

（乙一）人人平等

君亦人也。何彼獨享特權特利？曰因其生而爲君。是天子也。此乃迷信。有背科學。若因其有勢力故然。此乃强權。有背真理。

---

① 原載《新世紀》第 11 號（1907 年 8 月 31 日），今以《新世紀》本校。
② “綗”，有誤，應爲“綱”。

臣爲君之屬物則是。因臣恃君而有者也。（即官即奴隸）然民則非君之屬物。亦非臣之屬物。君與臣皆野蠻世界之代表。于新世紀中。君與臣皆當除滅。惟有人與社會。人人平等。

（甲二）父爲子綱

就僞道德言之。父尊而子卑。就法律言之。父得殺子而無辜。就習慣言之。父得毆詈其子。而子不敢復。

因强弱之異勢。迷信之謬誤。故父尊而子卑。父得而統轄其子。於是父爲子綱。父之知道明理者。固不肯恃强欺弱。侵其子女之權。其他則以此僞道德爲保護權利之具。侵侮其子。無所不至。故綱常之義。父之明理者固無所用之。而用之者皆暴父而已。

至子之惡者。虐待其父母。偶或有之。然彼固無畏乎所謂聖賢。所謂綱常。至良善之子。必善養其父母。固無所用於聖賢與綱常者。

就暴父言之。綱常僞義。徒以助其暴。就惡子言之。則不足以滅其惡。

且惡子較暴父爲少。偶有之。安和①非因累世之惡感情所致耶？總之三綱之僞德。有損而無益。

暴父之待其子也。當其幼時。不知導之以理。而動用威權。或詈或毆。幼子之皮膚受害猶輕。而腦關之損失無量。於是卑鄙相習。殘暴成性。更使之崇拜祖宗。信奉鬼神。以成其迷信。而喪其是非。更教以敬長尊親。習請安拜跪。以鍊其奴隸禽獸畏服之性質。及其壯也。婚配不得自由。惟聽父母之所擇。夫男女乃兩人之事。他人亦竟干涉。此乃幼時服從性質之結果而已。及其父母死。而復以繁文縟節以累之。臥草食素。寬衣縛其身。布冕蔽其目。逢人哭拜。稱曰罪人。

---

① “和”，有誤，《新世紀》本作“知”。“校誤表”云：“‘知’誤作‘和’。”

嗚呼。父母之死也。其子哀傷。出於自然。然其死也。乃機體衰老。生理之關係。子何罪乎？其子當哀傷勞苦之際。奈何反使之背於衛生。瘁其精力。

夫哀傷與眠食不安。乃出於自然。本不必他人教使。而彼狡者。自以爲聖賢。從而制禮以提倡之。而彼愚子暴父。自以爲尊崇聖賢。從而效之於幼。教之於長。相習成風。而其結果則爲子孫加此一種迷信。此迷信以保存父母死後之餘威也。

總之爲子者。自幼及長。不能脱於迷信與强權之範圍。己方未了。又以教人。世世相傳。以阻人道之進化。敗壞人類之幸福。其過何在。在人愚。乘其愚而長其過者。綱常倫紀也。作綱常倫紀者聖賢也。故助人道之進化。求人類之幸福。必破綱常倫紀之説。此亦即聖賢革命。家庭革命。

（乙二）父子平等

就科學言之。父之生子。惟一生理之問題。一先生。一後生而已。故有長幼之遺傳。而無尊卑之義理。就社會言之。人各自由。非他人之屬物。就論理言之。若生之者得殺被生者。則被生者亦得殺生之者。既子不得殺父。故父亦不得殺子。

父之殺子與毆詈其子。非出于理。而出於勢力。勢力即强權。乃反背真理者也。

科學真理。一本於自然。不外乎人道。父人也。子亦人也。故父子平等。子幼不能自立。父母養之。此乃父母之義務。子女之權利。父母衰老不能動作。子女養之。此亦子女之義務。父母之權利。故父母子女之義務平。權利等。故父母之於子女。無非平等而已。此即自然之人道也。

人生於世間。以世間之物爲生活。此物非屬於甲。亦非屬於乙。非屬於父。亦非屬於子。惟屬於衆人而已。此至公也。既有家庭。則易公爲而[1]私。愛己而忌人。曰我之子。故我愛之。於是慈之説出。推此以求。則人之子遂不愛。曰我之父。故我愛之。於是孝之説出。推此以求。則人之父遂不愛。所以愛我之父。我之子。是因其與我近。然父之與我近。子之與我近。究不若我之與我近。故孝也。慈也。猶不若其自私之爲甚。故父願其子孝。且用强迫威駭以得之。而子變爲奴隸禽獸矣。故孝者父之私利也。子欲其父慈。欲其有利與己。（産業）用媚以求之。或以孝之美名。爲升官發財之運動法。于前之説。（遺産）則父母爲馬牛。於後之説。（孝之美名）則父母爲傀儡。故慈者。子之私利也。

若順乎科學公理。人當本於構造生理。各盡所能。各取所需。

若路人有所需。不能因其爲路人。不與之不助之。若父母或子女無所需。不能因其爲父母或子女。遂奪他之分。而特別與助之。

慈孝者私之別稱也。若世人不私。則無所用其慈孝。即世人慈孝（博愛）世人也。

博愛平等。公之至也。慈孝與博愛。及公與私。皆成反比例。然慈孝有害博愛平等。而博愛平等無損於慈孝。且有益之。因慈孝只利於我之近者。推而及於自利。博愛平等是利衆人。衆人利。我與我之近者。自在其中矣。

人道進化之程度愈幼稚。慈孝之風愈盛。而博愛之力愈薄。因各私其私也。今之世界。純然自私之世界也。經濟問題。其一大阻力。若經濟平等。（共産實行）人人得以自立。互相協助而無所用其倚附。是時也。有男女之聚會。而無家庭之成立。有父子之遺傳。而無父子之名義。是時也。家庭滅。

① “爲而”，有誤，《新世紀》本作“而爲”。

綱紀無。此自由平等博愛之實行。人道幸福之進化也。

今其時雖未至。而進化之趨向已進矣。

家庭革命。聖賢革命。綱紀革命所以助人道進化者也。

（甲三）夫爲妻綱

就僞道德言之。夫尊妻卑。就法律言之。夫得出妻。妻不得離夫。夫執姦（兩人之真愛情。反謂爲姦。）殺妻無罪而得獎。妻殺夫則爲凌遲之罪。（妻殺夫因愛他人不得而爲之者百之九九。阻妻之愛他人者夫也。妻之殺夫非妻之罪也。）

就習慣言之。夫嫖則爲當然。妻與人交。則爲失節。（因夫得嫖。且得有多妻。故無殺妻之事。然非夫之性善也。）

因强弱之異勢。迷信之誤謬。故夫尊而婦卑。夫得而統轄其婦。於是夫爲妻綱。夫之知道明理者。故不肯恃强欺弱。侵其妻之權。其他則以此僞義。爲保護權利之具。侵侮其妻。無所不至。故綱常之義。夫之明理者固無所用之。而用之者皆爲暴夫而已。是故綱常之義。不外乎利於暴夫而已。

雖有知道明理之夫。而其妻不得脱於迷信之習慣。此非夫妻一部分之問題。乃男女普通之問題也。於男女革命中詳之矣。

（乙三）夫妻平等

就科學言之。男女之相合。不外乎生理之一問題。就社會言之。女非他人之屬物。可從其所欲而擇交。可常可暫。就論理言之。若夫得殺妻。則妻亦得殺夫。若婦不得殺夫。則夫亦不得殺妻。若夫得嫖。則妻亦得嫖。此平等也。此科學真理也。

科學真理。一本於自然。不外乎人道。夫人也。婦亦人也。故夫婦平等。

人生於世間。各有自立之資格。非屬於甲亦非屬於乙。婦不屬於夫。夫不屬於婦。此自由也。

既有家庭。則易自由而爲專制。曰我之妻。我愛之。而忌他人愛之。曰我爲爾夫。爾當愛我。而禁其愛他人。是以玩物産業待女人也。自私也。專制也。

若順於科學公理。人當本於構造與生理。各從其欲。各爲其所宜。（就衛生言）

人道進化愈幼稚。女人愈不自由。愈進化。男人專制愈減。今之世界。純然自私之世界也。經濟問題。其一大阻力。若經濟平等。則人人得以自立。（詳男女革命）聚散自由。有男女之聚處。而無定庭[①]之成立。是時也。家庭滅。綱紀無。此自由平等博愛之實行。人道幸福之進化也。

今其時雖未至。而進化之趨向已進矣。

家庭革命。聖賢革命。綱常革命。所以助人道進化者也。

實行〇政治革命。經濟革命。皆不能免激烈之作用。因革命之主動者。與反對黨性質正反。必有衝突故也。

至家庭革命。則無激烈之作用。惟改革其思想可也。因今之父母。即昔之子女。若其回思昔日所受之壓制。不合於人道。則其將行恕道。不以己所不欲者施之於其子女也。今之子女。亦即後日之父母。若其知父母不當以某事某事壓制之。則當彼爲父母之時。亦當行恕道。不以己所不欲者施之於其

① “定庭”，有誤，《新世紀》本作“家庭”。

子女也。故父母子女。皆得而作家庭革命黨。助此革命之實行者。（夫妻革命實行見男女革命）

一曰尚真理以去迷信。此思想之革命也。（直接）

二曰求自立以去强權。經濟革命與有切要之關係也。（間接）

男女之革命[1]

真

吾新世紀常曰。革命之用意。不外乎求伸公理。故凡有背公理者。皆吾輩之所當研求以圖改革命[2]者也。今世界無道。有乖公理之事。不勝枚舉。然致此之原因。皆不外乎强權。故革命亦無非反對强權而已。

君民之不平等。强權之所致也。

富者貧者之不平等。强權之所致也。

男女之不平等。强權之所致也。

其大力[3]有二。一即物力之强權。二即迷信之强權也。凡强權之初發長時。多本於物力。而保護此强權。則爲迷信。迷信也者即僞道德也。若迷信破則物力之强權不可以獨存矣。"故破强權自破迷信始。"各類（君。富者。男子）之强權。其性質各有不同。

君民富者貧者之强權之弱力。互有盛衰。互有勝負。故其衝突較易。故革命之果早熟。至男女之强權弱力。乃自然生成。强者永强。弱者永弱。故至今他種革命已大進步。而男女之不平等。仍黑暗如故也。然則男女因其强弱不敵。遂永不得平乎。否。因迷信破。强權不能獨存也。是男女革命。以

---

① 原載《新世紀》第 7、8 號（1907 年 8 月 3—10 日），署名"真"。第 8 號標題作"續男女革命"，無"之"字，本書目録亦作"男女革命"，無"之"字。今以《新世紀》本校。

② "命"，《新世紀》本無。"校誤表"云："'命'字衍。"

③ "大力"，有誤，《新世紀》本作"大端"。

破壞僞道德爲第一要圖。然則何爲僞道德。凡不合于科學公理者皆是。

（一）科學公理與迷信權[1]中男女諸問題之比較。

（科）男女體質及生理。除有關生殖器者。此外無異。男女生殖器中各含有特質。二質相合而爲孕。缺一不可。由此而知男女之關係。無少輕重。

（强）惟女子身體較弱。受孕後身更不便。此爲致侮之原因。强權爲之也。

（科）男女之相交也。固無可限定之成例。如甲男與甲女交可生丙。如乙男與甲女交亦可生丁。然則甲甲與甲乙之結果無異。

甲男+甲女＝丙（子或女）

乙男+甲女＝丁（子或女）

丙＝丁

甲男+甲女＝乙男+甲女

（强）由是而知一女不二夫之爲迷信爲僞道。因其反背科學也。此種迷信。即以保護强權者也。男之視女。如己之玩物。不欲他人之奪己好。亦不欲己所好者之好他人。故定種種之惡禮法以繩之。實出於壟斷與妒忌之性質。不特此也。及男者已死。仍使其婦守寡。此雖非爲法律所斷定。然已[2]爲風俗所習慣。更以旌表入祠種種之迷信以誘惑之。及一旦男子不愛其婦。則有出之之權。曰三從。曰七出[3]。其權力無一不在男子。設男子別有所愛則可娶妾宿娼。女子則不能。其不公之至。人人得而見之。設男子得御他

① “權”，有脱文，“校誤表”云：“‘權’上脱‘强’字。”

② “已”，有誤，《新世紀》本作“亦”。

③ “七出”，又稱“七去”，《大戴禮記・本命》云：“婦有七去：不順父母去，無子去，淫去，妒去，有惡疾去，多言去，竊盜去，爲其逆德也。無子，爲其絶世也；淫，爲其亂族也；妒，爲其亂家也；有惡疾，爲其不可與共粢盛也；口多言，爲其離親也；盜竊，爲其反義也。”《孔子家語・本命解》云：“七出者：不順父母出者，無子者，淫僻者，嫉妬者，惡疾者，多口舌者，竊盜者。”

女。則女子亦應御他男。始合於公理也。

以上皆就支那之習慣而言。歐美雖較勝。然亦未盡公也。吾舉所目覩耳聞之一端以證之。前數日巴黎支那某君與某西女士結婚於郡長署。郡長照例宣言曰“夫應保護其婦。婦應服從其夫”。由此可見男女不平之惡象。若夫因其爲己婦而保護之。是以人爲己之財產。其侵侮人權。孰甚於斯。若因女子之體弱應保衛之。則人人有此義務。何獨其夫爲然。人人平等。無能制人者。亦無被制者。何服從之謂哉。

（科）女子之腦關。固無異于男子。故其智識亦不相上下。今之女子受男人壓力。不得同享教育之權利。且常有有思想有學問之女人。（如路易未師樂①爲法之社會革命家。馬禮②爲物理學家。更如俄之暗殺黨員。各國之學問家。不可勝數。）若其得受同等教育。則其造就必不遜于男子。吾敢斷言。

（强）諺有之曰。“女子無才便是德③。”“牝雞司晨惟家之索④。”由此二言。可畢見男子忌妒女子之野心。與壓制女子之手段。令其無才。使不得與己争也。誣其爲不若男子。以自圓男子所以不讓女子之説。

故女子之不若男子。純是强者之手段作成。而非出于自然。君長用“愚黔首”⑤之手段。男子用“愚女子”之手叚。同一强欺弱也。孔丘曰。“惟女子與小人（即民）爲難養也。”由此可見彼之所謂聖賢者。以女與民並

---

① “路易未師樂”，有誤，《新世紀》第 29 號《本周世界之記念日》作“路易·米師樂”，即路易絲·米歇爾（Louise Michel，1830—1905），法國巴黎公社女英雄，被譽爲蒙馬特爾的紅色姑娘，雨果爲她創作了《比男人還偉大》的詩篇。巴黎公社失敗後，米歇爾被流放太平洋小島近 10 年，著有回憶録《公社》。

② “馬禮”，即瑪麗·斯可多夫斯卡·居里（Marie Sklodowska Curie，1867—1934），波蘭裔法國籍物理學家和化學家，1903 年因發現放射性元素鐳，與丈夫及安東尼·亨利·貝克勒爾共同獲得諾貝爾物理學獎，1911 年獲得諾貝爾化學獎。

③ “女子無才便是德”，語出明末張岱《公祭祁夫人文》：“眉公曰：‘丈夫有德便是才，女子無才便是德。’此語殊爲未確。”

④ “牝雞司晨惟家之索”，語出《尚書·牧誓》：“古人有言曰：‘牝雞無晨。牝雞之晨，惟家之索。’”《易傳》云：“婦人專政，國不静；牝雞雄鳴，主不榮。”

⑤ “愚黔首”，語出賈誼《過秦論》：“於是廢先王之道，燔百家之言，以愚黔首。”

列。宜乎其同以“强欺弱”之手段施之。孔丘曰。“民可使由之。不可使知之[1]。”與“女子無才便是德”。同類之言。

今之稍有智識者。皆知尊卑之不平等。爲以强欺弱。男女之不平等亦然。故尊卑之革命。與男女之革命。名義雖異。而性質却同。同一反對强權而已。

（科）女子之能力。固不遜男子。鄉間女子操作有與男子同者。歐洲有各種事業。如教習也。醫生也。以及種種行業。女子皆爲之。由此可見其能力。

（强）謂女子不能爲某事某事。固有因體恤而然者。然多假此美意而爲限制之術也。女子之纏足纏腰以使其弱。此顯然者也。其他如女子初不得爲律師。爲醫生。爲教員。不得與男子同受美術教育。不得爲御者。（法國往事）不得投票選舉。（今芬蘭得之）今則有能之者。足見其非本不能。是限制使然。以上爲争而已得之者。尚有争而未得者。（女子之被選爲院紳等。）

知其宜争。即迷信成見與僞道德破。實力争之。即强權破。故破迷信破强權。凡一切革命。皆不得而免之。

（二）科學公理實行之阻力。與男女革命之要端。

既經以“公理”與“强權”比較。則可斷曰。女子無不應爲。無不能爲。其義理之正當。爲知道者所同認。然更當研求其實行。與實行之阻力。

女子之得真自由。自能自立始。能自立。自與男子平權利始。平權利。自破强權破迷信始。二者皆革命之要點。

自由配合。女子自由之要端也。自由配合不能行者。經濟問題爲之阻也。

結婚者。即定合同。女子屬于男子。（如産業然）語其益。女子有男子養之。因女子於經濟界不能與男子享平等權利。故須仰其鼻息。語其害。恐失

① “民可使由之。不可使知之”，語出《論語·泰伯》。

其益。則必須服從。然愈仰望則愈服從。亦愈卑下。（知識權利）愈卑下則服從益甚。循環無端。而成此大不平等。

若經濟之問題解決。則女子之自由自得。故經濟革命。亦實男女革命之一大因也。

今女子之不能自由自立。其實因則在經濟問題。經濟即强權之一端。而保護强權者即法律。施行法律者則政府。故傾覆政府之革命。亦男女革命之一大因也。

保護經濟之强權。保護政府之强權者。僞道德也。僞道德不外乎保强欺弱。蓋僞德道[1]皆出於强者之手。故破僞道德。爲破一切强權之要義。故吾曾曰。“男女革命破僞道德爲第一要圖。”且各種革命雖皆要因。而皆爲間接。破僞道德。（即求公理）則爲個人所能。故爲密接之起點。

關係男女革命者列表如下

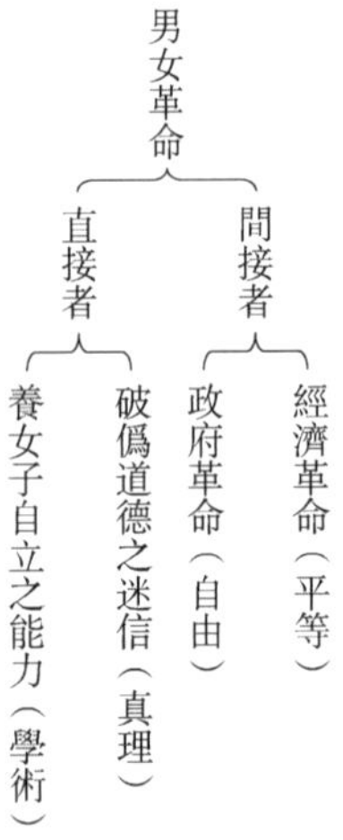

總之迷信破。則女子無不應爲。能力足。則女子無不能爲。能與應。就合乎科學真理者而言。

① “僞德道”，有誤，《新世紀》本作“僞道德”。

無家庭主義意見書①

徐徐

新世紀九十三號載“無家庭主義”蓋徐徐先生託名投稿者後先生在瑞士復以中英法文刋布意見書一通即本前説而略有刋改今特録其後出者於左選録者附識

人生斯世。無不願求快樂者。而苦惱之來。千態萬狀。究其原委。約有三端。即政府之迫壓。宗教之錮蔽。家庭之牽制是已。就中家庭爲害尤甚。人有恒言曰。親愛自由平等。有家庭則男女之事。由生理問題。變爲道德問題。（如男子戒淫。視爲首惡。女子守節。不從二夫是。由此觀念。衍爲風習。見色心動。人之情也。而强壓制之。或激爲手淫獸交要姦。皆足戕生。男女相悦。無由接合。有抑鬱以死。爲人發覺。有羞憤以死。雖未發覺。而隱微之間。若負重慝。不能暢所欲爲。又以一度婚姻。即不當更有私交。故抉擇綦難。往往抱遲暮之嘆。且慾念一時興起。本不可以持久。况性情氣質。亦常有變遷。定爲夫婦。則必相偕終身。故有情義已殊。而名義仍屬者。其苦可知。離婚則終嫌有痕迹。感不快。非善之善者。）法律問題。（如有夫姦無夫姦等罪名。至因家庭制度。逼成不法律之行爲尤多。如妒殺之案承繼

① 原載《社會黨月刊》第1期（1912年），今據以校。作者“徐徐”，選録者稱即《新世紀》所謂“徐君安誠”，蔣俊以爲即江亢虎的化名（參見蔣俊，李興芝. 中國近代的無政府主義思潮[M]. 濟南：山東人民出版社，1991：151）。《社會黨月刊》是江亢虎等在上海創辦的中國社會黨機關刊物。

之争之類是。）經濟問題。（如男子之聘禮。女子之奩資。貧富懸絶則婚姻難諧。又女于[①]生活費。必仰給於男子。以及買妾嫖妓。視人身如貨品。恃交媾爲職業者皆是。）是無真親愛。有家庭則上受長親無理凌虐之威。中受夫婦互相累贅之困。（東方女子不能自立。受制於男子。固不自由。而男子扶持供應此等不能自立之女子。其不自由亦甚。即彼此皆能自立。然一定爲夫婦。即已不免互相累贅之困矣。）下執女子代謀教養之勞。（西方女子。多視生育爲畏途。非祇爲九個月間之懷妊也。蓋教養女子[②]。至少須十年。糜金錢。耗心思。銷志氣。廢職業。誤學問。損娱樂。妨健康。其苦不勝言。）是無真自由。有家庭則不能盡人受一致之教育。（因父母不皆有教育者之資格。且家庭不皆能出教育費。）而智愚貧富貴賤之差益大。且門第遺産。最悖人道。有家庭則此惡制度緣附而長存。是無真平等。（門第遺産[③]。非但道理上不平等而已。即事實上於本人於社會皆多弊端。蓋人爲子孫長久計。則貪婪無厭。爲富不仁。不恤倒行逆施。以聚歛之。而罪惡之事叢生。一弊也。多藏厚亡。悖入悖出。家業亦終難保存。二弊也。守錢虜慳吝成性。掊克爲能。其影嚮[④]致使全世界經濟不流通。而物質的文明不易進步。三弊也。富貴家兒。有依賴之性質。無進取之精神。多一分利者。即少一生利者。四弊也。階級之限制既嚴。貧賤家兒。無所憑藉。埋没累世。除最少數英雄豪傑外。不能自奮爲崛起之人。五弊也。反動力激出詐騙盜竊搶刦殘殺暴亂等事。六弊也。）故欲親愛自由平等等快樂者。必先破家庭。破家庭較之廢宗教傾政府。論事則根本之圖。而程功則咄嗟立辦。更不難以平和手段得之。蓋人自可了。即知即行。無所需求。亦無假激戰也。惟歐美個人多循此主義

① “女于”，有誤，《社會黨月刊》本作“女子”。
② “女子”，有誤，《社會黨月刊》本作“子女”。
③ “遺産”，有誤，《社會黨月刊》本作“遺產”。
④ “影嚮”，有誤，《社會黨月刊》本作“影響”。

者。而其現象。醜業婦之增加。私生子之轇轕。避孕既無良策。墮胎尤多慘聞。社會之幸福日消。人類之生機日蹙。國家雖定不婚之罰。減多子之租。而終不能有所救正焉。是宜用積極之方法。立公共之機關。以示模範而利推行。方能收有利無弊之效也。（出胎以後。强迫學齡以前。此間蒙養教育。最爲重要。亦最爲煩難。斷不可聽人自爲謀。必須特立公共機關管理之。爲個人謀。則無爲子女代謀教養之勞。女子亦不至更視生育爲畏途。一利也。爲社會計。則秀民日衆。生産力日盛。二利也。蒙養教育。成爲專門學術。專門職業。愈研究即愈改良。三利也。分業細而成材多。金錢時日人力俱省。四利也。盡人受一致之教育。智愚貧富貴賤之差漸消滅。五利也。斷絶親子之關係。門第遺産等惡制度自無由而存。六利也。）作者不敏。發表意見。草具約章。見者苟謂宗旨有當。大體無訛。即祈惠以好音。表其同意。藉徵輿論。並集衆思。一切辦法章程。統容訂期擇地開會招徠公議决定之。此固人生最切近最緊要一大議案也。有心人其毋忽。一千九百十一年九月印行。

論男女情慾與真理公道毀譽賞罰之關係[1]

真

（一）真理公道〇男女之情慾。乃生理中之一端。生理者科學真理之一端。故欲論男女情慾。不可不于科學真理中研求之。

饑渴則思飲食。此幼子以及幼稚之生物之所知也。然饑渴飲食之理源。雖智者亦恒忽而不察。

飲食之于人生。猶油之于燈火。故飲食即所以增注機體所需之質料。猶油即所以增注燈火中所需之質料也。機體中所餘之質料不充。則覺饑渴。燈中之質料不充。則燈光漸微。名之爲燈火之饑渴亦可。人與燈之饑渴。皆爲人與燈須增注質料之表計。故飲食正宗之目的。即所以供機體之所需。而非惟救饑渴也。

恒有因饑渴而飲食。惟所飲食者過多。遂以致疾。

又恒有于某時用某餐。因其時恒饑渴而爲之習慣。有時不覺饑渴。而亦照常飲食。亦以致疾。

亦有因以甘旨便于飲食。久而習慣。甘旨乃爲嗜好。雖不饑不渴之時。

① 原載《新世紀》第 27 號（1907 年 12 月 21 日），正題“書騷客對於游學蕩子之概言後”，副題即該文標題，署名“真”。全文共三部分，此所選者爲第一、第二部分。今以《新世紀》本校。《對於游學蕩子之概言》，載《新世紀》第 25 號，署名“騷客”。作者因在比利時的留學生某君誘奸幼女，被送到“普露熱”（Pruge）定罪，監禁三月一事而作，“以某君頗知懊悔，因以勸之；更籍某君之事，以戒學界中如某君而至死不悔者”。

因味美而飲食之。亦恒以致疾。

凡機體。愈習用則愈發展。而成“饑渴之疾”者有之。

凡人明衛生之理者。有鑒于此。不敢過用。求免疾也。此即衛生之真理。

男女之交合。雖與飲食不同。然其爲生理中之一端則一也。

飲食所以補體質之闕。交媾所以減體質之盈。

須補則饑渴生。須減則情慾動。故情慾爲須減之表計。猶饑渴爲須增之表計也。蓋情慾即所以量定宜減體質者。故交媾正宗之目的。即所以減其所宜減。而非惟達情慾而已。

因情慾生而交媾。有太過或與不潔者交。以致疾者。

恒有因習慣而交媾。雖不宜減之時亦爲之。亦以致疾。

美色易動交合之心。猶美味易動飲食之念。恒有習慣于好色。以成嗜好。雖不應減之時。而亦交合。以爲樂。亦恒以致疾。

且凡機體。愈習用則愈發展。而成“情慾之疾”。時時思爲之。久減則虧。更致他疾。

凡明衛生者。有鑒于此。而不敢過。求免疾也。此即衛生之真理。

男女交合。乃兩人之事。爲社會之基。故欲論男女情慾。不可不于公道上研求之。

有損于一己。而無損于人者。自失也。有損于人者。敗壞公道也。

就男女之事論之。如兩人相愛。其體力年歲相適。而配合之。此公道也。

設男子或女子有疾而不以相告。致損他人之衛生。此敗壞公道也。

有男女專爲己之淫樂。而不顧他人之衛生。甚至童男幼女不及交媾之年者。亦誘而侮之。此敗壞公道也。

有男子賤視女子。而以之爲一時之玩具。而欺誘之。此敗壞公道也。

有男子恃財力而購得女子。不問其情願與否。而强納之。此敗壞公道也。

有男子恃財力而强合女子。此敗壞公道也。

或因傳染疾而損衛生。或因年稚早合而損衛生。或情意不適而傷其感情等類。皆不外乎生理或心理上之困苦。皆爲反背真理者也。所以反背真理。亦即生理或心理上之一病耳。故凡敗壞公道者。皆有不知真理之病者耳。

故敗破壞公道。亦一病也。欲醫“反背真理”“破壞公道”之病。舍求明“真理與公道之幸樂”。無他道也。

總之男女之情慾之交合。凡無反背真理無敗壞公道者。則可爲之。即無損于己。亦無損于人。有幸樂而無困苦者是也。幸樂者。非一時一人之幸樂。乃久遠公共之幸樂也。

（二）毁譽賞罰〇男女情慾交合之不當。則有損于己。有損于人。少幸樂而多困苦。故不可爲。此真理公道之大義。人人得而理會之。今不以此告人。而以毁譽賞罰爲勸誡。毁譽賞罰之初意。亦未嘗非欲人無反背真理敗壞公道。惟舍其本而求其末。言者聞者。皆忘其本意。是不以真理公道而欲求真理公道。豈可得哉。甚至毁譽賞罰之所勸誡者。正與真理公道相反。舉二端以明之。

（甲）泰西各國結婚。不經官府所認可者。謂爲非正式之結婚。不得享所謂正式結婚之權利。支那結婚亦尚繁文縟節。其意皆以防所謂苟合者也。夫配合乃兩人之事。他人無可干涉之理。而彼官府父母者。何其多事哉。若其結合無背于真理公道。固無待于官府。更無所謂苟合。若其有背於直理[①]與公道。雖經官府父母之允可。亦仍不離乎反背公理。破壞公道。且即使彼官府父母者。足以補救一時一事。免生枝節。亦不過以威權强迫。而非以道

① “直理”，有誤，《新世紀》本作“真理”。

理明之。則其事已背于真理公道矣。

（乙）支那縛束女子。謬倡節義之風。以旌表之陋法。導名譽之迷信。若此女子年老體衰。自不欲有交合之事。固不待政府之提倡。若其年少多情。交合亦爲衛生中所不可免。奈何設法而止之耶。設其法不足以維繫女子之心。則旌表者僞。其失小。設女子守此迷信而敬之。以致傷生理之自然。其失大。總之不論何如。此等勸誡之法。皆不外乎野蠻之行而已。

更有種種勸誡之術。或風俗。或法律。以限制男女情慾。不可勝書。皆不外乎毀譽賞罰。毀譽賞罰即令人服從强權。不求真是。其反背真理公道。孰有[1]甚于此乎。

---

① “孰有”，有誤，《新世紀》本作“孰有”。

粤中女子之不嫁者[1]

老漢

粤俗女子有嫁夫。既祖而未配。三日歸寧母家。遂終身不與其夫接者。粤語謂之“不落家”。間亦有五六年或三四年而後“落家”者。各鄉比較。男子恒以遇短期而“落家”者爲幸。然遇其終身不落家者。亦無如何也。不落家之風。以順德爲最盛。凡女子有其羣。謂之“姊妹”。相約束以嫁而不嫁爲主義。結婚有日。則其羣之姊妹密綴其衣。爲窮袴。結不可解。女至夫家。三日不飲不食。斥其夫不使近。夫亦不能近。其有强欲與合者。女常以死拒。數見不鮮。于是男子之婚者。亦但知爲其名而已。百之一二。有爲男子所誘惑。守不固而與之合者。則歸寧時必爲羣姊妹所斥。終身不齒。甚或施以其羣中所謂刑罰焉。以是犯者殊稀。女多以繅絲爲業。其所得。以餬口而有餘。故有不歸夫家。而哀其窮。給資男子。使别置箎室者。其團體既固。親族長老俱不能禁。他都邑無是俗者則大以爲詬厲。於順德所謂搢紳先生者亦自引爲恥。屢與地方官吏挾强權而思矯制之。然至今迄不能革。又此等女子有忽然五六人相偕而自殺者。衣袂相結。死於水者爲多。或曰此迷信神話以致此。（粤有五女投塘。及七女投塘之諺。近於一種神話。凡不嫁之女子。

① 原載《新世紀》第 60 號（1908 年 8 月 15 日），署名“老漢來稿”。今以《新世紀》本校。作者“老漢”，即胡漢民（1879—1936），原名衍鴻，字展堂，筆名漢民，廣東番禺人。1902 年赴日本留學，1905 年參加同盟會，從事資産階級革命宣傳。辛亥革命後，任廣東都督，後任南京國民政府主席、中國國民黨主席。著有《不匱室詩鈔》《胡漢民自傳》等。

相偕自殺者。他人輒謂其以迷信而不樂生也。）

粵人之論此者。無恕詞。以開通自命。以改良社會自命者。掊擊之尤甚。余意獨不然。以爲世界可哀可敬者。莫此等女子若也。余一日嘗與一皖人一粵人争之。二人皆言種族革命政治革命者也。茲畧記其詞於左。

皖人曰。吾聞粵有惡風。女子嫁而不嫁。爲羣以嬉。遠其夫如路人。使生其鄉者無復有家庭之幸福。斯亦可謂野蠻矣。使其不嫁則自始不嫁可耳。胡既嫁而後爲抗也。且情慾之事。必不能絶。吾知其所謂嫁而不嫁者。必有不嫁而嫁者矣。何取焉。

粵人曰。斯誠然。以吾所聞。則有始與其所婚之男子絶。繼而不能無外遇。乃轉引與此男子合。而不自憶爲前所拒之人者。且此等女子有同性相合之事。謂之“女相知”。儼如配偶。其事可醜至甚。而若輩且不自諱。總之。爲野蠻惡風所演成而已。

余當時聞此二人之批評。覺其無一詞合於真理公道。然凡粵人輿論。但知以此等事爲惡風者。則其説亦大抵不外於是。夫粵俗男女之辨最嚴。可爲各省之冠。而順德等處。家庭之壓制尤甚。壓力既大。抵力旋生。其所以結爲團體力持不嫁主義。甚或至於同時自殺者。乃真野蠻惡風所生之反動力也。設爲終身不嫁。而父母則强與媒説。更加以種種强迫。婿家又時能出搶婚等之惡手段。（搶婚之事。亦爲吾粵所常見。其故亦由於女子之不願嫁也。）弱女子於此。而尚能葆其志願之自由。而抵抗一切。可謂難矣。今有女子猝然遇强暴而能死抗不爲所汚者。則士無論賢愚。學無論新舊。俱交口而譽之。試問此迫婚一不願嫁不相識之女子者。其與强暴何異。所異者更有其女子父母之强權助之。一切之俗禮僞文傅之而已。而遇之者之女子。則其能抵抗之也。爲尤難而倍苦。而究竟葆其自由。不爲强權所脅壓。不爲僞情愛所誘惑。專就其弱與强遇之一方面言。吾固敢曰世界之可哀可敬者莫如此等女子也。且吾所以取之。固非徒取其不嫁也。取其不迫於强權而嫁。不喪失自由而嫁耳。不嫁而順其自由之情慾。有所遇合。此於舊社會誠羞言之。然質之公理。其實所謂不道德者安在耶。以其爲素不相識情愛不生。而操强權遇我之男子。則拒之。他日兩相悦慕發於情慾之自然。即與之合。固無所謂出爾反爾不能自完之説也。若夫同性相合。爲女相知者。斯則尤可哀憐之事。肥甘人所欲於口。輕煖人所欲於體。有所牽束。不能致其所欲。如今世界社會黨無政府黨。啗極粗糲之麵包。而若甘之成性者。豈真口之於味不同嗜耶。就於此節。但宜從生理學上勸戒其不可爲不衛生之行爲而已。不究其原因。而肆其輕薄鄙笑。烏乎可。(此節自因此等女子尚有瞻顧名譽之弱點。屈曲而爲此不衛生之事。然粤人男女之辨至嚴。社會輿論常挾有實力。足使人無立足之地。故責以必排斥輿論一切自由者。亦有難言。吾對于此等女子哀憐之不暇。更何忍於求全責備耶。)

吾之記此。非徒以表彰粤東有此可哀可敬之女子。使世人知之而已也。吾於此得數解焉。

(一曰男女不自由配合之大逆人道。)

以不自由而結婚。惟支那爲獨甚。其視歐美。苦樂判矣。然結婚二字。已含有不自由之意味。惟今支那人身受者。乃極端不自由之結婚而已。然以如是之社會。而有葆自由不結婚之女子出其中。其作始也苦。其收成也甘。無家庭之束縛。有社會之樂趣。吾恐他國女子。亦有聞風而景慕者。學者每言人道惟有苦樂。無有善惡。然則將孰善耶。抑以順德等處女子之團結力足以自衛如此。而其間猶不免爲聯袂之死。與同性之合以戕賊其生。則禹域數千年來女子之寃鬼何限。故惟有革除一切男女人人以自由配合。(友人某君言嫁娶二字。即爲男女不平等之名詞。此誠是。但結婚二字。亦爲將來所必廢。則何有於言嫁娶者乎。）始免罪苦而順於人道。

（二曰經濟革命而後男女可以平等。）

經濟問題。爲男女不平等之一大因。不待論矣。粵之壓制女子。不惟順德等一二處。而惟順德等處。有繅絲各業。女子能以獨立自營。遂發生抵抗强權之團體。歷久不變。故知社會經濟的組織革命。則男女決然易於平等也。

（三曰女子之抵抗强權其能力不弱於男子。）

以不學無術口不知言自由平等種種名詞之粵中女子。而僅能解決經濟問題。不倚賴男子以生活。則遂結爲團體。以抗一切直接間接所欲侵壓于彼者之强權。且戰勝焉。人孰謂女子智力弱於男子。而不可與之平等耶。曰路易未師樂。曰馬禮。猶可諉曰此不過出類拔萃之一二人。非所論於凡女子也。至順德等處之女子。則除却其能獨立營生之外。視粵中他郡邑之女子。未見其才質有以遠過。然則以男女能力不齊爲不能平等。直不成問題也。

（四曰强者每懷私利以弱者之抵抗爲非理。）

一般之自命開通男子。尚以順德等處女子之所爲爲非。蓋未嘗一設身處地。爲真理公道之研究也。不能昌大其風。使爲男女大革命之權輿。而以邪説摧抑之惟恐不力。則其自私之見成於中而不覺也。

毁家譚[1]

鞠普

或問曰。今學者竟言毁家矣。家果可毁乎。曰。可。其義可得聞乎。曰。可。請言之。曰。原人之始。本無所謂家也。有羣而已。自有家而後各私其妻。于是有夫權。自有家而後各私其子。于是有父權。私而不已則必争。争而不已則必亂。欲平争止亂。于是有君權。夫夫權父權君權。皆强權也。皆不容于大同之世者也。然溯其始。則起于有家。故家者。實萬惡之原也。治水者必治其源。伐木者必拔其本。則去强權必自毁家始。此一義也。人生天地間。獨往獨來。無畏無懼。本極自由也。自有家而奔走衣食。日不暇給矣。自有家而悲歡離合。百苦叢生矣。家之爲累。固人人能知之。人人能言之。則欲得自由必自毁家始。此又一義也。人類本極平等。無所謂富貴貧賤也。自有家而傳其世職。受其遺産。于是階級分矣。自有家而農之子恒爲農。士之子恒爲士。于是智愚判矣。種種不平之生。皆起于有家也。必家毁而後平等可期。此又一義也。世運之進。恃人人自立也。人人博愛也。然兒女情長。

① 目録爲“毁家談”。該文原載《新世紀》第49號（1908年5月30日），署名“鞠普來稿”。今以《新世紀》本校。作者鞠普，即張國華（1871—1944），原名樹椿，字壽廷，改名國華，號菊圃，筆名鞠普，室名不薄齋，江蘇吴縣（今屬江蘇蘇州）人。錢恂、錢玄同外甥，《錢玄同日記》稱其爲“九姐之子”。1905年前後留學日本，曾在廣東鶴山、新會等縣作幕賓。得舅氏錢恂薦，充清政府駐荷蘭、意大利使館書記。清末民初，奔走於陳炯明幕下。晚年任教於聖心、明德等校。其生平參見上海圖書館藏《張菊圃自著年譜》（秦翰才鈔本）。《錢玄同日記》1908年4月28日載：“得菊圃信，知《新世紀》中《人類原始説》、《禮運大同義釋》篇係彼所作。著作自較《新世紀》‘燃’、‘真’諸人爲高，但多穿鑿附會之談。”按：《禮運大同義釋》應爲《禮運大同釋義》，載1908年3月14日《新世紀》第38號。

則英雄氣短。室家念重。則世界情輕。明知公益之事。因有家而不肯爲。明知害人之事。因有家而不得不爲。使人志氣消沉。神魂顛倒。求學而不進。爲德而不終者。皆家之爲患也。一人如此。人人如此。世運亦因之停滯而不進。必家毁而後進化可期。此又一義也。具此數義。謂家不當毁可乎。

曰。毁家之義。既聞之矣。然人人可行之乎。曰。可。其義可得聞乎。曰。可。請言之。曰。今世之無政府黨革命黨。所以未遽成功者。以一人之力有限。必合多數人之力。始能實行也。若毁家則固人人能行者也。使世之爲父母者。不强迫其子女結婚。而世之爲男女者。復知結婚之自累。不數十年。婚姻一事。已可絶迹于天壤矣。今世政府雖極野蠻。而不婚之事。固不得强爲干涉也。故曰。毁家之事。人人可行也。

曰。毁家可行。既聞之矣。然毁家顧有法乎。曰。有。其義可得聞乎。曰。可。請言之。曰。不婚之説。吾言其義。未善其後也。夫婚姻之起。亦自有其理由。大抵男女有情慾之感。則不能不婚。女子無自立之術。則不能不婚。慮生養疾病老死之有時。則不能不婚。慮種族之不繁。則不能不婚。然此數者。吾嘗籌之矣。夫人之大欲。于衣食住外。惟男女耳。惟世俗以不正式婚姻爲苟合。以所育之子爲私生。陋俗相沿。習非成是。故迫而爲婚禮耳。今使破除貞淫之説。復多設會場旅館。爲男女相聚之所。相愛則合。相惡則離。俾各遂其情。則必無樂于結婚者矣。此破婚姻之一法也。女子無教育。無事業。故有不能自立者。然女子勤儉。遠逾男子。吾國孤孀。及粤省女子。多能自營。未嘗見其餓死者。（粤省順德南海等處、女子每多不嫁、以蠶業及傭工自活、同業相助、道德最美、）今使大倡男女同校男女同業之義。俾女子均能自立。必無有欲倚賴男子。以受其壓制者矣。此又破婚姻之一法也。生養疾病老死。皆人所不能免也。惟人私其家。故苟無家者。則生養疾病老死之時。幾無駐足之地。此最苦之事也。若廣設協助公會。多興慈善事業。（如同志會、同業會、協助會、聯合會、及産婦院、養病院、娛老院、育嬰院、幼稚園等等公共事業、）凡不婚之男女。平時則出其餘財餘力。以助公會。有事則入居公院。以生養休息。而公會公院一切職務。亦由不婚之男女自任之。使老有所養。壯有所用。幼有所長。人人知其益。則入會必愈多。人人同其志。則不婚必日衆。此又破婚姻之一法也。以上所言。皆人力所能到。非高遠難行者。今西人于此等事業。已行之有效。惟我國尚未萌芽耳。夫毁家非無家也。不過昔日之家小。而今日之家大耳。推而廣之。擴而充之。至以世界爲一家。亦猶是耳。然欲世界爲一家。必自不婚始。此毁家之法也。

曰。毁家之法。既聞之矣。然毁家有樂乎。曰。有。其義可得聞乎。曰。可。請言之。曰。吾昔聞宗教家多不婚者。嘗疑其不近人情。（宗教之可惡者、以其設虚僞之詞以愚民、歛公衆之財以利己、此末流之失也、其不婚主義、未可厚非、）今乃知凡思想稍高者。未有不以家爲苦也。蓋人以遠者大者爲樂。則必以小者近者爲苦。家實苦人之具也。惟野蠻人之思想卑下。故戀家最深。婦女之見聞單簡。故戀家亦最深。稍開化之男子。固不然也。雖然。今與人言無家之樂。世固未能信。然與言有家之苦。則人人固深嘗之矣。貧乏者無論矣。即就富貴者言。父母没則有喪葬之苦。妻妾多則有詬誶之苦。兒女大則有婚配之苦。其餘離别之苦。酬應之苦。幾無日不在恐怖罣礙苦惱之中。反而求之。所得者。不過牀笫侍奉之小樂而已。然世明知家之苦而不能去者。則以社會之習慣而不察也。則以既已有家。相聚日久。而未免有情也。則以志氣卑陋。惟圖目前之樂也。則以知識弱薄[①]。不脱于野蠻人婦女之思想也。使如吾言。有種種之公共場所。（如上所云公會公院等、）是無家而不啻有家。且無家之苦。而得家之樂。人亦何憚而不毁家耶。若夫能以救世爲樂者。則又不待予言矣。

曰。人人毁家。不將人人不盡力乎。曰。否。其義可得聞乎。曰。可。請言之。曰。人之有力而不能不用。猶人之有口而不欲不言也。惟以有家故。故倚賴於家而不肯盡力。亦惟有家故。故舍家之外不肯盡力耳。家毁則無所倚亦無所私。無所倚。則不能不盡力。無所私。則必盡力于衆矣。夫盡力于衆。人所樂也。世有恒言曰。爲善最樂。又曰。人之欲善。誰不如我。故知盡力於衆。爲人之最樂事也。且一人之力。常足以供數人。（如一人耕可供數人之食、一人織可供數人之衣、此實事也、）以今世界人數言。老弱者居十分之五。女子之坐食者居十分之二。官吏軍人資本家。及一切無所事事之人。又居十分之二。其實盡力社會者。不過人數中十分之一耳。然供求之數。固未見其不足。果人人皆盡力于社會。則其力頓增數倍。昔時每人須盡力數時者。今則不過一時半時耳。力不加而反省。謂猶有惜力者乎。吾恐彼時且以盡力爲樂。以不能盡力爲苦矣。所謂力惡其不出于身也。不必爲己也。若夫老弱之不能盡力者。則壯者以其餘力供養之。固綽綽乎有餘裕矣。

曰。人人毁家。不將人人忘情乎。曰。否。其義可得聞乎。曰。可。請言之。曰。人者。有情之動物。有情則不能無所鍾。惟鍾于此鍾於彼者異耳。昔惟有家。情鍾于一家。故私故小。今既無家。則鍾情于社會。故公故大。

---

① “弱薄”，有誤，《新世紀》本作“薄弱”。

今人之用情於家。非真情也。父子責善者有之矣。夫妻反目者有之矣。兄弟鬩牆者有之矣。真能用情于家者幾人乎。惟男女之相悦。朋友之聚處。氣味相投。乃真鍾情之地也。蓋情者。常發于自然。非他人所能勉强。情可由於交感。非一人所能獨生。故今之用情於家者。乃名義上之情。非本性中之情也。若不婚説行。則人本無家。何處非用情之地。四海爲家。何地非用情之人。所謂不獨親其親子其子也。所謂男有分女有歸也[①]。故博愛也。平等也。皆家毀而後能行者也。

① "不獨親其親子其子也。所謂男有分女有歸也"，語出《禮記·禮運》："大道之行也，天下爲公。選賢與能，講信修睦，故人不獨親其親，不獨子其子，使老有所終，壯有所用，幼有所長，矜寡孤獨廢疾者皆有所養，男有分，女有歸。貨惡其弃於地也，不必藏於己；力惡其不出於身也，不必爲己。是故謀閉而不興，盜竊亂賊而不作，故外户而不閉，是謂大同。"

有宗教與無宗教[1]

燕

“有宗教”主義界

（甲）認宗教即爲道德者。

（A）宗教外無道德。非毁宗教。即無異非毁道德。道德真僞之問題。即宗教正邪之問題而已。

（B）道德生于宗教。欲改良道德。止需改良宗教。

二者不同之點。前者以爲宗教愈正。即道德愈真。後者以爲就不純粹之宗教。可轉化爲至純粹之道德。前者以爲無論何種之道德。舉可以宗教之名詞當之。後者以爲無論如何之道德。無非以宗教之作料成之。

（乙）認宗教可以維持道德者。

（C）理道既不可思議。則情感亦未容粗簡。以宗教之明妙。爲性界之薰修。道德將由玄超之理。而益進於高尚。

---

① 原載《新世紀》第54、55號（1908年7月4—11日），正題“宗教問題”，副題“復第四十二號本報《書某君郵簡後》”，題下注“某君由北海道寓次寄復”。此篇所録，缺篇首“燃”（吴稚暉筆名）按語，云：“（燃案）僕將録某君復函，先列表於篇首，以賅括現世界人之觀念，庶吾於篇内略加注語，以貢謬見，稍有頭緒。”今以《新世紀》本校。吴稚暉（1865—1953），原名朓，後改名敬恒，字稚暉，以字行，江蘇武進人。1902年加入愛國學社，參與《蘇報》工作。1905年在法國參加同盟會，與李石曾、褚民誼等創辦《新世紀》，并以“燃”“燃料”等筆名發表文章。

此誤認哲理必與宗教爲同物。乃因談哲理者。於古皆爲宗教家。宗教哲理則習慣已深。故雖科學哲理家。不免依違之。而科學哲理則幼稚已極。復經宗教哲理家。再三附會之。此所以宗教託根牢固。而不易拔也。故就其較粗者言之。古之談道德者。亦均爲宗教徒。遂又有甲種人之誤認宗教與道德爲同物也。

（D）借天人之故。爲脩省之資。雖天道甚遠。而道心爲固。

此即中土儒者之伎倆。久爲宗教哲理家所鄙視。質而言之。即自認其人必不知道理爲何物。故於獨居之頃。必自設十目十手之巡捕。嚴行看管。始能寡過。

（E）神道設教。專爲愚蒙。人類程度不齊。處于無可如何之勢。與其勸以迂遠之道德。不若愓以聰明之鬼神。

此實普通宗教所託之而存立。彼於社會黨反對宗教。而期期以爲不可者。實則惟注意于此條。因今之執筆者。大都察知此條之議論。爲太粗陋。故輒遁而之他。而變相爲甲類之問題。此條之所緣託。乃賞善罰惡之説也。原爲道德之問題。然必能使愚蒙者知善惡非迂遠。而後彼始能知鬼神爲聰明。不然世間佞媚鬼神之愈篤者。即顛倒善惡之愈甚者。彼非特不知鬼神爲聰明。且深信鬼神爲最可愚弄。故不惟我國財神賭鬼之類。永享悖理之供養者。至爲可笑。即世所崇拜之英雄。有如葛蘭斯敦[①]之徒者。謂彼隔夜入禮堂爲嚴肅之祈禱。即明日在戰事爲勇猛之決策。此真如强盜出風。先燒路頭。如有上帝。吾必唾之曰“賊徒”。可見但講鬼神則善惡不明。先講善惡。則道德之教。既莫能避其迂遠。而

① “葛蘭斯敦”，即威廉·尤爾特·格萊斯頓（William Ewart Gladstone，1809—1898），英國政治家，1867 年擔任英國自由黨領袖，四次出任英國首相（1868—1874、1880—1885、1886、1892—1894），其政策多出爾反爾，言行不一。

鬼神之事。或僅有助于賞罰。賞罰者。不必其爲自由之蟊賊。將阻碍道德之進化。而始深非之也。即就賞罰論賞罰。行之以法律。既以難週而示不信。乃復臨之以鬼神。更以不信而示技窮。是無異告以鬼神之作用。無非欺詐者之肆其恫嚇而已。則彼迷信賞罰者。謂鬼神可以爲檢制野蠻爲惡者之輕便物。乃終古自欺欺人。習焉不察之謬見也。

“無宗教”主義界

（丙）宗教自宗教。道德自道德。道德不過爲宗教之裝飾品。宗教實即爲道德之障碍物。此就人羣相互點上言之也。宗教自宗教。哲理自哲理。哲理無秩序時。適助宗教之迷謬。哲理既有系統。故又爲宗教之仇敵。此就人智相異點上言之也。

道德與哲理。淺而譬之。有如學堂之功課書。宗教家譬如姓趙。是爲趙教習。今之非宗教家。譬如姓錢。是爲錢教習。

趙教習教書。用許多不正當之手段。致功課書中之道理。學生所得者甚少。而漸染趙教習之惡習者至多。于是錢教習憂之。將欲專教學生以功課書中之道理。而全去趙教習種種不正當之手段。是趙教習實爲此“世界學校”過去時代之罪人。其手段實爲後來做教習者所當爲絶對之反對。今乃曰趙教習手段固不正。然學生畧知功課書中之道理者。賴有其人。否則如無趙教習。即錢教習將無功課書可教。故錢教習縱有正當之手段。無需與趙教習爲絶對之違反。止需就趙教習之不正當處改良之已可。（改良即違反也）此其理由。實有不可解者。道德之與哲理。乃根于良德。即無異學校之功課。原有定程。其書或購求。或編輯。皆不外乎課程之所需要。宗教家在過去時代。惟有不善訓誨。釀成腐敗之罪惡而已。豈復有纖毫可以程法之價值。徒以社會者。衆人之社會。宗教家之一二主倡者。亦不過社會之分子。宗教家之爲未良品物。乃當時全體社會之未良。猶之今日中國學校無好教習。不過中國社會。請來請去。皆趙教習之徒。故已爲過去時代之事。功過皆可以不論。若必欲申言趙教習有功者。即亦不能不討之爲有罪。宗教家之價值如此。彼與道德之無相干涉如此。

論物理世界及不可思議（與人書）[1]

燃

（上畧）因至善之點。無時可達。則苦樂常生差别。我鈍根粗魯之人。論理止滯于業相。以爲居此人境。止有物質。並無物質以外之精神。精神不過從物質湊合而生也。用清水一百十一磅。膠質十六磅。蛋白質四磅三兩。纖維質四磅五兩。油質十二兩。會逢其適。湊合而成一百四十七磅之我。即以我之名義。盲從此物理世界之規則。隨便混鬧一陣。鬧到如何地步。即以我之清水油膠等質。各自分離而後止。究竟苦樂是何一物。至善是何一點。真相是何一相。我可不管。因用清水油膠等質團合之一物。從團合後之精神。發生思慮。必不能出于物理之外。勉强假定。竭力幻想。亦惟不脱于物理界之業相。以成一時之歧謬而已。故佛氏皆以爲至高明。彼云四大皆空。既四大皆空。何來此四大皆空之名言。豈非自相歧謬乎。我于佛學。一竅不通。惟依物理世界之進化學理。深信古人斷不及今人。二千年以前之印度野蠻人。决發不出什麼名理。（合觀中國所謂周秦諸子。歐洲希臘諸賢。以及紅海邊之諸教主。今彼所存遺説。皆雜有不值一笑之談。佛亦不過古人中略智者之一。斷無獨在例外也。）不過周章幻妄。消閑之詞頭既多。

---

① 目録爲“論物理世界及不可思議”。該文原載《新世紀》第116號（1909年12月18日），正題作“與友人書”，副題作“論物理世界及不可思議”，署名“燃”。今以《新世紀》本校。

一若玄深奥妙而已。曾記彼説亦有不可思議之一言。然此言乃物理世界中人。人人所能見到。蓋思議乃物理世界中之名物。物理世界中人之能力。有所限制。則“不可”生焉。（此不可與不能略同。）故不可思議之一言。隨便脱口可出。此言是否在佛氏爲糟粕。我不能知。若引入物理世界之學説中。實爲緊要名詞。由物理世界中人。爲正當之判斷。止有兩言。可括一切。

一物理世界。

一不可思議。

物理世界。如何而有。不可思議。物理世界。何所底止。不可思議。其爲狀如下圖。

議思可不　**物理世界**　不可思議

故如膚淺之俗説。倘有人謂必有造物者。以彼物理世界之思議。假定不可思議界之情狀。直可詬之曰説誑。故宗教之徒自然不值一錢也。倘又有人謂必無造物者。其爲説誑亦同。因“能名言”之名言。至于不可思議而止。如何能于不可思議之中。直舉“無”字以斷之乎。故即若較深之哲理。有如佛氏以寂滅爲宗旨。亦正犯“無”字之毛病。一則以爲無于前。一則欲其無于後。不知即或能如佛氏意中玄悟之滅寂。及至覺其滅寂。苟有一覺存在。仍爲物理。此外尚有不可思議。

附按。普通心理。常好爲隨便對待之判斷。故如無政府黨反對祖國主義。即有人誤會。以爲可以賣國。而未嘗先計兼愛。此如孟軻氏號稱大賢。墨翟氏明明以兼愛爲標題。遂詬之曰無父[①]。若以兼愛之義。使

① “無父”，語出《孟子·滕文公下》：“聖王不作，諸侯放恣，處士橫議，楊朱、墨翟之言盈天下。天下之言，不歸楊，則歸墨。楊氏爲我，是無君也；墨氏兼愛，是無父也。無父無君，是禽獸也。”

于佛學一竅不通惟依物理世界之進化學理深信古人斷不及今人二千年以前之印度野蠻人決發不出什麼名理（合觀中國所謂周秦諸子歐洲希臘諸賢以及紅海邊之諸教主今彼所存遺說皆雜有不值一笑之談佛亦不過古人中略智者之一斷無獨在例外也）不過周章幻妄消閑之詞頭既多一若玄深奧妙而已曾記彼說亦有不可思議之一言然此言乃物理世界中人人所能見到蓋思議乃物理世界中之名物理世界中人之能力有所限制則「不可」生焉（此不可與不能略同）故不可思議之一言隨便脫口可出此言是否在佛氏爲糟粕我不能知若引入物理世界之學說中實爲緊要名詞由物理世界中人爲正當之判斷止有兩言可括一切

一物理世界

一不可思議

物理世界如何而有不可思議物理世界何所底止不可思議其爲狀如下圖

不可思議 **物理世界** 不可思議

故如膚淺之俗說倘有人謂必有造物者以彼物理世界之思議假定不可思議界之情狀

孟氏先作一前題。曰愛父愛他。名曰兼愛。是無父也。上言愛父。下言無父。其爲不通。立時可顯。此皆隨便對待判斷之過也。于是言反對軍國主義。遂以爲可任他人斬殺。反對婚嫁主義。遂以爲可以任意奸淫。至若此類。不一而足。故我今云斷定造物爲無。亦是説誑。必有人誤會其説。以爲如此則足見宗教之言造物。亦已得半。即不信之。姑可任之。且爲此調停之説者。向來有人。是則全與我意違反。宗教妄言造物。説誑無疑。誑造之説。豈可讓之存立。或有人謂。然則攻宗教者。每言宗教之上帝爲無。豈非即言造物爲無。曰。此乃否定宗教家之所有而已。無之者云。即言彼之所有。實爲誑也。與斷言不可思議中。若何“有”“無”之“無”自别。曰。如此。明知不可思議之中。不能斷言爲“無”。即無異認之爲“有”。曰不然。止認之爲不可思議。認之爲“有”。認之爲“無”。皆屬説誑。惟遇宗教家妄造爲有。可隨即斥之爲無。此等“無”字。因“有”而起。乃爲妄造之“有”之取銷物耳。

某公嘗告我。彼謂:“彼近來時覺有他世界之影。閃爍於眼前。又以此世界之究竟。終無可把握。而世界中一切事業。亦竟不能以壽命極短之人類。猝定其價值。所恃以爲一時取舍之標準者。惟良心爲一線之光明而已。而吾人既在此物理世界中。又有無數不能自由之原因。則吾人所能循此一線光明以進步者。亦止能限于力所能達之一點。吾鄉有諺云。做一日和尚撞一日鐘。吾頗信以爲至言。苟非叛逆良心。以爲倒行逆施之事。則一切費吾精力者。無論爲言爲行。或何等之言行。殆皆爲世界進化總賬簿中所不可少。而吾已可告無罪。正如從前所言理髮之業。不必貴于脩脚者也。”我于此書。久告某公。畧有所懷疑。今當並質我公。

此書自“又以此世界之究竟”以下。我一無所疑。彼所謂無可把握其究竟。不能猝定其價值。正即我上文所指後于物理世界之不可思議也。所謂做一日和尚撞一日鐘。我即竊取其意云。凑合成我。混鬧一陣。鬧到如何地步。即待各物質分離自止。我所謂混鬧一陣。亦即竊取其良心爲標凖之言。故曰盲從此物理世界之規則。物理世界之規則。即爲良心。良心即善。雖至善爲不可思議。然有比較。斯有物理。指其可思議者。名曰物理世界。即從比較不可思議而得。比較永在不可思議之間。故比較之起訖。即不可思議。由較善而更善。直至于不可思議。斯之爲進化。循物理世界之規則。混鬧一陣。切于人事而言。吾人應爲進化。不可爲退化。其所下斷語。似乎盲而悍矣。此其故。實由于雖欲不盲不悍。無如不可思議。故有人曰。善無定點。我之所爲。我以爲較善于人。如有物理上之理由者。縱舉世非之。混鬧可也。倘有人曰。善無定點。我之所爲。安知非善。如無物理上之理由。謬造不可思議之妄證者。縱其詞甚玄。斥之爲不規則可也。故若更有人曰。善惡本無定點。我即爲惡。亦歸于不可思議。其人明知有惡。是其人信有物理世界之規則。不過甘心退化而已。是早經被斥于自己也。物理世界中。爲善爲惡。簡單如此。所以常覺其複雜者。或者强欲于不可思議界。求出把握。定出價值。欲以清水油膠等質料所混合之物。發出非清水油膠等質料之效力而已。是猶欲以不發電之質料。求其發電也。

雖然。物理世界。既居于不可思議之中。由比較而進化。時時兩頭膨脹。故後日物理世界之區域。必廣于今日。今日必廣于昔日。往往向日不可思議者。久久漸可思議。因此之故。所以人或誤認爲不可思議之界。亦且有時而窮。然未知此不過物理世界進化之膨脹。所思議而新得其可者。皆循物理而擴充之耳。曾何足思議于始終之不可思議哉。

我鈍根人。所懷疑于某公之説者。即他世界之影一語。所謂他世界之影。在我淺陋之觀念。大約不過仍用物理世界中清水油膠等質所凑發之思力。竭力違反其秩序。强搆一至善之世界而已。或則爲極樂世界。或則爲滅絶世界。約而言之。則必儗議于苦樂之有無。無論或有或無。有無之所屬。既原于苦樂。有無之效果。又有其世界。世界必可思議。則不可思議。仍在其界外。即可斷言其世界之決非爲至善。倘搆造他世界之影。仍不過爲較善之問題。一涉於比較。即苦樂之乘除。無須臾之停息。無論超入于何種世界。終落于方苦方樂。方樂方苦之業境。苦樂之境不滅。即利害緣之而起。既有利害。自當利己利人。無有偏缺。乃爲大利。若僅虛搆物理違反之世界。使吾一人獨得較樂。衆生皆不能擺脱物理。以相追從。斯已偏于利己。如云他世界之影既立。言下成果。即已超度衆生。衆生不度。非我所知。然所超之境。不過較善。循乎物理。較善益善。所得之較。曾無少異。隨衆同樂。隨衆同苦。質聚則作。質散即休。其道較簡。其進彌坦。出世法之所希。在除煩惱。勞其神慮。虛搆一境。苦樂相隨。仍無停休。煩惱之外。更益思慮。所以言有他世界之影。幾無異言有較煩惱之門。我之性根。過于凡鈍。繭絲自縛。必難超度。然終願公等有以點化此頑石也。（下署）

萬國新語（亦名世界語）之進步[1]

醒

萬國新語。係俄國醫生石門華[2]所創製。石氏于一千八百五十九年生于波蘭之某邑。一千八百八十七年。始將其所著之萬國新語。刊行于世。其初數年。此語之進步。甚形遲緩。其故因當時人皆拘守舊見。以爲文字不能由人特別創造。故問津者甚罕。惟自一千八百九十七年以後。此語之進步。幾一日千里。其故一則以人皆知新語之構造。簡便而易學。確非虛語。二則以科學發達。人類之智識愈進。研究真理之心愈熾。惟智識之增進。雖貴于專心壹志。而尤貴于博學。而博學尤非廣覽羣書不爲功。然居今之世。大小諸國。約有數十。文字之多。幾及百餘。即習一二國語言。已覺曠日廢時。難乎其難。而況百倍其數乎。不特此也。若某國某氏之著作出。則其餘諸國。争先恐後。從事翻譯。勞力廢時。莫此爲甚。此就學界而言也。若夫商界。則萬國新語苟能實行。尤多利益。三則以百餘年前。科學未昌。交通不便。故世界諸國。除從事于戰争外。幾老死不相往來。迫乎近世。情形大異。科學發達。文明日進。舟車改良。交通乃易。朝英夕法。在歐洲固已往來便利。

① 原載《新世紀》第 34—36 號（1908 年 2 月 15—29 日），原題作“萬國新語之進步”，署名“醒來稿”。今以《新世紀》本校。作者“醒”，不詳。

② “石門華”，即拉扎魯·路德維克·柴門霍夫（Lazarz Ludwik Zamenhof，1859—1917），出生於波蘭比亞韋斯托克（Bialystok），世界語的發明者。當時，波蘭處於沙俄統治之下，所以這裏說他是俄國人。

即歐亞交通。亦已較繞道喜望蜂[①]者。捷速倍蓰。重以近年來衛生避暑之説出。故各國遊人之衆。交通之繁。遠過曩日。其中熟習諸國語言之少數。固覺無往不利。然其不通他國語言之多數。則步步荆棘。失望萬分。有此一大原因。故萬國新語。甚爲世人所歡迎。四則以十九世紀之末。世界種種。漸趨于大同時代。各國人民。亦多厭棄戰争。而研究萬國平和之道。惟欲萬國平和。必先有統一之語言文字。此所以今日贊成萬國新語之人。漸居多數乎。

一千九百六年。世界之萬國新語分會。約有三百。一千九百七年。驟增至三百五十。在英國三島及殖民地者。共有一百。其總會爲倫敦之 British Esperanto Association[②]目下鼓吹新語之報。約計二十有六。其最重要者。則爲 Lingvo Internacia（每兩月出版一次）Internacia Scienca Revuo（係科學報每月一次）Tra la Mondo（中插圖畫）La Revuo（以上皆發行于法國）The British Esperantist（爲英國新語總會之機關報）及在德國發行之 La Germana Esperantisto。凡關于世界改良之事。莫不由法國首倡。目下法國之中學校中。萬國新語。已爲强迫科目。倫敦之夜課學校。亦已相繼增設新語科一門。至於目今提倡新語最力者。于公共團體中。則有法國理學會。萬國電學會。及法國游歷俱樂部。于科學界中。則倫敦大學教授雷慕西 W. Ramsay[③]（著[④]化學家）德國盧勃西 Leipzic 大學[⑤]教授胡時陶 W. Ostwald[⑥]（著名化學家）及法

---

① “喜望蜂”，有誤，應爲“喜望峰”，即好望角。
② “British Esperanto Association”，即英國世界語協會，1904 年成立的首個國家級世界語組織。
③ “雷慕西 W.Ramsay”，即威廉·拉姆賽（William Ramsay，1852—1916），英國化學家，與物理學家瑞利勛爵（Lord Rayleigh）等合作，發現了六種惰性氣體，并確定其在元素周期表中的位置，1904 年獲得諾貝爾化學獎。
④ “著”，有脱文，《新世紀》本作“著名”。“校誤表”云：“‘著’下脱‘名’字。”
⑤ “盧勃西 Leipzic 大學”，“Leipzic”，有誤，應爲“Leipzig”。“盧勃西大學”，即萊比錫大學。
⑥ “胡時陶 W.Ostwald”，即威廉·奥斯特瓦爾德（Wilhelm Ostwald，1853—1932），德國物理化學家，物理化學創始人。因在催化劑的作用、化學平衡、化學反應速率方面的研究成果，他獲得 1909 年諾貝爾化學獎。

國物理學大家彭古禮 A. H. Becquerel[①]（即發見彭古禮光線 Becquerel Rays 者。)于新聞界中則有英國久負盛名之新聞記者司徒德 W. T. Stead。于美術界中則有英國之畫家梅其爾 F. Moscheles。萬國新語有五大特色。爲各國文字所不能及。

（一）各國文字中。往往多不發音之字母。如英文之 gh。法文之 h 之類。惟萬國新語中。每字母祇有一音。永無變動。并無不發音之字母。

（二）英法諸國文字中。音符 accent 往往無定。惟新語中不論何字。其音符每在末尾第二位。如 krajo'no（意爲鉛筆）是。

（三）英法諸國文字中。何字爲名詞。何字爲動詞。皆無從辨別。惟新語中。則每一類字。必有一定之語尾。

（四）他國文字中。每字常有數義。致學者異常困難。即以英文 order 一字論之。其意爲（一）次序。（二）命令。（三）郵便滙票。（四）勳章。初學者閱英文書。檢查字典。見有數義之字。便覺手足無所措。因不知擇何意爲合宜也。石氏知學者之有此困難。故在 order 一字。于新語中分而爲四字。（一）ordo。（二）instrukcio。（三）mandato。（四）ordeno。又各國文字中。每有極無謂之同意字。如“薪水”英文則有 salary 及 wages 二字。法文則有 un salaire（指工人）des gages（指僕人）le prêt（指軍人）la solde（指兵官）des appointments（指官吏）des traitements 或 des émoluments（指大臣及大將）七字。（等級分得如是清晰。可謂無謂之至。大約此必專制時代之餘毒。）惟新中語[②]則合之而爲一字。即 salajro 是。

---

① “彭古禮 A. H. Becquerel”，即安東尼・亨利・貝克勒爾（Antoine Henri Becquerel，1852—1908），法國物理學家。因發現天然放射性（貝克勒爾射綫），1903 年與居里夫婦共同獲得諾貝爾物理學奬。

② “中語”，有誤，《新世紀》本作“語中”。“校誤表”云：“‘語中’倒作‘中語’。”

（五）譬如今有德語一句。令不知德文者手一字典。檢其字意。字意雖已檢出。而仍不解該句之命意所在。其故法德諸國文字。往往有文法極奇異之處。不讀文法者。斷不知其各字之一定地位。惟新語則不然。不知新語文法之人。衹須手一字典。即能得每句之意義。其[①]不信。請取德文 Ich weiss nicht wo ich den Stock gelassen habe 一句及新語 mi ne Scias kie mi lasis la Bastonou 一句以解之。

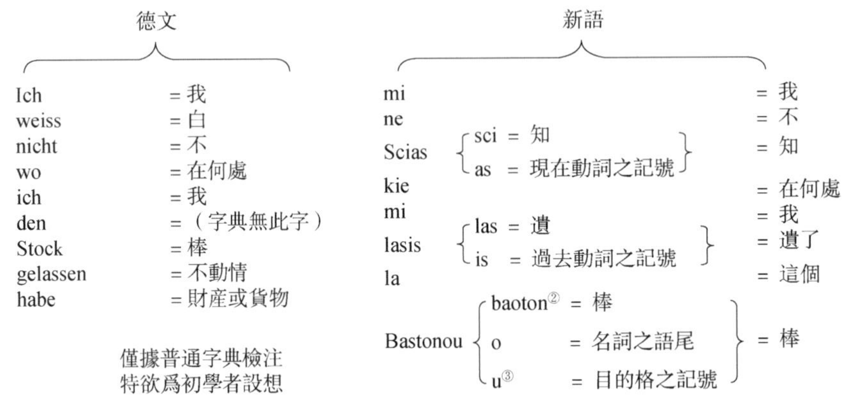

以上德文及新語各一句。其意均爲"我不知我在何處遺了這個棒"。乃德文一句。不知德文者。即將每字檢出後。仍不能通。且有一字爲字典所無者。惟新語則意義明晰。絶無費解之處。利鈍如此。新語意簡而易習。彰彰可見矣。

萬國新語之文法。異常簡短。其大要如左。

字母共二十有八。惟 p[④]、w、x 及 y 四字母。不見於新語。

新語字母

A	B	C	Ĉ
D	E	F	G

① "其"，有脱文，《新世紀》本作"如其"。
② "baoton"，有誤，《新世紀》本亦誤作"baoton"。"校誤表"云："'baston'誤作'baoton'。"
③ "u"，有誤，"校誤表"云："'n'誤作'u'。"
④ "p"，有誤，《新世紀》本作"q"。"校誤表"云："'q'誤作'p'。"

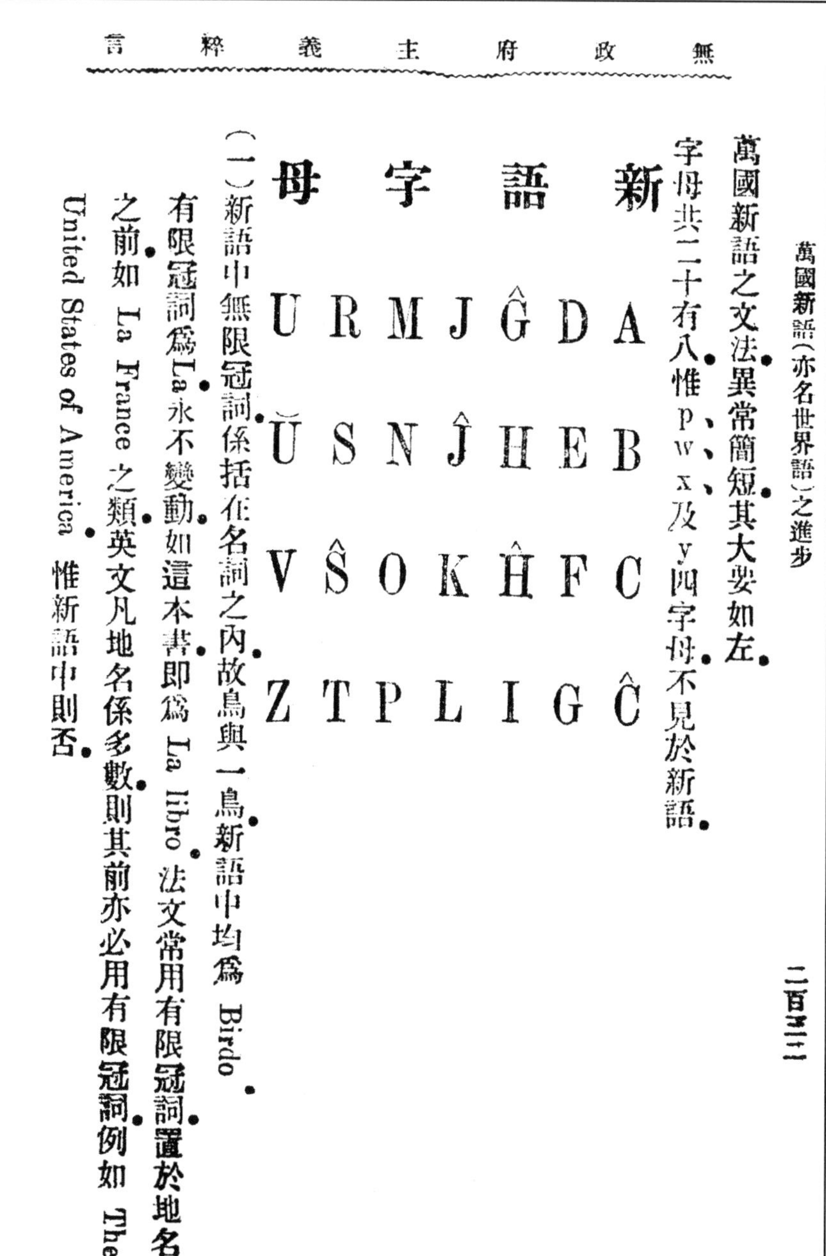

萬國新語(亦名世界語)之進步

萬國新語之文法異常簡短。其大要如左。

字母共二十有八。惟p、w、x、及y四字母不見於新語。

新語字母

A B C Ĉ D E F G Ĝ H Ĥ I J Ĵ K L M N O P R S Ŝ T U Ŭ V Z

(一)新語中無限冠詞。係括在名詞之內。故鳥與一鳥。新語中均爲 Birdo。有限冠詞爲La。永不變動。如這本書。即爲 La libro。法文常用有限冠詞。置於地名之前。如 La France 之類。英文凡地名係多數。則其前亦必用有限冠詞。例如 The United States of America。惟新語中則否。

Ĝ	H	Ĥ	I
J	Ĵ	K	L
M	N	O	P
R	S	Ŝ	T
U	Ŭ	V	Z

（一）新語中無限冠詞。係括在名詞之內。故鳥與一鳥。新語中均爲 Birdo。

有限冠詞爲 La。永不變動。如這本書。即爲 La libro。法文常用有限冠詞。置於地名之前。如 La France 之類。英文凡地名係多數。則其前亦必用有限冠詞。例如 The United States of America。惟新語中則否。

（二）凡名詞之語尾均爲 o。如 Patro（意爲父）Knabo（意爲幼童）之類。

凡多數之名詞。均於尾加 j 以別之。例如 Arbo 爲樹。Arboj 即爲諸樹。

（三）凡形容詞其語尾均爲 a。例如 Brava（意爲勇。）如形容詞係多數。則其後亦加 j。

（四）凡動詞其語尾皆爲 i。如 Ami（意爲愛。）現在的動詞。其語尾爲 as。如 Amas。過去的爲 is。如 Amis（已愛。）將來的爲 os。如 Amos（將愛。）命命[①]的爲 u。如 Amu

（五）凡副詞 Adverb 其語尾均爲 e。例如 Teatre（戲園的）

（六）接頭詞及接尾詞。于新語中最爲重要。苟能知此。則頃刻之間。可增新字數十倍。（一）in 凡置于名詞之後。則該名詞便成爲女性。故吾輩如知 Patro 爲父。則不必記其女性。而知 Patrino 爲母。知 Frato 爲兄弟。則不學而知 Fratino 爲姊妹。（二）如將 Mal 加于一字

① “命命”，有誤，應爲“命令”。

前。則該字之意義。便成絶對的。如 Bela 爲美。Malbela 即爲醜。Amiko 爲友。Malamiko 即爲仇敵。（三）il 意爲用以動作之器具。例如 Tondi 意爲剪。（動詞）如加 il 于其後。則變成爲 Tondilo。意爲剪刀。（四）如 an 置于一字之末。則意爲物之一部分。例如 Ameriko。意爲美洲。Amerikano 意即爲美洲之一人[①]。（五）如置 ar 于一字之後。則該字便有聚集之意。如 Insulo 意爲一島。Insularo 即爲羣島。（六）如置 bo 于一字之前。意爲姻親。如 Patro 爲父。Bopatro 即爲岳父。（七）ej 加于一字之後。係指明地方。如 Lerni 爲學。Lernejo 即爲學校。（八）estr 加于一字之後。有首領之意。如 Regno 爲國。Regnestro 即爲國王。（九）ge 加于一字之前。有男女性之意。例如 Patro 爲父。Gepatro 即爲父母。（十）id 置于一字之後。有子孫之意。如 Napoleono 爲拿坡崙。Napoleonido 爲拿坡崙之子孫。Bovo 爲牛。Bovido 即爲小牛。（十一）ing 置于一字之後。有大小合宜之意。如 Cigaro 爲雪茄烟。Cigaringo 即爲烟嘴。Kandelo 爲燭。Kandelingo 即爲燭臺。（因烟置于嘴烟[②]燭插于燭臺均大小合宜無隙可尋）（十二）ist 加于一字之末。係指明人之職業。如 Boto 爲靴。Botisto 即爲製靴者。（十三）uj 置于一字之後。有包涵之意。如 Inko 爲墨水。Inkujo 即爲墨水瓶。Mono 爲錢。Monujo 即爲錢裝[③]。

中國文字。艱于學習。“民”氏于好古之成見[④]篇中。言之詳矣。惟余尚欲推闡其説。“民”氏文字之難一章之結論云。“苟有人發明拼音之法。

① “人”，有誤，“校誤表”云：“‘部’誤作‘人’。”
② “嘴烟”，有誤，《新世紀》本作“烟嘴”。
③ “裝”，有誤，“校誤表”云：“‘袋’誤作‘裝’。”
④ “好古之成見”，載《新世紀》第26、28、30、31號（1907年12月14日—1908年1月25日），署名“民”。

造成字母。注于原音旁。以便閲讀。爲文皆以淺顯最近于語言者。全國一致。强迫以一定發音。數十年後。當可普及。”又云。“苟以中國文字尚爲不便。則改他種文字之適于中國者。或徑用萬國新字亦可。”意尚游移。以余意觀之。苟吾輩而欲使中國日進于文明。教育普及全國。則非廢棄目下中國之文字。而採用萬國新語不可。吾爲此言。吾知諸君中必有手顫心悸。而斥吾爲無愛國心者。諸君之意。以爲文字乃一國之精神。文字亡。則國隨亡矣。此語久爲中國新黨之口頭禪。固無怪諸君。即吾于三年前閲亞非利加史。讀至英人禁荷蘭人用荷語一章。亦覺有無限感情。而大斥英人之野蠻。然吾當時之感情。與諸君今日之手顫心悸。大不相類。其故因荷語之被廢。乃英人廢之。而非荷人之自願。故英人之舉動。實爲自私計。實爲强凌弱。荷人反對之。乃保守自由。抵抗强權。故不爲非。若中國之採用萬國新語。乃爲改良文字計。乃爲中國人之心願。而非由他人之干涉。故中國人于此事而猶倡反對之説者。吾無以名之。名之曰頑固。或詰余曰。“爾以爲中國文字不便。實則中國文較他國文爲簡單。西洋文字于動詞中分過去未來等時。實覺繁瑣已極。”英法諸國文字。本不能謂之極文明。然彼以有一定之規則。故終較無規則之中國文字爲便利。且每一種文字。必有字母。幾爲各國文字之通例。中國人與歐美交通。爲日已久。歐美文明。蒸蒸日上。而中國則停滯不進。近數年來。中國文明似稍發達。然卒以中西兩文。相差過遠。故西洋文明。不易輸入。（十餘年前。中國算學書中。常用天地甲乙等字以代西文之字母。惟近年中國出版之算書。則大抵均已用西文字母。此亦可見中國文字之不便利矣。）大者不必論。即以地名人名言之。中國以無字母。故凡于西方之地名人名。竟無從編纂。同音之字既多。各省之土音尤繁。其爲害實非淺鮮。在英法諸國内。凡各種科學機器學。幾無不有專門字典。其所謂百科全書者。尤爲有用。然百科全書。苟欲譯成中文。則較地名人名。更難爲力。因西人于此類書。皆依字母編纂。故搜羅既廣。查檢尤易。中國既無字母。則除分門别類外無他法。然百科全書中。往往有不能分類者。故亦非善策也。更以外國語言而論。英文之法文字典。每分法英及英法二部。法文之英文字典亦然。惟中國則以無字母。故祇有法華字典。而無華法字典。日本雖有字母。然於編纂字典。仍不便利。彼知分類之不善。故於醫學字典等。多用英文編纂。近且有廢日文而全國改用英文之説者。蓋其勢不得不然也。至於中國文字艱難。爲文明發達之阻力。較日本爲尤甚。更無論矣。然吾以爲與其改用英文或他國文。不如採用萬國新語。以英文雖較良於中文。而究非最良之文字。與其取較良之英文而貽後悔。何如用最良之萬國新語。而爲一勞永逸之計乎。歐美文明。發達已數十年。而中國則至今尚落人後。攷其原因。實由乎文字之野蠻。故吾輩今日而欲急起直追也。非廢棄中國舊文字而採用萬國新語不爲功。

大同釋疑[1]

鞠普

一學説出。欲求疑者信。信者行。非經無數攻詰。無數非難。其學説不能成立。惟攻詰愈多。非難愈衆。久之而疑者信。又久之而信者行。其真理乃愈見。歌白尼[2]之言地圓。哥侖布[3]之尋美洲。路德[4]之改宗教。盧梭孟德斯鳩之著民約法意。其説初出。未有不遭攻詰非難者。而其結果果何如耶。若夫大同主義。爲世界之公理。爲今日所盛傳。本可無[5]攻也。雖然。中國之人。泥于舊道德舊習慣者多矣。不以吾爲喪心病狂。或以吾爲離經畔道。即稍有識者。不攻其主義之不可行。而疑其主義之不能行。吾恐無徵之不信也。因設爲客難。復草此篇。强聒不舍。非徒欲疑者信。蓋期信者行耳。

客曰。子言政府攘奪人民財産。損害人民生命。是矣。雖然。一家之中必有長。一閧之市必有平[6]。蛇無頭而不行。衣非領而不振。故人有恒言。

---

① 原載《新世紀》第 41 號（1908 年 4 月 4 日），署名“鞠普來稿”。首有小序，云：“鞠普即前月爲修學旅行於荷蘭時曾寄《大同釋義》等稿之某君也。”《禮運大同釋義》載《新世紀》第 38 號（1908 年 3 月 14 日），署名“鞠普”，注：“荷蘭來稿。”“鞠普”，即張國華。1908 年，張國華隨錢恂在清政府駐荷蘭使館任書記官。今以《新世紀》本校。

② “歌白尼”，即尼古拉・哥白尼（Nicolaus Copernicus，1473—1543），文藝復興時期波蘭數學家、天文學家。40 歲時提出“日心説”，所著《天體運行論》到他臨終時才出版。

③ “哥侖布”，即克里斯托弗・哥倫布（Christopher Columbus，1451—1506），意大利航海家、探險家，開闢了横渡大西洋到美洲的航綫，是第一個到達美洲的歐洲人。

④ “路德”，即馬丁・路德（Martin Luther，1483—1546），德國人，16 世紀歐洲宗教改革的倡導者，基督教新教路德宗的創始人。

⑤ “可無”，有誤，“校誤表”云：“‘無可’倒作‘可無’。”

⑥ “一閧之市必有平”，語出《揚子法言・學行》：“一哄之市，不勝異意焉；一卷之書，不勝異説焉。一哄之市，必立之平；一卷之書，必立之師。”

惡政府愈于無政府。誠以政府者。非徒治內。亦禦外也。果無政府。則人類競争。何以平之。外侮忽至。何以禦之。且世界大矣。國度多矣。勢不能同時去政府。若彼有而我無。則有政府者聚。無政府者散。以散敵聚。必敗之道也。至人民程度不齊。意見不一。又不能同時去政府。若此去而彼存。則助有政府者衆。助無政府者寡。以寡敵衆。又必敗之道也。子言無政府則無國界人我界之争。果有何術耶。

鞠曰。子之言。皆不明人羣進化之言也。皆不知國民心理之言也。夫人之幼也。知識薄弱。行爲失當。誠不能不賴長者之提携。及其稍長而智識增。又長而能力足。謂是時猶有甘受長者之壓制者乎。人羣之進化。亦如是耳。昔時不知政府之惡。故以政府爲萬能。今則政府之惡愈形。政府之能愈減。痛心疾首于政府者亦愈多。時勢所趨。風潮所播。蓋有不期然而然者矣。故人能自立。未有欲受專制者。人羣進化。亦未有不欲去政府者。且子以政府爲安內攘外。尤不衷事實之言也。不知政府者。蓋生內亂召外侮之惟一機關也。中國之內亂相仍無論矣。觀于各國政黨有争。工黨有争。問争之起原何來乎。曰惟有政府故。中國之外交失敗無論矣。觀于各國海權有争。屬地有争。問争之起原何來乎。曰惟有政府故。故政府者。無論其不能安內禦外也。即治內而安。政府之樂耳。于人民何與焉。（如英美之貧民。近日益多。）禦外而勝。亦政府之榮耳。于人民何與焉。（如日本兩次戰勝。而加税愈多。）此吾所以言必廢政府。始無國界種界人我界之争也。若夫子慮不能同時去政府。似矣。雖然。亦不衷事實之言也。夫世界者。人之心理所搆成耳。人心趨于强權。斯强權勝。趨于公理。斯公理勝。自今以後。爲公理與强權相戰之時代。爲問今後人心。趨于公理者多乎。抑趨于强權者多乎。吾不敢薄待天下士也。即不論理而論勢。爲問今之世界。富豪者多乎。抑貧困者多乎。（富豪者主强權。貧困者主公理。）又不能離事實之言也。審如是。則公理勝乎。抑强權勝乎。可不待一言決矣。近日革命實行。已數數見矣。使有一國。排倒政府。吾知晨鷄一鳴。萬方皆曉。聞風響應。恐後争先。不數十年。寰球内欲求政府之隻影片旂而不可得矣。彼時即使尚存有政府之國。方治内不暇。安能復從事于外。且久而久之。亦終歸于消滅而已。子顧竊竊然憂有政府者强。無政府者弱。亦何異杞人之憂天耶。

客曰。無政府之説。敬聞命矣。然詩書所載。孔孟所談。有抑君權者。無去父權者。天下有無君之黨。豈天下有無父之國乎。子非生于空桑。何言家族之當廢乎。子即不孝。將何以處天下之人子乎。

鞠曰。家族之當廢。非吾之私言。世已有先我而言者矣。若夫責吾不孝。吾誠知罪矣。雖然。吾固人子也。吾父撫吾者近三十年。吾得養吾父者僅二年。吾母撫吾者二十餘年。吾得養吾母者無一日。母氏劬勞。吾未嘗報也。非不欲報。不能報也。此吾終天之憾也。夫人之大憾。莫憾乎受恩而不能報。受恩而不能報。則不如當日不受恩之猶得稍釋其憾矣。使吾當日。生即爲公民。則母之育我。不過一時痛苦耳。吾未得報。吾之釋吾憾也易。今吾母劬勞二十餘年。而吾未得一日之報。則吾之釋吾憾也難。吾嘗求人子之心。知風木之哀[①]。有同憾也。故吾以謂與其受親恩而不能報。不若不受親恩而不必報之爲愈也。與其受親恩而報之之日短。不若受社會恩而報之之日長之爲愈也。夫墨之兼愛。佛之出家。儒者所譏爲無父不孝者也。吾嘗思之。而知彼之出此者。必求報親恩而不得。故不欲使人子之再受親恩而不得報也。此吾廢家族之一説也。且吾昔爲人子。今則爲人父矣。吾之于子。吾自問不過感情欲而生之耳。不過取社會之財以養之耳。吾非有恩于子也。無恩于子。而必責子之孝。是不恕也。吾蓋爲人父而知本無所謂恩也。此又吾廢父子之

① “風木之哀”，語本《韓詩外傳》：“樹欲静而風不止，子欲養而親不待也。”

說也。若子必以慈孝見責。則吾誠不敢與子辯矣。

客曰。世界之所以成立者。以有情也。夫婦之所以有別者。以防淫也。婚姻廢而男女雜交。是絶情而縱淫也。父子聚麀。羣雄争雌。使天下盡爲蕩子娼妓。是率人而反于獸也。家族之廢。尚有理由。婚姻之廢。則又何說。

鞠曰。子言情亦知情之所由生乎。子言淫亦知淫之所由起乎。夫情者。男女所同有。淫者。亦男女所共爲之事。如子言。則今天下之絶情而縱淫者。莫如男子。何衹爲男子恕而不爲女子計耶。世之言夫妻則曰恩愛。責婦女則曰貞節。然觀夫今之所謂夫婦者。果男恩女愛乎。世之稱怨耦者無論。占脱輻者無論矣。即所謂恩愛者。苟男子非至愚極貧。有不浪遊者乎。有不納妾者乎。平生有不二色者乎。妻死有不再娶者乎。然則所謂恩愛者果何如乎。質言之。不過男子欺女子。曰。我有恩于爾。爾當愛我而已。犬馬畜之。供吾樂也。獄囚待之。防其逸也。如是而曰恩。則何事不可曰恩。信乎男子智而女子愚矣。雖然。吾以爲未也。妻之于夫。爲之延宗祀。爲之持家務。爲之侍枕席調湯藥。何一非恩。何一非愛。爲男子者。宜思所以報矣。乃又不然。創爲貞節之説。吾生也則縱吾欲。吾死也則欲其殉。夫縱吾欲而遏人欲。猶可言也。及吾死而責人死。果何理也。是非天下至殘極忍之所爲乎。即有不殉者。又必責其守節。悖人情。絶人道。是非天下至忍心害理之所爲乎。故自宋以後。女子之困鬱無聊。以至于死者。蓋不至[①]其幾千萬也。不然。何以使中國種弱之至於斯也。顧子不爲公理計。不爲進種計。僅竊取腐儒陋説。謂男子可淫。而女子不當淫。甚至以男女相悦爲淫。以男女雜交爲獸。然則今世界中惟國[②]女子。可謂之人。其男子之浪遊置妾再娶者。均不得謂

① “不至”，有誤，《新世紀》本作“不知”。“校誤表”云：“‘知’誤作‘至’。”
② “中惟國”，有誤，《新世紀》本作“惟中國”。

之人矣。何也。彼固已雜交也。子何以祇爲男子恕而不爲女子計耶。信乎男智而女愚矣。

客曰。三綱之説。出于緯書。本非至言。今子痛陳其害。吾釋然矣。雖然。世界者。金錢耳。無金錢何以通功。不將農有餘粟女有餘布乎。無金錢何以聚人。不將工廠不興。藝術不進乎。且貨力者。最無標準者也。人情好逸。彼欲求安。此思坐食。何以應之。貨力又至難平均者也。人情好事。此求華屋。彼欲美衣。何以處之。金錢之廢。毋亦徒存此理想耶。

鞠曰。子言雖多。不出數義。慮分配之不均耳。慮供求之不給耳。慮人之放棄責任互相競争耳。此無他。子不明豫算統計之學而已。在昔之時。交通不便。科學未明。故有貨藏于己。而患其有餘。力私于己。而苦其不足者。人自爲謀。家自爲食。故有貨出于地。而苦其不足。力出于身。而患其有餘者。無他。私故不足。私故有餘也。若貨力之出者皆儲之公。公則無有餘者。自無不足者。（此理甚易明。例如一家之中。男力田。女織布。兄灑掃。弟執炊。其出貨不同。出力不同。然皆爲一家公計。不爲一人私計。家事自無不理。家事[1]亦無不足也。即小可以喻大。）此固稍明算術者所同知也。今世界皇室有費。政府有費。海陸軍有費。凡百事之無益者無不有費。以豫算明而無虞不足者。謂天下爲公。無皇室政府海陸軍等等之費。而尚虞其不足耶。（今世所以有困苦之人者。實政府有餘而人民不足。資本家有餘而工人不足。）今世界疆域之數。人民之數。物産之數。凡百事之可稽者。無不有數。以統計明而無不知者。謂天下爲公。而疆域人民物産等等之數。尚虞其不知耶。無不知。故毋慮分配之不均。無不足。故毋慮供求之不給。此理之顯而易見者也。至子言人情好逸好争。則又不然。今夫文人無事。則思箸述。

① “家事”，有誤，《新世紀》本作“家計”。

婦女飽食。則思脩飾。小兒不戲則不樂。病夫不出則不怡。初非有監督之者。而常發于性之自然。何也。盖好動爲人之天性也。世運日進。科學日明。每人工作。日不數時。即足供人生之用。勤勞任事之時少。優游餘暇之時多。謂是時猶有好逸者乎。吾敢決其必無矣。至人之相争。起于不足也。起于不平也。若夫足矣平矣。則人之好讓。亦其天性也。不觀夫朋輩聚會。食必相招乎。有相讓無相争也。男女游樂。行必避道乎。有相讓無相争也。以今日社會尚如此。謂大同之世。猶有好争者乎。吾敢決其必無矣。無有餘自無不足。無好逸亦無好事。則金錢者。直糞土耳。不廢何待。且子不觀近世金錢。已漸變爲紙幣乎。夫紙幣盛行。恃信用耳。茍信用盛行。紙幣其不可廢乎。

客曰。金錢無用。固矣。然法律者。所以濟道德之窮也。今人類不敢横暴者。恃法律耳。社會之所以安寗者。恃法律耳。茍一無家[①]法。有不婦姑勃豁[②]兄弟鬩牆乎。世界無法。有不以智欺愚。恃强凌弱乎。故必人人有道德。乃可廢法律。若猶未也。法律其可廢乎。子能必人人皆有道德乎。

鞠曰。吾與子言廢政府廢家族廢婚姻廢金錢。子固聞之矣。爲問今之所謂法律。有出于以上數事者乎。且子意謂法律所以濟道德之窮耳。不知法律實道德之賊也。法律嘗禁盜矣。然今之盜民公産者何人乎。（莊子云竊鈎者誅。竊國者侯[③]。）法律嘗禁淫矣。然今之妃嬪盈前者何人乎。定法律之人。即不道德之人。其法律公乎私乎。重富者而欺貧者。于是有債權。（歐美之法。多保富者。如民法商法均是。）尊男權而抑女權。于是有婚律。（中國婚姻及犯姦之律最繁。最無人理。）法律所保之人。皆不道德之人。

① “無家”，有誤，《新世紀》本作“家無”。“校誤表”云：“‘家無’倒作‘無家’。”
② “勃豁”，有誤，“校誤表”云：“‘谿’誤作‘豁’。”
③ “竊鈎者誅。竊國者侯”，語出《莊子·胠篋》：“彼竊鈎者誅，竊國者爲諸侯。諸侯之門，而仁義存焉，則是非竊仁義聖知邪？”

其法律公平私乎。即近世所謂弭兵會紅十字會。似公矣。然考其内容。何一非助强權而乏公理者乎。故法律者。一言以蔽之曰。教人之不道德而已。且道德之用無涯。而法律之力有限。今惟有法律。故人無道德。果法律廢而道德尊矣。顧子竊竊然憂强權之不張。而以法律爲不可廢何耶。

客曰。子言大同。信美矣。其于①今世之不能行何。曰是不然。今地球已漸縮而漸近矣。民智已日開而日多矣。雖語言文字。風俗慣習。各有不同。然古不云乎。心同者理同。既同爲人類。即同此心理。一事也。一人言之而見疑。多數人言之而見信矣。一時言之而見疑。閲一時言之而見信矣。多一人見信。則大同進一步。多一人實行。則大同又進一步。推而愈廣。行而日近。安見大同之不可至耶。客于是憮然爲間曰。命之矣。吾將與子共勉之。

---

① "其于"，有誤，"校誤表"云："'如'誤作'于'。"

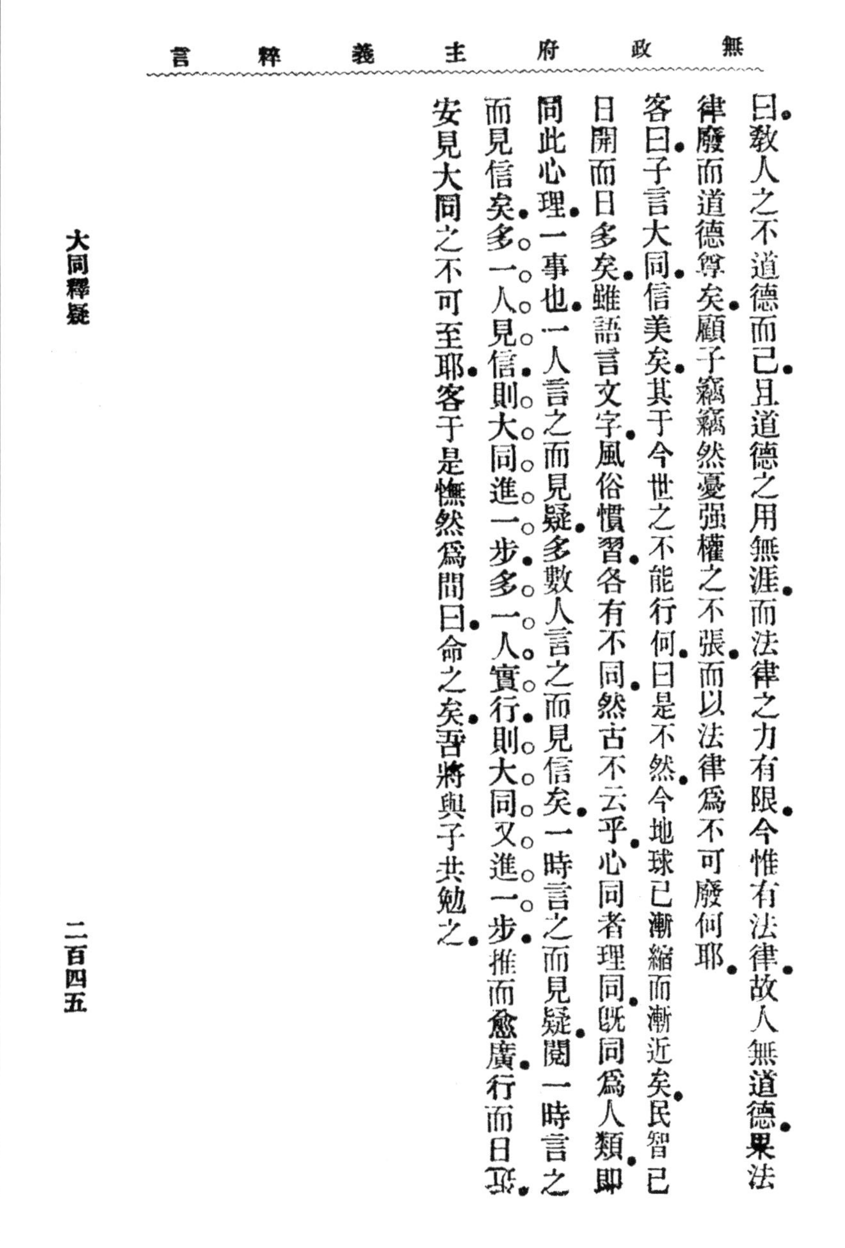

曰。教人之不道德而已。且道德之用無涯。而法律之力有限。今惟有法律。故人無道德。果法律廢而道德尊矣。顧子竊竊然憂强權之不張而以法律爲不可廢何耶。

客曰子言大同信美矣。其于今世之不能行何。曰是不然。今地球已漸縮而漸近矣。民智已日開而日多矣。雖語言文字風俗慣習各有不同。然古不云乎。心同者理同。既同爲人類。即同此心理。一事也。一人言之而見疑。多數人言之而見信矣。一時言之而見疑。閱一時言之而見信矣。多一人見信則大同進一步。多一人實行則大同又進一步。推而愈廣。行而日近。安見大同之不可至耶。客于是憮然爲間曰。命之矣。吾將與子共勉之。

自由即無政府也

平等即共産也

（克非業 Cafiero①）

① “克非業 Cafiero”，即卡洛・卡菲埃羅（Carlo Cafiero，1846—1892），意大利工人運動的參加者，第一國際成員。1871 年同恩格斯通信，在意大利執行總委員會的路綫。1872 年起爲意大利無政府主義組織的領導人之一，70 年代末拋弃無政府主義。1879 年，用意大利文出版《資本論》第一卷節寫本。

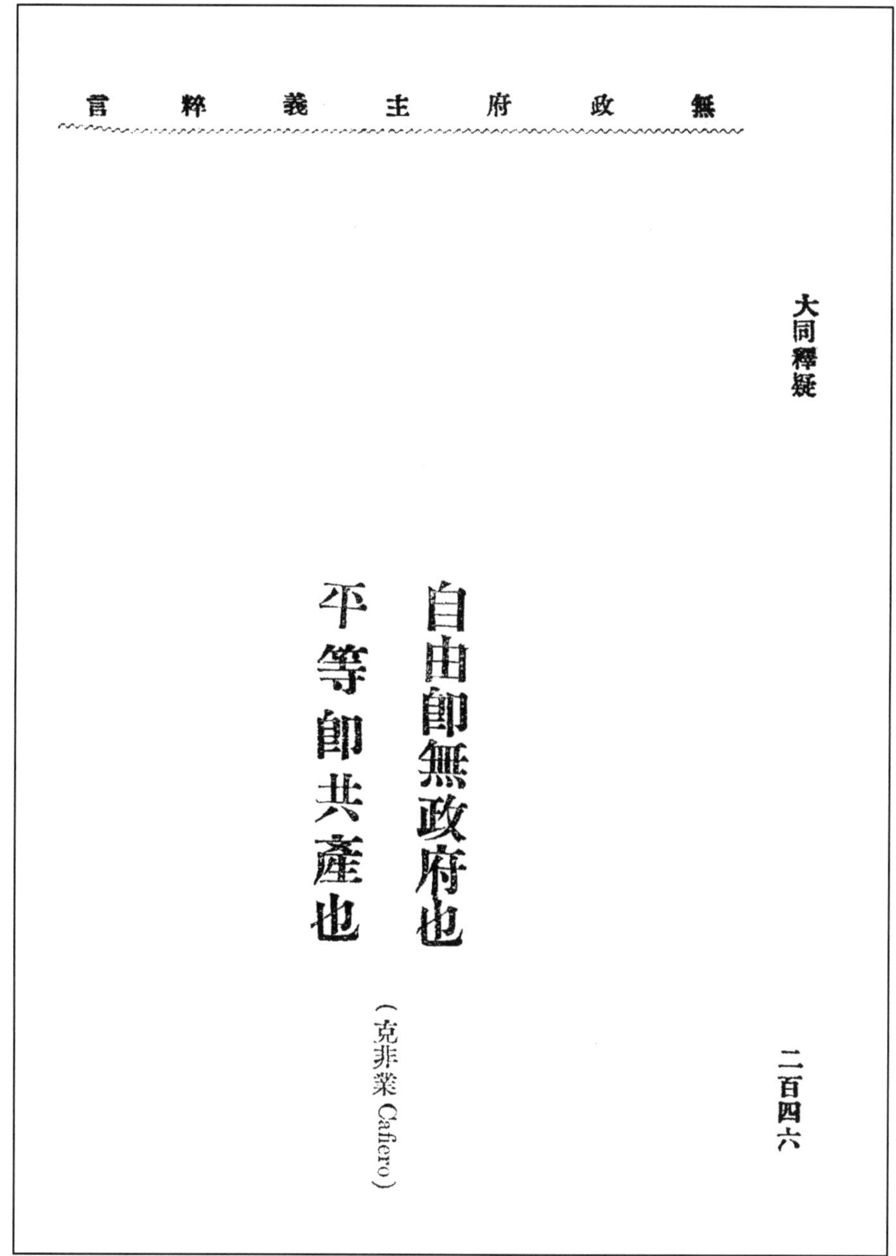

自由卽無政府也

平等卽共產也

（克非業 Cafiero）

校誤表

頁	行	字	正誤
七	十二	十二	滅誤作減
十一	九	八	官吏誤作吏其
十二	七	十六	然字衍
仝	仝	十九	之誤作人
仝	九	四	學下脫日字
二十	七	十五	所下脫以字
三十	二	二十	三誤作二
仝	五	四	奧誤作粵
三一	一	十七	但誤作伹
仝	十一	廿三	者下脫之字
四四	二	三	理論倒作論理
五二	四	三二	功誤作力
五七	十一	三一	苦上脫勞字
六五	十二	九	倅誤作碎
七六	三	十二	中字衍
七八	二	二二	凡誤作[illegible]
仝	六	五三	擢誤作凡
七九	二	二	數誤作[illegible]
仝	仝	七	法下脫者字
仝	十	廿九	人字衍
八五	十三	六	製誤作[illegible]
八八	七	三五	千誤作又
仝	十	三四	又誤作千
九一	八	十六	于下脫被字
九二	十一	廿一	則字衍
仝	仝	廿七	一殺倒作殺一
九四	二	十	！非倒作非！
九九	一	廿二	則字衍
一一八	一	廿二	義誤作[illegible]
仝	五	二	十六倒作六十
一三三	四	二	律誤作亦
一三四	二	廿六	觀誤作規
一四九	一	三二	位誤作立
一六一	十一	三五	政誤作欲
一六六	三	廿九	的下脫者字
一六七	三	十	Stuttgart 誤作 St utt-g
一七二	五	廿三	擁誤作擁
一八一	十	十三	捘誤作按
一八五	十一	十三	知誤作和
一九二	三	三	命字衍
一九三	二	九	權上脫強字
二〇二	五	二十	好誤作妤
二〇八	六	十三	著下脫名字
二〇九	十二	六	語中倒作中語
二三〇	四	十三	bastonon 誤作 Bastonon
二三二	「新語棒字」		baston 誤作 baston
仝	「新語目的格記號」		n 誤作 u
仝	「新語棒字」		bastonon 誤作 Bastoncu
二三二	二	九	q 誤作 p
二三三	十三	四	部誤作人
二三四	十	十三	袋誤作裝
二三七	七	廿五	無可倒作可無
二四二	一	四	知誤作至
二四四	五	十二	家無倒作無家
仝	仝	二十	豁誤作谿
二四五	三	十一	如誤作于

《無政府主義粹言》校誤表

心社意趣書

吾人處今日不正當之社會。受一切僞道德惡制度之薰習。所作所爲。恒日與非理爲緣而不自覺。顧吾人各具良心。苟明知其非。又何忍以己身甘犯良心之不韙。用特舉最顯最大之數事。凡吾人良心上認爲違背眞理者。相與戒而不爲。設爲信約。名曰心社。將以求當世同具此心此理者之教言。倘不我遐棄。相約相勉。養個人之良德。用振厲乎流俗。風雨如晦。雞鳴不已。一切僞道德惡制度之破壞。庶不遠矣。

本社社友相約之事如下。

不食肉。

不飲酒。

不吸煙。

不用僕役。

不乘轎及人力車。

不婚姻。凡已結婚者須卽廢除夫妻名義

不稱族姓。實行廢姓期破除家族階級及遺產制度

不作官吏。凡官府之附屬員職如警察律師幕僚委員等皆視此

不作議員。

不入政黨。

不作海陸軍人。

不奉宗教。無論孔佛耶回以至祖宗神祇冠昏喪祭等禮教皆擯棄之

凡能實踐以上十二事者。無論何人。無國界男女之別皆得爲本社社友。願爲社友者請開示名字及通信地址。俾列入社友錄。以爲嚶鳴求友之助。其有願力行以上各事、而因萬不得已、暫時不能完全實行者、得敘明理由、將現所實行者若干事、暫時未能實行者若干事、一一列出、作爲本社贊成人

本社無章程。無社長幹事等名稱。無罰則。倘有既入社而不能守約者。得自請出社。贊成人亦然其既不守約又不出社者。本社亦無從施以罰規。惟望其本人之自撫良心。翻然愧改而已。

發起者師復　彼岸　紀彭　本社通信處廣州存善東街第八號

我良心上喜歡如此

（託爾斯泰Tolstoi）

《無政府主義粹言》封底

《無政府主義粹言》編者説明

萬仕國　編校

1. 底本描述

《無政府主義粹言》是晦鳴學舍在翻印《新世紀叢書》後，組織編纂的一部早期無政府主義譯著選集，1912 年 8 月出版，鉛印竪排，雙面洋裝，初印 5000 册。該書封面正中隸書“無政府主義粹言”，右側標明“非賣品”，左側標明“晦鳴學舍刊贈”。封二爲晦鳴學舍的“普告讀者”，一方面希望“愛讀者請速來取”，并廣示友人，輾轉傳播；另一方面希望“好義君子，或獨力，或醵資”，自行翻印，也可以委托晦鳴學舍代印，印成後由“（晦鳴）學舍代贈，或由出資者取回自贈”。首有“選餘贅言”2 頁，先述編選此書的緣起，次述無政府主義“反對宗教主義”“反對家族主義”“反對私産主義”“反對軍國主義”“反對祖國主義”五大主張，核心是“反對强權主義”。還論述了編選的基本原則：一是從《新世紀》周刊中“擇其精要者録之”，其他不切於形勢及内容膚泛者不録；二是從當時晦鳴學舍所存有的《新世紀》周刊中選編，但由於其“散失十餘册，致佳著或有見遺”；三是今後如果能够找到散失的《新世紀》周刊，有“再刊續篇”的計劃。後列目録 2 頁，標明每篇頁碼。正文計 246 頁，用空心句點或實心句點作句讀，部分篇目用加大字號的方式提示關鍵詞語。末附“校誤表”，校正書中錯排文字。封三及封底載“心社意趣書”。此版有上海圖書館藏本，首尾俱完，今據之録排。另有燕京圖書館舊藏本，缺“選餘贅言”第 2 頁及“目録”第 1 頁；又有廣東省立中山圖書館藏殘本，存正文第 3 頁至 230 頁。

此外，復旦大學圖書館藏有翻刻自該書的蠟紙油印殘本一種，用藍黑色油墨印在連史紙上，繁體豎排，筒子頁包背裝，每半頁 12 行，每行 23 字，版心刻頁碼。油印本無封面，無“普告讀者”一篇，首爲“選餘贅言”2 頁，次爲目録 2 頁（其中《工人之無政府主義談》下有“自此以下并缺”6 字，與原刻字體有别）。正文首行低 3 字，題書名作“主義粹言”，次行低 2 字列首篇標題，内容與晦鳴學舍鉛印本同，但“校誤記”中誤字均已改正。據中國第二歷史檔案館編《中國無政府主義和中國社會黨》收録的相關檔案資料，自 1913 年始，北洋政府多次嚴厲查禁無政府主義等組織和相關印刷品。1921 年 4 月 2 日關謙在一份密報中説，3 月 30 日下午，“共産主義青年團在北大第二院開第四次大會”，到會有李大釗、羅章龍、張國燾、劉仁静等 25 人。李大釗、顧文萃在本次會議上提議，“本團事務日漸紛繁……兹擬設立一個事務所及籌備油印機，使總機關成立，以利辦理。隨付表决，多數贊成。事務所由調查股極力尋找，而油印機由李大釗、顧文萃擔任籌借”[①]。因此我們懷疑，無政府主義者在當時宣傳品印刷和傳播遇到巨大阻力的情况下，被迫改變策略，采用類似於共産主義青年團的方式，用蠟紙油印的形式繼續翻印《無政府主義粹言》，從事傳播活動。就晦鳴學舍諸人而言，1916 年 11 月《民聲》停刊後，社員星散各地，只有鄭佩剛暫時留在上海，利用其在太古公司“奉天”輪做船員的便利，不時散發一些無政府主義的宣傳品。這個蠟紙油印本有可能是鄭佩剛在滬期間組織翻印的。不過限於資料，以上認識只是一種推測，而且關於蠟紙油印本的組織者、印數及傳播效果，目前還缺乏直接證據。

① 關謙. 關謙關於北京社會主義青年團與無政府黨互助團活動情形致王懷慶呈[M]//中國第二歷史檔案館. 中國無政府主義和中國社會黨. 南京：江蘇人民出版社，1981：87-88.

2. 師復

晦鳴學舍創辦者師復（1884—1915），原姓劉，名紹彬，後名思復，字子麟，因提倡廢除姓氏，改名師復，廣東香山（今中山市）人。16 歲考中秀才。1901 年在香山創辦演説社。1904 年留學日本，1905 年 8 月加入孫中山領導的同盟會。1906 年初回國，在香山創辦雋德女學，提倡女子教育。不久應謝英伯邀請，赴香港，編輯《東方報》。1907 年春，革命黨人策劃暗殺廣東水師提督李準。師復自請任實行委員，暗殺因其在試驗炸藥時受傷而未果。6 月初，再次策劃刺殺李準，製造炸彈時再次發生爆炸，面部及左手受傷，旋被逮捕，9 月被判押解回原籍監禁。1909 年 12 月出獄後，赴香港。1910 年春，與謝英伯等組織支那暗殺團，希望以個人行動警醒社會，推動革命。1911 年 4 月廣州起義失敗後，曾幫助林冠慈謀刺李準，後又準備刺殺攝政王載灃。武昌起義爆發後，在東江一帶領導民軍起義，號稱“香軍”。冬，與丁湘田、鄭彼岸北上，準備暗殺袁世凱。南北和議告成後，隱居杭州西湖白雲庵。1912 年 5 月，回廣州組織晦鳴學舍，翻印《新世紀叢書》，輯印《無政府主義粹言》，又選輯爲《無政府主義名著叢刻》，免費贈閱；同時，又與鄭彼岸等組織心社，制定《信約》十二條，提倡絶對平均主義。同年秋，又發起研究世界語，任環球世界語會廣州分會會長。又邀約同志，擬在九龍宋王臺畔建立無政府主義新村“紅荔山莊”，因二次革命爆發而中輟。1913 年 8 月，在廣州創刊《晦鳴録》，其“紀載之綱要”包括 8 個方面：①共産主義；②反對軍國主義；③工團主義；④反對宗教主義；⑤反對家族主義；⑥素食主義；⑦語言統一；⑧萬國大同。[①]僅出兩期，《晦鳴録》就被龍濟光查禁。同時晦鳴學舍被封，袁世凱、黎元洪又通電各省拿禁其成

① 師復. 編輯緒言[J]. 晦鳴録，1913（1）：1-2.

員。師復等出走澳門，將《晦鳴録》改名《民聲》，又出版兩期。1914 年 4 月，轉上海，繼續出版《民聲》。7 月，在上海成立無政府共産主義同志社，對外稱 A・K・G（Anarhüst-Komunista Grupo），譯作“區克謹”。8 月，世界各國無政府主義黨在英國倫敦召開大會，師復代表中國“無政府共産主義同志社”向大會遞交了《致無政府黨萬國大會書》[①]，報告了無政府主義在中國傳播的歷史和中國無政府主義者的工作情况，并提出組織萬國機關、注意東亞之傳播、與工團黨聯絡一致進行、萬國總罷工、采用世界語五項建議，使中國無政府主義者與國際上的無政府主義者有了更密切的聯繫。1915 年 3 月 27 日，師復因肺病在上海病逝，年僅 31 歲。著有《師復文存》《粤語解》《佛學大意》等。

3.《新世紀》與“新世紀”派

巴黎《新世紀》周刊是《無政府主義粹言》的主要資料來源。該刊是由李石曾、吴稚暉、褚民誼等擔任主編，新世紀社編輯、發行的一份宣傳無政府主義理論的期刊，1907 年 6 月創刊於法國巴黎，編輯部設在巴黎布羅卡街 4 號（4，Rue Broca，Paris），與法國無政府主義者讓・格拉佛所發行的機關報《新世紀》（*Les Temps Nouveaux*）在同一座樓。該刊先後出版了 121 號，前 52 號爲單張四版報紙形式，1908 年 6 月 27 日出版第 53 號時改爲書册形式，1910 年 5 月停刊。[②]以該刊爲主要陣地，形成了以李石曾、吴稚暉、褚民誼爲核心的巴黎無政府主義者集體，學界稱之爲“新世紀”派，與劉師培夫婦以《天義》《衡報》爲主要陣地的東京“天

① 師復. 致無政府黨萬國大會書[J]. 民聲，1914（16）：4-8.
② 1947 年，上海世界工廠將該刊全部影印，改名爲《巴黎新世紀》。20 世紀 60 年代，日本大安株式會社的《中國初期社會主義文獻集》也曾影印過該刊。

義”派，形成雙峰并峙的無政府主義宣傳格局。①

新世紀派的無政府主義理論以克魯泡特金的互助論爲基礎，以“反對强權主義”爲目標，認爲國家和政府只不過是少數人支配多數人的機構，是破壞正常社會的根源。因此，他們把“宗教主義”“家族主義”“私産主義”“軍國主義”“祖國主義”五大方面作爲“强權主義”的根本特徵②，號召全社會進行堅决的反抗。他們把無政府主義的特點歸結爲自由（去强權）、平等（共利益）、博愛（愛衆人）、大同（無國界）、公道（不求己利）、真理（不畏人言）、改良（不拘成式）、進化（更革無窮）等③，反對宗教迷信、祖宗崇拜、國家强權、政府專制、家族壓制、軍閥割據，積極贊同自由、科學、人道、革命、共産、國際，追求人性的進化和社會的進化，而反抗的主要手段包括書説、抵抗、結會、暗殺、衆人起事等。

新世紀派把“進化”作爲無政府主義的重要特徵。他們所謂的“進化”，是建立在克魯泡特金的互助論的基礎上，認爲互助互援是促進人類社會進化的真正因素，并最終可以消除競爭。强調“人道進化，由較未幸樂而至于較爲幸樂”，故政府必滅，法産必革。要實現這種進化，就必須進行社會革命，“用一切激烈之作用，以達破壞之目的”④，而這種進化，“非盡能緩緩而進，而時常加以猛進（革命）”⑤。

新世紀派在强調自由、平等的同時，十分强調“博愛”。他們把“愛”區别爲“有情之愛”（父母、子女、昆弟、姊妹、親戚）、“無知識之愛”（君臣、國家、種族）、“有知識之愛”（博愛），而“有知識之愛，出於

① 關於《天義》和《衡報》的情况，參見《天義·衡報》前言（萬仕國，劉禾. 天義·衡報：上册[M]. 北京：中國人民大學出版社，2016）。
② 民. 續普及革命[J]. 新世紀，1907（17）：2-3.
③ 佚名. 本館廣告[J]. 新世紀，1908（52）：1.
④ 真. 續克若泡特金學説[J]. 新世紀，1907（17）：1-2.
⑤ 真. 克若泡特金學説[J]. 新世紀，1907（12）：1.

天然，而根於良心”。所以，“無親無疏，互相扶助，四海一家，天下大同，無君臣、父子、夫婦、昆弟之別，祇有朋友之愛，愛以是爲博”；“人類平等，享受共同，無國界種界之分，祇有人類之愛，愛以是爲博”①。

破除舊倫理道德，代之以自由、平等、博愛，是新世紀派十分關注的一個話題，以李石曾的《三綱革命》②爲代表。李石曾認爲，“君爲臣綱”是由於“臣爲君之屬物”，“因臣恃君而有者也，然民則非君之屬物，亦非臣之屬物。君與臣皆野蠻世界之代表，於新世紀中，君與臣皆當除滅，惟有人與社會，人人平等”。針對“父爲子綱”，作者以邏輯分析爲基礎，指出，“綱紀之義，父之明理者固無所用之，而用之者皆暴父而已”；“至良善之子，必善養其父母，固無所用於聖賢與綱常者”。因此，“就暴父言之，綱常僞義，徒以助其暴；就惡子言之，則不足以滅其惡”。所以，“父人也，子亦人也，故父子平等。子幼不能自立，父母養之，此乃父母之義務，子女之權利；父母衰老不能動作，子女養之，此亦子女之義務，父母之權利。故父母、子女之義務平，權利等，故父母之於子女，無非平等而已”。“慈孝與博愛，及公與私，皆成反比例。”“慈孝者，私之別稱也。若世人不私，則無所用其慈孝，即世人慈孝（博愛）世人也。”這種自私自利，從根本上說，“經濟問題，其一大阻力。若經濟平等（共産實行），人人得以自立，互相協助而無所用其倚附。是時也，有男女之聚會，而無家庭之成立；有父子之遺傳，而無父子之名義。是時也，家庭滅，綱紀無，此自由、平等、博愛之實行，人道幸福之進化也”。針對“夫爲妻綱”，作者指出：“就科學言之，男女之相合，不外乎生理之一問題。就社會言之，女非他人之屬物，

① 民. 四續普及革命[J]. 新世紀，1907（23）：3-4.
② 真. 三綱革命[J]. 新世紀，1907（11）：1-2.

可從其所欲而擇交，可常可暫。就論理言之，若夫得殺妻，則妻亦得殺夫；若婦不得殺夫，則夫亦不得殺妻。若夫得嫖，則妻亦得嫖。”

與破除“夫爲妻綱”直接相關的，是婦女解放問題。新世紀派認爲，男尊女卑、女不如男的傳統觀念，“純是强者之手段作成，而非出於自然”，“女子之得真自由，自能自立始。能自立，自與男子平權利始；平權利，自破强權、破迷信始”。“能自立”“平權利”是“男女革命”的兩個重要方面。所以，要實行男女革命，直接的手段是“破僞道德之迷信”，“養女子自立之能力”；而間接的手段是實行“經濟革命”以實現男女平等，實行“政治革命”以保障個人自由。[①]新世紀派提出的女性解放的具體措施，一是破除貞淫之説，多設會場、旅館，爲男女相聚之所。相愛則合，相惡則離，俾各遂其情，則必無樂於結婚者矣。二是積極興辦教育，“大倡男女同校、男女同業之義，俾女子均能自立，必無有欲倚賴男子以受其壓制者矣”。三是廣設協助公會，多興慈善事業，實現“老有所養，壯有所用，幼有所長”，從而解决“生養、疾病、老死”的後顧之憂。[②]

4. 師復的無政府主義主張

師復 1907—1909 年在香山監獄期間閲讀了佛學著作，接觸到了一些宣傳無政府主義學説的小册子，也閲讀了《新世紀》周刊，對新世紀派無政府主義理論有一定的欣賞。[③]直到 1912 年 5 月，他在廣州成立晦鳴學舍時，才以宣傳無政府主義爲職業，并决定廢除姓氏。

師復的無政府主義理論，主要來自克魯泡特金的無政府共産主義學説。

---

① 真. 續男女革命[J]. 新世紀，1907（8）：1.
② 鞠普. 毁家譚[J]. 新世紀，1908（49）：4.
③ 劉石心. 關於無政府主義活動的點滴回憶[M]//葛懋春，蔣俊，李興芝. 無政府主義思想資料選：下册. 北京：北京大學出版社，1984：929.

他曾經給其所主張的“無政府共産主義”作過明確的界定：“無政府共産主義者何？主張滅除資本制度，改造共産社會，且不用政府統治者也。質言之，即求經濟上及政治上之絶對自由也。”認爲：“將來之社會，各個人完全自由，無復一切以人治人之强權，是之謂無政府。行無政府於共産社會，是之謂無政府共産主義。”[①]“吾人主義中，若偏舉其一二義，則有反對宗教、反對家族、反對祖國、反對軍備、反對國會等等，惟不能與無政府主義之名并列。”[②]

師復主張廢私産，認爲“資本制度者，平民第一之仇敵，而社會罪惡之源泉也”；主張“廢除財産私有權，凡一切生産機關，今日操之少數人之手者（土地、工廠以及一切製造生産之器械等等），悉數取回，歸之社會公有，本各盡所能、各取所需之義，組織自由共産之社會，無男無女，人人各視其力之所能，從事於勞動，勞動所得之結果（衣食、房屋及一切生産），勞動者自由取用之，而無所限制”[③]。

師復主張去政府，指出：“政府果何自起乎？曰起於强權。野蠻之世，一二梟悍者自據部落，稱爲己有，奴役其被征服之人，復驅其人與他部落戰，互爲敵國。此國家之由來，政府之從出。”[④]所以，“凡爲統治制度之機關，悉廢絶之”[⑤]。因爲“政府者，名爲治民，實即侵奪吾民之自由，吾平民之蟊賊也”。强調“吾人有自由生活之權利，有個人自治之本能，無需乎强權之統治者也”[⑥]。

---

① 師復. 無政府共産主義同志社宣言書[J]. 民聲，1914（17）：1.
② 師復. 無政府共産主義釋名[J]. 民聲，1914（5）：5.
③ 師復. 無政府共産主義同志社宣言書[J]. 民聲，1914（17）：1. 師復在《孫逸仙江亢虎之社會主義》（《民聲》第6號，1914年4月18日）中也有類似表述。
④ 師復. 無政府淺説[J]. 晦鳴録，1913（1）：2.
⑤ 上海無政府共産主義同志社. 無政府共産黨之目的與手段[J]. 民聲，1914（19）：6. 此文實際作者爲師復。
⑥ 師復. 無政府共産主義同志社宣言書[J]. 民聲，1914（17）：1.

與許多無政府主義者一樣，師復也主張滅强權，“現社會凡含有强權性質之惡制度，吾黨一切排斥之、掃除之，本自由、平等、博愛之真精神，以達於吾人所理想之無地主、無資本家、無首領、無官吏、無代表、無家長、無軍隊、無監獄、無警察、無裁判所、無法律、無宗教、無婚姻制度之社會。斯時也，社會上惟有自由，惟有互助之大義，惟有工作之幸樂”①。所以，他强調“無軍隊、警察與監獄”，“無一切法律規條”②。

師復主張“廢婚姻制度，男女自由結合，産育者由公共産育院調理之。所生子女，受公共養育院之保養”；“兒童滿六歲以至二十或二十五歲，皆入學受教育。無論男女，皆當得最高等之學問”③。

關於實現無政府共産主義的方法和步驟，師復認爲，一是利用報章、書册、學説、學校等，向一般平民傳播無政府共産主義理論，讓大家看到無政府共産主義的光明前景。二是采用抵抗（如抗税、抗兵役、罷工、罷市等）、擾動（暗殺、暴動等）兩種手段，“既所以反抗强權，伸張公理，亦所以激動風潮，遍傳遐邇”。三是傳播成熟後，即組織衆人起事，實行平民大革命，“推翻政府及資本家，而改造正當之社會”。四是實行無政府黨萬國聯合，由平民大革命進而形成世界大革命。④

師復不僅是政治理想熱情的宣傳者，更是堅定的實踐者。他提倡暗殺，自己兩次策劃暗殺行動，兩次受傷；他與鄭彼岸組織心社，反對僞道德，自己帶頭恪守十二條《信約》；他提倡無政府工團主義，不僅刊行《工人寶鑒》《軍人之寶筏》，而且參與組織機器總工會、理髮工會、茶居工會。這種言

① 師復. 無政府共産主義同志社宣言書[J]. 民聲，1914（17）：1-2.
② 上海無政府共産主義同志社. 無政府共産黨之目的與手段[J]. 民聲，1914（19）：6.
③ 上海無政府共産主義同志社. 無政府共産黨之目的與手段[J]. 民聲，1914（19）：6.
④ 上海無政府共産主義同志社. 無政府共産黨之目的與手段[J]. 民聲，1914（19）：7.

行一致的道德品質，爲他贏得了許多支持和追隨者。

5.《無政府主義粹言》的主要内容

從 1912 年 5 月晦鳴學舍成立，到 1913 年 8 月《晦鳴録》創刊，師復和晦鳴學舍同人主要從事《新世紀》相關無政府主義理論的結集出版工作，爲無政府共産主義宣傳作理論準備。《無政府主義粹言》便是這一時期的成果之一。①

《無政府主義粹言》共收録文章 22 篇，其中譯文 11 篇，論文 11 篇。所收録的譯文，主要圍繞無政府主義理論的基本問題展開，分别是：革新之一人著、真譯《革命原理》，和孟著、真譯《社會主義釋義》②，選自埃爾茨巴赫《無政府主義》一書、真譯《巴枯寧學説》和《克若泡特金學説》，真譯《愛爾衛反對祖國主義》，華侖西著、無譯《排斥軍國主義》，克若泡特金著、無譯《法律與强權》，馬拉泰斯塔著、信者譯《工人之無政府主義談》，《天義報》附張所譯《幸德秋水之演説》，真譯《記社會黨無政府黨萬國公聚會》，無署名的《工會》。這些譯文，全部來源於《新世紀》。收録的論文則有：民《普及革命》，真《三綱革命》，真《男女革命》，徐徐《無家庭主義意見書》，真《論男女情欲與真理公道毁譽賞罰之關係》，老漢《粤中女子之不嫁者》，鞠普《毁家譚》，燃《有宗教與無宗教》，燃《論物理世界及不可思議》，醒《萬國新語之進步》，鞠普《大同釋疑》。這 11 篇

① 在這期間，師復等重印了《新世紀叢書》六種，又選録《新世紀》周刊的《革命原理》《工人之無政府主義談》《社會主義釋義》《法律與强權》《克若泡特金學説》5 篇譯作和收入《新世紀叢書》的《無政府主義與共産主義》《告少年》《秩序》3 篇譯作，編爲《無政府主義名著叢刻》，免費散發。

② 1918 年 12 月 30 日出版的《法政學報》（北京法政大學）第一卷第六、七期合刊登載《社會主義釋義》一篇，作者署名“和孟”，未署譯者姓名，其譯文與李石曾此譯本全同，内容則自“各處政治社會黨、革命社會黨、共産無政府黨所求者”起，至譯文結尾，未録李石曾的按語。

文章，除徐徐的《無家庭主義意見書》録自《社會黨月刊》1912 年第 1 期外，其餘均來源於《新世紀》。

就編排順序而言，《無政府主義粹言》中的文章分爲兩大類，大致譯文類在前，論文類在後，僅論文《普及革命》一篇置於譯文中。各篇先後順序，譯文類從無政府主義基本概念、無政府主義兩大家（巴枯寧與克魯泡特金）的基本學説、無政府主義知識普及，到國際無政府主義動態；論文類則包括無政府主義基本原理、三綱革命（家庭問題與婦女問題）、宗教問題、語言問題、大同理論，基本上也是以類相從。

就編選方式而言，《無政府主義粹言》以抄録《新世紀》的原文爲主，對一些誤字進行了校勘，對部分作者（或譯者）自注進行了删减，《無家庭主義意見書》改换了原來的“編者識”。

《克若泡特金學説》“實行”部分，《無政府主義粹言》本删除了《新世紀》本中的兩節譯者按語，即：

> 每一革命，皆是無數的原因結成的。誠如克氏所云：“諸公之志願，固無所用之於其間。”即以中國而論，這革命的風潮，是何人造成的？莫有一個人可以操這個權。若問這風潮，何人可以止他的？也莫有一個人可以操這個權。看那政府一班人，無時不想壓這革命的風潮，然而這風潮是愈壓愈高。他要另换一個方法，用調和的手段，於是用立憲調和君民，用賜姓除糧調和滿漢。有的説：“現在他的作用，不是出於真心，故無效果。”即是他真要實行，亦不過爲革命加點勢力。譬如他真立憲了，這點普通的言論自由、出板自由，自然要有的。然而乘這個機會，那革命傳布容易了。所以他不肯真正立憲，也是爲此，即是現在的樣子（立憲永無真正，不過是較爲真正）。總之，他維新也罷，不維新也罷，那革命的風潮，是有進無退的。况且這革命的事，層出不窮，進化不已，

> 絶無可防禦。順從了這班，便得罪了那班。況且有一件事，他是萬萬不能順從的，即是“不要皇帝，不要政府”。既是不順從，便有衝突；有衝突，便是革命：所以革命是不能免的。
>
> 以上的道理，人人曉得。那知公理的，就去革命，求社會的進化；那圖自私的，就設法阻止。此二者的是非早定，不必再説。專以實事而論，無人不知七八年前，革命黨尚極稀少，近來則如此之多。況且這數目，時時刻刻，如平方、立方的乘將下去。這就叫作“革命將到的時代”。①

《新世紀》本中譯者的這兩節按語，結合當時的革命形勢，深刻闡明其“中國革命不可避免”的一貫主張，對於各方革命力量堅定信念、鼓舞鬥志，努力實現推翻清政府的封建專制統治是有積極意義的。但1912年編輯出版《無政府主義粹言》時，推翻清政府封建專制統治的任務已經完成，這樣的議論既失去了原有的針對性，也與《無政府主義粹言》爲研究無政府主義提供思想資源的初衷無關，因而不再有保留的價值。

《排斥軍國主義》篇首小序的末尾，《無政府主義粹言》本也删除了譯者“無”的兩節議論，即：

> 中國革命黨聞反對軍國主義之説，即愀然不樂，謂此主義與革命暗殺，實爲絶對，故於中國革命之前途有礙。殊不知軍國主義與革命暗殺，實風馬牛之不相及。蓋軍國主義者，即中國昔日窮兵黷武、拓地海外之謂，而西人釋之爲“過度之尚武精神”An excess of the military Spirit（見《二十世紀英文字典》）者也。簡言之，軍國主義者，即殖民帝國主義之先導，而世界擾亂之大因也。以其擾亂世界而排斥之，宜也。

---

① 真. 續克若泡特金學説[J]. 新世紀，1907（17）：1.

吾嘗聞中國革命黨某氏之言曰："中國被外人陵虐已久。他日中國苟能强盛，則必須向他國報復，務勦滅他種民族，以驗西人黄禍之言。"嗚呼！某君之言，誠可以解决中國人竭力提倡軍國主義之原因矣。雖然，豈特某君一人爲然哉？凡所謂中國之革命黨者，莫不有此野心。故其在西方，偶聞中國將爲世界主之預言，莫不欣欣然有喜色，蓋其久以并吞他國以擴張中國之版圖爲莫大之榮矣。噫！①

這兩節議論，均是針對革命黨人在"軍國主義"問題上的錯誤觀念而發。前一節指明，反軍國主義所反對的是帝國主義"窮兵黷武、拓地海外"的殖民侵略，與革命暗殺毫無關係。也就是説，提倡反軍國主義與鼓吹革命暗殺，二者可以并行不悖。無政府主義與暗殺暴動可以并行不悖，這是《新世紀》反復强調的主張。李石曾在《新世紀》第 5 號《駁新世紀叢書革命附答》中指出："軍國主義，乃强者犧牲他人之性命財力，以保己之權利。不公之至，故求去之。革命暗殺，乃犧牲個人性命，以除人道之敵，以伸世界之公理。故此二者之不同如天壤。"因此，"吾之主張革命暗殺，不因激烈而避之，因其有益於公理而用之也"。②在《來書附答》中也説："吾輩之反對軍國主義，因其背於公理，故求去之，非因其激烈也。吾輩之用暗殺主義，不因其激烈而避之，因其有益於公理而用之也。"③

後一節議論乃從無政府主義反對强權、反對軍備的立場出發，對部分"革命黨人"的民族復仇思想和稱霸世界的觀念表示否定。這裏所謂的"革命黨人"，實際指同盟會中的部分成員。在辛亥革命完成推翻清政府統治的任務之後，"暗殺"作爲革命手段也已經不再有現實意義。

---

① 無. 排斥軍國主義[J]. 新世紀，1908（39）：1.
② 真. 駁新世紀叢書革命附答[J]. 新世紀，1907（5）：2.
③ 真. 來書附答[J]. 新世紀，1907（6）：1.

此外，徐徐《無家庭主義意見書》，《無政府主義粹言》本更换了《社會黨月刊》本文首的“編者識”，代之以重新撰寫的“選録者附識”。《社會黨月刊》“編者識”云：

> 徐徐先生五年前，嘗以《無家庭主義》託名投稿巴黎之《新世紀》，一時風動歐美兩大陸間。美之“戀愛自由會”亦傳譯其稿，爲修訂該會規章之議案。前年先生留瑞士，復擬本此主義，組織一小團體，爲試驗的實行。糾集留學界同志者十餘人，醵資刊布中、英、法文《意見書》各一通，并附集會約章，至詳且核。玆先以其《意見書》介紹於我黨員，約章則姑留以有待。國人不學不思，少見而多怪，其不駴然而譁辯者，幾何人哉？顧吾黨主張教育平等、遺產歸公，則非實行無家庭主義不可矣。至於程度問題，因人而各異。吾特持此爲學理的研求、言論的鼓吹而已，初何嘗强人以盡實行？且强人即非自由。研求既明，鼓吹既熟，固將不期而至，不約而同，而奚煩一孔論者之䛇䛇焉過慮乎？編者識。①

“徐徐”是中國社會黨首領江亢虎的化名，《社會黨月刊》則是中國社會黨本部編輯發行的機關刊物。與“編者識”對“徐徐”頗多誇耀相比，“選録者識”行文平實，反映出以師復爲首的晦鳴學舍同人與以江亢虎爲首的中國社會黨迥異的處世風格。

6.《無政府主義粹言》的影響

儘管從1907年到辛亥革命前，曾經出現了新世紀派與天義派雙峰并峙的無政府主義宣傳格局，但由於劉師培夫婦1908年後放弃了無政府主義主

① 徐徐. 無家庭主義意見書[J]. 社會黨月刊，1912（1）：2.

張，改而投靠端方，所以辛亥革命以後的無政府主義者有意無意地忽略了天義派的存在，而尊信新世紀派爲無政府主義的正統。新世紀派所介紹、所主張的無政府主義理論，也成爲辛亥革命後中國無政府主義者的主要理論來源。師復等編輯的《無政府主義粹言》等資料，通過免費發放的形式，爲無政府主義者及時提供了理論武裝，在辛亥革命後的無政府主義理論傳播中起到了很好的推動作用。

7. 研究綜述

學界對於《無政府主義粹言》的專題研究成果較少見，不少文章或專著在討論師復無政府主義活動時，提及師復編輯出版過該書。但較深入的研究，通常是在討論巴黎新世紀派的無政府主義主張時，就《無政府主義粹言》中所收録的《新世紀》周刊的單篇文章的觀點而有所論及，但資料來源爲《新世紀》周刊，而非《無政府主義粹言》①。韓國學者曹世鉉認爲，新世紀派以科學、公理批判迷信、强權的兩個主要對象就是國家和家庭，因此主張無政府革命應當從摧毁家庭組織結構開始。因爲家庭是社會的基礎，夫權、父權、君權都是以家庭爲基礎産生出來的强權。②談敏關注了新世紀派關於馬克思經濟學説的評介，指出李石曾所譯《巴枯寧學説》站在巴枯寧一派的立場上，未理會馬克思領導的第一國際對巴枯寧主義所作的批判，也未像天義派那樣去比較社會主義（包括馬克思的科學社會主義）與無政府主義之異同。這無疑同新世紀派的傾向，及其選擇翻譯介紹的無政府主義原著類

① 張枬、王忍之編《辛亥革命前十年間時論選集》第二卷下册收録的《普及革命》《三綱革命》，第三卷收録的《毁家譚》，雖與《無政府主義粹言》篇目相同，然而注明的出處是《新世紀》周刊。

② 曹世鉉. 清末民初無政府派的文化思想[M]. 北京：社會科學文獻出版社，2003：139-142.

型，很有關係。[①]《克若泡特金學説》回避馬克思領導第一國際的功績和馬克思學説對第一國際的指導意義，指出：以無政府主義爲“最要者”的情結，嚴重干擾了新世紀派對馬克思學説的評介采取比較客觀和理智的態度。[②]董懷良關注到李石曾的《三綱革命》，認爲在政治上主張反對一切强權，經濟上要求廢除私産和貨幣，意識形態中進行“三綱革命”和“祖宗革命”，社會生活中要求廢除宗教和封建迷信，這四個方面建構了李石曾無政府主義的主要内容。[③]蔣鋭、魯法芹注意到《社會主義釋義》一文中關於“社會主義與無政府主義之本意，亦非反背，一經濟上的，一政治與道德上的”表述，以及“合二意曰：無政府的社會主義”的觀點，以及師復對這一觀點的繼承。[④]楊念群在討論中國“社會”觀念形成的時候指出，《普及革命》精要之處，是提前把立憲國的國民當作受壓迫者，同時試圖區分“國家”與“社會”，嘗試用“社會革命”的方式解決“立憲國”面臨的諸多難題。[⑤]

---

① 談敏. 回溯歷史——馬克思主義經濟學在中國的傳播前史：上册[M]. 上海：上海財經大學出版社，2008：637.
② 談敏. 回溯歷史——馬克思主義經濟學在中國的傳播前史：上册[M]. 上海：上海財經大學出版社，2008：639.
③ 董懷良. 李石曾無政府主義思想的構建與演變[J]. 唐都學刊，2014（4）：119-122.
④ 蔣鋭，魯法芹. 社會主義思潮與中國文化的相遇[M]. 濟南：山東人民出版社，2016：109.
⑤ 楊念群. 五四的另一面：“社會”觀念的形成與新型組織的誕生[M]. 上海：上海人民出版社，2018：96-98.

泰西民法志

[英國]　甘格士 / 著
元和　胡貽穀 / 譯
上海　蔡爾康 / 删訂

上海廣學會

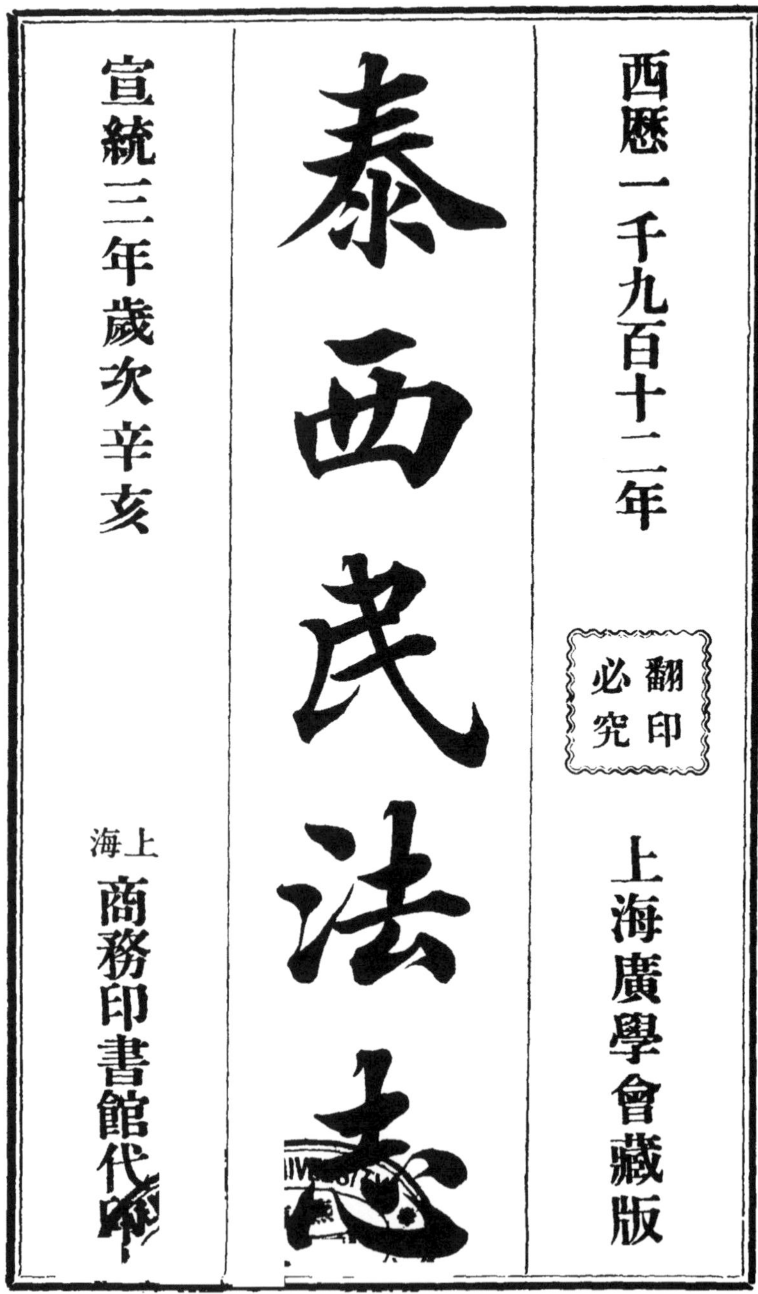

《泰西民法志》版權頁

HISTORY OF SOCIALISM

BY

THOMAS KIRKUP

TRANSLATED BY

I. K. HU.

SHANGHAI:
CHRISTIAN LITERATURE SOCIETY OF CHINA.
1912.

《泰西民法志》英文版權頁

泰西民法志序

子墨子曰天下人皆不相愛强必執弱富必侮貧貴必傲賤詐必欺愚凡天下禍簒怨恨其所以起者以不相愛生也嘻何其言之盡然有餘恫也顧或者曰以我處人羣猶水點之在空氣耳以國視地毬猶沙顆之在石層耳彼此相角乃有抵力强弱相形乃見能力噫執是說也知有物競焉耳烏覩所謂兼愛尙同之情哉英學士李提摩太先生胸期曠邁有志於天下之大同日者取甘格士先生所著之泰西民法志授余曰試譯之余讀未卒卷矍然有當於心因溯民法之發原實當西歷十九期之初葉而將大盛於二十期中舉凡汽船火車電線之所通阿屯姆力之所積莫非此義之所彌綸而布濩嗚呼何其侈也且今日者機牙微發性道猶晦又非此無以矯末學之弊爰諦參全書迻譯華文質諸當世或言墨學者不棄而教之歟

宣統庚戌仲秋元和胡貽穀謹識

泰西民法[1]志序

子墨子[2]曰天下人皆不相愛强必執弱富必侮貧貴必傲賤詐必欺愚凡天下禍篡怨恨其所以起者[3]以不相愛生也嘻何其言之藎然有餘恫也顧或者曰以我處人羣猶水點之在空氣耳以國視地毬猶沙顆之在石層耳彼此相角乃有抵力强弱相形乃見能力噫執是説也知有物競焉耳烏覩所謂兼愛尚同之恉哉英學士李提摩太[4]先生胸期曠邁有志於天下之大同日者取甘格士[5]先生所著之泰西民法志授余曰試譯之余讀未卒卷釐然有當於心因溯民法之發原實當西歷十九期[6]之初葉而將大盛於二十期中舉凡汽船火車電線之所通阿屯姆力[7]之所積莫非此義之所彌綸而布濩嗚呼何其侈也且今日者機牙微發性道猶晦又非此無以矯末學之弊爰諦參全書迻譯華文質諸當世或言墨學者不棄而教之歟

宣統庚戌仲秋元和胡貽穀[8]謹識

---

① “民法”，英文原書作“socialism”，指社會主義。
② “子墨子”，即墨翟（約公元前 468—前 376），春秋戰國時期思想家，墨家學派創始人，後人尊稱爲“墨子”“子墨子”。
③ “天下人皆不相愛”至“其所以起者”，語出《墨子・兼愛》。
④ “李提摩太”，全名爲蒂莫西・理查德（Timothy Richard，1845—1919），字菩岳，英國浸禮會在華傳教士。
⑤ “甘格士”，即托馬斯・柯卡普（Thomas Kirkup，1844—1912），英國著名學者，倫敦錢伯斯出版公司顧問兼撰稿人。
⑥ “十九期”，即十九世紀。下“二十期”“十八期”，即二十世紀、十八世紀。
⑦ “阿屯姆力”，即原子力（atomic force）。
⑧ “胡貽穀”，又作胡頤穀（I. K. Hu，1885—？），字任夫，江蘇蘇州人。早年留學美國，回國後，受謝洪賚之邀加入青年會書報部，從事文字工作。曾任商務印書館英文編輯室主任。1924 年任東吴大學校董，後任該校教授。

凡例

一西學之界説曰民聚而有部勒祈嚮者曰民會民會者有法之羣也是書詳於民生治道而歸本一法字

一是書體例重在紀載而議論事實兼採並收凡爲治民法學者導先路也

一纂録一事必繫以年月月不詳者但繫以年史例然也

按此書皆記十九期中之事實凡紀年如一千八百字樣多從删節以避繁複（十八期事則加七百字樣二十期事則加九百字樣）

一古人立言行事有關於民法者詳載於篇其生平出處間亦傳其崖略爲知人論世之一助

一述古證今折衷要理學者運以慧識當見一理貫徹始終至派别家異則各有專書本書從略

一記事非難述義維難本書避易就難於末二篇尤注意焉

一全書意在振新民俗[①]以一千九百七年列國聯會[②]爲通郵而以通功營業會[③]爲歸宿

一是書爲英國甘格士先生原著分上下二卷都十六篇譯者就文敷陳不參臆説間有删汰則以專論西事與華人渺不相關也

---

① “民俗”，英文原書作“social conditions”，指社會。

② “列國聯會”，又譯作“萬國聯會”，即國際工人協會（International Workingmen's Association），後通稱第一國際。

③ “通功營業會”，英文原書作“The co-operative society or association”，即合作社、合作協會。

凡例

一西學之界說曰民聚而有部勒祈嚮者曰民會民會者有法之羣也是書詳於民生治道而歸本一法字

一是書體例重在紀載而議論事實兼採並收凡爲治民法學者導先路也

一纂錄一事必繫以年月月不詳者但繫以年史例然也

按此書皆記十九期中之事實凡紀年如一千八百字樣多從删節以避繁複（十八期事則加七百字樣二十期事則加九百字樣）

一古人立言行事有關於民法者詳載於篇其生平出處間亦傳其崖略爲知人論世之一助

一述古證今折衷要理學者運以慧識當見一理貫徹始終至派別家異則各有專書本書從略

一記事非難述義維難本書避易就難於末二篇尤注意焉

一全書意在振新民俗以一千九百七年列國聯會爲通郵而以通功營業會爲歸宿

一是書爲英國甘格士先生原著分上下二卷都十六篇譯者就文敷陳不參臆說間有删汰則以專論西事與華人渉不相關也

目録

卷上

卷下

泰西民法志目錄

卷上

卷下

原箸 英國甘格士
譯文 元和胡貽穀
删訂 上海蔡爾康
印售 上海廣學會

泰西民法志上①

① 目録爲“卷上”。

篇一[①]

民法總綱

泰西[②]民法之學。胚胎於一千八百三十三年。亦越於今。積書充棟。吾黨澄觀博覽。知其理猶有未盡圓足之處。然種子繁布。幾於風靡五州[③]。且國之以文明稱者。勞人程度較高。更奉此説以鼓吹後進。於是一唱百和。迭起環興。甚至謂是學也。不僅左袒勞人。實爲徧地毬人之保障。似此範圍之廣。譬諸朝潮夕汐。孰能壅之使不流哉。

氓之蚩蚩。恆不免蹈常習故。忽焉而肇興民法。必有大不得已者存。弭禍無形。其道安在。給求養欲。時哉時哉。

篤生名流。昌言民法。前後踵接。心本無他也。惟以持論過激。致釀禍階。馴至毁冕裂冠。殺人盈野。其於民法之本旨。有毫釐千里之差。事之可悲。孰甚於此。吾黨悉心研究。視險象爲民閒之劇疾。亟宜對證給藥。抉去病根。鰓鰓焉圖治其標。非醫之良者也。

研究民法。有二要焉。一曰。愛心。一曰。公心。

曷言乎愛心也。民法之興也。爲勞傭道艱難。爲貧婦訴困苦。爲弱國或孱族鳴寃枉。質言之。特援救煢煢無告之民耳。似此性天悱惻。重以心地光明。筆之於書。有不動人憐憫耶。

---

① “篇一”，目録中爲“一”，無“篇”字。下各篇標題同此，不復注。
② “泰西”，泛指西方國家。
③ “州”，同“洲”。下“歐州”“美州”“北美州”同。

泰西民法志上

篇一　民法總綱

泰西民法之學胚胎於一千八百三十三年。亦越於今。積書充棟。吾黨澄觀博覽。知其理猶有未盡圓足之處。然種子繁布。幾於風靡五州。且國之以文明稱者。勞人程度較高。更奉此說以鼓吹後進。於是一唱百和。迭起環興。甚至謂是學也。不僅左袒勞人。實爲徧地毬人之保障。似此範圍之廣。譬諸朝潮夕汐。孰能壅之使不流哉。

氓之蚩蚩。恆不免蹈常習故。忽焉而肇興民法。必有大不得已者存。弭禍無形。其道安在。給求養欲。時哉時哉。

篤生名流。昌言民法。前後踵接。心本無他也。惟以持論過激。致釀禍階。馴至毀冕裂冠。殺人盈野。其於民法之本旨。有毫釐千里之差。事之可悲。孰甚於此。吾黨。悉心研究。視險象爲民閒之劇疾。亟宜對證給藥。抉去病根。緦緦焉圖治其曷言乎公心也。凡人猝遇新理。倘使漫不加察。安能相悅以解。何況民法之往事。未必絶無罅漏。其新説又不免流於矯激。拘墟之子。屏斥不遺餘力。亦固其所。然使置身廣座。暢聆偉人之名論。未有不怦然動者。無他。公道自在人心也。特此義之發揮。要須俟諸異時。始克含宏光大耳。

具英鋭之識者。灼知民法隨俗尚爲轉移。由駁雜而漸臻純美。故其過去之史册。班班可考。現在之事跡。亦頗有線索可尋。然未來之勢力。有未易以臆見測者。要之進行之遲速。與其結果之優劣。亦惟視現在人羣對待之情狀。或可約略決之耳。

醉心民法者。憑空結撰。固屬無當。反抗民法者。晦盲否塞。昧真理而戕天機。其謬尤甚。吾黨於此大事。惟當屏除客氣。掃蕩偏見。秉公心以行愛心。庶幾與世周旋。履道坦坦矣。

民法之名。何自昉乎。昉於三十三年（即一千八百八十三年後皆仿此）之保貧黨[①]。甫越二年。突有揭櫫以示於衆者。名曰萬國萬民會[②]。英人鄂温[③]。蒿目時艱。力主保民。實充領袖。會中人於民法二字。反覆討論。遂爲習見之典。自時厥後。法國民法學家雷排德[④]。箸近代新民[⑤]一書。詳述沈西門[⑥]及傅理雅[⑦]及鄂温諸人之新説。而引申其意義。此名益以暢行。蓋自英人創始號召以來。風行於歐羅巴全州。成爲十九期學子至堅極卓之名。且蘊絶大之力矣。

---

① “保貧黨”，此爲誤譯，英文原書作“The Poor Man’s Guardian”，即《窮人衛報》，1831—1835年由亨利・赫瑟林頓、勃朗特・奥布萊恩主編的面向英國工人的報紙。

② “萬國萬民會”，英文原書作“Association of all Classes of all Nations”，即全國大統一工會，1834年成立的英國首個全國性總工會組織，羅伯特・歐文任該工會主席。

③ “鄂温”，即羅伯特・歐文（Robert Owen，1771—1858），英國空想社會主義者。

④ “雷排德”，即馬里・羅奇・路易・雷博（Marie Roch Louis Reybaud，1799—1879），法國文學家、經濟學家，自由派政論家。

⑤ “近代新民”，英文原書作“Reformateurs modernes”。

⑥ “沈西門”，即昂利・聖西門（Henri Saint-Simon，1760—1825），法國空想社會主義者。

⑦ “傅理雅”，即沙爾・傅立葉（Charles Fourier，1772—1837），法國空想社會主義者。

英國民法之學。必推鄂温爲導師。法國則沈西門傅理雅實倡之。後之宗其説者。縱有奇想。亦不乏新理。且標揭名義。又多歧出。然按之時局。揆之輿情。實一成而不可變。故凡爲窮黎造福。而干涉私人之財産。爲公衆紓禍。而限制物力之偏勝。或籌更新以改舊。或議除舊以布新。總謂之曰民法。而其實皆與今世所謂自由争競之制。顯爲敵國。嗚呼、不其難乎。夫自十八期末葉以來。獨夫逞志之禍日熾。小民不堪逼勒。往往激而反噬。羣以民法爲名。就事實言。似有未能胞合者。然名義以習慣而定。此後民間之習慣。度必無異於昔人也。則雖曰其名確定焉。可也。

循名以核實。理財學家[①]所有事也。然試取德法二國學子之説而覆按之。持論往往有異同。德國理財學家羅司專[②]之説曰。鋭意爲民間謀幸福。勢力殆未免過情。海爾德[③]之説曰。制一人之情欲。以殉衆人之意向。是爲民法。樂内脱[④]釋之曰。民法也者。以國人貧富之不均。政府從而裒益之。且必有持久不匱之遠圖。非如拯溺救焚。偶焉調劑已也。按此説似最切合。法國理財學家賴來孚[⑤]則曰。民法學之第一義。在促進民俗於平等。第二義。則爲改訂法律與政權之輔助。史幾爾[⑥]繹之曰。窘鄉理財學。

綜是數説。足見民法二字。實人心同具之至理。然或遺神取貌。或得魚忘筌。其於民法之真詮。究未能切中肯綮也。而羅師專[⑦]且以民法爲過情之舉。尤乖本義。蓋自生民之朔。憑恃其衆且彊。以侵侮乎寡而弱者。何國蔑有。甚至峻刑苛法。毒害蒼生。莽莽塵寰。尚有公理哉。

---

① “理財學家”，英文原書作“Economist”，即經濟學家。其中“理財學”，英文原書作“The Political Economy”，即政治經濟學。
② “羅司專”，即威廉·羅雪爾（Wilhelm Roscher，1817—1894），德國資産階級庸俗經濟學家，歷史學派創始人。
③ “海爾德”，即阿道夫·赫爾德（Adolf Held，1844—1880），德國人。
④ “樂内脱”，即雅内（Janet，生卒年不詳），法國人。
⑤ “賴來孚”，即拉維雷（Laveleye，生卒年不詳），法國經濟學家。
⑥ “史幾爾”，即漢斯·謝耳（Hans Scheel，1839—1901），德國統計學家。
⑦ “羅師專”，即威廉·羅雪爾。

民法也者。民之法也。論者不察。視爲國政之附庸。甚矣其誤也。夫民法之名之得以卓然屹立者。由於私人之不憚艱苦。幾經集議。庶幾有得當之一時。故自始創以至於今。不分種。不分國。不分教。衹知聯合萬國之工黨。傾覆憑權藉勢之政府。蓋最有魄力之馬格司[①]實倡之。民間多靡然從之矣。

雖然。工黨中人。非盡有勇無義。爲亂爲盜之比也。嘗聞人言。民法爲最新之革命。虛無黨[②]即其流亞。則更謬矣。民法以克自樹立爲主。初不以人之摧敗爲榮。然而建大功。成大事。類多經困苦艱難之奇境。苟非抉藩籬而破城府。斷不能平棧道而履康莊。試證諸古。教宗之改正也。新舊互持不下。積尸一千數百萬具。交戰一百五十餘年。新教始告成功。至於今弗替。奴約之開放也。南北兵連禍結。南人負固不服。北人百折不撓。至於殺人盈城。血流漂杵。黑奴始克自主。公理於以大明。更泛觀歐州國史。凡屬君主之國。民氣鬱而不伸。必俟豪傑迭興。出九死不顧一生之計。始克脫專制而行憲政。今之食其利者。又誰得而譏其不軌於正耶。且即就革命言。以堅勁之心。矢猛進之志。萬不得已。委頭顱於草莽。等性命於鴻毛。馴至毀冕裂冠。絶綱解紐。府怨稔惡。無可諱言。然而探本窮源。非憑藉威力之當軸諸公。苦摧而重抑之。俾之鋌而走險耶。

更進而究民法之實。非所謂變動不居。周流六虛者耶。既隨時勢爲轉移。又依人心而更改。始也莫知其是。終焉不悟其非。尋常局外之品評。固未識盧山真面。然匯參各種見解。恆覺有一線真理。貫徹其間。理何在。蓋晶瑩不滓。粹然理財實學而已。

---

① “馬格司”，即卡爾・馬克思（Karl Marx，1818—1883）。
② “虛無黨”，泛指俄國以激烈手段反抗沙皇統治的革命黨人。

史幾爾繹之曰。窘鄉。理。財。學。綜是數說足見民法二字實人心同具之至理。然。或。遺。神。取。貌。或。得。魚。忘。筌。其於。民。法。之。眞。詮。究。未。能。切。中。肯。綮。也。而。羅。師。專。且以民法爲過情之舉。尤乖本義。蓋自生民之朔。憑恃其衆。且。彊。以。侵。侮。乎。寡。而。弱。者。何國蔑有。甚至峻刑苛法。毒。害。蒼。生。莽。莽。塵。寰。尚。有。公。理。哉。

民。法。也。者。民。之。法。也。論者不察。視爲國政之附庸。甚矣其誤也。夫民法之名之得以卓然屹立者。由於私人之不憚艱苦。幾經集議。庶幾有得當之一時。故自始創以至於今。不分種不分國不分教。祇知聯合萬國之工黨。傾覆憑權藉勢之。政。府。蓋。最。有。魄。力。之。馬。格。司。實。倡。之。民。閒。多。靡。然。從。之。矣。

雖。然。工黨中人。非盡有勇無義爲亂爲盜之比也。嘗聞人言民法爲最新之革命。慮。無。黨。即。其。流。亞。則。更。謬。矣。民。法。以。克。自。樹。立。爲。主。初。不。以。人。之。摧。敗。爲。榮。然。而。建。大。功。成。大。事。類。多。經。困。苦。艱。難。之。奇。境。苟。非。抉。藩。籬。而。破。城。府。斷。不。能。

是故民法之所縣的以求者。求俾食力之徒。同受教育之栽培。均沾天產之利益。無一人抱向隅之戚。熙熙然同登春臺也。乃返觀數百年來民衆之勢運。但覺富者益富。貧者終歲勤動。僅得薄薪微俸。苟延喘息。絶不得掌財產之權。爲之主者。且奴視而禽畜之。民法學家良不忍也。謂夫壟斷之惡習不除。大乖相生相養之道。禍機所伏。一發難收。何況槁項黄馘之夫。坐困於嗁飢忍凍。黄榜紫標之室。從事於恆舞酣歌。甘苦僢馳。怨咨交作。窮民以謀食故。苟且敷衍已耳。孰肯竭其智巧。迅赴事機。失今不圖。循是不變。良工絶跡。美材委地。第爲輸財營業之人計。其無所利也明矣。至於人入窘鄉。老弱轉於溝壑。少壯流爲寇盜。其不利於公衆。尤可怵目劌心。於是民法學家有財產必歸公衆宰理之議。庶幾勞逸均而安危共。無畸重畸輕之弊。斯無出爾反爾之禍矣。

民法持平之道。舉凡工藝各廠。不分主客。權則公操。利則均分。各家學説。千手雷同。然於率行之正鵠。或議設政府以總大成。或議設分局以理庶事。或謂宜操何術以資聯絡。或謂宜本何道以垂永久。各執偏見。莫衷一是。至論利益均分之法。亦多不盡從同。如沈西門一派。則提倡按工給值之聯合會。傅理雅一派。則主張營業贏餘。先提十成中之若干成。俾任事者略沾其澤。乃析其餘爲十二成。傭力者得五成。輸資者得四成。運籌者得三成。又如四十八年巴蘭格[①]倡議。公司營業人所得酬金。以彼絜此。無少歧視。德國共和黨宣告條規。則營業所獲之利。當按羣傭之所需用。養其欲而給其求。惟羣傭當樂事勸功。毋或隤然坐廢。

若就哲學教宗二家之説。以參民法。論者亦各表意見。或謂。史册所書

① “巴蘭格”，即路易·勃朗（Louis Blanc，1811—1882），法國小資產階級社會主義者，新聞工作者和歷史學家。

之民法。憑虛想象。特理學[1]之變相耳。今世之所風行。則竟造乎其極。實爲物理學[2]革命之動機。反其説者。則徑指爲基督教博愛之支派。二説並列。各有其是。要之民法學之倫理。雖非適合乎基督教法。然殊塗同歸。不能離而二之也。

民法之根據在理財。誠哉其無疑也。故將合勞力家與輸資家爲一爐之冶。俾之各棄其舊習。重訂分利之新章。此舉若成。豈惟一切生計[3]之頓改常度哉。朝有政治。家有倫理。工有巧藝。士有美術。胥將蒙其利賴。而受其陶鎔。革故鼎新。光燄萬丈。蓋自上古遞嬗而至中世。自中世胚胎而成今世。舉凡豐功偉業。罕有足以比方者。請得而言其概。

一曰。民法改易國政。純屬共和也。曩者。鄂温及沈西門提倡新機。迹頗涉於專斷。今則以理財原理補益共和。故主張改革之端。苟恝置理財之本原。而泛議國政之權利。縱或亦有所得。微末烏足恃哉。

二曰。民法原本忠恕。相爲始終也。羸弱之無以自存也。若家奴。若田隸。若肆傭。强有力者日肆侵陵。不啻殺人之利器。民法既定。資雄力厚之子。胥有卵翼同類之天職。不以人種國境教宗分畛域。此其理想之明晦。與夫實踐之能否。姑勿深論。第觀史册往事。仁人矢兼愛之宏願。竭力爲民請命。至捐其身家爵禄而不悔。固彰彰耳目間也。

三曰。工藝之美。由於人力之勤也。夫人之望藝事之進而益上者。情也。民法不立。民智不開。一旦脱地獄而登春臺。不但執業者薰德善良。雖勞不怨已也。傭力免束縛之苦。受值以工之良楛爲衡。無所謂忿争。亦無所謂抑勒。有誠而無僞。有公而無私。其孰甘安於蠢愚。製物

① “理學”，英文原書作“idealism”，即唯心論。
② “物理學”，英文原書作“materialism”，即唯物論。
③ “生計”，英文原書作“economic”，即經濟。

仍多窳敗哉。

四曰。民法行而富室之自由。有增無減也。疇昔之日。能濬發才智。享用優美者。惟得天獨厚之寥寥數輩耳。民法大行。争端悉泯。人盡得乘機戮力。以求多福。而富室之位置。益以鞏固。誠哉其相成而不相害也。

新民之大概。略述如上。請更言其意趣。

一曰。今世盛稱之營業。專重通力合作。力戒離羣索居也。夫公司經理之法程。一如私家之財産。苟能獲利。輸財施力者。各享受其所應得。與外人絶不相干。於是好爲高論者。競謂。世間營業之本利。皆當循此軌度。民法始有圓滿之機。然主持中和者。則謂宜先取淺易諸階級。準情酌理而行之。綱要既舉。次及條目。庶民法之在天下。真有暢茂條達之一時也。

二曰。十九期以來民法。僅人羣遞演之理想。然究有見諸行事之實力也。著名民法學家之空譚。殆爲將來民衆發榮滋長之預兆。故民法爲公司之勍敵。猶之公司[1]之改革殖産[2]。與夫殖産之改革畜奴[3]也。其在今日。則達識之民法學家多自謂。吾輩恆不免有所騷動。亟宜啓瀹智識。徐待夫世運之嬗蜕。大局盡歸掌握。芸芸億兆。共樂裁成。始克造乎其極也。故民法之明效大驗。尚須期諸將來。今則百里猶賒九十焉。然其義理。則閎中弸外。感人最速。宜德國理財名家均極注意。而其國之憲法。亦深受其陶鎔也。且文化漸被之人民。與夫探賾索隱之士夫。受其激刺者。幾徧宇内。蓋由小康而進大同之理。天壤間無可易已。

① "公司"，英文原書作"capitalism"，即資本主義。
② "殖産"，英文原書作"feudalism"，即封建主義。
③ "畜奴"，英文原書作"slavery"，即奴隸制度。

三曰。民法與現行之財政。不能並存也。今世之盤踞財政要津者。寥寥焉屈指可數。乃又彼傾此軋。肆意誅求。勞力之傭。大都供其指揮。受其籠絡。絶無支配之力。遑論享用之權。乃淺見之理財學家。竟多視爲合理。或更逞任物自然之偏見。深識者恆厚非之。且抵拒之不遺餘力矣。

四曰。民法既明。富室[1]與勞傭。胥蒙樂利也。夫就勞傭言。固曰民法行而萬衆之重負釋。因以迪其方寸之靈德。厥功蔑以加也。然就富室而言。亦有無窮之沾溉者。何則。民智愈闢。物化愈劇。豪富先吞并小康之子。愈豪愈富者。更一鼓而盡擒之。是同舟多敵國。當局若懸崖也。況又有窮簷蔀屋中人。羣起而將發難。豈得寢息宴然已乎。故民法雖爲貧户[2]揭義旗。實不啻爲富家築堅壘爾。

總之民法之名義。繁衍博奥。不可端倪。惟是書之所標幟。不外十九期以來之景象。法人以沈西門輩爲前驅。英人則濫觴於鄂温。以迄於今。馬格司一派。尤爲萬衆之所宗仰。然而民法之懸於天壤。不自今日始也。試徵諸太古。一鄉一黨一族。早皆具體而微。故其人皆以屈己從人爲正理。於是有共産公享之例。進爲共産私有之例。乃再變而爲私産之獨擅。蓋至十八期之末造。敝制於以釀成。殖産人逞志自由。遂積而爲從政及理財之大本。若夫貿易家之肆情争競。又近世之異象也。

遐稽古史。秉國鈞者實兼操縱財富之權。故時而行卹民之善政。如英國之有保貧律[3]。而重整財産。以蘇民困之豪舉。史家亦常記之。要皆民法之胚胎也。嗟乎、民生困塗炭久矣。自古初以迨來今。幸有哲士仁人。勞心焦

① “富室”，英文原書作“capitalist”，即資本家。
② “貧户”，英文原書作“workmen”，即工人。
③ “保貧律”，英文原書作“poor law”，即《濟貧法》。

配之力遑論享用之權乃淺見之理財學家竟多視爲合理或更遑任物自然之偏見深識者恆厚非之且抵拒之不遺餘力矣

四曰民法既明富室與勞傭胥蒙樂利也夫就勞傭言固曰民法行而萬衆之重負釋因以廸其方寸之靈德厥功蔑以加也然就富室而言亦有無窮之沾溉者何則民智愈闢物化愈劇豪富先吞幷小康之子愈豪愈富者更一鼓而盡擒之是同舟多敵國當局若懸崖也況又有窮簷蔀屋中人羣起而將發難豈得寢息宴然已乎故民法雖爲貧戶揭義旗實不啻爲富家築堅壘爾

總之民法之名義繁衍博奧不可端倪惟是書之所標幟不外十九期以來之景象法人以沈西門輩爲前驅英人則濫觴於鄂溫以迄於今馬格司一派尤爲萬衆之所宗仰然而民法之懸於天壤不自今日始也試徵諸太古一鄉一黨一族早皆具體而微故其人皆以屈己從人爲正理於是有共產公享之例

思。謀所以善其後。雖不能至。心嚮往之。如巴圖拉[①]與慕爾[②]之烏有國[③]。亦民法之嚆矢也。天主教會中人。又有嚴守共産公享之誓言。至今不衰者。亦即民法之先聲。廓而大之。弗容緩矣。

然則十九期之民法。何以别於前此之共産法哉。民法隨時勢以爲階級。不能一蹴而幾。十八期之末造。時勢之最要者也。英國工業。浡然更新。促成規模宏大之工廠。此猶甘霖將霈。而先見密雲也。惟此制雖爲更新工業之一大機關。然反爲豪强之所利用。益逞獨夫之樂。小康家如爐燎毛。朝爲股東。夕充雇役。仰人鼻息。莫敢誰何。大工廠則氣象愈雄。直足以網羅全地。物極必反。工業之改革。乘機大進。是之謂工業之革命。

自外界言。則曰時勢。探其内藴。則心思[④]之改革。所繫亦至重也。横覽今世界心理之變遷。雲滃潮流。震撼大地。當法國大革命之世。業已煌煌宣布。據公義爲對簿之凖。執自由爲醒世之鐘。理財學家如師密亞丹[⑤]。於民事不無影響。沈西門更特標一幟。期竟福禄特爾[⑥]羅梭[⑦]師密亞丹未竟之志。尤曲盡保赤之功。

然則民法也者。時勢之所生也。一生於十八期末造之英國工業革命。鄂温實挹其流。一生於同時法國之心思革命。沈西門傅理雅益煽其燄。蓋幾經刮垢摩光。斯義益炳然共睹。故前此雖有共産之事實。大都猥瑣庸陋。抱古籍之餘燼。非當今之瑰寶也。所可寶者。鄂温沈西門輩草創之碩畫。率是以

① “巴圖拉”，即柏拉圖（Plato，公元前427—前347），古希臘哲學家。
② “慕爾”，即托馬斯·莫爾（Thomas More，1478—1535），空想社會主義的奠基者。
③ “烏有國”，即托馬斯·莫爾的著作《烏托邦》（*Utopia*）。
④ “心思”，指思想。下同。
⑤ “師密亞丹”，即亞當·斯密（Adam Smith，1723—1790），英國經濟學家，資産階級古典政治經濟學體系的奠基人。
⑥ “福禄特爾”，即伏爾泰（Voltaire，1694—1778），法國自然神論哲學家、歷史學家和作家，18世紀資産階級啓蒙運動的主要代表人物。
⑦ “羅梭”，即讓-雅克·盧梭（Jean-Jacques Rousseau，1712—1778），法國啓蒙運動的主要代表人物，民主主義者，小資産階級思想家，自然神論哲學家。

往。風聲所樹。徧及萬方。文物之邦。蔚爲民臬。宜哉宜哉。

且民法發生之始。非好爲是擾攘也。鄂沈諸君三復自由平等胞與諸格言。知勞役之深可貴重。重以英法兩途之革命。激而思奮。有可斷言。況鄂温以博愛爲宗。深憫夫營業之積衰。沈淪已入九淵之下。苟不力圖改正。曷以登斯民於衽席。免世路之荆榛乎。於是出其闢新之大力。挾其救貧之宏願。首締工約。以紡棉廠爲見端。務期一變營業者之心理。使大利不集於一人而散於衆人。然後慊於心焉。

沈西門之抱負。與鄂温始異而終同。何言之。鄂温所疾首者。工業險巇之惡果。沈西門所痛心者。豪家專横之濁流也。當法國革命之秋。豪家封殖之藩籬。幾盡掃除而廓清之矣。然華透路[①]之風雷既息。死灰漸次復燃。工黨雖新創聯會。孤陽不足滅羣陰。食采之勢家。事神之僞士。依然擁高爵。籠厚利。便其社鼠城狐之計。肆爲鯨吞蠶食之謀。沈西門積憤既久。思合工徒學子之英俊。褫其權而代其位。一新法人之耳目。且矢言英俊既爲民上。不得蹈若輩之覆轍。務從整理工業保護公衆入手。是爲應盡之職。

二儒之所鼓吹者。絶不雜囂張之氣。故三十二年。英國雖已改正選舉之制。鄂温仍視爲不足恃。讀立憲之詔書。又嘿然以爲無當。惟謂斯民程度不齊。姑暫聽命於政府。以長民法之萌芽耳。迨至操業者各有自治之能。始一躍而躋於自立。貴族豪紳之聞其説者。以其和易近情。頗採用之。沈西門一派之用意。亦復如是。故第一次上書於路易十八皇[②]。但言。渴望工業世家。革封建世家而代之耳。要之民法之挺生。固爲法國革命之轉捩。而受國政之感發。亦不爲少也。

民法之發軔。蓋自十七年。鄂温繕具集合共和黨條陳。上之下議院始

① “華透路”，即滑鐵盧（Waterloo）。
② “路易十八皇”，即路易十八（Louis XⅧ，1755—1824），法國國王（1814—1815、1815—1824）。

也。同年。沈西門建議。確定民法之指歸。考諸史乘。信而有徵。積至五十年。英法兩國揚搉此種學理之士人。後先並起。法則沈西門之後。有撥魯亨[①]巴蘭格輩。英則鄂温之後。有教會中之民法學家[②]。若馬立司[③]。若金司勒[④]。亦後起之秀也。

爾後。日進靡既。則德俄兩國哲學家。推闡之力居多。惟其所規畫者。每牽涉國事。四十八年。宣告共産之露布[⑤]。已嶄然見頭角。至六十七年。馬格司删汰而潤色之[⑥]。近歲。又經各國著作名家。細加考覈。義益完固。同志者多奉爲金科玉律。且載入列國議會[⑦]之盟書矣。

標舉綱要。略如上文。試更言倡導者之卓見。

① “撥魯亨”，即皮埃爾-約瑟夫·蒲魯東（Pierre-Joseph Proudhon，1809—1865），法國政論家、經濟學家和社會學家，小資産階級思想家，無政府主義的創始人。
② “教會中之民法學家”，英文原書作“Christian socialist”，即基督教社會主義者。
③ “馬立司”，即約翰·弗雷德里克·丹尼森·莫里斯（John Frederick Denison Maurice，1805—1872），英國基督教社會主義創始人，代表作有《基督之國》《神學雜論》《社會道德》等。
④ “金司勒”，即查理·金斯萊（Charles Kingsley，1819—1875），英國聖公會牧師、作家，英國基督教社會主義創始人之一。信奉、傳播達爾文進化理論，鼓吹民主政治，提倡社會福利。代表作有《酵母》《阿爾頓·洛克》《希帕蒂亞》《向西方》《水孩子》等。
⑤ “宣告共産之露布”，即馬克思、恩格斯於1848年出版的著作《共産黨宣言》。
⑥ “至六十七年。馬格司删汰而潤色之”，指馬克思於1867年出版《資本論》第一卷。
⑦ “列國議會”，英文原書作“international congresses”，即國際代表大會。

篇二

法國民法肇基

沈西門派

樂天爲民法之始祖。持心衡物。有類於七百八十九年（即一千七百八十九年後皆仿）此法國革命之見端。故謂人羣治化。可一躍而登於仁壽。雖乖實例。執信不疑。於民俗層累曲折之故。茫乎未解。即達爾文[①]明白剴切之生理論。亦若充耳不聞。斯固夙昔之民法學家。與理學家同坐之病也。

法國民法學家之泰斗曰沈西門。生於七百六十年。貴胄也。幼負大志。日令其僕昧爽入寢室。即呼而警之曰。公子。其毋忘爾有大任焉。則唯而起。嘗夢其祖沙立曼[②]。以他年勉立奇績詔之。其冥心獨往也。尤出人意表。早歲。嘗議開鑿太平大西兩洋土腰[③]。以通其流。又議移瑪德理[④]腹地爲海岸。跡斯二議。已超越常人萬萬矣。

革命一役。沈氏猶未顯名。顧以購得籍没公地致富。然矢言非以私己。將來有所爲也。年將四旬。篤嗜哲學。思一擴其胸襟。一年。娶婦。僅一載

① “達爾文”，即查爾斯·羅伯特·達爾文（Charles Robert Darwin，1809—1882），英國自然科學家，生物學家，科學的生物進化論的奠基人。
② “沙立曼”，即查理曼（Charlemagne，742—814），法蘭克國王（768—800）和皇帝（800—814）。
③ “土腰”，即運河。
④ “瑪德理”，即馬德里（Madrid）。

而離異。後以刊行所著書。罄其產。暮年。益復無聊。身執賤役。歲入僅英金四十鎊。轉賴舊僕之資助。其族人亦憐而周之。二十三年。貧甚。圖自盡。未殊。然已眇一目。瀕死。始有人稍稍親之。

沈氏雖以理學[①]得名。然於體裁抉擇恆力三者無一達。其論著亦雜糅不精。顧心思超脫。感人最神速。哀此先哲。爲公盡瘁。宜奉爲法國民法之開山也。

沈氏紬繹民法學之意緒。大都言厖旨晦。無足深覽。而其祈嚮之所存。固與人以共見也。沈生當叔季。目擊夫法國革命[②]風波。封建之制度。橫決而不可收拾。乃慨然有感。特爲重建民會之規畫。然不遽發表。而必請命於路易十八皇者。亦可見其有維持秩序之深意矣。至其力摧封建。則以雄藩跋扈。重蹙民生。不能不忍小忿以就大謀。因倡言工界領袖。當執國柄。而邃於實學之士。當任中世教會之司鐸。是則沈氏所籌設者。殆爲工業之法團[③]。而以新科學爲之導淪耳。

顧合力殖產之説。造端閎大。且主之與傭。素有相爲齮齕之勢。未易合而爲一。沈殆未之思也。第知工學之魁宿。當居津要。保衞民會而已。及其新基督教[④]一書告成。勞傭之窘狀。於焉披露。沈氏之眼光。亦轉而集注於此。蓋不期而漸合教宗矣。

新基督教未刊之先。沈西門略不究心於神學。至是。爽然有悟。蓋新基督教者。博采基督教之微言奧旨。而出之以簡要。故當時贅疣之教規。概屏勿取。惟以天德爲尚。以胞與爲量。究觀教義之宏深。大衆當有扶植貧民生

① “理學”，英文原書作“thinker”，即思想家。
② “法國革命”，即法國大革命。
③ “法團”，英文原書作“society”，即社會。
④ “新基督教”，即聖西門的著作 *Nouveau Christianisme*，出版於 1825 年，提出宗教“應該引導所有人儘快達到改善最貧窮階級的偉大目標”。

計道德之天職。而其執行之法。當組織完善。以蕲致夫大道。此則沈氏一派之標幟。於教宗之精理。與再造民會之功能。庶幾其有合矣。

沈氏一生。苦心孤詣。絶少知音。及歸道山。衍其遺緒者。亦止及門數輩。二十八年。裴柴特[①]參其教旨。接續而張皇之。三十年。裴與尹芬汀[②]同膺舉爲沈派之董理。是年七月。革命復起[③]。沈派勢力漸盛。法蘭西全國英俊少年。從而和者頗夥。由是同志集議。别聯公會。冀實踐均財之法。

公會甫立。内訌猝興。尹芬汀議建僧制。破男女之界。廢婚媾之禮。裴柴特心非之。潔身引退。同志之矯矯者。多步後塵。三十二年。公會以奢費故。財力漸絀。乃移居尹芬汀私邸。謀立共産會[④]。會員以服章自異於衆。旋以俶擾無紀。妨害治安。黨首逮捕。而此派遂絶。會員多散爲工程師計學家與商賈。其後。李西蒲[⑤]開鑿綏斯土腰[⑥]。蓋遠源於沈派云。

沈西門鵬圖未遂。鴻爪留痕。至今述之。令人有餘思焉。其在創議之日。語多麤陋。陳義未明。得裴柴特爲之修訂。琅琅可誦。要其大旨。實由歷代之哲理。以分摧陷建築之二世。方其摧陷也。智勇相勝。争奪陵轢畔亂之風。足以演民生之慘劇。及其建築也。以教化爲正宗。奉法服勞愛人諸寶訓。足以復民俗於平和。彼起此伏。迭爲盛衰。即二世之所由定也。居今視昔。團結之力。殆佔優勝。既由家族進於都邑。又由都邑進於國家。且由國家而進於統合。將來世界大通。尤必以是爲元素。向也愛力脆弱。漸即消亡。種種

① “裴柴特”，即聖阿芒·巴扎爾（Saint-Amand Bazard，1791—1832），聖西門的主要追隨者之一。
② “尹芬汀”，即巴泰勒米-普羅斯佩·安凡丹（Barthélemy-Prosper Enfantin，1796—1864），法國社會、政治、經濟理論家，1825 年結識聖西門并成爲聖西門的主要追隨者之一。
③ “是年七月。革命復起”，指 1830 年法國的七月革命。
④ “共産會”，即秘密會社“模範社團”。聖西門逝世後，1831 年巴扎爾和安凡丹發生分裂，其原因在於巴扎爾主張組織政治運動，而安凡丹則堅持開展脱離政治的道德與社會革命。1832 年安凡丹及其追隨者在他的私邸美尼爾芒坦（Menilmontant）組成“模範社團”。後該組織因被認定涉嫌建立違法的秘密會社和鼓勵違反公共道德的行爲而遭到禁止。
⑤ “李西蒲”，即斐迪南·德·雷賽布（Ferdinand de Lesseps，1805—1894），法國外交官，蘇伊士運河的開鑿者。
⑥ “綏斯土腰”，即蘇伊士運河。

濫法酷威。實以胎禍召亂。繼今以往。汰謬種而伸人權。目宙合爲匡廬。指圓輿爲公産。後有作者。不易吾言已。

今世私家所訂之制度。巧取豪奪。使勞傭無立錐地。勞傭雖蒙自由之虚名。而受飢寒之實害。隨主人之喜怒。定身命之去留。哀哉。且似此陋制。一再傳而基址益固。殖産者之子母。彌積彌厚。累世承襲。不擇賢愚。然試環聽反觀。衆方以被虐故。萃怨毒於一家。是則貽子翼孫。適所以招災叢禍也。欲捄此弊。惟有解除承産之律。就天施地生之美利。作大公無我之達觀。合羣分司。公操諸業。夫而後民閒有正當之業主。化私爲公。轉禍爲福。豈不懿歟。

沈西門派所挾持最堅者。爲分階之治體。即按工給值是也。視才能之高下。授以位置。依成績之優劣。定其報酬。是蓋屬於學理。與靈德之獨裁政體[①]。固空前絶後之建白也。至如尹芬汀别創僧制。則怪誕不經矣。

室家男女之制。此派又有所更張者。以爲男女皆處於單位。即所謂匹夫匹婦也。位埒斯勢均。有合任家國及教宗之義務。故其主要之文告。亦依據基督教婚姻之制。惜尹芬汀墮入歧趨。浸至任情縱欲。蔑視道德。未免爲惡名所歸。然著名之民法家裴柴特等。固先已蟬蜕於此塵穢已。

重視形骸。亦其派中之要義。惟以語涉誕妄。非識者之所公許。至天主教善惡對敵之義。既爲彼等所唾棄。而以爲情慾之軀。應滿其優美之量。是説不經解釋。固不能明。然即經彼輩解釋。仍昧真際。甚至尹芬汀之説。偏宕過甚。流於褻狎。導人幻想。自由媾合。詭託宗教。固盡人而知其不潔矣。

沈西門派瑕瑜互見。揭其真諦。無待諱飾。其令人神悚者。則新舊財政之激戰。實爲此派所嘘拂。雖於民閒受病之源。未能深悉。挽救之方。亦多

① “學理。與靈德之獨裁政體”，英文原書作“spiritual or scientific autocracy”。

不適。然盤錯之錮習。鬱之既久。乃欲撥之使正。自非可責望於旦夕也。特其所執行者。失之過激。故排擊雖多扼要。家庭道德。亦未嘗脱略。厥後違其初制。竟至放浪不羈。怪誕自喜。謬取邪僻之僧制。終收潰裂之惡果。遂使磊落光明之宗派。爲法蘭西英年志士所擁戴者。一旋足而淪於猥鄙闒茸之地。疇昔痛詆庸俗。自處高潔。豈料遷喬入谷。重爲後世所詬笑。嗟夫、紹述無人。竟成絶響。沈氏其賚恨於九京乎。

傅理雅派

民法之發於文心者。傅理雅實導之。八年。著書詳述斯旨。推行濡滯。迨沈鄂二派後先衰替。始簇然露其鋒芒。

傅氏派與沈氏。屹然對峙。經緯各判。沈氏主中樞集權。傅氏倡公團[①]自由。沈氏以國家操縱實權。傅氏以各團代表國家。而各團之自相維繫。則集要於一種新會。名曰法輪治[②]。是爲中樞之元首。其他皆屬附庸。

傅理雅以七百七十二年生。天姿穎秀。其父布商也。命之輟學而繼其業。心滋戚然。行貨於本國各城之外。復游歷和蘭[③]日爾曼[④]諸國。富於閲歷。諳練世故。值革命亂作。遺産蕩盡。且逮入獄。僅免死刑。仍令從軍二年。離伍而歸。始稍稍復其舊業。

傅氏少時。即注意於商業之所不足。思矯正之。年五歲。以洩言貨物原價。見責於父。二十七歲。父命之監視焚燬腐穀。蓋先值粒食之空匱。居奇囤積。久而紅陳滿囷。不堪食也。傅因是二故。疾視奸儈益深。不惜勞精敝神。務期踐克己之實功。籌合羣之公益。志意純一。迥異時流。及至暮年。

① “公團”，即合作運動（co-operative movement）。
② “法輪治”，法文 Phalange 的音譯，即法郎吉，傅立葉等所設想的“和諧社會”的基層組織。
③ “和蘭”，即荷蘭（Holland）。
④ “日爾曼”，即德國（Germany）。

恆每日向午。兀坐斗室。待富豪投以鉅資。俾得遂其志業。然所謀未見成效。著作亦無大名。門下寥寥。若晨星然。如是者十年而卒。

沈西門人往風微。傅說乃稍重於時。爰有愛而助之者。合營一報。以廣其聲氣。三十二年。謀建法輪治於威爾塞列斯[①]。事卒無成。鬱鬱不得志。三十七年。賫志以歿。跡其生平。篤誠無僞。深信人類有自然之進步。血沸神瘁。以謀羣福。自奉顧甚儉約。而待人則甚温厚。心知爲義。奮身赴之。絶不瞻顧。其行誼有足多者。惟堅持成見。以爲人性雖分善惡。而惡之力甚微。不足敗乃公事。此則失知人之明矣。

傅氏懸想之要樞。固以民法爲歸宿。然其薰陶於神學性學也實深。沈西門派重視形骸。亦爲其所依據。而推想益廣。以爲惟神化育萬善。愚人自外其帡幪耳。且神之力。彌淪周浹。體物不遺。宇宙間物質生機。知覺官骸。莫不荷其生成。故上自三辰。下澈九垓。直立横行。飛潛動植。罔弗受其宰制。推至人心之微。厭獨而好羣。亦造化自然之消息。惟人有時自蔽耳。傅氏闡繹此旨。至深極博。自信見道真切。非若鏡花水月。託體虚無。直如鏡燭犀然。灼見底藴。斯固神聖公例。懸諸日月而不刊。質諸萬世而無惑者也。

其言性理也。以爲人有十二情根。類别爲三。曰知覺[②]。曰感慕[③]。曰裁制[④]。知覺五。司娛悦。耳目口鼻膚是也。感慕四。主結合。父母兄弟夫婦朋友是也。此二類。用情最顯。人易識别。惟裁制之力較大。統以上二類而支配之。約别爲三。曰輪轉[⑤]。推陳出新也。曰競立[⑥]。好勝惡辱也。曰

① “威爾塞列斯”，即凡爾賽（Versailles），法國北部城市。
② “知覺”，英文原書作“sensitive”。
③ “感慕”，英文原書作“affective”。
④ “裁制”，英文原書作“passions rectrices”。
⑤ “輪轉”，英文原書作“alternating”。
⑥ “競立”，英文原書作“emulative”。

緣會[1]。牽於俗。溺於私。精神與形體。至是而不自禁也。三者之中。每偏重於競立。然民生交誼。實有調和諸情之妙用。故情根自由自進。調和之功即伏其中。久之而劑於平焉。其理殆如各色之混合流轉。而呈一白色也。

傅氏爲斯民計。闢除荆棘。馴致安平康樂和親。惟使人性之自爲發展而已。其發展也。須力破文治之舊籬。别建理想之新幟。使人性漸與天意相融洽。故所創之法輪治。即預爲之地步也。法輪治云者。四百户或一千八百人。占地十方里。集合一村落。予取予求。怡然自足。通工協力。殖産繁茂。農田工藝。各勤專業。人得盡其才。樂其事。自由自在。無詐無虞。至是而公衆合羣之精義。撥雲見日。登絶境焉。

法輪治爲民會之一。組織之法。合七人或九人爲一團。合二十四團或三十二團爲一集。諸集相合。即爲法輪治。其相結集也。純任自然。情投意合。廣廈華屋。體適神舒。遊其宇者。充然意滿。無顧忌。無離索。熙熙皞皞。同在景風淑氣之中。政體則絶無強制。吏治則悉歸公選。然特牛刀小試已耳。苟能推行盡利。各羣盡仿設法輪治。而公舉賢者以統之。迨夫世界各法輪治合而爲一。公舉主政。亦止一人。以今世突厥國都城[2]。爲寰宇之京師。且凡以上諸計畫。皆聽人羣之自相吸引。無所用其矯揉。馴至愛情自由。男女合離。無庸節制。而婚禮遂如廣陵散[3]矣。

法輪治中之職掌。則取法乎科學以治事也。職掌有三要端。務在引人入勝。一曰。隨其所好。一曰。盡其所長。一曰。隨宜更易。此三者。鼓舞人

① “緣會”，英文原書作“composite”。
② “突厥國都城”，指當時奥斯曼土耳其帝國的首都伊斯坦布爾。
③ “廣陵散”，琴曲名。三國時期，魏國嵇康善彈此曲，秘不授人。後遭譖被害，臨刑索琴彈之，曰：“《廣陵散》於今絶矣！”此指事無後繼，已成絶響。

才之良法也。傅氏以爲。人情於樂爲之事。行之必力。故隨其所好。當其事者。必愉快而無困難。至夫最不可堪之勞役。自有汽力。以代人工。且可獲效倍蓰焉。其營業所得贏率。公之於衆。先提如干。使均沾之。餘則析爲十二成。五成酬傭工。四成歸股東。三成給運籌其間者。富人多資不禁。蓋分利得當。不見其有害也。才力之不平等者。宜鼓勵之。使皆歸有用。至實行分利之法。視作工之成績而異。其爲日用必需之品。而最費精力者。報酬最厚。有用品。次之。玩好品。又次之。綜計酬償之金。爲額極豐。近今所未有也。説者謂。此法徧行。將使人人有致富之機緣。其信然歟。

法輪治主要章旨。在使人無一不能自立也。故巾幗亦享均利之權。孺子年及五齡。即以成人待之。傅氏之構想。誠一絶妙之烏有國。非古人智鏡之所及也。顧其所根據者。與科學法理。適成反比例。按之實際之經驗。遂齟齬而不相入。則其於人心趨嚮。與羣演公例。猶未達一間也。其最所忽視者。曰。人之爲己心。夫爲己心之潛伏於人叢。實具莫大之勢力。不免損及公衆。故其民俗之稍進。莫非遏有生之獸性。以漸進乎人道耳。傅氏則欲一切放縱。不施羈勒。婚媾一道。尤所顯著。其説果行。民皆瓦解。既不得終南捷徑。以臻樂國。且將舉現有之道德。抉籓破網。而復返鴻濛之世界也。

雖然。傅氏之妙緒紛綸。足以開發學者之神智。似此小疵之顯著。無害其爲大純也。其譏評當世之弊也。洞見癥結。陳説羣治之進步也。尤極激昂。以此見法輪治之組織。有二利焉。器使才能。需用各足。一也。脱集權專政之病。泯國界僞黨之嫌。二也。若其卓裁達識。預攝地方自治之隆之小影。愈不可執一端之誤。而没其全功。

受合理之制裁。爲公衆代攝之私人資本。法輪治亦容納之。所以防侵犯自由也。且私人資本。有變動不居之權。有自主而無拘禁。此又科學中之民法學家。所亟當採擇者。故傅氏之歆動鼓舞一世者。一神聖之烏有國耳。近代法學羣學之革新。經其擘畫者。實非淺尠。將來扃鑰胥開。環海大通。往哲微言。終收宏效。特非可偭規錯矩。以壯熱而趨魔道。故其弛縱之說。在所必去。而盡人以服從法律。沐浴德化爲指歸。庶幾底於有成矣。

篇三一

一千八百四十八年法國民法

由今溯昔。民法之集要。實在三十年傅氏派興沈氏派衰之日。而其最著之象。則爲英法二國中等下等民人之劃界。不足以昭平允也。夫英法二國。爲近世工業政治財政諸動機之樞要地。向者。中下二等民族。併力齊驅。以謀傾封建制度。至是。選舉權竟形偏枯。中等人得控馭下等。豈知下等人數最多。業爲飢驅。又見絶於干預國政之權利。遂乃亟起尋仇。三十一年。法國里昂城。亂象始萌。枵腹之工黨。一倡羣和。鋌而走險。以生於勞死於戰爲其名號。此風傳播國外。英政府乃勉徇民請。頒發憲書。蓋迫於時會而然耳。先是沈傅二派之學理。祗學者稱道之。今而後。勞傭亦家絃户誦矣。

本篇所申論者。法蘭西新民法之發達也。夫巴黎向爲革命之火山。今更爲民法之鑪錘。若巴蘭克[①]柏魯亨[②]輩。先有感於民生。不均。三十九年相繼刊書。號召同志。於是少年之趨巴黎。研求改革之學術者。肩摩踵接。而日耳曼之民會共和家賴薩勒[③]。萬國民會學家馬格司。與掃除政府黨[④]領袖裴古甯[⑤]。俱於此時。連翩戾止。值巴柏二子之學説。已臻純熟。此嘯彼應。

---

① “巴蘭克”，即路易・勃朗。
② “柏魯亨”，即皮埃爾-約瑟夫・蒲魯東。
③ “賴薩勒”，即斐迪南・拉薩爾（Ferdinand Lassalle，1825—1864），德國早期工人運動活動家，國際工人運動中機會主義的主要代表。
④ “掃除政府黨”，即無政府主義者。
⑤ “裴古甯”，即米哈伊爾・亞歷山大羅維奇・巴枯寧（Михаил Александрович Бакунин，1814—1876），俄國無政府主義和民粹主義創始人和理論家。

巴黎人聞聲起舞。勢彌岌岌。惟賴馬裴三人之理想。遲之久而始顯。當時未見重要。今請分論巴柏。

巴蘭克

沈傅二家之鴻製。高談遠睨。植想幽敻。與當時民生利病。頗形扞格。巴蘭克則不然。法國情形。業既體會入微。故提倡最力者。要求共和自治之國家。爲重建民會之進階。故雖就固有之國家。施以改築之毅力。其學理屬於積極。然有實際應用之性質。且堅忍不拔。務達其鵠。與恆泛迥異矣。

巴生於十一年。雅負時名。三十九年。組織維持財政會。自著療苦[①]一書。以閃電之眼。藉生花之筆。糾舉習俗之紕謬。指陳挽捄之方略。其力闢工業争競。誠爲老生常譚。姑勿深論。惟痛揭弊源。籌建良策。則爲有目所共賞。故法國工人尤酷嗜之。其與前輩表同意者。則在排斥身心對敵之説。而期互爲融洽。共達圓湛之境。其進化蓋二而一者也。故推論羣力自由結合。以謀道德與物質之改良。同時並進。然亦灼知民俗之遷善。非先謀國政不爲功。蓋民俗之與國政。有互爲因果之理。故僅知團力之爲美德。据公理仁慈爲均勞濟困之善法。而國政之頑塞如舊。則亦託諸冥想已耳。必有操縱一切之權。駕乎司法行政用兵之上。而后可袪大患。奠大業。然非憑依權勢。與秉鈞者有所干請也。蓋别有所恃。卓立乎政權之表也。

職是之故。巴之所望於國家者。建立共和圓滿之始基也。顧開放平民。非用搏象全力。不足與觀厥成。夫平民執業所需。器具是也。器具缺乏。國家有供給之職。且國家之確解。即貧民之儲蓄銀行也。故所陳草創之法。謂共和國家。宜設工業公會。籌備要需。代訂章程。並爲選任第一年職員。俟

① “療苦”，英文原書作“Organisation du Travail”，即《勞動組織》。

基址鞏固。即令會員自任會務。不復干涉。總理則公選也。贏利則公分也。有所拓張。亦由其自爲謀畫也。此種共和之工業機關。與私人獨營之工業。不相衝突。且可漸漬而同化焉。前此專斷之局。至是而無以自存。國家則維持工業。有屬草設備之義務。無定章轄治之實權。是則衆建之與獨營。不惟耦俱無猜。且得國家爲苞桑之繫。利孰大焉。果若共和政府。居間爲人民盡力。始也代表。繼以保護。則争競制度之無益有害。雖童子猶知之。任物自然之曲説。烏得厠於學界。而純粹之自由。乃得日進無疆矣。

酬報一説。巴氏陳義甚高。其言曰。才智之士之所以自見者。不在受償於民人之多寡。而在造福於民人之厚薄也。壯哉斯言。蓋不徒爲揄揚之口吻。而實爲工業共和會報償律[①]之原理。夫才智出衆如鈕頓[②]者。其造福宏矣。民人雖欲報酬。非金錢所可將意。然紐頓固已得當以去。蓋其所發明者。爲衆人所利賴。人生樂地。孰過乎此。雖然。巴蘭克亦未嘗不思以特殊之獎贈。激勵良工也。

巴蘭克少年著作。亦嘗附和按工給值之説。然不過稍順反對黨之意見。非漫無限制比也。四十八年。所輯新書。脱穎而出。標新領異。舉向所遷就者。收拾無餘。其書中警語有曰。今世之教育。反對民法之教育也。欲人之奮勉。必以代價鼓舞之。抑知新教育溥行。則品性識量。將頓改其舊。工價之無判等第。可無慮罣礙也。此巴獨擄之新理也。至夫私人資本。有願附入者。亦所樂受。苟營業有進境。並可規定其利益。惟合資既夥。聯會之機必寡。是又不免於資本偏傾之患矣。

---

① “工業共和會報償律”，路易·勃朗認爲由於競争的存在，工人争相出賣勞動力，必然引起工資下降，使工人陷入貧困。爲了消滅競争、消滅貧困，他主張建立社團性質的“社會工場”，工場内部工資平等，最終實現消滅競争。

② “鈕頓”，即伊薩克·牛頓（Isaac Newton，1642—1727），英國物理學家、數學家、天文學家，經典物理學的創始人。

法國四十八年之革命。爲共和爆裂之時也。驚風驟雨。震盪歐州中部及其西部。蓋釀而成之者。非一朝夕之故矣。歷代强權之條教。奥都維也納假定之議結案[①]。（和約議結條款有勢力之黨魁自顧私利劃分歐陸）以及叢惡諸政府。不任仔肩。不恤民隱。若法蘭西防民不靖。陽施立憲政體。陰則剥奪選舉公權。積諸總因。遂呈惡果。革命之起。無深識遠圖。狼顧鴟張。蜂屯烏合。彼豪俠之士。期成此舉。企就大功者。亦訝其來勢之鶻突也。然是固爲世界進步必歷之階級。不觀其結果乎。法國卒頒根據普通選舉原理之憲法。而政府承認爲工人作保障之天職。是誠世界人類創見之盛事已。

巴蘭克者。民會共和黨[②]之魁傑。四十八年之革命。其感力頗盛。嘗代表工黨。任職省會。同寅皆嗤爲迂。迄無就緒。是年。創立國家工業會[③]。名是實非。與其初志相剌謬。其總理爲杜馬士[④]。著有國家工業會小史一書。明諷暗嘲。無非欲彰巴説之不可行。至杜之所實行者。僅能收集流離失業之民。納之於不能生利之一途。衡諸巴議。招致勤謹樸誠者。授以生財之工。爲得爲失。相距不可以道里計。且疾視巴者。乃欲羅致坐食之惰工。起而與民黨爲難。不亦傎乎。

巴蘭克志雖未竟。而其理皦然。政府不得而掩之。乃設立資助貧民之工業會。顧各會統核經費。僅得英金十二萬鎊。其大半又擲於虚牝。蓋政府爲塞責計。本不望其有實效也。且革命之喘息方停。財政告竭。百貨滯銷。新舊各業。氣象衰颯。以言振興。戛乎難之。然亦有寥寥數民會。挾其實力。犯難圖功。於此見巴之計畫。實有精理。惜政府不樂推廣。純以譎詐籠絡其民。求其博采嘉謨。降心相從。蓋終世而無一日也。

① “維也納假定之議結案”，即1815年6月9日簽訂的《維也納會議最後議定書》。
② “民會共和黨”，即法國的社會民主黨。
③ “國家工業會”，英文原書作“the national workshops”，即國家工場。
④ “杜馬士”，即埃米爾・托馬斯（Emile Thomas，1841—1907）。

世途杌陧。誕此奇英。和風道貌。言婉意深。無顯位。無毅力。操縱人羣之權。蔑如也。盧森鉢爾厄[①]工黨議會。實爲主席。而難遇同調。事等鏤冰。且其失意。更有甚焉者。是歲五月。開普通選舉制之國會。法之業農者及操他業者。與巴黎諸市場之工黨。仇視若水火。一聞工業共和之宣告。譁然不服。卒至國家工業會。一刹那頃。銷聲滅迹。巴黎之工黨。激爲畔亂。旋爲賈凡納克[②]所平。然巴於工黨之蠢動。固不任嗾使之名也。

柏魯亨

八百九年。柏魯亨生於法蘭西之倍散根[③]。與傅理雅同鄉土。髫年爲人牧牛。兼轉移執事。學業多得之於闇修。十六歲。始入學。家貧無以購書。則假於人而手録之。資稟潁慧。試輒冠其曹。日者。攜奬品自學歸。歸則家無粒粟以果腹。意泊如也。十九歲。投身書肆爲印工。未幾。遷校閱之席。遂得徧讀神道諸書之藁。於神學頗有心得。更抽暇晷。讀希伯來文。而以希臘[④]臘頂[⑤]及法文。互證參觀。自製文法通議[⑥]一書。見者服其自試之勇。顧不諳語學奧窔。升堂而未入室也。

曩者。倍散根中學[⑦]定例。凡遇軼才之英年。輒資助其學餼。以鼓勵之。三十八年。柏以合例故。得每年法金一千五百法郎之學費。以三年爲期。當是時也。柏之遵守禮拜日有益論適成。瑰瑋之志略。可見一斑。嗣適巴黎。杜門幽居。刻意掔索。更留意於巴黎民法之潛滋暗長。四十年。初著誰爲業

① “盧森鉢爾厄”，即盧森堡公國（Luxembourg）。
② “賈凡納克”，即路易-歐仁·卡芬雅克（Louis-Eugène Cavaignac，1802—1857），法國將軍。
③ “倍散根”，即貝桑松（Besançon），法國東部一城市。
④ “希臘”，指希臘文。
⑤ “臘頂”，即拉丁文。
⑥ “文法通議”，英文原書作“Essai de Grammaire generale”，即《語法總論》。
⑦ “倍散根中學”，英文原書作“Academy of Besançon”，即貝桑松學院。

主[1]一書。以業主爲劇盜[2]。觸忤倍散根中學監督。幾奪其優待費。是後。以書致傅理雅黨人。切論産業問題。遂罹法網。旋見釋。其痛詆當時財政之偉作。蓋刊於四十六年也。嘗於倍散根設一印刷小廠。以折閲而罷。復膺里昂商號總理。四十三年。辭職。卜居巴黎。隱然爲新黨渠帥。時人咸敬憚之。

次年二月。革命爆起。柏魯亨蹙然憂之。蓋民黨改革家。均不及爲先事之綢繆也。然飄摇驟至。柏亦不避艱險。挺身旋渦中。頗爲儔輩所推重。是年。刊布之民黨雜誌。及其他關於民義之公報[3]。柏實創之。議論精悍透闢。絶無顧忌。其廁國會議席也。曾進抽收間架及入息稅三一之條陳。未邀允行。又嘗籌創一銀行。貰貸不取抵物。需徵集資本五百萬法郎。應徵者僅一萬七千法郎。事遂中輟。且好爲放言高論。抵觸忌諱。取憎當道。縶巴黎獄中三年。維時識一織紝之少女。遂締婚焉。

柏所神營而目注者。既屬財政之改革。不暇更張夫國政。故於第二次建設帝國。夷然處之。及至五十八年。出所著倡亂與戡亂時代之公法[4]以問世。則皆觗排教會諸不合法之治理。措辭峭厲刻酷。自知爲政黨所不容。而幽囚之厄將繼至也。於是遯迹比京。久之。始歸法國。頹然遲暮矣。然猶慷慨著書。不能自已。六十五年。卒。

論法蘭西近世奇特之人物。柏魯亨其尤轟烈者矣。且品性純潔。處戚族朋友間。雍雍如也。赴義則奮不顧其私。胸襟廓然。舉止大雅。及聞民法家夢想之烏有國。則笑其爲井蛙之見。遇蕩檢踰閑者。醜詆之不少假借。雖然。柏之善善惡惡。發於至公。不設成見。於人無蓄怨也。其所敷陳。縱多偏宕。

① “誰爲業主”，即蒲魯東所著《什麼是所有權或對權利和政治的原理的研究》。
② “以業主爲劇盜”，英文原書作“Property is theft”，即所有權就是盜竊。
③ “民義之公報”，英文原書作“Représentant du Peuple”，今譯爲《人民代表報》。
④ “倡亂與戡亂時代之公法”，即蒲魯東所著《論革命與教會的正義》。

後人共諒無他。而其壯往不屈之氣。則洵可謂有恆不渝已。

柏之運思。紛綸錯綜。泛而觀之。不得要領。晚年亦自覺之。回視前作。譬若斷肢碎體。不足以言學。惟借徑於此。以進窺國政與財政之精義耳。讀者苟沿流溯源。得其會通。當知柏之見道極真。堅確不移。於財用出納之原理。洞若觀火。而於德性之要旨。信之彌篤。故其爲教也。亦循此旨。以改造理財之學。注重大同平等。故其最高之希望。在芟夷民會舊制。以按工報酬不分等差爲首務。按工報酬者。作工一日。則有一日之價。蓋以作工久暫。爲報酬之上下也。是説在傭工爲自由。在主人則受損。然柏毅然行之。虧耗在所弗計。雖有巧匠若裴提亞[1]。（希臘著名雕工）使與劣等朽工。同其傭作之時。亦必同其受工之價。不重技巧而重勞役。豈爲目前營利計哉。蓋望將來羣化演進。泯智愚於無形。庶幾人皆齊等。而公道大明也。

由按工給值之例。而更得一新説焉。曰。産業權者。無異國家之籍没權也。凡未入國籍之旅人。一旦物故。國家可收其財産而有之。曷爲業主亦有之。曰。彼之擁有財産。坐享租息者。同爲不耕而穫。不勞而利。務消化而不事生殖。則於權爲濫使。於理爲悖入。

故柏之孜孜兀兀。發明民會中之科學。本於大同平等之理。參以人類資性之傾向。才量之大小。交際之疏密。立爲條理。俾衆悦從。惟此種科學。不能面壁臆造也。博觀人事。斯爲得之。至於入彀之期。必經千折百磨。更歷世紀。庶幾備哉燦爛。真神明之式也。彼夫沈傅二派之失德。早爲柏所齒冷。而其以改革民俗。爲可咄嗟立就者。柏亦目笑存之。嘗謂。彼具奢望而失其實者。將率天下而爲羣盲也。

其論民會之變更。則分過渡造極爲二期。過渡則盛倡删革産業私領權。

① “裴提亞”，即菲迪亞斯（Pheidias，公元前 490—前 430），古希臘雕塑家，建築設計師。

而以蠲租減息爲入手。然後循序漸進。不蹈烏有國之邪徑。然舉足之後。艱難跋涉。非豪傑羣起。如孟德斯鳩者五十人。先後扶而翼之。不能達其域也。故柏之所切望者。在人人能自治。能自由。自由之真面出。則民會之氣象新。由是而入恢詭之途。則亦以羣理爲歸。夫羣理之極軌。在德化蒸蒸達於最高之度。人各自爲法律。無復藉外力之薰治。斯爲完美。故常言以人馭人。名判仁暴。實同壓制。民俗郅隆之世。必秩序咸備。無爲而治。然而豈易言哉。

柏魯亨産業論。與馬格司資本論。見解略同。蓋皆目爲吸收衆力。安居而茹利者也。柏之業主猶劇盜一語。雖屬苛論。然按之公理。實有其絶相類者。試以奴制證之。夫主之蓄奴。殄滅人格。何殊屠儈哉。有巨室於此。占膏腴。藏鉅鏹。賃地有租。稱貸有息。日朘月削。剥奪他人。而己食其利。泰然受之。柏以爲人皆有享用天産之權。今乃以數人割據之。賢於攘竊者幾何。且若輩亦倖值其時耳。當六月革命之際。民法之勢力少衰。黨人之卓犖者。投身灰燼。人有戒心。若輩乃少得志焉。迨立第二皇朝[1]。人又妄侈太平。苟焉安之。不復憂深慮遠。故在拿破崙第三皇[2]之世。法國徒事粉飾。號稱安堵。前此鄰國被其感化。洊至隆盛者。至是。亦不能以法之國粹。輸還法人。使之益進於上理。而世之採風者。方且崇拜法人。頌禱弗絶。嗚呼。法豈真造乎其極之國耶。

---

① “第二皇朝”，即法蘭西第二帝國（1852—1870）。

② “拿破崙第三皇”，即路易-拿破侖·波拿巴（Louis-Napoléon Bonaparte，1808—1873），法蘭西第二共和國總統（1848—1851），法蘭西第二帝國皇帝（1852—1870），拿破侖·波拿巴的侄子。

篇四一

英國曩時民法

鄂温派

英國民法學之振起。以視同時之法國。瞠乎其後。故欲知鄂温之有功於民俗。先當審其所處之時與地。及人民生計之程度。由今思之。當時之英國勞傭。生於憂患。未嘗學問。蝸居鶉服。疾痛呻吟。政法專暴。呼籲無門。朋輩周旋。禁錮立至。農民則終歲勤動。所得幾何。甚至無以聊生。轉於溝壑。若夫工藝之改新。享其利者。巨紳大賈耳。不甯惟是。機器益夥。雇工之途益隘。食力者艱於謀生。流爲餓莩。仁者目擊心傷。乃遲之久而膏澤不逮於民。即少逮矣。惠政朝頒。變故夕起。不旋踵間。仍歸烏有。至其作工定例。日鮮暇晷。婦女兒童。亦廁其間。貶值以競售。兒童入廠操作。有幼至五齡者。而工作之鐘點。侔於成人。監工者又時時嗔叱之。嗟彼幼稚。既離怙恃。又無保傅。及其稍長。男女雜處。以苟且而喪其廉恥。惡俗之釀成也。其源非遠。何怪後裔之庸劣性成。體魄羸弱。不堪任事者比比乎。

夫英固號爲立憲先進國者也。然當十八期之風教。實猶未進於開明。業工者視爲賤役。絶無與聞國政之權利。業農者託命地主。無異於封建時代之農隸。其塗民耳目之憲法。與前此稗政。致慨同病。迨拿破崙戰役已闌。勞傭受禍益烈。窶人麕集。徧地鴻嗷。遂爲英國之一大累。鄂温民法之擘畫。凡以疏解此艱難耳。

鄂温者。博愛人也。爲英國民法學之宗匠。生於七百七十一年。少時。嘗受業於小學。至九歲而中輟。十歲。習布業。歷三四年。旋游倫敦。藉廣聞見。繼赴曼徹斯特[1]。即爲棉廠總理。廠工五百人。咸仰賴焉。鄂精於治事。膽力過人。經理未久。即超越諸工廠之上。美州暨海島棉花供英國之用者。實始鄂廠。廠中紡績諸法。初未合度。經鄂詳諮密考。逐漸改革。遂卓然爲英國織棉家巨擘。

鄂温志在濟衆。然初尚無所表白也。遊於格拉斯沽[2]。邂逅新蘭那[3]織布廠主譚爾[4]之女。悦之。乃慫恿舊友入廠股。己亦赴焉。既娶譚爾氏。即留居格拉斯沽。八百年。鄂以深得新蘭那廠股東之信任。遂爲總理。愈欲遂其更新擴張之宏願。以大有造於商途。

新蘭那廠。雇工二千五百人。五齡以上幼童。居五之一。皆愛丁堡格拉斯沽之貧家與善堂所遣出者也。譚爾性仁慈。撫之有恩。然窘乏之極。安有生趣。且難任之勞。至賤之業。稍知自愛者。望望然去之。故廠中皆民間陋劣之人物。鼠竊狗偷。酗酒角鬬。無惡不爲。教育與衛生兩途。生平未嘗夢見。況羣焉溷集一室。積垢薰蒸。釀爲疫癘。若輩乃安之若素。孽哉。

鄂温任事之後。見其齷齪無人理。亟思所以解救之。先爲之改築居室。躬立軌範。以資觀感。復設一肆。銷售精堅無僞之物品。且取價廉平。以便貧家之購取。惟酒禁綦嚴。不欲人之沈湎失德也。其尤著者。則在教育少年。英國嬰兒學校之設。實濫觴於鄂。歐洲有志新民之士。雖或見及於此。播爲

① “曼徹斯特”，曼徹斯特（Manchester），英格蘭西北部城市。
② “格拉斯沽”，即格拉斯哥（Glasgow），蘇格蘭西部城市。
③ “新蘭那”，即新拉納克（New Lanark）。最初，這裏是蘇格蘭拉納克城附近的一個棉紡廠，創辦於 1784 年，之後在工廠周圍形成了一個小鎮。
④ “譚爾”，即大衛・戴爾（David Dale，生卒年不詳），新拉納克私人工廠主。

論説。然鄂實匠心獨運。非拾人牙慧比也。

鄂温以客商而執廠權。其始不無猜忌。乃未幾而人之歸心也。如水之赴壑。且廠經鄂理。贏率歲增。一擲千金。規其大者遠者。似不爲過。股東不察。詫爲揮霍。合辭詰責。鄂不堪其擾。十三年。集股别創一公司。投貲者年息五釐。若裴恆敦[①]。若夏林[②]。皆股東之著名者也。鄂由是得展施仁術。所以愛護工人者。視前更有進矣。

是年。鄂始有著述。以講學輔仁。爲栽培人格之基。當時教宗之窳制。鄂概加擯斥。而别創一宗。謂爲民德之升降。全憑客感[③]之推移。蓋人生境遇。適然相遭。在己無操縱之權。即不能定其榮辱也。更推此理以究人事。乃知人以德爲本。而玉成之者。必始於垂髫之日。處諸適宜之羣。以陶淑其性情。而完其秉彝之德。更推之新民之制。以爲人事善惡。别有因緣。不以一身負功罪。是説也。然耶否耶。學者當能辨之。

厥後數年。鄂温之舉措。匪僅通國屬目。且翕然馳譽於大陸矣。十六年。剏設工徒學校。教養兼施。尤爲當代名流所贊歎。又欲改訂工廠條例。終不得議會之贊成。格不行。引爲生平憾事。鄂性情闊達。交游多顯要。内則政府諸元老。外則列邦名公鉅卿。幨蓋造門。執賓主禮甚歡。俄皇尼古拉爲皇子時。亦嘗戾止。皆稱道鄂之藎謀偉績不置。至其廠中之工徒。則壯健活潑。無粗糲不給之憂。其稚子則識理知書。無獷悍不馴之氣。飲博無賴。絶迹於廣場。曖昧不端。恥行於闇室。且上下之感情極厚。若子弟之愛父兄。内外之條理秩如。若脈絡之貫支體。宜其廠務日新月盛。於實業史中占一席也。

夫鄂温當日之經營。一博愛家之事業也。是以力圖公益。不顧私利。沈

① “裴恆敦”，即耶利米·邊沁（Jeremy Bentham，1748—1832），英國的法理學家、功利主義哲學家、經濟學家和社會改革者。

② “夏林”，英文原書作“William Allen”，其他不詳。

③ “客感”，據英文原書，指環境。

思獨往。雖遇挫折。毫末不以動其心。至十七年。而披榛採蘭。探驪得珠。轉而入於民法家。其上卹貧條陳於下議院也。即一鳴驚人時也。當時。劇戰始熄。商業消沮。民困滋甚。鄂探源立論。謂人工與機器之争競。實爲厲階。欲圖補救。惟有集合衆力。制伏機器。其爲窶人計。大都以是爲不二法門。

其所規畫者。合千二百人爲一公會。聚居之地。約六千畝乃至九千畝。築公宅以居之。合爨會食。俱有定所。晝處同堂。夕歸私室。别立保嬰條例。嬰兒及歲。公會代撫育之。父母顧視其子。但可於會食堂。或其他適宜之地。此種公會。或創自一人。或由鄉村郡邑及國家。皆可隨大小以分廣狹。惟必有公明幹練之才。任統治分理之責。凡隸公會之下者。工作遊息有定候。均勞共樂。若一家然。

鄂温擬設之公會。以新蘭那市爲凖。在會人數。可自五百以至三千。爲數適當。不虞散漫。其要義。則首重農業。故田器咸備。且多闢富源。繁其事功。務使俯仰各足。作息歡然。亦可採用新機。倍獲篝車之利。博取良法。俾無罅漏可尋。而又振新學制。使人人知重公德。剗浄私見。一法既立。聞風興起。合十百千會而成一大會。馴至合全世界成一圓滿之法團[①]。猗歟盛哉。此則鄂之所傾心禱祝者也。

鄂温濟貧之術。極爲時流所贊許。太晤士報[②]與晨驛報[③]亟奬之。當世之賢豪與之同志者。無論矣。其良友中最赫奕而可恃者。即英國女主維多利亞之父剛德公[④]也。説者謂。以鄂聲望之隆。魄力之厚。鵬程萬里。正待發

① “法團”，即社團（societies）。
② “太晤士報”，即《泰晤士報》（*The Times*）。
③ “晨驛報”，即《晨郵報》（*The Morning Post*）。
④ “剛德公”，即肯特公爵（Duke of Kent），指英國維多利亞女王的父親愛德華·奥古斯都（Edward Augustus，1767—1820）親王，喬治三世的第四子。

軔。不意在倫敦大會。發駁斥教宗之議論。國人遂目之爲無神黨。疇昔之心悦誠服者。一轉瞬而視若路人矣。

顧鄂之自信。不少衰也。迫欲建立公會。一售其醫國之技。二十五年。其弟子康茂佩[1]。試行於蘇格蘭附近之地。鄂則獨力經營於美國之印第安那。未逾二年。相繼覆敗。蓋昧於涇清渭濁之殊塗。轉失捄菑恤貧之真意也。且會員兼收並進。流品不齊。嗚呼、懷瑾握瑜抱負遠大者。與狡黠狷狂游騎無歸之俗客。魚龍雜處。玉石不分。而欲相與有成。非猶南轅而北其轍乎。

鄂與諸股東。貌合神離者有日矣。二十八年。脱然謝絶新蘭那之轇轕。注意於倫敦一區。欲有所布置。顧前此儲金。大半耗於印第安那之試驗。失其富商資格。惟以廣布利物樂生二義。爲民黨之領袖。其最足動人者。即三十二年。創傭值均配之制也。三十五年。又倡立萬國萬民會。民法之名。如芽斯萌。如泉斯達矣。

甫閱數年。鄂之大言炎炎。足以激刺勞傭之耳目者。靡弗雀躍鳩舞。奉爲漆室明燈。然鄂於牉合之制。不加羈紲。既失閨梱之防。不免牆茨之誚。三十九年。試行民法於愛爾蘭。略著成效。歷三載。地主售産償債。會場中止。再行於海姆顯[2]。絶無寸功。論者惜之。跡其一生。僅能收效於通功營業一事。暮年。憬悟前非。篤信神學。五十八年。卒。年八十七。

鄂氏扶摇直上。忽焉墜風折翼。其釁已略述上文。姑勿論傑構之難成。古今一轍也。要其狙擊宗教。敢掩日月之光。誤解締婚。更舛陰陽之理。妄想更新人類之捷徑。躐等以幾。轉致斲喪民生之元氣。紕繆至此。焉得不敗。假令依昔時之正鵠。交結絶無敗類。裁度存乎一心。其效必有可觀。惜以邁

① “康茂佩”，即亞伯拉罕•庫姆（Abram Combe，1785—1827），英國空想社會主義者、羅伯特•歐文的門徒，英國早期合作運動的主要人物。
② “海姆顯”，即漢普郡（Hampshire），英國南部之一郡。

衆之賢。一誤於濫交。竟以人心爲無惡。再誤於欲速。不察斯民遞演之公例。其講民法也。又以輕心掉之。謂外界善緣之接觸。乃爲陶成人品之樞機。至積習之桎梏性靈者。廓而清之。易如反掌耳。惟善力最宏。可於談笑之頃。引人入於仁義道德之途。豈知挾此棉力。斷難挽積重難返之惡習。乃因之而一蹶不振。不亦可爲長太息乎。

鄂之於生齒也。不患其多而患其貧。法在機械之發明。與馬爾塞思[①]限制滋生一議。絶不相類。蓋鄂以生財爲度人之法航。而以均財爲獲福之津梁。假使所立之公會。漸形人滿。則析而分之。別立新會。如是遞分遞立。至於徧布地毬。則爲期夐遠。非巧歷所能祘也。且人類之智識道德。愈演而愈進。必非今人能望項背。屆時雖曰人滿。自必綽有餘地以居之。至今日之憂人類駢闐者。則皆由於各謀己私。争奪兼并。反咎乾坤過隘。上之人復不能迪其常識。道以善法。乃鰓鰓焉慮供品過少。食指增多。此鄂之所大惑不解者也。

鄂温爲歐史不朽之人物。若執成敗以論英雄。則拘墟之見也。要知熱誠雄辯。無往不爲斯民解困。故民法而外。凡見一善。罔不力助而身任之。英之育嬰院。福田誰闢。各廠傭工之節勞。密網誰開。十九期最新之工廠。嘉種誰播。他若通功營業會。亦導源於鄂。其論普通之學識。衛生之要義。仁恕之原理。則尤遠邁當時。其立自治工會[②]。爲將來民會之前提。且以勵人之活潑進取者。則又與傅理雅相伯仲矣。

鄂以一身叢集譽尤。蘇張不能爲之辨。且粗疏躁急。耄年更甚。重以志大言大。才不足副。反自阻其前程。而不自知也。至論其人品。則自有錚錚

① “馬爾塞思”，即托馬斯・羅伯特・馬爾薩斯（Thomas Robert Malthus，1766—1834），英國經濟學家、牧師和教授，人口理論的主要代表。

② “自治工會”，英文原書作“self-governing local group of workers or the reorganisation of the commune”，即自治的地方工人團體或公社的重組。

佼佼。不可得而掩者。特嫌行仁而失之過寬。行義而失之過激。不免塵翳寶鏡耳。要之。好善若渴。毀家破產而不顧。以視居積取盈。谿壑難饜者。賢不肖相去何如哉。

三十二年。英國鼎新之成效。偏而不全。絶似法國三十年之革命。蓋曩者貴族怙勢。今則中等人擅權。中等以下者。咨嗟啜泣如故也。惟鬱之久。故發之驟。擾攘之工黨。以急進爲主。銓政則歸公也。議員則歲舉也。就其表而觀之。一要求新政之動機也。然諦察内心。非奪虛權。而争實利。即於其分配餘利之條畫。知其爲財政之作用。後此馬格司即本此旨而擴充之也。夫餘利者。由勞力而生。勞力爲殖富之原。而居至瘠之地。僅能免於凍餒耳。其所得之羨餘[1]。悉飽雇主貪囊。使彼天潢貴胄。豪族縉紳。優游娱樂。以卒歲年。問享用之從來。皆勞力者之血汗。乃餘利未能均享。不平孰甚焉。

鄂温學説既衰。接武而興者。有基督教之民法家。自四十八年至五十二年。爲其風行之時。金司勒馬立司羅特禄[2]皆其中之矯矯者。當時。急進黨挾持之名義。固執鮮通。顧馬立司輩聞聲相感。惻然動悲憫之心。著倫敦苦民[3]一書。刊布於四十九年。是書窮形盡相。筆墨酸辛。而羅特禄固飫聞傅理雅之緒論。而訂同心者。乃倡立通功營業會。藉爲補牢之策。

金司勒復手編寓言小説數種。歷抉争競弊習。不遺餘力。且别具高屋建瓴之識解。謂民法窾要。不外基督教之博愛。行諸民間。斯真度世金鍼也。夫倫理與靈德。爲鞏固民會之金湯。持此理以激厲之。裨益世道人心。功在不朽。故雖疏於計學。非殖産家之指南。而重視民艱。實均財派之左券也。

① “羨餘”，今譯爲“剩餘價值”。
② “羅特禄”，即約翰·馬爾科姆·福布斯·勒德洛（John Malcolm Forbes Ludlow，1821—1911），神學家，英國基督教社會主義者。
③ “倫敦苦民”，即亨利·梅休（Henry Mayhew，1812—1887）所著的《倫敦勞工與倫敦貧民》（*London Labour and the London Poor*）。

篇

五

一

德國民法學家賴薩勒[1]

傳略

英法二國合流之民法學派。至五十二年。而風流銷歇。無復當年荼火之觀。過此以往。民法之豪傑。先崛起於日耳曼聯邦。賴薩勒其尤著也。

日耳曼民法學家。固嘗預於四十八年革命者也。但其功不在於革命。而在於進德。其最負時望者。賴薩勒而外。曰馬格司。曰恩結爾[2]。曰駱勃德司[3]。

賴薩勒生於二十五年。幼奉父命。入勒不士格[4]商業學校。非所願也。既而遞升入普[5]都柏林大學。精語學哲學二科。尤嗜黑智爾[6]學説。故政治學褎然居首。四十五年。卒業。至巴黎。得交同國人海恩[7]。海稱賴爲英姿踔厲之少年。實新世之驕子。將優享實利之福。蓋其博通機警。堅毅沈雄。得於天者獨厚也。此外之所訂交者。亦皆老成碩望。且富於經驗之生物學家

① 目録爲“日耳曼民法學家賴薩勒”。

② “恩結爾”，即弗里德里希·恩格斯（Friedrich Engels，1820—1895）。

③ “駱勃德司”，即約翰·卡爾·洛貝爾圖斯-亞格措夫（Johann Karl Rodbertus-Jagetzow，1805—1875），德國庸俗經濟學家，國家社會主義的鼓吹者。

④ “勒不士格”，即萊比錫（Leipzig），德國東部一城市。

⑤ “普”，指普魯士（Prussia）。

⑥ “黑智爾”，即格奧爾格·威廉·弗里德里希·黑格爾（Georg Wilhelm Friedrich Hegel，1770—1831），德國古典哲學的主要代表人物，客觀唯心主義者。

⑦ “海恩”，即海因里希·海涅（Heinrich Heine，1797—1856），德國詩人。

惲波德[1]。亦復亟賞其才。

四十六年。遇海法德爵夫人[2]。賴薩勒一生之波譎雲詭。於焉託始。夫人者。蓋與其夫反目而離析者也。然財産與嗣息二者。夫婦忿争。法廷無從定斷。賴既與夫人遇。毅然許効馳驅。遂乃精考法律。控爵主以恃强欺弱之罪。士師集訊至三十六次。卒絀爵主而直夫人。歷時已閱八年。局外人謡諑蠭起。甚至遣人盜爵主之寶盒。事發被逮。士師坐賴主使。雖力辨得釋。尤駭聽聞。

賴於是案。力任艱鉅。至終不渝。風影之疑。中於人心。聲望鋭減。賴自謂。勞勞塵事。偶用機心。男女往來。則皭然不滓也。且海夫人之抱屈。適爲含寃無告窮民之小影。懲一爵主。使恃勢憑權者稍知警惕。實揭示公理之先聲。然人猶未甚信之也。且案懸未斷之時。屢解私囊以助海夫人。夫人既割得爵主鉅産。照約年助賴金六百鎊。賴恆産本不甚菲。從此更不患爲窶人子。説者謂。賴殆合俠士與賈客爲一人。揆諸排難解紛而不受苞苴者。固較遜一籌也。

四十八年。馬格司與恩結爾諸人刊發民會共和報[3]。賴望風賡和。終苦言易行難。且緣此開罪大僚。縶居囹圄中六閲月。幽囚無俚。乃草備演義首章。中有云。余最樂爲諸君告者。余靈臺烱然。灼見此身爲民會共和之走卒也。付諸手民。盈城傳誦。

賴以與聞四十八年之亂。不得居柏林者十年。五十九年。竄身僕御而歸。浼惲波德入謁普王。代爲緩頰。始得甯居。是年。發刊意大利戰事與普

① “惲波德”，即亞歷山大・馮・洪堡（Alexander von Humboldt，1769—1859），德國自然科學家、自然地理學家。

② “海法德爵夫人”，即索菲婭・哈茨費爾特（Sophia Hatzfeldt，1805—1881），拉薩爾的朋友和信徒，原爲愛德蒙・哈茨費爾特伯爵的夫人。

③ “民會共和報”，即《新萊茵報》（*New Rhenish Gazette*），創辦於 1848 年，是世界上最早的馬克思主義報紙。

國利害[①]一書。警告國人。勿附奥以攻法。其略曰。法人果出全力。逐奥於意境。以意王伊馬毅爾[②]之英明。終不能阻其統一也。惟奥則必受摧殘。不能爲我聯邦之障害。實大有裨於日耳曼全局。故爲普計。當助法拒奥。奥衰。普乃雄視列邦。執日耳曼之牛耳。此弱株强幹之策也。厥後。德相畢斯麥[③]亦以挫奥爲長策。而賴已戛戛獨造。先時而言之矣。

賴爲海夫人訟案。遂精律學。因著公理綱要[④]一書。據史乘迭見之法理。參以雄深之見解。頗似孕毓革命精神也者。然於今考之。殆發明學理之偉箸。非倡亂之逆書也。

四十八年。日耳曼之革命。賴身入其中。非幸災而樂禍也。賴之爲人也。挹其風裁。則恂恂學子。聆其志略。則烈烈丈夫。合剛與柔。各造其極。至其智深勇沈。尤非賁獲[⑤]之流亞。所據之勢。既屬利便。遂乃英英露爽。躍躍欲動。事機一至。從事於壯往義烈之生涯矣。

山雨欲來風滿樓[⑥]。英雄用武之時會至矣。奥政府與人民内鬨。賴急起直追。以擁護工黨爲名。擣破中等人之羅網。且要求樞府之畫諾。吾不敢知曰。與聞國政也。特爲民法之所激。遂顯其抑强扶弱之敏腕。鋭身爲工黨前驅。聳彼朝紳。爲我將伯。鼎新革故。時哉時哉。

似此磅礴鬱積之民法。賴懷欲陳之也久矣。六十二年。值日耳曼新舊代謝。黑智爾之學派。一變而爲畢斯麥之時趨。且統一各邦。普人執政。亦肇

---

① “意大利戰事與普國利害”，即《意大利戰爭和普魯士的任務》（*The Italian War and the Mission of Prussia*）。

② “伊馬毅爾”，即維克托·伊曼紐爾二世（Victor Emmanuel Ⅱ，1820—1878），撒丁王國國王（1849—1861），意大利統一後的第一位國王（1861—1878）。

③ “畢斯麥”，即奥托·馮·俾斯麥（Otto von Bismarck，1815—1898），1862年起任普魯士首相兼外交大臣，德意志帝國首任宰相（1871—1890）。

④ “公理綱要”，即《既得權利體系》（*System of Acquired Right*）。

⑤ “賁獲”，指戰國時的勇士孟賁和烏獲。

⑥ “山雨欲來風滿樓”，語出許渾《咸陽城東樓》：“溪雲初起日沉閣，山雨欲來風滿樓。”

端於是年。夫普國固夙以哲學理學。爲聯邦所宗仰者也。其經國遠圖。如政事武備實業。亦皆較勝於諸國。故延攬實權。亦於勢爲便。是年秋。畢斯麥爲普國首相。政黨勢燄日張。然自由黨亦同時並進。屹若勁敵。

夫統一日耳曼之帝業。國人望之殷矣。然盤錯艱難。非普人亟練軍實不爲功。而用兵之後。事之成毀。又惟兵力之彊弱是視。故畢斯麥首重戎政。冀恢皇圖。乃所謂自由黨者[①]。不諒苦心。羣起沮之。上下交鬩正烈。賴氏投袂而起。慷慨激昂。宣講憲法之神髓[②]。糾正自由黨之過誤。謂今所發表之憲法。即政治之機能也。政治機能者。合一國上下而言之。長駕遠馭。惟吾普王。王之政權。惟恃軍備。即規定憲法之始基也。自由黨妄欲與之爲敵。其何能淑。

賴再接再厲。以爲反抗政府。祇有宣告王黨罪案[③]。紳民同離樞密院之一策。若逡巡不出。則政府將藉口樞密院之公議。而强稱爲合法矣。

或有病賴之言。重强力而疏公理者。賴因箸强權公理評[④]一書。謂己所論箸。引据史事。參考時勢。未嘗雜以私見。且凡生息於普政府之下者。並無辯論公理之權。必待政體易爲共和。始有公理。始有根於公理之强權。

賴說雖風發泉湧。然秉政者仍鋭意修兵。不但不聽芻蕘。且視樞密院之從違。自由黨之怨咨。皆等諸無足重輕之數。五十六年。奧軍受創。畢斯麥之政策。更如火之始然。賴則既失歡於君相。復不容於自由黨。此時之侘傺。亦云甚矣。

六十二年。賴別闢新徑。宣講工人職要[⑤]。大意謂。世界方新。勞筋力

---

① “自由黨者”，即德意志進步黨（The Progressist）。
② “憲法之神髓”，即拉薩爾 1862 年所作的演講《憲法的本質》（*Nature of constitution*）。
③ “宣告王黨罪案”，即拉薩爾所作演講《第二步是什麼？》（*What next?*）的內容。
④ “强權公理評”，即拉薩爾出版的小册子《强權與公理》（*Might and Right*）。
⑤ “工人職要”，即拉薩爾 1862 年出版的《工人綱要》。

者實造成之。其辭雄雋。其氣飛揚。遂不免爲警吏所拘。疑爲煽貧民以畔富室也。賴力自剖辯。無效。禁錮四月。期滿覆訊。復自申訴。有司爲所動。罰鍰五十鎊而釋之出。由是名大噪。人咸耳而目之曰。是能融民會國政於一鑪者。

時工黨中有疾首蹙額者。則以流行之自由黨派。不務本而徒逐末也。迨勒不士格工黨委辦[①]成立。既不滿於自由黨之草章。又無確定公守之理法。遽欲召集工人。大開議會。六十三年。請賴方略。賴答以通劄[②]。反覆辨論。淋漓痛快。黨人感之。考賴先著工人職要一書。以庸率從豐爲開宗明義。通劄更詳論民會及政治理財諸原理。謂工人爲新世墾荒之元勳。遂與德之自由黨。勢分冰炭。

通劄中條論民會共和之法。釐然井然。首標工人宜獨立法團。謀公益而除公害。自由黨魁夏石法理哲[③]之計畫。脆弱而不足恃。其規定庸率。亦阻進步。今欲爲治安計。國家宜依普通選舉制之理。建設殖産會[④]。使工人得如分以相償。凡此條件。勒不士格委辦頗贊成之。邀賴親蒞宣講。同意者千三百人。異見者止七人。遂定執行之矩矱。

賴薩勒之舌戰於佛琅克弗爾[⑤]也。始枘鑿而終如破竹。頗自憙其志業之將成。夫日耳曼傭工。皆自由黨之羽翼也。故始皆不滿於賴。賴初蒞講壇。雄辯滔滔。歷四小時猶未已。衆人或鼓譟。或詰難。環攻而中梗之。乃賴以詞鋒之犀利。熱電之簸盪。聽者卒相顧動容。鼓掌之聲雷動。越二日。重履

① “勒不士格工黨委辦”，即萊比錫全德工人代表大會中央委員會。
② “通劄”，指拉薩爾於 1863 年出版的小册子《就萊比錫全德工人代表大會的召開給中央委員會的公開答復》。
③ “夏石法理哲”，即海爾曼・舒爾采-德里奇（Hermann Schulze-Delitzsch，1808—1883），或譯爲許爾志，德國經濟學家。
④ “殖産會”，即生産合作社（productive association）。
⑤ “佛琅克弗爾”，即法蘭克福（Frankfurt），德國美因河畔的城市。

講席。以覘輿情。則全會可者四百人。否者止四十人。翌日。更赴美因士[1]議場。七百工人歡迎若狂。故賴嘗自負云。余以舌戰屈人。如拿破崙之資敵攻敵。故所向披靡。誠有味乎其言之也。

快意之事當前。下手之方遂定。六十三年五月二十三日。創立德國工會[2]。約法極簡。惟要求普通選舉權耳。當時。德國人民之選舉權。視財力之豐嗇。區爲三類。工黨久以爲不合。因提出二案。一平均選權。一删除階級。後者爲果。前者爲因。戮力一心。甄陶勸誘。賴且身任議長者五年。蓋一呼百諾。無復離羣索居之感矣。

是年夏季。入會者無多。賴亦以體羸退養。秋。復出任事。潫泥河[3]兩岸公徒。崇拜之如仙佛。是年冬。著夏石德理哲[4]一書。極論夏石德理哲之謬。蓋欲自白於柏林潫泥之法廷也。顧書中多醜詆語。有傷忠厚。君子恥之。惟其才氣過人。内則會中有難解事。獨力部署。外則懸河之口。嘵譬敵人。侃侃無所餒。蓋冀以轉柏林迷惘之人心也。賴氏爲公盡瘁。雖璞玉渾金之體。亦將銷磨以盡。次年二月。自記曰。余體素强。今乃孱弱支離。精散神瞀。夜不成寐。質明而起。腦暈目眩。恍不自持。是蓋操心勞慮。履薄臨深。以至於此也。他且勿論。即以三閱月而成夏石德理哲一巨帙。刻摯有若病狂。況工黨之無識者。受余之熱忱苦口。而報余以冥頑冷淡。使余灰心短氣。肝膽欲裂。尤足戕余體而有餘矣。

夫積勞則宜養晦。旁觀勸之。即賴亦自知之。顧有不能恝然去者。則以潫泥河兩岸之工衆。與已結不解緣。渴欲一與周旋。以舒胸襟也。六十四年

---

① “美因士”，即美因茨（Mainz），德國西部城市。
② “德國工會”，即全德工人聯合會（Allgemeine Deutsche Arbeiterverein）。
③ “潫泥河”，即萊茵河。
④ “夏石德理哲”，即拉薩爾 1864 年所著《巴師夏–舒爾采・馮・德里奇先生，經濟學的尤利安，或者：資本和勞動》（*Herr Bastiat-Schulze von Delitzsch，der ökonomische Julian，oder: Kapital und Arbeit*）。

五月。次第宣講於沙林近[1]及巴門[2]及哥羅尼亞[3]諸城。諸城士女。奔走趨集。歡待有逾於人君。蓋民之敬君。或束於禮俗。其膜拜英雄。則發於至誠也。時值工會成立一週祝典。人情之激昂如沸。賴抵一城。老幼男婦。蟻集郊外。或編枝作額。簇擁於前。或散花成茵。牽裾於後。蓋人氣沸騰花香馥郁之中。湧現一絶代文豪曰賴薩勒。嗚呼盛矣。當時。賴致書海法德夫人曰。余覺新教宗誕生之日。必有同此景象者。其自鳴得志也如此。

周年紀念會。千載一時。雲集響應者。盈千累萬。迴非尋常會事。所可比擬。而賴之演説。電流風發。尤足以光兹創舉。先是普王以某地織工之乞訴。憫其窮蹙。允撥私款濟助之。美因士監督亦著書評斥當時財政之敗壞。與賴聲應氣求。賴因明言於衆曰。今日吾黨所規畫者。據理甚正。下自氓庶。上至君公。雖欲阻遏。勢有不能。斯言也。蓋招人信從之的也。故滐泥河岸工人。傾心向賴。或欲以附羶譏之。然静觀當時民間慘怛之象。當未有能出此忍言者矣。夫日耳曼疆土。屢經遷變。强族之狡焉思逞者。環起迭攻。靡有甯息。無論勝敗也。其急募之軍糈。皆工人之血汗。爲之上者。如牧羊然。既伐其毛。又刲其肉。又如匠製鐵鐙。既燎以火。復擊以鎚。非過言也。彼虐使衆工。需財則朘其脂膏。募兵則迫其効役。即偶有光線可冀。而轉瞬即逝。仍前愁闇之世耳。雖然。陰盛則陽生。物極則必反。脱苦海而登樂土。聞賴言實有厚望。蓋繼今以往。拯焚救溺之聲。將徧布於全地。而擁高爵享大禄者。雖譎詐性成。亦當知民碞之不可犯。而凜凜乎環矚於其旁者。將起而搗其巢穴也。

若是皎然不滓之宗旨。苟得人而理。未有中道而畫者。惟若服從之情過

① “沙林近”，即索林根（Solingen），德國西部城市。
② “巴門”，即巴冕城（Barmen），今屬伍珀塔爾市（Wuppertal）。
③ “哥羅尼亞”，即科隆（Cologne），德國西部城市。

盛。使操權者得以爲所欲爲。則亦非計之得也。何圖明哲如賴。而反蹈之。蓋賴之設心。每涉虚憍。好炫耀。樂浮榮。所挾持者。期望過奢。不自覺其過情。方其勇於赴功。即浮夸之性質愈顯。至其演說之所據。半如海市蜃樓。取快一時。而其心亦常抱不足。悼成效之不償初願。加以秉性卞急。一不當意。繼以煩惱。初不知爲義役勞之酬報。非指日可幾也。喑嗚叱咤。賫志以没。説者謂其自戕天年。假令襟期曠達。則其所成就。必不如是而止。而負氣捐生。亦知免矣。

賴既仗義執言。爲窮簷蔀屋中人請命矣。己乃自奉極奢。饌品之豐腆。爲柏林巨室所僅見。夫以彼矜貴之一少年。善自調攝。持粱齒肥。曾不自饜。而竟役身於工黨。此亦事之至奇。而解人難索者矣。時柏林有文學會。爲名流薈萃之所。賴往游焉。得遇貴族女杜厄姬斯[①]氏。爲文字交。兩情繾綣。迨六十四年夏。復遇之。女正二十妙齡。賴亦年僅不惑。因訂婚焉。女父爲巴維也拉[②]外交官。駐瑞士之給尼發[③]。聞女私與賴締婣。怒甚。幽女室中。迫棄前盟。無何。女歸來加活札伯爵[④]。賴遽失所望。憤欲狂。因約女父及來伯爵決鬬。來許之。遂角勝於給尼發郊外。賴受重創。越三日。逝世。氏之死雖輕於鴻毛乎。而殯禮甚盛。儼然狥義之豪傑也。其門下奉之若神明者。至今猶未衰云。

賴之行誼。得失優劣。昭昭然矣。惟其天才超雋。氣魄雄偉。敏於拔俗。鋭於更新。皆其大過人者也。其想望太平。則較馬格司爲尤熾。其熟思審慮。蓋考察四十年來歐州財政之變象。有以致之也。然其嶽嶽大節。不免銷擲於

① “杜厄姬斯”，即海倫娜·竇尼蓋斯（Helene Donniges，1845—1911），弗里德里希·威廉·竇尼蓋斯的女兒。

② “巴維也拉”，即巴伐利亞（Bavaria），德國面積最大的聯邦州。

③ “給尼發”，即瑞士日内瓦（Geneva）。

④ “來加活札伯爵”，即揚科·臘科維茨（Janko Racowitz，？—1865），羅馬尼亞伯爵，海倫娜·竇尼蓋斯的未婚夫。1864 年爲争奪海倫娜·竇尼蓋斯，在决鬥中使拉薩爾受重傷而死。

膏粱文繡纏綿歌泣之中。情慾盛而克治之功疏。雖有天縱逸才。無補時艱。轉妨羣治。此由於志不純行不潔。雖挾其名義。與日月爭光。而在己曾無篤敬之心。又不知爲民會共和先導之神聖尊嚴。而轉爲情魔所縛。卒至功敗身死。徒供後人唏嘘憑弔之資。何其惑也。向使稍持義理。自爲繩墨。何必效隋珠彈雀之愚。雖然。其愚可哂。而爲後世闢除榛莽之功。誠不容沒。今也繙閱傳略。見其異想天開。益人神智者不少。允矣其爲桂林一枝。崑山片玉。在日耳曼史乘中。流譽至今也。

當時。日耳曼識時務之俊傑。實抱匡濟之偉略者。厥惟二人。畢斯麥與賴薩勒是矣。畢之志略。在繕完普國兵備。統一日耳曼而振新之。以慰日耳曼歆慕之人心也。賴則以擁護工人爲標幟。己則立於指揮之地。而以勞傭爲後勁。然無明定之條例。若何進取。若何建設。皆惝恍無所藉手。正如閉户造車。出門未能合轍。此草創之所以必加潤色也。

學理

賴薩勒於民法所佔之位置。與駱勃爾司[①]馬格司二人絶相類。賴之取資於二子之學説。亦復不少。然不居紹述之名也。妙想絶塵。發揮精義。別立一格。未嘗有依草附木之心。

賴之所迫於問世者。在解決富家應否攙奪勞傭之成功。與其運籌所得報酬之外。應否越俎以攬利權也。方欲作書論之。適值勒不士格亂作[②]。實驗之機。不求自致。奮起角逐。無復成書之暇。夫擔當大任。必有定識定力。今學理未明。基址未立。而輕身嘗試。此所以事後而不勝悔憾也。

---

① “駱勃爾司”，即約翰·卡爾·洛貝爾圖斯-亞格措夫。
② “勒不士格亂作”，疑指1862年12月，正在籌備召開全德工人代表大會的萊比錫委員會致函拉薩爾，邀請他領導獨立的工人運動。12月13日，拉薩爾復信接受此邀請。1863年3月1日，拉薩爾發表了題爲《就萊比錫全德工人代表大會的召開給中央委員會的公開答復》的小册子。1863年5月23日，11個城市的工人代表在萊比錫成立了全德工人聯合會，拉薩爾當選爲主席。

聆其議論。洋洋灑灑。令人咋舌。然說理未圓。章法不備。觀其著述。亦皆倉卒應變之作。嘗自言。嬉笑怒駡之文章。雖不軌於正。而有功世道。亦足以補吾過矣。抑其所提倡者。皆推本於事實。視馬駱輩膚辭游語。按之無一實際者。蓋有間矣。惟其無章法。故前後矛盾處。遂無術以彌縫。

然其旨趣所存。迹而求之。固朗若列眉也。今取其所著之工人職要及通劄及夏石德理哲三書而覆按之。工人職要之要義。以工人爲新世之製造議員。遠溯史策遞嬗之事象。近考歐州財源濬發之階級。而造極於工人集權之國家。斯即圓滿之共和也。然由上世漸更爲中世。其間法度之燦著。不知經幾許改革。學術之日新。不知費幾許經營。互争權利。判智力於微芒。戰勝天行。觀新陳之代謝。其層疊複雜之原因。不可究詰。然後工業大盛。市場廣闢。擁厚資享巨産者。勢燄日增。而勞傭困矣。其初利用羣力。非不藉口胞與也。及其成功也。忘彼櫛沐之勞。肆其敲剥之技。公權則以便己。公意則予限制。復從而依託政法。逞其私圖。舉人類不能勝之重負。悉以加諸其身。而勞傭愈困矣。然彼憑權藉勢者。何修而得此。必其由屈而伸。自弱而强。千回百折。停辛佇苦。則其所以得此勝利者。亦至艱矣。天下事惟難得者不易失。而謂勞傭之鬱積不平。欲以烏合之衆。勒彼爲城下之盟。其亦不度德不量力之甚矣。賴於工人職要未能體會及此。欲令積困之工徒。一蹴而爲新世之代表。昧攻取之略。圖捷獲之功。豈有倖歟。

四十八年二月二十四日。賴所目爲新世破曉之日也。是日也。工人蝟集。革命獅吼。宣言國家之準的。在增進工界之福祐。而決行普通選舉制也。凡爲國人。年逾弱冠。皆有應享之權。不以財産爲限。本此原理。以望新民會之成立。與成立後之統治。皆惟工黨是賴。而統治之法。全體渾合。不設界線。則較諸史傳之成法。判若鴻溝。

賴於工人之職守。别具卓識。以爲人莫不有利羣之心。有利羣心者。即當盡力以供羣用。是人皆勞傭也。故工黨之格律之性質。實爲人類之所同具。雖種別國別。萬有不齊。而其宗旨則萬川同源。其自由則萬方一概。且所以養成宗旨。保障自由之法規。亦即億兆人類所當共守者也。顧欲大白斯義。必自人權並重。選政公舉始。然後錮習可除。更始可期。就積累言。憲法既由公定。自必涥發公心。有善必彰。有惡必癉。郅治之隆。可計日待也。就消耗言。選舉公權。不見侵奪。亦不至濫使。蓋遇擅權牟利之有礙羣化者。自當曉以大義。使知益羣然後能益己。即彼稍自審度。亦當憬然於孤立之不可以久也。是故保羣即所以衞身。一人之利益。與民會自由之進化。實相表裏。未有羣肥而家瘠者也。如是爲福於羣。而謂濫使其權。可乎。

賴更發鏘金戛玉之音。以訓工人曰。吾黨之希望。既若是其華耀莊嚴矣。凡爲將來之主人者。宜如何痛自洗刷。一變疇昔之塵容俗狀乎。吾等捫心清夜。凜然於天職之高貴。凡外物之鼎新。內治之漸進。天壤雖大。所仰望而奉爲模型者。惟此最潔清最樸誠之工徒。言念及此。未有不猛自警省者矣。噫、蓋世榮名。得失祇分俄頃。惟爾銘諸心版。時加刻勵。若逞忿以肆惡。嬉戲以妨功。爾其戒哉。方來之偉業。將於爾身觀厥成也。嗚呼。賴之教人。周且摯矣。獨其責己甚恕。竟至狼狽以死。所謂明察秋毫者。不能自見其睫。力任千鈞者。不能自舉其身。殆賴薩勒之謂乎。

以修德進業爲教者。賴之國家釋義是也。所言與自由黨大異。自由黨懷其褊見。以爲國家之責任。祇在保護人民之自由與財産。是説也。賴呵之爲夜巡説。何言之。以其職在禁暴詰奸。值夕以外。無所事事也。因而獨抒己見。謂國家實備萬善。其力之所被。表裏精粗無不到。豈僅爲一時防弊計耶。

賴嘗言。史記之進化。與物理搏戰無已時。蓋含生負氣之倫。初則稚弱愚闇。其後漸競漸進。以抵制夫物化。史記者。所以紀人事之尺進寸取也。然人事與物理戰。勢孤力脆。其奏效亦甚難矣。必也國家宣力以輔助。克竟人類自由發達之全功。庶有豸乎。是故國家之職。在惠保黎庶。啓沃其天性。濬發其才能。普被教育。均霑福利。苟有缺陷。當力爲調護。務令人人完其天賦之自由。至於矯正國家之流弊。别有論著。不復贅。而此關於政治之心。陳義甚明。其優於疇昔之見解。固已掃蕪詞而標真諦矣。然以理想而施之實行。成敗優劣。視國家之措置得失而定。則共和國家之締造。烏可忽哉。

準斯以談。今後國家之作用。將藉其各種機關。扶植各團各人之進行。有玉成而無箝制。斯義爲識者所共認。然其實際。則一冒險之軍人。使人民於苦難中得平和耳。其理甚繁。兹亦不備論。第就國家之於人民責任言之。爲道至廣。不惟剔除民害。使不失其自由。并宜增進羣福。令相忘於熙皞之天也。

賴於民會財政之標格。可即其排擊傭率編制[①]。想見其爲人。蓋其於傭率編制之異論。與馬格司羡餘之議[②]。同佔重要之位置。抑二家更自有其獨到之見。馬所屬意者。在富家享利之過當。而氏之著眼。則在傭工所得之瘠薄也。各據半面。而合則一事。夫所謂傭率編制者。隨應求之漲落爲消長。普通之工價。常使工人僅足贍養而已。其間或有升降。然不久即底於平[③]。蓋若傭資稍昂。人有餘蓄。則婚娶易而生育繁。生育既繁。長成斯速。傭者因以增額。供浮於求。而傭率必降。至於僅敷衣食而後已。視前適劑於平也。反是者。人必停婚娶。圖貿遷。終至傭者漸少。供不應求。傭率亦必升而至於平。斯固盈虚消長之定理也。賴大惡之。直抉其弊害曰。贏餘者。傭工所生産。今取其一分。以療生産者之凍餒。而其餘盡爲富家之所吸收。徒手游食。飽煖逸居。可謂平乎。是則傭率編制之結果。祇使傭工之辛勤所獲者。

① “傭率編制”，即工資鐵律（Iron Law of Wages）。
② “羡餘之議”，指馬克思的“剩餘價值理論”。
③ “平”，即平均工資（average wage）。拉薩爾所稱“平均工資”，指“始終停留在一國人民爲維持生存和繁殖後代按照習慣所要求的必要的生活水準”。

轉失承領之權。徒抱向隅之憾耳。通剳之大意如此。

賴於經濟學理。他無所憾。惟憾其損及傭工也。故其所以救治之者。直主張隔絶資産與勞力之關係。古未有能言之者。而賴以電劍風刀。斬除惡根。從此出財施力。兩勢相均。即合謀以殖産。亦不設主傭之畛域。在施力者。自闢其利而自享之。以救傭率編制之弊。其樹義之堅也若是。

夏石德理哲。亦創有殖産會者也。以獨立自營爲貴。賴又厚非之。以其與國家資本之論[①]相敵也。夏之殖産會。傭工不能食其利。蓋徒恃手足之烈。固遠遜機械之巧。且其立會之意。欲令入會工人。優享賤價之物品。豈知物品價廉。而傭率不減。惟數輩之結合或能之。若推之工人全體。則其勢左矣。何則。傭率之編制。依物價爲漲落。未有物價鋭減。而傭率如故者也。然則勞力者生利愈多。即物價愈賤。其結果也。傭率亦逐時而減也。將欲盡其力。以求贏於衣食之外。有慨其徒勞而已。

賴以爲助長工人生計之捷訣。惟有使之得所憑藉。而居富室之地位。乃真能自由擴充其營業耳。然工人者。大都四壁磬懸。貧無立錐。豈有點金之術。遽作大腹賈乎。給其所需。供其所缺。惟國家能之。國家之大任。在贊助一切文明之進步。而探原揭要。孰有大於百工全體之福哉。故通剳中之條畫。即本於國家籌資以營殖産會也。

夫國家創興實業。非無成規也。濬河道。立銀行。築鐵路。通郵政。皆其見端。在殷富者購股以博厚利。贊成恐後。未聞有中梗之者。而於近世最宏遠之事業。以冀勞傭之福利者。尤爲急切。乃反起而齮齕耶。故嘗擬辦殖産會於普國全境。預算開支一千五百萬鎊。此懸定之數。不必責令國家。輦

---

① “國家資本之論”，指拉薩爾關於依靠國家幫助建立生産合作社的觀點。

金濟用也。要惟國家爲之擔保耳。其於殖産會也。居名譽股東之地位。有協議規章糾察款項之權利。過此不能更事干預。工人得行動自由。儻國家循此而行。乃真合於共和性質也。乃真爲全體工人之行政機關也。雖然。玆事體大。所需巨額之金。將安所出乎。夫國家之籌兵費。動盈數百千兆。所以洩君相之私忿。逞黷武之雄心。且爲富户開闢商場也。乃既不恤竭澤而漁。以供軍需。獨至濟衆博施之仁術。雖執政諸公。懸的爲招。安所得此一千五百萬鎊者。好善之士。踵門告募。亦安從得此一千五百萬鎊者。相與仰屋而嗟。束手無策。此亦事之至可悲已。

顧賴初不謂民法。以殖産會爲止境也。由粗及精。自易及難。非閱世經年。無以臻於純美。惟深造必由遞進。則此殖産會者。最和平而有效。先布種子。以待萌芽秀挺。枝葉繁茂。則賴之用心也。其所冀實踐之方。卜居繁盛之都市。按其人情風俗。先立基址。隨傭工之性質。分門别類。以營各種適宜之工業。嫌怨既泯。休戚相關。則其合力以各施所能。意中事也。且各殖産會互通情款。以相維持。自可免意外之損失。準是以行。争競惡習。已消弭於無形。資本偏頗。更不慮其肆虐。利孰大焉。迨夫人知其益。徧國林立。則國勢隨工業而日興。非實業彫敝之國。所能與之抗衡。是皆見之於夏石德理哲一書者也。

賴於民會演進之方。取徑雖别。其歸宿則與馬駱輩同。百變不離乎共産也。嘗謂。分工實所以通工。此法一立。則羣力萃而殖産豐。故平準之理既明。則私人之領有權。於法爲不順。必漸歸於澌滅。然後集全體之財力。合大羣之人功。以營民會共和之事業。量各工之所應得。而分布其利。法至均也。彼夏石德理哲者。偏執私人資本之義。是殆斷港絶流。不足與語河海之大也。爰揭大義。辭而闢之。若曰。人不能違衆而孤立。即不能離羣而獨勝。進步之必恃乎合羣。證之上世中世之事實。歷歷如昨。未有以一人妄想。而能得所謂自由者。即令得之。亦贋鼎耳。於是更進其運會之理想[①]。謂人生與財産之關係。在己不能自主。何則。財産之衰旺。恆受大勢之轉移。雖有智勇。袖手莫展一策。此即所謂運會也。證以英國七十九年農業之驚惶。先三年。業甚旺。爲全國冠。時則美州土産豐稔。英受其敝。農産價格奇跌。兼以霪雨連旬。摧殘更甚。農家之中落者。更僕難數。而與農業榮悴相關之各業。俱受虧耗。然不得謂孽由自作也。其所以然者。誰實致之耶。

此意外之菑。近今財政中恆見之。誰執其咎。非工業競爭之惡果耶。而彼堅僻自是之理財學家。乃責之營業之人。宜爲賴所目笑也。夫厄運猝臨。非孤弱所能斡旋。雖然。秉國鈞者。漠不關懷。誠不免於溺職。故恆痛斥之。且民之有法。欲戰勝此運會也。即不能。亦欲以民會之佽助。解災户於倒懸。是即所謂仁術已。

夏石德理哲一書。所以解釋資本與勞力二事者。諄諄焉不厭求詳。而其排斥傭率編制。可見其愛護工人之盛意。至其論富家之盛衰。則更具察往知來之識。謂富家至今日而極盛。則有發原於史事者。有搆成於時會者。其起也。可灼見其由來。其終也。可測知其變象。而在今日。死器轉束縛活機。資産者。死器也。勞傭者。活機也。且彼何由得此資産。非亦從勞力中來乎。以功成身退之勞力家。反噬同類。使今代之工黨。受拘攣之苦。是則傀儡之資産。惡燄日張。生活之工徒。生機日挫也。是皆掊擊之言也。

賴於民會財政之見解。更可即其力駁夏石德理哲。而得其大凡。夏氏者。德國自由黨財權之代表也。主張獨力自助。賴則持合羣之説。以相詆諆。初未知二者。各有非常之重要。未可狃於一偏也。即其運會之理想。亦屬過慮。蓋財政受外來之激蕩。雖如疾風暗潮穷於。防閑然地。方工業之景況。及其巧拙勤惰。固亦足以定生活之運命。夏所倡之工團。則取多用宏。維繫

① “運會之理想”，英文原書作“theory of conjunctures”。

之勢頗順。賴則以手工不敵機械。病夏説之無當。曾不自思。以寥寥工人之私團。擴爲全體之公團。較之組合私人之法。難易得失。不可同年而語。而其救濟有限工人之小善。更可推廣其量。爲全體工人謀大利也。且夫自由結合之制。必有所由起。則夏之工團。實易見功。蓋凡隸於工團者。既得資本。又經閲歴。較諸無所憑藉者。自易進步。此則民法之初梲。統轄全世界財政之先聲也。徒以蔽於偏激之情。僅知爲積困之工人雪忿。而於事之本末初終。未嘗潛心體察。遂昧於一切建設。莫不有遞進之機能也。

顧夏之工團。祇民會之發端。不足以包舉大體。即夏亦自知之。惟其爲工人計。必先去其阻梗。則與賴之工人會適相映合也。蓋傭工合資營業。得自握理事之權。自分所得之利。完内部之精神。絶外人之侵蝕。夏之所以勸工者如是。賴乃病其人滿。殊無當也。夫人類之孳乳繁衍。不當爲杞人之憂。僅視其謀生之程度耳。今憂夏氏工團之人滿。則賴氏之工會。亦必不免。蓋養生之品既多。得之且甚易。丁口驟增。勢有必至。工團工會。又奚擇焉。惟以殖産日富。隨生齒而並旺。且爲傭工所獨享。則小而工團。大而工會。安見其有害乎。要之夏之新論。固自有優勝之處。其言傭工獨力自營。可以絶倚賴。可以資歴練。生人事理。既能了解。他日者。使當新舊民會起滅之衝。自爾駕輕就熟。何患折軸絶靷乎。

兩家學説。準鵠不同。賴主國援。夏主自助。二者果不相入乎。試就其成效觀之。八十五年。兩派之劇争。如懸案不斷者。已閲二十五年矣。夏設工團。以營業而集資。爲數頗鉅。第就日耳曼一國所集得者。已達一千五百萬鎊。此即賴所欲乞援於國家。以經營其殖産會者也。噫、刈蓬蒿而殖嘉穀。獨恃國家之援助已乎。

賴所沈毅堅忍而爲之者。卒以不得政府之援手而止。蓋德國政體。雖云選柄公操。然亦可拒人民之乞請。故賴志終屬泡幻也。或謂。賴年不永。故所圖未遂。非也。賴以外。德國民法學者。不僅牽涉邦交。且有不服本國之意念。是則深犯王黨之怒。乃欲得其贊助。難矣。雖然。彼爲民會共和黨者。縱極柔讓。能博政府之歡心乎。又未必如願以償也。故賴之抱負。其初已即兆敗機。不待蹉跌而始爽然也。政局如斯其能有試驗之時會哉。

古今來救時之豪傑。往往興嗟逝水。遺無窮未了之緣。賴即其一也。顧其爲功於世。至大而遠。而不可以語皮相之士。試舉賴夏二氏所造之因。以究其將來之果。則八十五年。夏創營業工團[①]。德國境中同志。凡一百五十萬人。集資一千五百萬鎊。賴倡民會共和[②]。九百年選舉之期。贊成之者一百四十二萬票[③]。可見二人均有絶大之功業。潮湧瀑飛。期諸方來。初不以相歧故。而阻其一瀉千里之勢也。

今更下精密之判決。舉賴主要之偈語。以當度世之金針。蓋其所力持者。建設共和政體。使強權必與公理相融洽。傭工俱有高超之學識。鼎新政界。懋建宏規。蔚成公操選政之國家。凡爲國家之代表者。須實力贊助自由教化道德之進境。不以國權加諸民權之上。務使國政中人。服從民法。職是之故。國家之於殖産會。有資助成立之責。即於民會。有宣幽導滯之功。庶幾經數十百年之繼長增高。積千百學子之憚心竭力。勞傭之開放。可底大成也。

賴氏神游目想之境。誠若是其美滿哉。試返觀普人統一日耳曼之政略。則其所重者。陸軍也。警政也。工黨非所措意。雖有才高學邃之工人。反受箝束。局促若轅下駒。時則有民會共和黨。起而自解其困。於是傑出之工

① “營業工團”，英文原書作“productive association”。
② “民會共和”，即德國社會民主黨（Sozialdemokratische Partei Deutschlands），其前身是拉薩爾創立的全德工人聯合會。1875 年，全德工人聯合會與德國社會民主工黨合併，改名爲德國社會主義工人黨。1890 年，德國社會主義工人黨改名爲德國社會民主黨。
③ “一百四十二萬票”，英文原書作“一百四十二萬九千票”。

徒。歡呼景從。情不自禁。此不獨日耳曼爲然。凡在文明之國。鬱則求通。困則必亨。勢有必至也。彼歐州各國之執政者。無一能爲民會盡力。其不暇耶。抑不欲耶。要之。非生民之福也。茫茫大陸。刦運方新。擾擾羣生。息肩無日。生機盡矣。方且峻科條。勒捐輸。財源竭矣。猶復振軍備。講戰略。悉索民膏。等權利於弁髦。蹂躪同類。儕性命於螻蟻。嘻、慘矣。矧值八十八年日耳曼新皇[1]御極。英年氣盛。嗜戰尤甚。生靈塗炭之禍日熾。向使新君果知悔禍。以祈挽回戰鬬之狂瀾。亦不可得。蓋好戰之毒。深中人心。非拔去其根本。雖傾萬斛血淚。無從解此魔障也。況夫日耳曼之史記與地理。皆構成戰局之材。居是境者。不能遽改。勢使然矣。自餘諸國。亦各有其遠源近因。不能韜戈解甲。弛其國防。以故仁人志士。當澄心静察。知賴之理想。不能圖成於旦夕也。嗚呼。賴氏往矣。其志略高純。毅勇卓著。初不以一眚掩其大名。上下古今。凡崇拜自由。渴望進步者。不宜奉爲遺型。而買絲繡之。鑄金事之哉。

① “八十八年日耳曼新皇”，即威廉二世（Wilhelm Ⅱ，1859—1941），德意志帝國末代皇帝和普魯士王國末代國王（1888—1918），第一次世界大戰的主要策劃者和閃電戰計畫的創始人。

篇六一

駱勃德司

駱勃德司者。普國最和平之民法學家也。以排斥革命自居。秉性沈默好學。主張調和國家。以發達民會。當世民法學者。或譏其不合。然駱氏標格雖異。指歸則同。若化除成見。而觀其大者遠者。則駱氏之學理。所以合於民法者。瞭如觀火矣。

駱生於八百五年。少嘗學律於哥敦堅①及柏林。三十六年。移居巴滿來尼亞②。以律師而鋭力於理財諸學。間亦注意地方自治事宜。

四十八年。革命軍甫平。膺普魯士國會議員之選。兼新教司鐸。未半月。罷職。四十九年。普國分選舉權爲三級。駱慨然投書政府。責其不合。旋又預於北日耳曼第一次大會③。以不得志而罷。其任地方事。盡於是矣。

駱氏嘗與賴薩勒通書。其辭令之工。爲時傳誦。又嘗欲組織民會。聳動

① “哥敦堅”，即哥廷根（Gottingen），德國下薩克森州一城市。
② “巴滿來尼亞”，即波美拉尼亞（Pomerania），位於中北歐波羅的海沿岸地區，現分屬波蘭和德國。
③ “北日耳曼第一次大會”，即第一屆北德意志國會。

守舊黨魁滿意爾[①]。與賴氏之著名從者海存格來[②]。顧卒無效。駱性静。善運思。與躁進者異趣。深信民會之有漸造而無速成也。故常勖勉工人。勿附和激進之政黨。而爲純粹之民會黨。七十五年。卒。

駱固忠君愛民者也。故其論民會之權。當屬諸君主。其於共和民會。所引爲同調者。純屬理財本旨。而不願附和集財法。故賴薩勒之殖産會。不以國家爲主。而僅藉國家之援助。駱意頗不謂然。夫民會而能共和。固駱所欣賞。然本國之君主政體。亦爲駱所愜心。以是神營目注者。惟德皇攝行民會主權耳。蓋駱常以國權爲神聖。謳歌日耳曼錦繡前程。殷然有餘望焉。

其論列民法學理。則效法師密亞丹及李嘉圖[③]二家。爰提出勞力與傭值維繫之定理。後世民法學家。多奉爲枕中鴻祕。更推論租息與傭值。皆爲國家財賦之原。國家能分配而不能茁長。非得羣傭之增殖。國財安從出乎。故勞傭爲資本之祖。彼執傭值出於資本之説。將不攻自破矣。蓋傭值之於財政。獨立而非附庸。凡勞傭所生者。即爲勞傭所應有。於理無可中飽。此則理財先定傭值之大要也。

駱因進論時局。謂貧者弱之根。將來商業衰落。民不聊生者。非貨棄於地。亦非人弛其力也。殆由傭值之不均耳。蓋凡勞力者勤於殖貨。實開布帛菽粟之門。而嗇於養生。僅免枵腹赤體之苦。夫一國財賦之大源。全恃傭工

① “滿意爾”，即魯道夫・邁耶爾（Rudolf Meyer，1838—1899），德國封建社會主義者，收集編撰了洛貝爾圖斯-亞格措夫的文稿。

② “海存格來”，即威廉・哈森克萊維爾（Wilhelm Hasenclever，1837—1889），德國社會民主黨人，拉薩爾分子，《新社會民主黨人報》編輯，1871—1875 年爲全德工人聯合會主席；1876—1878 年同李卜克内西一起編輯《前進報》；1874—1888 年爲帝國國會議員。在哥達合併代表大會上被選入執行委員會，是兩主席之一。

③ “李嘉圖”，即大衛・李嘉圖（David Ricardo，1772—1823），英國古典政治經濟學家。

爲挹注。乃所以償其勞者。僅此區區。而其人數。則實居消耗者之大半。奈何衣不蔽膝。食不果腹。節儉勤勉。猶懼不給。安有餘資。從事消耗。貨物之積滯。以無力購置者多也。然則產額之繁。轉與銷數之寡相應。銷數既寡。產額隨減。而職業亦必驟少。職業既少。勞傭之財力。日益銷鑠。由是實業就衰。民生愈困。而彼耗財坐食之富家與地主。轉利殖貨之不能均享。遂可籠而有之。既消耗於需用品。應有者盡有矣。勢必競誇侈靡。恣意揮霍。而應無者亦將盡有。於是需用品日憾缺乏。侈靡品轉見饒多。賊世害民。弊不勝言矣。

駱勃德司立論之旨趣。謂生產機關。將隨文化而日上也。其分民會財政之進步。都爲三級。一、據亂世教化未開。生計最劣。二、撥亂世民智不齊。財產歸私人占有。三、升平世公理甫明。資財與勞役相依。居今世而言第三級。猶駐足云亭。而望泰山之巔也。然則歷級而升。其道若何。是當組合大羣。確行按役受償之公例。如是。則共產之義。庶幾瑩澈。不留纖障矣。若世運已臻第三級。民主國業經成立。則人無居積。礦山湖田。商場工廠。皆屬國家。凡所生產。盡隸國權。乃得覈實以報各傭。而從旁掠奪者。吾知其無能爲矣。然實造斯境。爲期悠久。非僅百年必世已也。駱億其時。當在五百年後。苟不如是。人類道德之力。尚不足以語此也。

快捕風捉影之談。亡贍國濟時之實者。非駱之謂也。駱爲當世計。力持和平。有異乎攘臂疾呼者。上文已言其梗概。然其調和當世之策安在。則在地主與富家。仍不失其固有之利。惟振興殖產增得之贏率。均當歸諸傭者。其振興之法。國家制定平均之日工。合宜之傭值。且以時修改之。隨殖產之增額。而漸高其傭值。值之大小。仍視各工精麤以爲比例。此法果行。競争薄俗。已草薙而禽獮。公理丕彰。如雲消而日出。民法大行之盛世。至是而躬逢之矣。凡此柔化積習。漸改大同之計畫。其初基不離於國家操殖産分配之權。由是而推廣民法之界限也。

兩言以蔽之曰。駱之宗旨。與賴馬輩同。惟作用則異耳。以日耳曼人民新得之政權。進求民法之確立。亦意中事。然泛舟湖沼。未足與語溟渤之大觀也。彼國家方屬權於羣寮。使夾輔民法之進行。則固有未盡善者。無庸諱也。駱安得不期諸方來乎。至其建白之功。自不可没。揆諸日耳曼近代財政學理。如華克男[①]輩所導揚者。非其流風餘韻乎。假令駱不能刻意譏評諸要理。曷以變其羅盤乎。故時人有推尊之者。目爲民法之始祖。

① “華克男”，即阿道夫・瓦格納（Adolf Wagner，1835—1917），德國財税學家、經濟學家，資産階級近代財政學的創造者。

篇
七
一

馬格司

民法志中之俊爽豪邁。聲施爛然者。莫馬格司若也。有志同道合之恩吉爾[①]。共倡定律與革命二義。勢力最偉。學説亦鋒厲無前。凡國人之以文明稱者。莫不奉爲矩矱。

馬格司與賴薩勒。同爲猶太之苗裔。或謂。馬之父若祖。等而上之至於十六期之遠祖。皆爲猶太法學士。未知確否。惟其父母。實皆邃於實學。二十四年。馬格司行年六歲。全家舍猶太教而皈基督。

馬格司天性肫摯。才思敏捷。又處優宜之境。於日曼耳[②]最高之學業。無所不覽。嘗入大學。習法律。蓋所以悦其親也。而其精神。則專注史學與哲學。時則黑智爾學風盛行。馬頗得其神髓。三十八年[③]。得博士學位。榜尼大學[④]延之就哲學教席。知其友鮑安爾[⑤]在彼教授神道學。爲大吏所辱。乃不果往。

馬格司游心革命。與日耳曼學士大夫。頗不相得。況普之執政。又絶無匡濟斯民之願。益復孤掌難鳴。有萊尼報[⑥]館者。與民主共和爲敵者也。馬氏往司筆政。益力駁普政府之種種悖謬。甫閲一年。執政者將脅之以威力。

① “恩吉爾”，即弗里德里希·恩格斯。
② “日曼耳”，有誤，應爲“日耳曼”。
③ “三十八年”，有誤，應爲“四十一年”。
④ “榜尼大學”，今譯爲“波恩大學”。
⑤ “鮑安爾”，即布魯諾·鮑威爾（Bruno Bauer，1809—1882），德國唯心主義哲學家、宗教歷史研究者，資産階級激進主義者。
⑥ “萊尼報”，即《萊茵報》（*Rheinische Zeitung*）。

家方屬權於羣寮。使夾輔民法之進行。則固有未盡善者。無庸諱也。駱安得不期諸方來乎。至其建白之功。自不可沒。揆諸日耳曼近代財政學理。如華克男輩所導揚者。非其流風餘韻乎。假令駱不能刻意譏評諸要理。曷以變其羅盤乎。故時人有推尊之者。目爲民法之始祖。

篇七　馬格司

民法志中之俊爽豪邁。聲施爛然者。莫馬格司若也。有志同道合之恩吉爾。共倡定律與革命二義。勢力最偉。學說亦鋒厲無前。凡國人之以文明稱者。莫不奉爲矩矱。

馬格司與賴薩勒。同爲猶太之苗裔。或謂馬之父若祖等而上之。至於十六期之遠祖。皆爲猶太法學士。未知確否。惟其父母實皆邃於實學。一千八百二十四年。馬格司行年六歲。全家舍猶太教而皈基督。

馬格司天性肫摯。才思敏捷。又處優宜之境。於日耳曼最高之學業。無所不覽。

嘗入大學。習法律。蓋所以悅其親也。而其精神。則專注史學與哲學。時則黑智爾學風盛行。馬頗得其神髓。三十八年。得博士學位。榜尼大學延之就哲學教席。知其友鮑安爾在彼教授神道學。爲大吏所辱。乃不果往。

馬格司游心革命。與日耳曼學士大夫頗不相得。況普之執政。又絕無匡濟斯民之願。益復孤掌難鳴。有萊尼報館者。與民主共和爲敵者也。馬氏往司筆政。益力駁普政府之種種悖謬。甫閱一年。執政者將脅之以威力。報館主淘懼。亟思退讓。馬氏翛然引去。旋娶萊尼巨族之名媛堅妮氏爲妻。實締同心之雅。故馬氏主張革命。不得志於時。而意氣不撓。實得力於內助之賢也。

雖然。伉儷情深。不可阻其風雲之氣也。成婚後。即赴巴黎。以求所學之大成。自此下帷攻苦。無間寒暑。與法國民法諸名家。誼洽情深。常秉燭夜語。不覺達旦。又與柏魯亨促膝談計學。娓娓不倦。顧其交最密者。被逐之同國人也。故與詩人海恩爲神交。而朋黨中之要人恩吉爾。尤所心折。恩爲德國巴門製造家之報館主洶懼。亟思退讓。馬氏翛然引去。旋娶萊尼巨族之名媛堅妮[1]氏爲妻。實締同心之雅。故馬氏主張革命。不得志於時。而意氣不撓。實得力於内助之賢也。

雖然。伉儷情深。不可阻其風雲之氣也。成婚後。即赴巴黎。以求所學之大成。自此下帷攻苦。無間寒暑。與法國民法諸名家。誼洽情深。常秉燭夜語。不覺達旦。又與柏魯亨促膝談計學。娓娓不倦。顧其交最密者。被逐之同國人也。故與詩人海恩爲神交。而朋黨中之要人恩吉爾。尤所心折。恩爲德國巴門製造家之子。生於二十年。幼習弓冶世業。後居曼徹斯特者有年。四十四年。晤馬格司於巴黎。兩雄相遇。傾蓋訂交。垂四十年如一日。

四十五年。普政府授意法廷。驅駱[2]出巴黎。乃往比都不魯捨勒[3]。歷三年。離普魯士國籍。長甘漂泊。不別作歸附計矣。是年。恩吉爾之偉箸英倫勞傭鏡[4]成書。越二年。駱亦作哲理實禍[5]一書。以反抗柏魯亨之實禍哲理[6]。時則柏名方盛。且與駱爲舊交。乃駱竟出全力以敗其名。將毋過歟。曰。非過也。當日黨争之勢正烈。凡於真理有所心得。即當直抒胸臆。爲百萬勞傭請命。駱之爲此。將於大局有所補救。雖損故交。不計也。顧書意頗晦。不足動人觀聽。惟發表其見解。不落恒蹊。固有心人所亟賞耳。是年。又偕恩吉爾當稠人廣座中。公布其兼愛之志趣。勞人終古奇冤。賴以伸雪者不少。聞者歎爲得未曾有。

① “堅妮”，即珍妮·馮·威斯特法倫（Jenny von Westphalen，1814—1881），馬克思的妻子。
② “駱”，疑當作“馬”，指卡爾·馬克思。本節“駱”字均同。
③ “不魯捨勒”，即布魯塞爾（Brussels），比利時首都。
④ “英倫勞傭鏡”，即恩格斯1845年出版的著作《英國工人階級狀況》（*The Condition of the Working Class in England*）。
⑤ “哲理實禍”，今譯爲《哲學的貧困》（*Misère de la Philosophie*）。
⑥ “實禍哲理”，今譯爲《貧困的哲學》（*Philosophie de la Misère*）。

倫敦民法學家。結社以討論者有日矣。及聞馬格司造極之學理。翕然從風。與恩吉爾亦遥通聲氣。是社也。即爲萬國聯會之先導。故學者重之。當四十八年革命之際。馬遄返日耳曼。逋客歸國。儔輩歡迎。遂與其同志。力贊新萊尼日報[①]絶頂之共和。逾年。赴倫敦。非止游歷也。蓋將消遣歲月於理財實學之中。以求達其革命之志也。暮年。持論益縱横有奇氣。抨擊王室典章。卒傾覆之。而其體魄。爲勞瘁所傷。長與藥鑪相對。八十三年。溘逝於倫敦旅舍。是年。適共産黨起事巴黎[②]。馬未及見。繼其志者。非恩吉爾其誰屬乎。恩與馬交最契。共事四十年。馬没十餘年。恩獨任勞怨。爲窮民所託命。亦以憂勤致疾。九十五年。卒。

日耳曼民法之誕生。其原因至複雜也。四十年。普皇威廉第四[③]即位。民法如旭日之初升。已視黑智爾學説爲不急之務。研究哲理之學子。相率改向他途。蓋人生切己之利害。如風馳潮湧而來。則昔時虚懸之理想。自雪融冰解以去。際斯時也。人羣之生計。爲凡有血氣者所注重。雖遏其進趨。而勢有不能。况外國有法蘭西之革命。愈足歆動日耳曼哲學大家。巴黎民會之旗幟。飄颺空際。有見之而不生豔羨者乎。是故民法也者。惟頑劣之政黨所惡聞。而自馬格司輩視之。直爲羣理政治財權一貫之教宗也。顧知其重矣。而又託諸微眇閎深。不依科學之紀律。安有實事求是之一日。故馬恩輩倡爲表裏洞徹之法。一則使民法依科學爲模範。一則以乘機之革命。傳布歐州各國。

① “新萊尼日報”，即《新萊茵報》。
② “共産黨起事巴黎”，據英文原書，指巴黎公社（The Paris Commune）革命。此處翻譯有誤。巴黎公社革命爆發於 1871 年，而非 1883 年。
③ “威廉第四”，即腓特烈・威廉四世（Friedrich Wilhelm Ⅳ，1795—1861），普魯士國王（1840—1861）。

子生於二十年。幼習弓冶世業。後居曼徹斯特者有年。四十四年。晤馬格司於巴黎。兩雄相遇。傾蓋訂交。垂四十年如一日。

四十五年。普政府授意法廷。驅駱出巴黎。乃往比都不魯捨勒。歷三年。離普魯士國籍。長甘漂泊。不別作歸附計矣。是年恩吉爾之偉著英倫勞傭鏡成書。越二年。駱亦作哲理實禍一書。以反抗柏魯亨之實禍哲理。時則柏名方盛。且與駱爲舊交。乃駱竟出全力以敗其名。將毋過歟。曰非過也。當日黨爭之勢正烈。凡於眞理有所心得。即當直抒胸臆。爲百萬勞傭請命。駱之爲此。將於大局有所補救。雖損故交不計也。顧書意頗晦。不足動人觀聽。惟發表其見解不落恆蹊。固有心人所亟賞耳。是年又偕恩吉爾當稠人廣座中。公布其兼愛之志趣。勞人終古奇冤。賴以伸雪者不少。聞者歎爲得未曾有。

倫敦民法學家結社以討論者有日矣。及聞馬格司造極之學理。翕然從風。與恩吉爾亦遙通聲氣。是社也。即爲萬國聯會之先導。故學者重之。當四十八年革命之際。馬端返日耳曼。逋客歸國。儔輩歡迎。遂與其同志力贊新萊厄日報絕頂之共和。逾年。赴倫敦。非止游歷也。蓋將消遣歲月於理財實學之中。以求達其革命之志也。暮年。持論益縱橫有奇氣。抨擊王室典章卒傾覆之。而其體魄。爲勞瘁所傷。長與藥鑪相對。八十三年。溘逝於倫敦旅舍。是年適共產黨起事。巴黎。馬未及見。繼其志者。非恩吉爾其誰屬乎。恩與馬交最契。共事四十年。馬沒十餘年。恩獨任勞怨。爲窮民所託命。亦以憂勤致疾。九十五年卒。

日耳曼民法之誕生。其原因至複雜也。四十年。普皇威廉第四即位。民法如旭日之初升。已視黑智爾學說。爲不急之務。研究哲理之學子。相率改向他途。蓋人生切己之利害。如風馳潮湧而來。則昔時虛懸之理想。自雪融冰解以去。際斯時也。人羣之生計。爲凡有血氣者所注重。雖遏其進趨。而勢有不能。況外國有法蘭西之革命。愈足歆動日耳曼哲學大家。巴黎民會之旗幟。飄颺空際。有見之而不生豔羨者乎。是故民法也者。惟頑劣之政黨所惡聞。而自馬格司輩視之直為羣理政治財權一貫之教宗也。顧知其重矣。而又託諸微眇閎深。不依科學之紀律。安有實事求是之一日。故馬恩輩倡為表裏洞徹之法。一則使民法依科學為模範。一則以乘機之革命傳布歐州各國。

推衍馬格司派者。當知其要在贏率之原理。夫贏率為勞傭所生。今勞傭所得者。僅足贍家。此外則盡遭僱主之漁奪。故三十二年。鄂溫派欲免贏率之見侵。嘗行標籤之法。按籤標明工作時刻。以定貨物之價值。即以定勞傭之報償。此一義也。蓋前代理財學家樂客貝戴等已微引其端緒。而師密亞丹所未能暢發者也。

價格隨勞力而定。為馬傾心之要義。故盡力標而出之。其有功於勞傭至大。而遠若駱若柏。雖各有所造詣。然或失之偏。或流於激。要皆未能中彀。夫二子之於馬格司。其發明之先後。論者疑而未定。然此至均之法。固為民法學家所同寶。而無待隨聲學步者也。彼駱氏之功。雖有稱之者。究不足與馬氏媲肩。馬之推衍馬格司派者。當知其要在贏率之原理[①]。夫贏率爲勞傭所生。今勞傭所得者。僅足贍家。此外則盡遭僱主之漁奪。故三十二年。鄂温派欲免贏率之見侵。嘗行標籤之法[②]。按籤標明工作時刻。以定貨物之價值。即以定勞傭之報償。此一義也。蓋前代理財學家樂客[③]貝戴[④]等。已微引其端緒。而師密亞丹所未能暢發者也。

價格[⑤]隨勞力而定。爲馬傾心之要義。故盡力標而出之。其有功於勞傭。至大而遠。若駱若柏[⑥]。雖各有所造詣。然或失之偏。或流於激。要皆未能中彀。夫二子之於馬格司。其發明之先後。論者疑而未定。然此至均之法。固爲民法學家所同寶。而無待隨聲學步者也。彼駱氏之功。雖有稱之者。究不足與馬氏媲肩。馬之雄辨毅力。唤醒睡夢。爲民法志中所僅見。蓋贏率之原則。至馬始發揮光大。非他人所勝任也。即此原則。以推求資本之沿革與感力。夫何扃鑰之不可啓。而資本之在今日。所以能左右一世之財政者。亦可即因窮果。無或遁形矣。故馬所發明者。實爲民法哲理之基。其匠心獨運。絶不限於駱勃德司之成説。論者乃疑其剿襲。抑何輕量豪傑乎。噫、如馬者。十九期破天荒之思想家也。其研究近世歐州財政。直以畢生之精力。推陳出新。故獨於諸儒學説外。放一異彩焉。

馬之大有造於民者。在推論資本。而即發明民法也。蓋資本之演進。本於史學自然之理。究其要歸。必底於民法之傾向。故其所措意者。在發明近世生計之公例。誠以生計大勢。隨資本而轉移。即生計之盈朒。以驗資本權

① “贏率之原理”，即剩餘價值理論。
② “標籤之法”，即歐文發明的用來表明勞動時間的證明，稱爲“勞動券”。
③ “樂客”，即約翰·洛克（John Locke，1632—1704），英國哲學家。
④ “貝戴”，即威廉·配第（William Petty，1623—1687），英國經濟學家。
⑤ “價格”，據文意應爲價值。
⑥ “若駱若柏”，指柏魯亨與駱勃德司，即蒲魯東與洛貝爾圖斯-亞格措夫二人。

雄辨毅力。喚醒睡夢。爲民法志中所僅見。蓋羸卒之原則。至馬始發揮光大。非他人所勝任也。即此原則。以推求資本之沿革與感力。夫何扃鑰之不可啓。而資本之在今日。所以能左右一世之財政者。亦可即因窮果。無或遁形矣。故馬所發明者。實爲民法哲理之基。其匠心獨運。絕不限於駱勃德司之成說。論者乃疑其剿襲。抑何輕量豪傑乎。噫、如馬者。十九期破天荒之思想家也。其研究近世歐州財政。直以畢生之精力。推陳出新。故獨於諸儒學說外。放一異彩焉。馬之大有造於民者。在推論資本。而即發明民法也。蓋資本之演進。本於史學自然之理。究其要歸。必底於民法之傾向。故其所措意者。在發明近世生計之公例。誠以生計大勢。隨資本而轉移。即生計之盈朒。以驗資本權之隆替。此其故不難灼知。且可預料其結束。必不離乎民法。故馬格司派所言。皆理之至常。絕不矜奇炫異。而於現行法制。不甚疾視。惟明認之爲民法必歷之階級。而促進之。一任資本家之勢力。自由發展。而終必爲至善之法。更代焉爾。

置母財徵地租者。搜括羨餘。以自肥其私。卽爲資本日富之眞際。故欲知資本制度。不可不先明贏率之原理。馬持此原理。卽以傭値爲贏率之確解。其碩畫卽以是爲入手。

閭閻之財富。聚而觀之。浩繁之物品耳。夫物品。無論天產。亦無論人爲。必在適人之欲。乃有相當之價。故曰適用之値。卽爲財富之源。試觀殖產貿易場中。應求相劑。凡物之適用者。其得値也。卽視人類需要之緩急爲比例。故此以貨應彼以財。求顯言之。則彼此交換而已。世界商場流通之交換物。如煙。如海。不可紀極。其彼此交換之比例。亦萬有不同。然必有同之者。而後比例生焉。至於因同見異。非在物之本體。蓋當貿易之場。任何物焉。苟其數足與他物相抵。無不有交換之作用。而交換所由起。旣非物之本體所自呈。則孰從而成之。曰成於力作之人耳。夫物數無量。莫不以人力爲結晶。其得値也。亦惟以人力爲引線。故在物無値。惟人工爲有値。以人工爲交換之準則。而物之價於以定。且物價之隆替。此其故不難灼知。且可預料其結束。必不離乎民法。故馬格司派所言。皆理之至常。絶不矜奇炫異。而於現行法制。不甚疾視。惟明認之爲民法必歷之階級。而促進之。一任資本家之勢力。自由發展。而終必爲至善之法更代焉爾。

置母財徵地租者。搜括羨餘。以自肥其私。即爲資本日富之真際。故欲知資本制度。不可不先明贏率之原理。馬持此原理。即以傭值爲贏率之確解。其碩畫即以是爲入手。

閭閻之財富。聚而觀之。浩繁之物品耳。夫物品。無論天産。亦無論人爲。必在適人之欲。乃有相當之價。故曰適用之值[1]。即爲財富之源。試觀殖産貿易場中。應求相劑。凡物之適用者。其得值也。即視人類需要之緩急爲比例。故此以貨應。彼以財求。顯言之。則彼此交换而已。世界商場流通之交换物。如煙如海。不可紀極。其彼此交换之比例。亦萬有不同。然必有同之者。而後比例生焉。至於因同見異。非在物之本體。蓋當貿易之場。任何物焉。苟其數足與他物相抵。無不有交换之作用。而交换所由起。既非物之本體所自呈。則孰從而成之曰。成於力作之人耳。夫物數無量。莫不以人力爲結晶。其得值也。亦惟以人力爲引線。故在物無值。惟人工爲有值。以人工爲交换之準則。而物之價於以定。且物價之定。不係乎某工所産。而係於工作時刻之久暫。率是道也。人無分巧拙。皆能得高價也。若夫工作時刻之標準。則折中以定之。是則勞力與價值相維之原則。近觀即得。無取鉤深索隱爲也。

夫資本之得占優勢。其來源不一。必有憑藉權勢者。囊括殖産資料[2]。一也。必有轉徙覓食者。隔絶殖産資料。二也。必有交换制度。運貨於世界

① “適用之值”，即使用價值。
② “殖産資料”，即生産資料。

商場。三也。顧究其源之所自生。資本家何自成。轉徙之勞力者何由集。世界商場何由闢。試分論之。

覽其事象則甚顯。考其由來則甚遠。馬嘗上溯英國往史。確知英爲財富之淵。溯當中世之間。農民薄具殖産之資料。事畜之餘。以奉藩牧。更有餘蓄。乃投入商場以權子母。然猶力弱勢分也。迨中世之末葉。元黄變色。萬象更新。封建制廢。教皇權削。盡撤舊俗之籓籬。美州闢地。印度通航。聿開新世之棋局。凡此影響所及。業農之家。散其徒衆。承租之地。淪爲牧場。加以工業漸興。各據地以經營。農隸益失其巢穴。芸芸者衆。無術餬口。遂有降爲流丐者。然其大半。皆舍耒耜而入城鎮。託命於工場。此工黨之所以日多也。

由封建時代。而入財富世界之際。殺奪之風頗熾。富户憂之。亟謀蓋藏。此資本發起之一因也。又若鬻奴墾地。皆資本家封殖之時機。迨夫市場既開。本國工業。益受刺激。小康之家。當之輒靡。於是竭蹶流汗。更進於機械工業。以圖立足。至十八期之末。工廠羣起。汽機盛行。工業之新。造乎其極。資本殖産法。遂如赤日方中矣。

資本制度既定。富商所汲汲者。欲藉贏餘之資。以益厚其財力。此今昔所同也。顧所謂贏餘。何從得之。非資本家能自致也。挾資營業。以交换爲要領。上文已言之。然使交换之時。衹以物質相易。别無加於物質之上者。則贏餘何從出乎。必有利用之一物焉。使所生逾於所費。而贏餘出焉。其物維何。即傭工是已。夫工人無力殖産。始獻身於市場。出其力以求售。博得代價。即曰傭銀[1]。所以償其勞。贍其家也。然彼雇傭者。既賴傭工所生産。以支給廠中各費。而尚有餘賸。遂攫爲己有。其所攫者。非即抑勒勞力者之

① “傭銀”，即工資。

傭銀乎。故馬定雇主溢收之利。即爲被雇者力作而未受償之利。

侵蝕傭銀。久而成俗。在昔封建之世。主人之待奴隸雇工。暴戾如虎。今之資本家則如狐。陽若無損乎工人之自由。陰則吮其脂膏。俾之瘍瘵以死。在勞力者身隸麾下。雖欲不聽命而不得。而富家剥蕉抽繭之計畫。更百變而不窮。馬特以百萬言之巨帙。反覆論之。燭奸有類温犀。直筆不亞董狐[1]。於英國工業制度之大弊。抉摘靡遺。非直不以工業發達爲榮。且引以爲大耻。諸若迫傭工以久役。待婦孺若羊豕。視生命如草菅。皆揭出之。指爲富家弋利之祕鑰。傷天害理。莫此爲甚。此書一出。和者頗衆。英國工廠議案。因此争持不決者。歷五十年之久。無非欲裁抑富家之恣横。而救工人之隳落也。

古之營利者公。今之營利者私。何言之。古者獨力以殖産。資本勞役。皆出諸一己。所獲贏利。亦己享之。無庸疑也。今則不然。工廠合羣力以殖産。富家舍業而嬉。安坐而食。質言之。力出於羣。而利歸於獨也。前則取諸己。今則掠諸人。此現行法之所以爲怨府也。彼利令智昏者。非特不知悔禍。且更肆其爪牙。其燄益張。其害亦必益烈。

曷言乎現行法之爲怨府也。以公衆之勞力。供私人之婪索。人孰無心。能忍而與此終古乎。因是倒戈相向。不得以私人壓服之也。况私人之失其人格久矣。争權則賄賂公行。馭下則險詐百出。苟能尊己抑人。不恤鄉評輿論。至是而民間元氣。焉得不日損乎。且也争競日烈。機械之進境。亦必日臻完備。技巧勝而生涯隘。游手失業者日衆。而勞力者困矣。其困也。乃適如富家之願。投劾不患乏人。操縱惟己所欲。由是殖産之機日益盛。産量因亦有加無已。而豈知隱禍即伏於此乎。世界商場雖廣。終有溢滿之患。重以無數

① “董狐”，春秋晋國太史，生卒年不詳，事見《左傳·宣公二年》。

之勞傭。無力購求。使滋生之額。浮於消耗。勢必營運之家。彼此傾軋。不恤同業矣。然則資本制度。於一方則開拓市場。一方則抑制銷路。矛盾之形若揭。其結果也。貨物積壓。販賣之術窮。成本暗虧。破產之家夥。商業蕭條。生機瑟縮。富者貧。貧者益貧。其勢必不可倖免也。

似此無涯恐怖。久而一閲。且逐度增高。今日者。以理度之。殆將圖窮而匕首見矣。何也。其激之使動者。營業家羸率日高。創大公司以盛行兼并也。其抑久必揚者。勞力家閲歷日富。組大工團以實行破壞也。將來危機爆烈。富家深陷重圍。四面楚歌。蓋不啻自爲阱而自陷之矣。況近世共和之義日進。勞力之衆。亦得參預政權。終必更進一級。實握閭里之財權。而解除私人資本之制。羣生利而羣享之。此自然之勢。莫之爲而爲。莫之致而致也。知幾之士。當鼓吹之。促成之。去其阻力。祝其早娩。而已亦蒙其澤。所謂順之者昌也。若昧於大勢。妄思抵抗。是猶孺子入没人之淵。懦夫舉烏獲[1]之鼎。奚見其能勝哉。是以惟仁者承天而時動。惟智者料事於未萌。當此時而合力協謀。因勢利導。其爲功也大矣。盍共勉之。

嗚呼。毒天下者其惟羸率乎。數人銖積寸累。蔚成京觀。而卒爲象齒之焚身。即衆人垂涎指動。莫嘗禁臠。而終付璇宫於一炬。故誕育資本制度者此也。助長資本制度者此也。及至鬱積充塞。覆滅資本制度者亦此也。而無如愚者不察。甘之如飴也。

新民之概象。馬嘗言之曰。吾儕所主持者。集大羣。用公產。同心協力。共建民會。所產之利。民會共有之。而儲其一分。以備擴張營業之需。是爲公積產。又儲一分。爲團體養命之源。須隨時分散之。分散之法。隨營業而異。要之各人之所得者。以服勞時刻爲定衡。服勞時刻。既爲勞役多寡

① “烏獲”，戰國時期秦國力士。《商君書·錯法》：“烏獲舉千鈞之重。”

之率。亦爲分利之鵠。馬之精理。略具於此。恩吉爾引伸其義。更推及於國家。以爲舊有之國家。名爲一國之民所託庇。實則富商豪族之私僕。用之以摧辱小民者也。迨夫前局盡翻。勞力家既得政權。國中財産。悉入國籍。則國家爲公器。非復前此之私團矣。既無黨争。又無臣僕。國家威權。無所於施。治人之具。轉而爲治業之具。然亦非滅國體廢國界也。特一變其作用耳。此種觀念。與掃蕩政府黨。所差豪芒。殆未易辨。

要之、馬説特立一宗。闡理綦詳。乃本物理而具蜕故入新之優勝也。故民法也者。基於國史進化之理。以除苛解嬈。進探財富之源。以給求養欲。二者齊驅並駕。爲鼎新民會張本。

馬所舉民法學之綱要。分列如下。

一、上下古今。以物理學貫徹之。

二、民間政法教宗哲理諸要端。一以理財爲本。

三、自十五期以後。積財與勞力者。始分資本制度之階級。

四、積財者以剋減傭銀而日富。勞力者以僅足養生而日貧。民間殖産。惟富者承其利。

五、工人結團。民俗日趨擾亂。

六、擾亂並起。愈進愈劇。將使中人以上之富户。不復能掌財産之權。

七、勞力家握政權。化私財爲公有。人益曉然於殖産公共之理。爲止亂第一法。

八、永廢舊政府。以去生計之贅疣。别建新政府。以實行董理工業之權。

馬之學理如此。其於解釋傭役一端。似有欠缺。蓋謂。傭役爲財富之源。

共勉之。

嗚呼。毒天下者。其惟贏率乎。數人銖積寸累。蔚成京觀。而卒爲象齒之焚。身卽衆人垂涎指動。莫嘗禁臠。而終付璇宮於一炬。故誕育資本制度者此也。助長資本制度者此也。及至鬱積充塞。覆滅資本制度者。亦此也。而無如愚者不察。甘之如飴也。

新民之概象。馬嘗言之曰。吾儕所主持者。集大羣。用公產。同心協力。共建民會。所產之利。民會共有之。而儲其一分。以備擴張營業之需。是爲公積產。又儲一分爲團體養命之源。須隨時分散之。分散之法。隨營業而異。要之各人之所得者。以服勞時刻爲定衡。服勞時刻。旣爲勞役多寡之率。亦爲分利之鵠。馬之精理。略具於此。恩吉爾引伸其義。更推及於國家。以爲舊有之國家。名爲一國之民所託庇。實則富商豪族之私僕。用之以摧辱小民者也。迨夫前局盡翻。勞力家旣得政權。國中財產。悉入國籍。則國家爲公器。非復前此之私團矣。旣無黨爭。又無臣。僕。國。家。威。權。無所。於施。治人。之具。轉而。爲治。業。之。具。然亦非滅國體廢國界也。特一變其作用耳。此種觀念。與掃蕩政府黨所差。豪芒。殆未易辨。要之馬說。特立一宗。闡理綦詳。乃本物理而具蛻。故入新之優勝也。故民法也者基於國史進化之理。以除苛解嬈。進探財富之源以給求養欲二者齊驅並駕。爲鼎新民會張本。

馬所舉民法學之綱要分列如下。

一、上下古今。以物理學貫徹之。

二、民間政法教宗哲理諸要端。一以理財爲本。

三、自十五期以後積財與勞力者始分資本制度之階級。

四、積財者以刓減傭銀而日富。勞力者以僅足養生而日貧。民間殖產。惟富者承其利。

五、工人結團。民俗日趨擾亂。

六、擾亂並起。愈進愈劇。將使中人以上之富戶。不復能掌財產之權。

七、勞力家握政權。化私財爲公有。人益曉然於殖產公共之理。爲止亂第一法。

八、永廢舊政府。以去生計之贅疣。別建新政府。以實行董理工業之權。

馬之學理如此。其於解釋傭役一端。似有欠缺。蓋謂傭役爲財富之源。僅能施諸工業簡陋商場狹隘之世耳。近世工業大進。商場廣闢。卽不能以此相例。誠以爭競日烈。計學日精。萬不能僅恃勞力以集事。苟乏明敏之才。果敢之識。神妙不測之機權。恢廓有容之智量。曷能戰勝於五州大通之日。乃執傭役爲財富之源。何所見之不廣也。至其論資本家之營利。祇爲斂取傭役之所贏。其說亦偏。彼富者創立一業。慘澹經營。維持永久。所深憂而渴望者。亦在得其報償耳。矧當營業之始。必其財產及格。方能出身任事。今指其所固有。或他途所得者。亦曰斂取傭者之所贏也。則是業尚未立。贏安從出。殊覺其說之不可通。是僅能施諸工業簡陋商場狹隘之世耳。近世工業大進。商場廣闢。即不能以此相例。誠以争競日烈。計學日精。萬不能僅恃勞力以集事。苟乏明敏之才。果敢之識。神妙不測之機權。恢廓有容之智量。曷能戰勝於五州大通之日。乃執傭役爲財富之源。何所見之不廣也。至其論資本家之營利。祇爲歛取傭役之所羸。其説亦偏。彼富者創立一業。慘澹經營。維持永久。所深憂而渴望者。亦在得其報償耳。矧當營業之始。必其財産及格。方能出身任事。今指其所固有。或他途所得者。亦曰歛取傭者之所羸也。則是業尚未立。羸安從出。殊覺其説之不可通。是以知資本未必盡由剥奪而來。不特此也。財政以自由交换。爲互相獲益之公例。此例不可破。則稱貸生息。亦必合例而無可疑。然則馬解釋資本制度遞進之説。不免貽失實之誚矣。

準是以譚。資本家之於民生。擔荷重任。而大有造於演進者也。彼勞傭所占之位置。殆其次也。馬以次要者爲主要。其亦昧於新民之秩序矣。夫新民會之成立。將有若干新動機。輔之以行。而此新動機者。又至美備。必不能以傭役二字括之。故學識技巧。皆爲工業進步所必需。則彼擲資財以肇造若干新動機者。享受利益。亦其所也。然此固未能一概論也。很戾奸險者。實繁有徒。非正當之資本家。自當别論。向使馬廣其界説。以理財學家發展財政。推翻封建。振起自由之原力。而歸功於深明大義之富商。則庶幾與民會演進之理由。相濟而不相背乎。至其倡言羸率。爲皆得自向隅之傭役。此説誠足動聽。然與馬自創之歷史哲理。顯相剌謬。夫勞力爲羸率之原。當世理財學家已屢言之。惟未聞彼輩按語曰。羸率者。勞力家當捆載以去也。而馬則縱心革命之極端。辭鋒非不英鋭。無如與史册事實。不相合何。故馬提出此理。爲其學派之中堅。亦即自示其弱點。其羸率之創解。即反攻富家列傳。使之無所存也。或曰。馬殆襲取博學家之陳説耳。吾爲馬聊以此解嘲。

輩。按。語。曰。贏。率。者。勞。力。家。當。捆。載。以。去。也。而。馬。則。縱。心。革。命。之。極。端。辯。鋒。非。不。英。銳。無。如。與。史。册。事。實。不。相。合。何。故。馬。提。出。此。理。爲。其。學。派。之。中。堅。亦。卽。自。示。其。弱。點。其。贏。率。之。創。解。卽。反。攻。富。家。列。傳。使。之。無。所。存。也。或。曰。馬。殆。襲。取。博。學。家。之。陳。說。耳。吾。爲。馬。聊。以。此。解。嘲。

恩吉爾追敍馬功。以二義分疏之。一曰發明史策中之物理論。一曰發明資本家之利用贏率。第一義。似古籍中陳腐語。爲新學家所唾棄。蓋謂教宗與哲學皆依附財政而起。其說誠多扞格。且史策爲心思發展之紀錄。原其發展所由然。則積衆因以成果。斷不能舉一節而概全體。此馬說之所以授人口實也。雖然。史策中之富家列傳。要不可删。近代著作家恝置之也久矣。一因其無科學之材料。一因著者趨重他途。不復留意於此。一言以蔽之。則迎合讀者之意也。蓋讀此類書者。多縉紳儒雅之子。幾不知下等人之生計。倘拉雜陳之。則懼瀆其淸聽也。職是之故。致湮史策之眞。今得馬破除俗見。直言不諱。使人咸注目於理財學。雖乖著書之例。抑豈無裨於信史乎。

馬格司曠觀古今變遷之大勢。而逆料資本制度。將以潰敗決裂爲終局。果其言不幸而中。閭閻必歷非常之痛苦。然由痛苦而進於安樂。非圖治之上策也。矧馬嘗言。勞力者久被束縛。處境微而志量卑。今謂此微且卑之人。將爲民會之謀主。且能手創奇績。躬任鉅艱。而不虞隕越也。無亦勢有所不順耶。

至其解釋羸率。則當年少之日。仰承師密亞丹之緒餘。然未加深察。卽以畢生之力。從事於此。欲藉此以鼎新民俗。非不足以收拾人心也。無如見理未眞。適足以階之厲。況又有不可解者。馬固確守物理論者也。而臨事則反忘之。故其所立程式。與事理背謬者。不勝枚舉。其不若師密亞丹之切理饜心也。明者必能辨之。馬之學力。固足與師相頡頏。而慮事之審。析理之細。較諸師則瞠乎其後。師以哲理爲經。以實事爲緯。馬則直情徑行。違乎情。拂乎俗。而岸然不顧。遂致鎔鑄古今之大手筆。自損其聲望。不大負造物之篤生乎。

恩吉爾追敍馬功。以二義分疏之。一曰。發明史策中之物理論[1]。一曰。發明資本家之利用贏率。第一義。似古籍中陳腐語。爲新學家所唾棄。蓋謂。教宗與哲學。皆依附財政而起。其説誠多扞格。且史策爲心思發展之紀録。原其發展所由然。則積衆因以成果。斷不能舉一節而概全體。此馬説之所以授人口實也。雖然。史策中之富家列傳。要不可删。近代著作家恝置之也久矣。一因其無科學之材料。一因著者趨重他途。不復留意於此。一言以蔽之。則迎合讀者之意也。蓋讀此類書者。多縉紳儒雅之子。幾不知下等人之生計。倘拉雜陳之。則懼瀆其清聽也。職是之故。致湮史策之真。今得馬破除俗見。直言不諱。使人咸注目於理財學。雖乖著書之例。抑豈無裨於信史乎。

馬格司曠觀古今變遷之大勢。而逆料資本制度。將以潰敗決裂爲終局。果其言不幸而中。閭閻必歷非常之痛苦。然由痛苦而進於安樂。非圖治之上策也。矧馬嘗言。勞力者久被束縛。處境微而志量卑。今謂此微且卑之人。將爲民會之謀主。且能手創奇績。躬任鉅艱。而不虞隕越也。無亦勢有所不順耶。

至其解釋贏率。則當年少之日。仰承師密亞丹之緒餘。然未加深察。即以畢生之力。從事於此。欲藉此以鼎新民俗。非不足以收拾人心也。無如見理未真。適足以階之厲。況又有不可解者。馬固確守物理論者也。而臨事則反忘之。故其所立程式。與事理背謬者。不勝枚舉。其不若師密亞丹之切理饜心也。明者必能辨之。馬之學力。固足與師相頡頏。而慮事之審。析理之細。較諸師則瞠乎其後。師以哲理爲經。以實事爲緯。馬則直情徑行。違乎情。拂乎俗。而岸然不顧。遂致鎔鑄古今之大手筆。自損其聲望。不大負造物之篤生乎。

① “史策中之物理論”，即唯物史觀。

以馬之天才卓犖。當不難立偉業。成令名。起龍蛇於大陸。垂金石於千年。乃自畫進修。限於宰物之狹義。拘於羸率之謬解。於是絶大著作。嘔心鏤肝。以留貽後人者。一展卷而皆憤世嫉俗之言。一迴想而皆過當失中之語。遂使驚才絶學。曠世而一見之人。徒以稍留缺陷。爲世詬病。可痛也夫。雖然。一人之精力有限。宇宙之事變無窮。又奚獨於馬而苛求焉。且馬亦有特別之功。蓋在警覺勞力者。使其自知責任與位置。又在發明科學新理。使全世界之勞傭。努力孟晉。以臻燦爛光明之一境也。

馬危言激論。實含擾亂種子。然以蓋世雄才。生於其國。處於其時。有不能不爲鯨鐘之怒吼者。則其爲此也。誠有激而然也。况其養成浩氣。不慴於利害。不屈於威武。不以時局絶望而生怯心。不以輿論拂逆而萌退志。守死不變。惟願造福於羣倫。以求魂夢之安。洵足爲末俗之針砭。後生之師表。向使其避難就逸。麖情利禄。則紆青拖紫。如拾芥耳。而乃視富貴如浮雲。等王侯於螻蟻。不以塵世之顯耀爲己榮。而以貧民之釋放爲己任。嗚呼。可以風矣。彼曳裾抵掌。趨勢利之途。爲蒼生之害者。視馬四十年之辛苦墊隘。堅毅勇任。能無愧乎。

就姿稟學力文才論之。在十九期中之理財學家。孰能與馬分庭抗禮乎。然馬名之見重於世。不在其解釋羸率一端。而在揭示工場財産之進運。與其推闡民會之轉機。其以財爲主也。説之當否。驗之將來。今勿深論。然其論理財學之重要。使凡治羣學者。萃智畢力於此一途。則收效於他日。未可量也。

綜觀馬説。蓋爲研究近世生計之性質。而據古史以釋明資本之制度也。蓋嘗盱衡數千年之事變。莫不有遞進之迹象。凡進一級。各有其特別適宜之處。財政沿革。亦作如是觀。故吾儕今日視爲窳制者。安之曩昔不奉爲良法乎。法以時而變。進化之公例則然。在創制立法者。祇取適用於一時。不能以馬之天才卓犖當不難立偉業成令名起龍蛇於大陸垂金石於千年乃自畫進修限於宰物之狹義拘於嬴幸之謬解於是絕大著作嘔心鏤肝以留貽後人者一展卷而皆憤世嫉俗之言一迴想而皆過當失中之語遂使驚才絕學曠世而一見之人徒以稍留缺陷爲世詬病可痛也夫雖然一人之精力有限宇宙之事變無窮又奚獨於馬而苛求焉且馬亦有特別之功蓋在警覺勞力者使其自知責任與位置又在發明科學新理使全世界之勞傭努力孟晉以臻燦爛光明之一境也

馬危言激論實含擾亂種子然以蓋世雄才生於其國處於其時有不能不爲鯨鐘之怒吼者則其爲此也誠有激而然也況其養成浩氣不懾於利害不屈於威武不以時局絕望而生怯心不以輿論拂逆而萌退志守死不變惟願造福於羣倫以求魂夢之安洵足爲末俗之針砭後生之師表向使其避難就逸縻情利祿則紆青拖紫如拾芥耳而乃視富貴如浮雲等王侯於螻蟻不以塵

世之顯耀爲己榮而以貧民之釋放爲己任。嗚呼可以風矣。彼曳裾抵掌趨勢利之途爲蒼生之害者。視馬四十年之辛苦墊隘堅毅勇任能無愧乎。就姿稟學力文才論之。在十九期中之理財學家孰能與馬分庭抗禮乎。然馬名之見重於世不在其解釋贏率一端。而在揭示工場財產之進運與其推闡民會之轉機。其以財爲主也說之當否。驗之將來今勿深論。然其論理財學之重要。使凡治羣學者萃智畢力於此一途。則收效於他日未可量也。

綜觀馬說蓋爲研究近世生計之性質。而據古史以釋明資本之制度也。蓋嘗盱衡數千年之事變。莫不有遞進之迹象。凡進一級各有其特別適宜之處。財政沿革亦作如是觀。故吾儕今日視爲窳制者。安知曩昔不奉爲良法乎。法以時而變。進化之公例則然。在創制立法者祇取適用於一時。不能保歷久而無弊也。歷時愈久則古法愈不可行。卽觀財政家或政治家手訂之法。盛行一時者。年湮代遠將有苦其桎梏而掃除更張之者矣。非薄古而愛今。實古制必不保歷久而無弊也。歷時愈久。則古法愈不可行。即觀財政家或政治家手訂之法。盛行一時者。年湮代遠。將有苦其桎梏。而掃除更張之者矣。非薄古而愛今。實古制必不宜乎今。固史學家所同認也。馬因進論自由争競之制。以土地資本人物三者。分體組織。其制流弊孔多。前此主倡此制之民會。今轉爲其所羈軛。同聲怨咨。方今大勢所趨。殆傾向理想更高。範圍更廣之財政。是即民法之所由生也。留心世道者。當知此義爲運會所趨之中樞。而馬之位置。可於此途之呈效定之。

馬之未没也。其學理已生二動機[①]。即萬國聯會。與日耳曼民會共和[②]也。二者於近世影響頗大。前即發原於馬。後則賴薩勒倡之。但閲時未幾。賴説亦爲馬説之所吸。萬國聯會。剏設未久。又攙入民會革命。佔勢頗優。然其推廣馬之學理。功亦不少。今將於後篇。分論此二動機。

① “動機”，指運動。
② “日耳曼民會共和”，即德國社會民主工黨，亦稱愛森納赫派或愛森納赫黨。

宜乎今固史學家所同認也。馬因進論自由爭競之制。以土地資本人物三者。分體組織其制。流弊孔多。前此主倡此制之民會。今轉爲其所羈軛。同聲怨咨。方今大勢所趨。殆傾向理想更高範圍更廣之財政。是卽民法之所由生也。留心世道者。當知此義爲運會所趨之中樞。而馬之位置。可於此途之呈效定之。馬之未沒也。其學理已生二動機。卽萬國聯會與日耳曼民會共和也。二者於近世影響頗大。前卽發原於馬。後則賴薩勒倡之。但閱時未幾。賴說亦爲馬說之所吸。萬國聯會。覫設未久。又攙入民會革命。佔勢頗優。然其推廣馬之學理。功亦不少。今將於後篇分論此二動機。

篇八　萬國聯會

物質。盪摩。是生熱電風濤。噴薄。終至決隄。自勞傭久苦壓制。漸起反動。日演日劇。終且傳其動機。於全世界。此其所以牽入邦交也。

榛狉之世。惟重生命。知識漸啓。乃有交通。惟其始則百里餽糧。今則梯航畢集。

篇八

萬國聯會

物質盪摩。是生熱電。風濤噴薄。終至決隄。自勞傭久苦壓制。漸起反動。日演日劇。終且傳其動機於全世界。此其所以牽入邦交也。

榛狉之世。惟重生命。知識漸啓。乃有交通。惟其始則百里餽糧。今則梯航畢集。邦交遂日臻完密。且上古文化胚胎之地。爲泥羅河[①]與阿弗拉底澌河[②]兩岸。後經希臘人與斐泥基人[③]。挾而徙之地中海四周。又進而輸入羅馬。羅馬人合其固有之國粹。傳徧於歐州。更有基督教徒。力爲介紹。不限國疆。而凡受此文化之國人。彼此常具邦交之特別感情。俾異者漸歸於同。是以封建也。教權也。游俠也。十字軍也。莫不有邦交之性質。且夫世運愈進。邦交之感力亦愈盛。宏謨碩畫之起自一國者。無翼而逝。不脛而走。萬國雖廣。有如比鄰。種性國別之嫌疑。悉泯於利害相同之情感。故無事時閉關自守。必非久局。有事則越國問訊。乃見民情。

十六期之教化革命。日耳曼聯合瑞典法蘭西。以拒本國之頑錮黨。十八期中法人盛倡之自由革命。日耳曼意大利英吉利俱從而和之。嗣以法國革命熱潮。仍爲私團所憑藉。故諸國復與爲敵。今也汽機電力。日新又新。更爲

---

① “泥羅河”，即尼羅河（Nile River）。
② “阿弗拉底澌河”，即幼發拉底河（Euphrates River）。
③ “斐泥基人”，即腓尼基人（Phoenician）。

調和民族之利器。從此寰宇大通。民智益奮。如教化格致文學美術諸端。莫不急起直追。遠邁前人。至若商業之日進無疆。亦時勢使然。今之業商者。每好繙閱日報所載之商情市價。其明證也。故以區區一英國之公家銀行。影響所及。徧於五州。然猶曰業之鉅者爾。今言其細者。常人之服御飲食。無在不有邦交性質。何則。蓋紛陳其前者。多殊方異域之産品。非是即不能饜其欲也。

十八期中。英國爲製造最盛之國。降至數十年前。猶赫然爲工業之巨靈。今則情隨事遷矣。工肆霸權。已爲歐州各邦所分執。而亦爲歐化所被諸國之共産。即彼東方諸國。夙稱閉化。今亦羣起而角逐。世界資本家。互增生力。各争優勝。視一鄉一國之營運。以爲甚微不足數。必進而馳逐於廣博無垠之市場。騰躍之勢。令人側目。何況勞傭爲工業要樞。一舉動間。尤足係萬國之觀聽。如英法工黨要求增殖。而以德意等國工人之輸入。卒歸無效。歐州工人遷徙美州。美州傭值爲之驟跌。且有耐勞習儉之華工。移殖美澳[1]二州。其本土之工人。因爲所困。吾儕考往知來。有見於東方工業。方在萌蘖。將來振興。必使英美各國之資本家及勞力家。同遭傾覆。黄禍之慮。不僅政界受之也。故在灼見近情之資本家。靡不預籌良策。自救眉睫之禍。復結黨羽。以抵制現世潮流。彼爲勞傭者。亦争先恐後。以廣求同志於世界。此飄流國外之畸士。所由伐木招朋。雉鳴求牡。創爲萬國工人聯會。將使爲富不仁者。受一度之懲創也。

三十六年。日耳曼人之被逐者。會於巴黎。潛結一會。名曰公道[2]。執守共産主義。值巴黎亂作。不能相安。移居倫敦。遇北歐諸國之工人。與之水乳交融。會員之交相勗勵者。不在煽動革命。而在廣布公道。以爲民吾同胞。當共躋於道岸也。更爲馬格司學説所熏化。盛唱民會革命。必從財政革

① “澳”，指澳大利亞。
② “公道”，即正義者同盟（League of the Just）。

命始之說。四十七年。開議會於倫敦。易名曰共産會[①]。其條教云。本會宗旨。在推翻資本家。擁護勞力家。廢止黨争之舊會。别建共和之新會[②]。即此數語。其宏遠之志略。可見一斑矣。

會衆公推馬格司恩吉爾二人。同著新書[③]。宣示立會宗旨於天下。其書刊發於八十三年[④]。書中義藴。可於恩吉爾序文見之。其略曰。吁嗟乎。昊天不弔。竟使歐美工人敬愛之馬格司。長作古人。而令後死之吾。含哀雪涕。獨敍斯編也。蓋自馬格司逝後。宣告書絶無進益。馬氏手纂之警語。則謂古今諸史。一黨派相争之日記耳。役於人者與役人者争。治於人者與治人者争。其争也。依羣化之演進而有異。而工黨之摧殘。於今爲烈。不合大羣之力。以拯起之。使永脱於壓制剥奪黨争種種之厄境。其能脱資本家之羅網哉。

宣言書之要領。在發明古今之民俗志。莫非黨争。而繼今以往。則由繁趨簡。衹有二黨相敵。一恃財。一務力。二者之遠因現狀後果。及其猜嫌傾軋之故。書中三復申論。惟辭氣矯激。不免授人口實。人或責其廢止私人財産權。則彼應之曰。勞力家應有之財産權。被廢止久矣。今所欲廢止者。但資本家之攘奪權耳。或又斥其滅除家庭倫理。則應之曰。工廠魚肉婦稚。淫虐成風。倫理之滅除。不自今始矣。或且病其無愛國心。則應之曰。勞力家本無國可依。何愛之有。其强詞奪理。即此可見。

---

① “共産會”，即共産主義者同盟（Communist League）。1847 年 6 月，由正義者同盟改組而成。
② “本會宗旨。在推翻資本家。擁護勞力家。廢止黨争之舊會。别建共和之新會”，出自 1847 年共産主義者同盟第一次代表大會通過的、由恩格斯和威廉 • 沃爾弗兩個主要起草人所擬定的《共産主義者同盟章程》第一條。今譯爲：“同盟的目的：推翻資産階級政權，建立無産階級統治，消滅舊的以階級對立爲基礎的資産階級社會和建立没有階級、没有私有制的新社會。”《共産主義者同盟章程》，參見馬克思，恩格斯. 馬克思恩格斯全集：第 4 卷[M]. 北京：人民出版社，1972：572.
③ “新書”，指《共産黨宣言》。
④ “其書刊發於八十三年”，指 1883 年在霍廷根—蘇黎世出版的德文版《共産黨宣言》，是馬克思逝世後經恩格斯同意出版的第三個德文本。恩格斯爲之作《1883 年德文版序言》，對唯物史觀的主要内容作了經典表述。

資本家及勞力家同遭傾覆黃禍之慮不僅政界受之也故在灼見近情之資本家靡不預籌良策自救眉睫之禍復結黨羽以抵制現世潮流彼爲勞傭者亦爭先恐後以廣求同志於世界此飄流國外之畸士所由伐木招朋雉鳴求牡創爲萬國工人聯會將使爲富不仁者受一度之懲創也

三十六年日耳曼人之被逐者會於巴黎潛結一會名曰公道執守共產主義値巴黎亂作不能相安移居倫敦遇北歐諸國之工人與之水乳交融會員之交相勗勵者不在煽動革命而在廣布公道以爲民吾同胞當共躋於道岸也更爲馬格司學說所熏化盛唱民會革命必從財政革命始之說四十七年開議會於倫敦易名曰共產會其條教云本會宗旨在推翻資本家擁護勞力家廢止黨爭之舊會別建共和之新會卽此數語其宏遠之志略可見一斑矣會衆公推馬格司恩吉爾二人同著新書宣示立會宗旨於天下其書刊發於八十三年書中義蘊可於恩吉爾序文見之其略曰吁嗟乎昊天不弔竟使歐

美工人敬愛之馬格司。長作古人。而令後死之吾。含哀雪涕。獨敍斯編也。蓋自馬格司逝後。宣告書絕無進益。馬氏手纂之警語。則謂古今諸史、一黨派相爭之日記耳。役於人者與役人者爭。治於人者與治人者爭。其爭也依羣化之演進。而有異。而工黨之摧殘。於今爲烈。不合大羣之力以拯起之。使永脫於壓制剝奪黨爭種種之厄境。其能脫資本家之羅網哉。

宣言書之要領。在發明古今之民俗志。莫非黨爭。而繼今以往。則由繁趨簡。祗有二黨相敵。一恃財。一務力。二者之遠因現狀後果。及其猜嫌傾軋之故。書中三復申論。惟辭氣矯激。不免授人口實。人或責其廢止私人財產權。則彼應之曰。勞力家應有之財產權。被廢止久矣。今所欲廢止者。但資本家之攘奪權耳。或又斥其滅除家庭倫理。則應之曰。工廠魚肉婦稚。淫虐成風。倫理之滅除。不自今始矣。或且病其無愛國心。則應之曰。勞力家。本無國。可依。何愛之有。其強詞奪理。卽此可見。

讀宣言書者。當知作者之境遇。蓋出於放逐國外少年之手。四十七年。値歐州勞傭之悲傷愁苦。初次駭人觀聽。因有宣言書。出是書爲各國工人聯合之導源。於史策中爲最重要事實。況其意義翻新。雄辯驚人。允爲十九期中之傑作。恩吉爾云。宣言書刊印於倫敦。適當二月革命之前。爾後傳譯各國文字。徧布全地。各國工黨之起義。多奉此爲指南。惟前此以世界同胞爲標號。今更名爲萬國工團。以號召徒黨。遂成萬國攻取之形勢。越十七年。蔓延全世界。共認工團之名義。爲萬國工人聯會之渠範。

四十八年。法德意奧諸國。同受革命熱潮。維時工人聯會。力尚弱而無以應變。但前此放逐國外之士。今皆乘勢歸國。以效命於共和軍。頗著義勇。惜卒不能制勝。事平之後。工業驟盛。資本家之勢燄隆隆日上。勞傭籲求幸福。猶逆流而上。駛殊苦操柁之無術。故馬格司輩。倡言資本家之傾覆。必待其惡貫已盈。共知其阻礙民生。無復怙惡之力。至是而一舉蕩平。勢若摧枯矣。馬建議後。卽退讀宣言書者。當知作者之境遇。蓋出於放逐國外少年之手。四十七年。值歐州勞傭之悲傷愁苦。初次駭人觀聽。因有宣言書出。是書爲各國工人聯合之導源。於史策中爲最重要事實。况其意義翻新。雄辯驚人。允爲十九期中之傑作。

恩吉爾云。宣言書刊印於倫敦。適當二月革命之前。爾後傳譯各國文字。徧布全地。各國工黨之起義。多奉此爲指南。惟前此以世界同胞爲標號。今更名爲萬國工團[①]。以號召徒黨。遂成萬國攻取之形勢。越十七年。蔓延全世界。共認工團之名義。爲萬國工人聯會[②]之榘範。

四十八年。法德意奥諸國。同受革命熱潮。維時工人聯會。力尚弱而無以應變。但前此放逐國外之士。今皆乘勢歸國。以效命於共和軍。頗著義勇。惜卒不能制勝。事平之後。工業驟盛。資本家之勢燄。隆隆日上。勞傭籲求幸福。猶逆流而上駛。殊苦操柁之無術。故馬格司輩。倡言資本家之傾覆。必待其惡貫已盈。共知其阻礙民生。無復怙惡之力。至是而一舉蕩平。勢若摧枯矣。馬建議後。即退處倫敦。下帷攻苦。以期志業之克成。至五十二年。第一次工人聯會。竟以是解散。論者謂。蓋世宏猷。將沈淪終古矣。

雖然。四十九年政府之奏凱。僅能弭變一時。非遂能解除革命也。曾幾何時。歐洲人民。騷動一如前日。要之、四十八年以後。各國政府。亦知民氣之激昂。不得不降心相從。以是知民會。雖與政治之體用有别。而其爲歐洲之新動機。無可逆折。則同也。萬國聯會。豈若曇華之一現哉。固明明有其發生之順序。以證吾言之不謬。

① “萬國工團”，英文原書作“全世界無産者聯合起來”（Proletarians of all lands unite）。
② “萬國工人聯會”，即國際工人協會。

萬國工人聯會。何自昉乎。昉於六十二年倫敦之萬國賽珍會[①]也。法國工黨特派代表。如期赴會。頗受英皇禮遇。巴黎各報評贊之。謂英皇以國士待工人。不獨引入嫏嬛勝境。實足敦兩國敦槃之好。同時、英國工人更款待法代表。相與講求勞傭權利。及衆擎易舉之法。次年。法工人更舉代表赴英。提議光復波蘭與勞傭實利諸條件。未見實行。至六十四年九月。大會工人於倫敦之馬丁堂[②]。皮斯來[③]主席。馬格司與焉。會衆議從各國代表中。舉定職員五十人。以釐定章程爲專責。職員初次籌款。僅捐得英金三鎊。誰謂太倉一粟。即能播種於徧地毬哉。且訂章之初。公推義人麻志尼[④]主政。乃拘於本國之性質。非交通肆應之才。馬格司起而矯之。馬固維持工黨之奇傑。一視同仁。不限於國界者也。故其所著條令[⑤]。及公布之講義[⑥]。深入人心。至於今不替。

講義略分三層。一曰。四十八年以後。工業驟盛。國富日增。而民困如故也。二曰。富家甘冒不韙。勞傭作苦。日限十鐘。此後供求之權。必由民間公執也。三曰。志士試行殖産會。業有成效。足徵工業之振興。無待乎富家之主理也。且謂。富家之視勞傭。直如奴隸。不知操之過蹙。發之愈烈。其究也。權必歸於統合之勞傭。於是始能各奮其智。各宣其力。但工業分則敗。合則成。此萬國聯會。所以爲當務之急也。

工會法章[⑦]之序文。瀝陳萬國民法之綱領云。民間茹苦含冤。智淪道喪。

① “萬國賽珍會”，即世界博覽會（International Exhibition）。
② “倫敦之馬丁堂”，指倫敦聖馬丁教堂。
③ “皮斯來”，即愛德華・斯賓塞・比斯利（Edward Spencer Beesly，1831—1915），英國歷史學家和政治活動家，資産階級激進派，實證論者，倫敦大學歷史學家。
④ “麻志尼”，即朱澤培・馬志尼（Giuseppe Mazzini，1805—1872），意大利革命家，民族解放運動領袖。
⑤ “條令”，指 1864 年 10 月馬克思爲國際工人協會起草的《國際工人協會成立宣言》。
⑥ “講義”，指馬克思爲國際工人協會起草的《國際工人協會臨時章程》，1866 年 9 月經國際工人協會日内瓦代表大會（國際工人協會第一次代表大會）通過。
⑦ “工會法章”，指《國際工人協會臨時章程》。

處倫敦下帷攻苦以期志業之克成至五十二年第一次工人聯會竟以是解散論者謂蓋世宏猷將沈淪終古矣

雖然四十九年政府之奏凱僅能彊變一時非遂能解除革命也曾幾何時歐洲人民騷動一如前日要之四十八年以後各國政府亦知民氣之激昂不得不降心相從以是知民會雖與政治之體用有別而其爲歐洲之新動機無可逆折則同也萬國聯會豈若曇華之一現哉固明明有其發生之順序以證吾言之不謬

萬國工人聯會何自昉乎昉於六十二年倫敦之萬國賽珍會也法國工黨特派代表如期赴會頗受英皇禮遇巴黎各報評贊之謂英皇以國士待工人不獨引入鄉嬛勝境實足敦兩國敦槃之好同時英國工人更款待法代表相與講求勞傭權利及衆擎易舉之法次年法工人更舉代表赴英提議光復波蘭與勞傭實利諸條件未見實行至六十四年九月大會工人於倫敦之馬丁堂

皮斯來主席。馬格司與焉。會衆議從各國代表中舉定職員五十人。以釐定章程。爲專責。職員初次籌款。僅捐得英金三鎊。誰謂太倉一粟。即能播種於徧地毬哉。且訂章之初。公推義人麻志尼主政。乃拘於本國之性質。非交通肆應之才。馬格司起而矯之。馬固維持工黨之奇傑。一視同仁。不限於國界者也。故其所著條令及公布之講義。深入人心。至於今不替。

講義略分三層。一曰四十八年以後。工業驟盛。國富日增。而民困如故也。二曰富家甘冒不韙。勞傭作苦。日限十鐘。此後供求之權。必由民間公執也。三曰志士試行殖產會。業有成效。足徵工業之振興。無待乎富家之主理也。且謂富家之視勞傭。直如奴隸。不知操之過蹙。發之愈烈。其究也。權必歸於統合之勞傭。於是始能各奮其智。各宣其力。但工業分則敗。合則成。此萬國聯會所以爲當務之急也。

工會法章之序文。瀝陳萬國民法之綱領。云民間茹苦含寃。智淪道喪。莫不由莫不由於勞傭之困苦。與夫雇主之賊仁害義。制勞傭之死命也。居今日而談匡濟。無論政治家若何高見。必使勞傭不受貧窮之束縛。顧其義至廣。必由一鄉一國。而普及於世界。是宜合各國。俊秀之士。同心戮力。勝此鉅艱也。

序文又云。造諸種因。萬國工人聯會乃立。凡隸會籍者。須以公義善道。爲行事之標準。不以異國異種異教。而分畛域。權利與義務。有相濟而無偏勝。即此數語。旁通曲鬯。而萬國民法之條件備矣。至其理想之能否中肯。尚難懸斷。然奇才傑搆。湧現於炸藥四轟之日。宜其生氣遠出。閱世如新也。

所謂萬國聯會也者。質言之。蓋萬方一致之工人總會也。且爲聯合之總樞。交通之尾閭。而非獨攬大權之謂也。故總會設於倫敦。會長司庫總書記。皆英人也。而各國均得派書記幹事各一人爲代表。總會之職。在召集年會。綜理大綱。各分會皆具獨立之規模。一切事宜。由各地工人自理。然又恐其散沙之無力也。創爲各國各分會自結一總會之法。各分會隸於本國之總會。仍得自達於萬國聯會。似此絶大經緯。一則合羣策羣力以赴功。一則使各分會工人。皆得完其自由。而因地制宜。分職任事也。其慮周藻密也若此。

馬格司爲肇造聯會之人。綜理百務。更著勤勞。厥後會議時。不外遵其手授之方略。續加商榷。修整而補綴之耳。彼紹述柏魯亨學派[①]者。雖衆喙争鳴。然終格於理勢。不得不俯首以就馬氏之銜勒。議會開幕。本擬擇地於比都不魯捨勒。公決聯會法章。嗣以比利時政府禁阻之。乃暫集於倫敦。未成禮也。迨至六十六年九月。舉行正式開會禮於給尼發。蒞會使者六十人。馬氏之條令草案[②]。經衆決行。更議定漸減工時。至每日八點鐘爲額。又議設完備之教育機關。使工人資格。漸躋於中人以上。此次議案。一本常理。

① “柏魯亨學派”，即蒲魯東派。參見馬克思，恩格斯. 馬克思恩格斯文集：第 2 卷[M]. 北京：人民出版社，2009：701.

② “馬氏之條令草案”，指馬克思爲日内瓦代表大會臨時中央委員會起草的正式報告《臨時中央委員會就若干問題給代表的指示》。

萬國聯會似此絕大經緯一則合羣策羣力以赴功一則使各分會工人皆得完其自由而因地制宜分職任事也其慮周藻密也若此

馬格司爲肇造聯會之人綜理百務更著勤勞厥後會議時不外遵其手授之方略續加商榷修整而補綴之耳彼紹述柏魯亨學派者雖衆喙爭鳴然終格於理勢不得不俯首以就馬氏之銜勒議會開幕本擬擇地於比都不魯捨勒公決聯會法章嗣以比利時政府禁阻之乃暫集於倫敦未成禮也迨至六十六年九月舉行正式開會禮於給尼發菈會使者六十人馬氏之條令草案經衆決行更議定漸減工時至每日八點鐘爲額又議設完備之教育機關使工人資格漸躋於中人以上此次議案一本常理爲民法之最易行者當時法國使員提議凡入會者必須勞力之人勞心者不得爲會員於是羣議紛起有謂彼勞心者亦在服勞之列不當屏絕有謂勞心者好高騖遠貽禍工界也至最終之議決則謂勞傭復分門戶而自棄才智出衆之英俊況彼勞心者見抑於

爲民法之最易行者。當時法國使員提議。凡入會者。必須勞力之人。勞心者不得爲會員。於是羣議紛起。有謂。彼勞心者。亦在服勞之列。不當屏絶。有謂。勞心者好高騖遠。貽禍工界也。至最終之議決。則謂勞傭復分門户。而自棄才智出衆之英俊。況彼勞心者。見抑於資本家。無殊於勞力者。安有屏絶之理哉。於是法使員之議不果行。

六十七年。第二次集會於老山泥[①]。民法之擘畫。益見進步。議決輸運交通之要具。概歸國家主宰。以是褫奪大公司之霸權。而解脱工人之羈軛焉。復倡興通功營業會。以及增加庸率之善法。其深戒力防者。則恐復蹈現行法之覆轍。轉令求福得禍也。故其執行之方。惟求民閒準報酬之公道而進行。以是爲變革之章法。

六十八年九月。第三次會議於比都[②]。聯會所持之民法。至是益彰。與會使員九十八人。代表英法德比意班[③]瑞等國。此次議決之案。凡森林鑛産土地。並運輸交通之器具。皆歸民會或共和國家掌之。同盟罷市之舉。宜出之以文明。更須縮減工時。俾受教育。因重申保工之法。工人力作所獲。宜獨享之。資本家不得挾租息贏三例。以横加征斂。凡此皆爲勞傭興利除弊計也。又惡戰争之禍。斥之爲暴殺之假名。故遇有戰亂。各國工人當聯合罷市。以相抵制。始終堅持。不稍諉卸。期復和平。次年。更集議會。然無所表見。雖有廢止私産一條。以不洽於衆議而罷。

聯會之設。頗擁勢力於歐州。英之貿易會[④]。嘗禁阻大陸賤價工人之入境。非恃聯會之盾其後乎。六十七年。巴黎之鋼業。瀕危而復存者。非聯會

① “老山泥”，即洛桑（Lausanne）。
② “比都”，指比利時首都布魯塞爾。
③ “班”，指西班牙（Spain）。
④ “貿易會”，英文原書作“Trade Union”。

爲之護符乎。故六十八年。日耳曼南部一百二十二工會。俱入聯會。七十年。蓋滿倫[①]代表八十萬美州工人。杖策來歸。自是會象日盛。漸被東方。波蘭匈牙利競附驥尾焉。時則各屬支會。各設機關報。以廣智識而通聲氣。歐州名家之報章。亦津津樂道之。由是羣相揣測。以爲歐州時起革命。聯會實爲其淵藪。甚至目爲俶擾閭里之總機關。然究觀其實。聯會安有此力。惟託於沈摯博大之理想耳。況其規制疏漏。財源瘠薄。入會者大都冀分河潤。莫解慳囊者乎。

七十年。又擬召集年會於巴黎。以法德戰役[②]而中阻。然聯會宗旨。繇此大彰。法德支會。與倫敦總會。皆嚴斥二國啓釁之無理。逆折上旨。觸忤時宰。所不避也。夫聯會代表之工業同志。皆有志弭兵者也。筆掃欃槍。義勇深足嘉尚。而造福於世界更無窮也。行見工界諸同志。權力日張。環海從風。災戾之氣。化爲祥和。則豈惟工界利賴之哉。矧工人之遇戰事。尤有切膚之痛。自來用兵之日。器械糗糒。工人出之。戰勝之後。詭利虛名。工人不與焉。宜乎他黨所不容置喙者。工黨毅然争之。而不爲越理也。

過此以往。聯會鋭氣頓挫。其罣誤非一端。英之貿易會。衹知一國私利。不顧萬國公益。已足令人失望。而日耳曼民法學家。又各分門户。激成水火。重以會費告罄。官力阻撓。危象迭見。焉得不敗。然事處盤錯。猶可望轉圜。種雜稗荑。乃無可救藥也。蓋自六十九年裴古甯率掃除政府黨若干人。附名會籍。深惡馬之力主政府集權。故至七十二年。海牙議會開時[③]。黨争遂起。時與會使者六十五人[④]。掃除政府黨忿戾不可復制。馬乃

① "蓋滿倫"，即安德魯·卡梅倫（Andrew Cameron，1834—1890），美國工人運動活動家。曾任美國印刷工人聯合會會員、芝加哥《工人辯護士報》編輯、美國全國勞動同盟綱領委員會主席、國際工人協會巴塞爾代表大會代表、國際工人協會總委員會執行主席。
② "法德戰役"，即普法戰争（1870—1871），普魯士王國和法蘭西第二帝國之間的戰争。
③ "故至七十二年。海牙議會開時"，指 1872 年 9 月在海牙召開的國際工人協會第五次代表大會。
④ "六十五人"，有誤，應爲"六十四人"。

驅令出會。旋決議遷總會於紐約。當閉會之前。馬慷慨淋漓以語衆曰。海牙者。十八期國君交會之地。所以固其威權保其國祚者也。顧昔日冠裳盟會。今轉爲工黨之集議廳。從可知世運之漸進大同也。又謂。工人欲入蔗境。有不勞而獲者。如英美和等國是。有竭蹶以圖者。如此外歐州各國是。末又自言。願矢殘年。以謀羣福。雖遭遇迍邅。壯志一如疇昔也。語重心長。合座隕涕。

聯會易地。生氣已盡。七十三年[1]。開末會於給尼發。回光一照。遂如槁木寒灰。而彼縱火焚林之掃除政府黨。尚鼓其尸居餘氣。自號任天黨[2]。出没無定蹤。裴古甯主之。多流血之禍。（下章當備論之）然至七十九年。亦滅跡銷聲矣。

評工人聯會者。羣服其設想至高。造端志宏。欲合大地之勞人。共登熙熙之春臺也。基址牣立。傾欹未定。萌蘖方生。旦暮即萎。則以壅於時機。未克展布也。夫合天下億萬工人。地位才智之顯別。語言文字之各殊。無財力以資建設。無暇日以相切磋。而欲成亘古未有之偉業。於勢爲不順。惟不順也。而挽回氣運之人物。乃愈不可少。雖植懷幽夐。世鮮同調。規模遠大。事類摹空。然其宣揚大義。警覺人心。功固有不可没者。况移山填海。有志竟成。故集大羣以彰公道者。爲世界人羣所歸心。爲各國政府所側目。大業將成。此其驗也。非然者。馬格司輩奚能赫奕一時。垂聲後世哉。即彼頑錮之政黨。雖暫奮私智。逆折其機。終必回心向化。投誠旗下。無可疑慮。吾知聯會之餘風未歇。方策如新。他日者。搏搏大地。放文明自由之花。皆此精神此魄力爲之也。

聯會響絶音沈。其動力固自在天壤也。何則。公理昭宣。萬衆傾耳。奮

① “七十三年”，有誤，應爲“七十六年”。
② “任天黨”，英文原書作“autonomists”，即自治黨。

起圖功。前仆後繼。羣情若是。繄豈無大成之望乎。故吾人不當以其挫敗而萌退志。當知丕基肇造。動虞顛躓者。正所以促後世之成立也。聯會何獨不然。方其垂成而忽敗也。猶纖雲翳日。終必復其本體。民法之晦而復明。豈得已哉。以故賡續之舉。紛起於世界各國。其間雖無綜合之機關。然其感情同。準的同。對於邦交之觀念亦罔弗同。其進行也。不免分道揚鑣。究其歸宿。要皆同條共貫。自七十七年以後。各國代表屢訂會期。巴黎不魯捨勒倫敦復爲萬國工人會議之場。惜其中厠入掃除政府黨。以致時起紛擾。是亦萬國工會之動機。尚未成熟之一證也。

萬國工人會。既足震耀耳目。萬國政府之聯會。不更足令人錯愕贊歎乎。八十九年。瑞士政府倡議聯合各國政府。磋商工業最盛諸國之勞傭。越一年。德皇頒諭。亦注意於此。其提出諸款。雖但屬萬國工會中之一鱗一爪。然登高一呼。獎助各國保護勞傭。誠有可歌可泣者。自此各國政府。始憬然於勞傭爲世界禍福之所繫。蓋含有邦交性質。而非國權所能抑制者。自今以往。勞傭之利害。政府當熟審兼權。去其害以謀其利。而争奪殘殺之風。庶可不作。化干戈爲玉帛。以人和迓天庥。斯何如景象哉。郅治匪遥。願各努力。凡有心人亟聽之。工界偉人更勗之。

篇

九

一

日耳曼民會共和

欲測知日耳曼近世之進境。不可不究觀日耳曼之大事記。攷其往史。國勢分離。及教宗改革時代。其國中分立二教。教徒尋仇。至三十年之劇戰[①]。慘無天日。財産政治道德。俱罹兵燹之剥蝕。遂致瘡痍不復。國權支離而孱弱。强敵伺隙以侵陵。蓋數百年來。法蘭西之稱雄歐陸者。實以離間日耳曼列邦。爲不二法門也。

夫佛得力帝[②]之武功。高突[③]康德黑智兒[④]之偉箸。與夫十三年之普法戰役[⑤]。凡此驚人事業。俱足唤醒日耳曼之人心。無如國情涣散。振興不易。其工業亦瞠乎英法之後。近至十九期而封建之餘燼。猶有存者。其民間試用織紝機。竟遲至十九期之中葉。可謂後進國矣。若夫勝法之役。雖得自立而成大國。然羣情之頽喪更甚。蓋其民不惜身家性命。以争得之自由。至是轉成噩夢。而戰勝所獲。惟貴冑華族專享之。弊政惡法。一仍舊貫。所慰情聊勝於無之一事。惟萊尼河[⑥]兩岸。前此法人經營之遺業。得以安享其成耳。

① “三十年之劇戰”，即三十年戰争，由神聖羅馬帝國内戰演變而成的一次大規模的歐洲國家混戰。

② “佛得力帝”，即腓特烈大帝，指弗里德里希二世（Friedrich Ⅱ，1712—1786），普魯士國王（1740—1786）。

③ “高突”，即約翰·沃爾夫岡·馮·歌德（Johann Wolfgang von Goethe，1749—1832），德國作家、詩人、思想家和博物學家。

④ “黑智兒”，即格奥爾格·威廉·弗里德里希·黑格爾。

⑤ “十三年之普法戰役”，即 1454—1466 年普魯士聯盟與波蘭王國結盟共同對抗條頓騎士團國的戰争。

⑥ “萊尼河”，即萊茵河。

當元氣未蘇。蕭條滿目之際。民情之鬱伊滋甚。況日耳曼人夙著忠義。見夫宗邦之凌夷衰微。貴族之昏庸驕蹇。文學則謬詡高明。藝術則極形消沮。焉有不撫膺蹙額者乎。故當四十八年之革命。日耳曼人倡義尤烈。舉維也納柏林之舊政府。掃蕩而無餘。顧彼勢燄灼天之改革家。於同黨中復分門户。羌無徹始徹終之毅力。未幾而遂爲敵勢所乘。舊政府死灰復然。議會則解散也。黨人則駢戮也。偵騎四出。狴犴爲滿。吁。憯矣。越明年。黨人之遁迹瑞士者。都一萬一千。厥後多由瑞赴美。

目論之士。以爲黨人一蹶不振。殆終成荒原之殭石。然而深識者不謂然也。蓋自有此舉。舊黨鬼蜮之形畢露。封建毒螫之制盡廢。而其成效卓著者。則在激起中下二等之人。使之摩厲以須。及鋒而試。終造成今日光華糺縵之日耳曼也。然當時二等之人。有割席之嫌。亡盍簪之誼。中等人①稱自由黨。多游移畏葸之鄙夫。下等人②號共和黨。皆冒險進取之志士。共和黨因斥自由黨爲羣蠹。爲罪魁。兩黨積嫌。實於日耳曼新政。留一記念。試述其故。

在英法等國之中等人。實據民會之上游。日耳曼則不然。誰實爲之。則以藝學之發明較晚。中等人之識力。不足任共和軍健將。故建樹宏業。非所敢望。且所謂自由黨者。謹厚有餘。剛勇不足。而勞力之共和黨。輕率浮躁。好大喜功。使老成人見之。未有不驚心咋舌。避之惟恐不遠也。大義之不明於全國。職是之由。

向使兩黨人士。各懷脣亡齒寒之懼。互敦同仇敵愾之風。何至木朽蟲生。爲識者所譏乎。無如始基未奠。兩黨之嫌隙已萌。共和黨主張選柄公操。而自由黨齮齕之。則以工人於四民中爲最多。若使各得選舉權。將不利於己也。且中等人遺傳之性。每薄視工人爲不足數。以爲是庸庸者。不過供奔走而備驅策耳。雖其中或有才智之人。亦祗在附庸藩屬之列。不屑與握手訂

① “中等人”，指中産階級。
② “下等人”，指平民階級。

交。而謂工黨能忍受乎。遂走集賴薩勒麾下。其大略已述於上文。世運日新。羣化日變。二黨之軋轢日益甚。曩者號爲共和黨。至是更爲民會共和黨。彼自由黨乃優容政府。以取便私圖。説者謂。二黨分裂。爲日耳曼進化之障害也。夫工黨之矯矯者。既絶望於平和。乃從賴馬諸人而急進。馴至革命黨。蟄伏全國。是爲中等人與工黨鬩牆之變局。

今考德國工會之史記。自六十三年。賴薩勒手創此會。明年。賴遽卒。會員僅四千六百十人。蓋距立會之期纔十五月也。賴遺命以裴客[①]繼己任。統攝會務。然裴器小不足以任重。其克勝斯職者。允推郗渭川[②]。乃郗又制行不謹。未孚衆望。德工人降格以求。仍舉裴客續任總理。裴才慚短綆。然恪守蕭規。人服其勤。賴之故知海法德夫人。慨任會費。惟以事多干涉。工人滋不悦。兼之會員之桀黠者。忿争不已。無術解紛。是亦初創一事之通病。吾儕苟審知德工人生計之困阨。智識之卑劣。則將悼惜之不暇。安忍刻責之哉。惟其困阨卑劣至於此極。故賴雖竭智盡慮。瘏口嘵音。而猶無啓瞶發聾之一日。事勢若是。裴之碌碌無所表見。亦安足怪。然裴任職之期頗促。繼之者爲屠基[③]。屠才稱諳練。而會象之彫薾如故。方其任職時。會中僅儲英金十八先令耳。如以財力之豐嗇。判定聯會之成敗。則所以限其進步者。彰彰然也。

工會之剏造也。有快心怵目[④]之一事。即郗渭川倡設之民會共和報[⑤]也。馬格司與恩吉爾之儔。始亦贊助之。嗣以郗續刊論著。援引畢斯麥政策。旅英之改革黨如馬恩者。意不謂然。因與割席。然郗之命意根於賴。苟彼政黨

① “裴客”，即伯恩哈特·貝克爾（Bernhard Becker，1826—1882），德國政論家和歷史學家，拉薩爾主義者。

② “郗渭川”，即約翰·巴蒂斯特·馮·施韋澤（Johann Baptist von Schweitzer，1833—1875），德國工人運動中拉薩爾派代表人物之一。

③ “屠基”，即卡爾·威廉·特耳克（Karl Wilhelm Tolcke，1817—1893），德國社會民主黨人，拉薩爾主義者，全德工人聯合會領導人之一。1866 年，接替貝克爾擔任全德工人聯合會主席。

④ “快心怵目”，疑爲“驚心怵目”。

⑤ “民會共和報”，即《社會民主黨人報》（*Sozialdemokrat*），1864 年創辦的全德工人聯合會機關報。

有利於吾民法者。吾亦何樂而弗受之。馬恩之立志異是。謂當拒之如蛇蝎。不容兩立也。郗則謂。馬恩遠託異國。不悉内情。惟己則能相機應變。要之郗之論著。誠亦有功於工黨。有光於日耳曼之民史也。

維時日耳曼政局。情暌勢渙。貽譏黑闇。工會之進行。亦如盲人瞎馬。夜半臨池。正不知税駕何方。其撥亂反正之初象。見之於北日耳曼聯盟者[①]。以選政普及爲根據。此係六十六年畢斯麥戰敗奥軍後所建設也。聯盟大會之初期。在六十七年。即郗渭川舉攝工會總理之年也。當此政典改革之時。民會共和黨。將何所適從乎。請先述黨人經歷之大事。

工會會員。多普魯士與北日耳曼人。同時。薩克索尼亞[②]與南日耳曼。又有新設之工會。郗渭川患之。蓋自六十年以還。工會之發起於日耳曼者。如雨過潮生。衝堰決隄。俱以妄談政治。致罹實禍。是皆名爲工人教育會[③]。其間亦有服膺賴説者。然無識者究居大半。汎濫詄蕩。非有確見定謀。一若伏流四出。而求其歸宿也。難矣。此皆爲普魯士霸權所激成。而其尤爲賴氏工會之勁敵者。六十三年。突起於佛琅克弗爾之急進派工人同盟[④]是也。同盟剏設之宗旨。即欲抵制賴氏工會之勢力。然抗争未久。旋爲共和之義所熏化。此後由共和而更入民法。凡此變遷。藍内德[⑤]與裴耳[⑥]之力居多。迨至六十九年。工人會共和黨[⑦]成立。與工黨並重一時。彼則以薩克索尼亞與南

① “北日耳曼聯盟者”，即北德意志邦聯（North German Confederation）。
② “薩克索尼亞”，即薩克森州（Saxony），全稱爲薩克森自由州，是德意志聯邦共和國的一個聯邦州，位於德國東部。
③ “工人教育會”，英文原書作“Working men’s educative associations”，即德意志工人教育協會（又稱倫敦德意志工人共産主義教育協會）。
④ “急進派工人同盟”，即德意志工人協會聯合會（Union of the Working Men’s Associations）。
⑤ “藍内德”，即威廉・李卜克内西（Wilhelm Liebknecht，1826—1900），德國社會民主黨和第二國際的創始者和領導人之一，德國和國際工人運動的著名活動家，馬克思、恩格斯的學生和戰友。
⑥ “裴耳”，即奥古斯特・倍倍爾（August Bebel，1840—1913），德國工人運動和國際工人運動的活動家。
⑦ “工人會共和黨”，即德國社會民主工黨。

之成敗則所以限其進步者彰彰然也

工會之粃造也有快心怵目之一事即郗渭川倡設之民會共和報也馬格司與恩吉爾之儔始亦贊助之嗣以郗續刊論著援引畢斯麥政策旅英之改革黨如馬恩者意不謂然因與割席然郗之命意根於賴苟彼政黨有利於吾民法者吾亦何樂而弗受之馬恩之立志異是謂當拒之如蛇蝎不容兩立也郗則謂馬恩遠託異國不悉內情惟已則能相機應變要之郗之論著誠亦有功於工黨有光於日耳曼之民史也

維時日耳曼政局情暌勢渙貽譏黑闇工會之進行亦如盲人瞎馬夜半臨池正不知稅駕何方其撥亂反正之初象見之於北日耳曼聯盟者以選政普及為根據此係六十六年畢斯麥戰敗奧軍後所建設也聯盟大會之初期在六十七年即郗渭川舉攝工會總理之年也當此政典改革之時民會共和黨將何所適從乎請先述黨人經歷之大事

日耳曼爲襟帶。此則以普魯士爲鎖鑰。兩黨各舉代表以入北日耳曼聯盟大會[①]。是役也。洵爲光前裕後之創舉。而黨人之對於畢斯麥。略不知感。在畢斯麥以統一日耳曼之功。屬諸人民。且以選舉公權分貽之。以是取信於國民。孰知相公之擘畫。一入四十八年革黨之目中。以爲是戔戔者不足挂齒也。郗渭川則獨抱隱憂。歎息成事之不可復追。惟在當事者彌縫補救。庶不患政權之旁落。藍内德則更視此聯盟爲酷政之變相。當決去之以清政府。故會議法章之日。引避不遑。懼助桀爲虐也。因抒其發奸摘伏之論。以爲畢斯麥之祕謀。將使日耳曼支離滅裂。蜎縮蜷伏。歷數十百年而淪胥以亡也。

七十年。德法戰事方起[②]。愛國熱潮。震盪歐陸。民法紛争。爲之暫息。然彼二國之啓釁也。藍内德與裴耳愍焉傷之。謂二國政策。未見彼善於此。故募公債以充兵費之議。非二子所樂聞也。他若民會黨代表郗渭川等。則在贊成之列。而所以贊成之者。非好戰也。痛心拿破崙之黷武。法蘭西工黨[③]且將糜爛。而法皇兵力果稱雄歐州。日耳曼將無復統一之望也。法軍既敗。各黨代表全體一致。拒絶公債。倡言議和。不侵佔法國尺寸版圖。孰知黨人之要求。適逢政府之怒。横遭禁錮。遂不可免。

此後郗渭川辭總理之職。方其任職時。屢窘於有司。不諒於同志。見困於敵黨。寢食不甯。貲産蕩盡。誠備嘗艱苦矣。而其綜理會務之藎謀卓識。迥非繼其任者所能幾及。七十五年。卒於瑞士。

自六十二年。賴氏盛唱民法之後。翕從者衆。因之日耳曼之偵吏。視黨人如大敵。或逮捕其首領。或解散其議會。報館則勒令停閉。團體則誣爲賊

① “北日耳曼聯盟大會”，即北德意志邦聯議會（North German Diet）。
② “七十年。德法戰事方起”，指1870—1871年的普法戰争。
③ “法蘭西工黨”，英文原書作“Socialist workmen in France”，僅指法蘭西的社會主義工人。

黨。出版自由。持論自由。徒託諸冥想耳。凡此皆有以激勵人心。使協謀對付之策也。矧值郗渭川辭職以去。分門別户之見。涣然冰消。遂以堅其團合之力。故工會與同盟。平時則鴻溝畫界。臨難則吴越通家。卒至七十五年合會於各他河[①]附近地。名曰日耳曼工會黨[②]。其會章分十六款。以自由平等博愛爲綱。而以政法兵事工律税則教育道德衛生爲目。一一分訂專則。而公其權於人民。此會章傳播一時。較之曩昔。更稱詳密焉。

二黨合併之局已成。日耳曼民會共和之盛業。遂定其基。爰有鋭志任事之黨員。徧布此義於城鄉。而以新報叢書爲媒介。集會演講。更相切劘。莫不殫心竭慮。以闡明道義爲己任。或印發單張。或刊送歷書。要皆以民會相敦勗。凡通都大城。民物殷阜之地。黨員之勢燄亦日盛。官吏深惡之。因議別訂專律。顯予裁制。實則黨員所奉行者。力主和平。未嘗逆時勢而爲蠢動。此則馬格司之遺風也。然其所以遭時之忌者。則以召集大羣。合力以望速成耳。夫曰合力。曰速成。即不免危象之流露。當時日耳曼報章所載。講臺所述。有足令人驚心動魄者。政府之嫉視而摧抑也。固宜。顧頒訂專律之法案。國會梗之。已乃解散國會。裁制民會之專條[③]。於焉確立。其間畢斯麥實左右之。夫畢固素重賴氏者也。於賴之殖産會與選政普及諸條議。意頗融洽。今忽爲煑鶴焚琴之舉。殆以樞務殷繁。不暇平心垂察歟。

夫畢相之視民會共和黨。胡竟如芒刺在背也。則以七十八年。國會召集之期。藍内德不擇忌諱。公布其力助巴黎共産會[④]之意。畢聞而惡之。遂視

---

① “各他河”，即哥達（Gotha），德國中部城市。1875 年 5 月，德國社會民主工黨（愛森納赫派）與全德工人聯合會（拉薩爾派）在哥達召開代表大會，決定兩黨合併，改名“德國社會主義工人黨”。

② “日耳曼工會黨”，即德國社會主義工人黨。1890 年 10 月，在德國社會主義工人黨哈雷代表大會上，決定改名爲“德國社會民主黨”。

③ “裁制民會之專條”，即《反對社會民主黨企圖危害治安的法令》，簡稱《反社會黨人非常法》（1878—1890）。

④ “巴黎共産會”，即巴黎公社。

共和黨爲一國之大蠹。且藍裴等昌言於國會者。類多恣睢暴戾。抵觸當道。前此懷欲陳之而未有路者。今則傾筐倒篋而出之。不啻爲日耳曼民會共和黨①。對政府而下宣戰書也。夫共和黨既顯與新政爲仇。則權勢赫奕之畢斯麥。豈能斂衽低眉。甘拜下風乎。上下以積嫌而衝突。遂無術以解紛。

畢斯麥爲歐州絶代之政治家。運大智。定大謀。履危蹈險而不悔者。無非爲統一聯邦。恢復帝國之光榮也。嘗自言曰。余既扶翊日耳曼而登諸鞍上矣。今惟求加鞭疾馳。不虞顛蹶。然畢斯麥大功初定。固足稱快一時。而其續行之方略。則阻力横生矣。夫彼堅忍刻苦。備歷艱辛。以成此一統之政局。宜爲舉國所歡迎。初不意國門之内。樹兩大敵。即聯會與共和黨是。畢斯麥怒之甚。因用威力以相脅制。雖明知非自由國所宜出。然非此無以相勝也。遂於七十八年十月。實行民會禁律②。嚴扃報館。驅散黨會。言論自由之權。摧折殆盡。更遣偵吏。徧布各城。黨人窘辱日甚。懼而合謀。以爲集團舉事。不在形式而在精神。馬格司嘗謂。工廠即工黨之産地。工業之演進。工黨團力亦隨而發達。如影與形之不相離。苟工人不自暴棄。則勃興之機。雖臨以刀鋸鼎鑊。不能奪其志而挫其氣也。日耳曼工人聞此言也。復攝心定慮。任虐制之横行。舉不足擾其甯静之天。

雖然。人各有心。不能自爲翕合。必有一物焉以溝通之。乃於七十九年。創設民會共和報③於冉立支④。八十年以後。撰述之任。巴司敦⑤主之。巴立

① “日耳曼民會共和黨”，即德國社會民主黨。
② “民會禁律”，即《反社會黨人非常法》。
③ “民會共和報”，即《社會民主黨人報》。不同於 1864 年創辦的全德工人聯合會機關報《社會民主黨人報》，此爲德國社會主義工人黨機關報（1880 年 8 月德國社會主義工人黨維登大會將其作爲黨的機關報），有研究者以《新社會民主黨人報》稱呼它。
④ “冉立支”，即蘇黎世（Zurich），瑞士第一大城市、瑞士蘇黎世州首府。
⑤ “巴司敦”，即愛德華•伯恩施坦（Eduard Bernstein，1850—1932），德國社會民主黨和第二國際右派首領，修正主義的代表人物。

論警闢。銷數特暢。雖其時警政極嚴。而國内共和黨。仍自由傳播。至八十八年。自冉立支移往倫敦。九十年。民會禁律取消。報亦停刊。

畢斯麥手挽狂瀾。雖有明效。抑甚暫也。當八十一年。爲禁律實行後首次選舉期。黨人選舉名額。減至三十一萬。然未久即復伸張。八十四年選舉期。增額至五十五萬。八十七年。復增至七十六萬。至九十年。更倍其額爲一百四十二萬。於是民會厚集勢力。駕日耳曼各黨之上。莫敢與之抗顏行者。畢斯麥嚴酷之禁律。遂虎其頭而蛇其尾。

民會共和黨戰勝畢斯麥。堂堂正正之師。縱横無敵於天下。以素無紀律之工黨。至是而堅忍不拔。嚴整有序。慎始徹終。保守和平。無編制之形式。而有完備之精神。堅强奮發。與位尊權重之歐州大政治家。捨命搏擊。至於成功。而絶無不正之舉動。貽人口實。嗚呼。世有史記以來。勞傭之事業。未有若是之可咏歌可慷慕者也。蓋若輩皆有高尚之胸襟。優勝之資格。以奏凱於文明之大陸。洵足輝映前古。照耀來今矣。

民會禁律既除。黨人所亟謀者。即修整其内治也。因草創一機關部。舉總理一人。幹事二人。司庫一人。又選任協贊員二人。以輔總理之所不及。前於倫敦刊發之月報[①]。至是輟業。别營新報於柏林[②]。爲交通之總匯。九十一年。黨人會於安弗脱[③]。草意見書[④]。改正各他河之會章[⑤]。民會共和之原理。至此如大海潮音。震盪歐陸。視前人之造詣。迥不侔矣。今摘述其要旨如左。

---

① "前於倫敦刊發之月報"，指德國社會主義工人黨機關報《社會民主黨人報》。

② "别營新報於柏林"，即德國社會民主黨機關報《前進，柏林人民報》。1890 年德國社會主義工人黨哈雷代表大會决定，自 1891 年 1 月 1 日起把黨的機關報《社會民主黨人報》改名爲《前進，柏林人民報》。

③ "安弗脱"，即愛爾福特（Erfurt），德國中部城市，圖林根州首府。

④ "意見書"，即《愛爾福特綱領》。1891 年，德國社會民主黨愛爾福特代表大會通過的《愛爾福特綱領》，是在吸收馬克思《哥達綱領批判》等重要文獻思想的基礎上制定的。

⑤ "各他河之會章"，即《哥達綱領》。

中等富户。寖熾寖昌。而小民之生計乃愈危。蓋以殖産器具。爲資本家所擅。足以扼勞力者之吭而制其命也。且勞力者之子女。雖以貧病多不育。然其生常多於死。因之失業饑寒者日衆。貧民富户。遂如秦越之不相通。雖然。工業愈盛。兩黨之争攫亦愈烈。民間遂呈岌岌之象。私人獨享之資産。不能恃以無恐。民會通功之原則。與日星並曜。而康樂和親之盛治。即基於此矣。顧成此匡濟之功。舍勞傭其誰屬哉。

工黨之致命於資本家也。必先起政治之決鬬。非然者。既無政治之權利。將無術以改造財權也。而其所以制勝者。則必有紀律以制其蠢動。有膽略以鼓其進取。合衆志。策衆力。以赴最終之隆軌。是爲民會共和黨第一天職。

無論何國。苟其資本主義與吾國同。則勞力者之利害亦罔弗同。方今世界大通。商場四闢。一國工人之景況。與他國工人。有休戚與共之誼。故釋放工黨一舉。萬國同其利害也。日耳曼民會共和黨有鑒於此。故鳴大義以召萬國工黨。是役也。非徒爲工黨謀私利。乃爲全體人類增新福。民間有不均不安者。必思所以劑其平。不以種族而判等差。是爲根本要圖。而其所要求於政府者。凡分十則。

一、無論男女。年齡在二十以上。皆得享平等選舉權。憲法每二年修改一次。前此政權之制限。悉予廢止。

二、憲法由人民公定。全國城鄉。民皆自治。官吏按期公選。税則逐年修訂。

三、實行軍國民制度。解除軍籍。凡宣戰媾和。由人民代表議定。邦交危難。由萬國裁判公決。

四、舊律限制言論自由集會自由。今盡除之。

五、舊律裁抑女權。使不得與男子享同等利益。今廢革之。

六、教化爲私人事業。不當由政府撥款資助。當視爲完全獨立之機關。

七、特設公學。概免學膳費。兒童至就學年齡。悉入之。

八、停止大辟。凡受冤者得自由訴訟。誣告人者罰償如律。

九、民間罹疾或分娩。由公醫診治之。醫藥俱免費。喪葬給以公款。

十、征收人民入款税與產業税。以營公衆事業。税額多寡。由納税者據實自認。關税與他項雜税。概予蠲免。

更設保護工黨律。凡分五則。

一、組織國中與外國之工黨保護律。其目爲五。

甲、酌定適中之工作時刻。日不逾八點鐘。

乙、不及十四齡之兒童。禁止服役。

丙、除本業有特別事件。或爲公衆利益之外。夜分概禁作工。

丁、每星期須接連休息三十六點鐘。

戊、禁止以貨物準折工價。

二、設立勞傭總會及公會。察勘工廠内容。督率整理之。以謀工團之衛生。

三、市野各業諸勞傭。悉平等遇之。删去主僕名分。

四、擴張公權。鞏固團體。

五、聯邦有卵翼工黨全體之責。工人居監督之地位。

綜上所列各條件。殆以公團政體爲中樞。而爲人民負興利除弊之責也。此種政體。以民間所有殖產器具。均歸管領。藉免私人資本之流毒。而所以成此政體者。一則以日耳曼工人與世界各國工人。合力協謀。不分畛域也。一則以日耳曼民會共和黨。宜周諮博訪。采良法以圖進行也。究其歸宿。則以公團爲中樞。此則日耳曼民會共和黨所企成者。愛國熱忱。與兼愛主義。

並行不悖矣。夫黨人固飫聞馬格司之緒論者也。然不拘拘於馬之理想。故所訂規律。既不言羸率。亦不涉宰物。要之此種規律。宏深肅括。合萬象之心思才力。融鑄於一鑪。而黨員猶未以爲盡善也。方將求精求密。逐時更新。以期其法之敏活而有效。

日耳曼民會共和黨。自六十三年至九十年之漸進。已概見於上文。然閱時至暫。而變故迭攖。日耳曼之秉政者。百計摧陷之。惟恐不盡。孰知新造脆弱之共和黨。卒能履險如夷。轉敗爲功。使非有大力者。扶翼之於存亡危急之秋。其能崛興若是乎。蓋所以統一聯邦。重振日耳曼帝國者。固惟普魯士軍人之力。亦畢斯麥之高掌遠蹠。有以成之。若馬藍輩空談懸想。究於實際奚補焉。然則民會黨之統一日耳曼。微普魯士之強盛。吾未見其能幾於成也。

夫黨人生於憂患。備嘗險阻。乃適以養成其休休有容抑抑自治之精神。雖有一二狡黠躁進之徒。主張掃蕩政府者。亦爲公衆之所拒斥。旋起旋鋤。終有所懾而不敢逞。即使微露不靖。亦由警吏苛暴。激之使然。而非有固結不解之深仇也。然黨人嘗遭禁律之束縛。自有識者視之。殆有玉成之力焉。先是上中二等人。浮慕民黨之勢。隨聲附和。既無嚮義之誠。徒張虛憍之氣。或倚之爲護符。或居之如傳舍。其溺私廢公。幾累全局矣。幸得政府雷霆萬鈞之力。驅除敗類。民黨皦然共白皭然不滓之風。遂以磨礱而益顯。

抑黨人堅苦卓絶之功候。亦迥非他黨所及。其自始迄終。紆回曲折。而卒成大業者。初未嘗有命世之奇英。爲之衝鋒陷陣。闢諸阻障也。以五十餘年之憂患。或幽居黑獄。或竄迹窮荒。幾經忍辱含垢。而終得達其程途。雖亦有智勇兼人者。爲之疏附後先。然以視馬格司賴薩勒之才之美。則瞠乎遠矣。夫民會共和之名義。則馬賴播其種。而挺芽發幹布蔓結實。則全國工人之力也。彼全國工人心目中。他無所羡。惟羨民會共和黨。甚矣。共和主義入人之深。而人心歸往之切也。

勤劬節嗇。急公奉法。勞傭之美德也。而惟日耳曼民會共和實利導之。標此主義。使人人赴義若渴。物我無間。厥功偉矣。其條件所含之意義。則勉人進取。不以故步自封。當隨時勢遞變。吾人所傾心禱祝者。濟濟工徒。勵志益堅。圖功益遠。而爲之倡率者。更運大智。奮大勇。引之入盡美盡善之域而已。

篇

十

一

掃除政府

以掃蕩政府爲職志者。柏魯亨開其先。俄羅斯虛無黨衍其緒。而提倡最力。聲望最著者。厥維俄國最貴之世族裴古甯。裴生於八百十四年。稍長。習礮術。嫻戰陳。波蘭之役[①]。目睹俄政府之慘酷。遂離伍而讀書。四十七年。至巴黎。遇柏魯亨而大悦。盡棄其學而學焉。四十八年。揭竿事敗。幾殞其身。又以入馬志尼黨[②]。禁錮八年。流之鮮卑[③]。鮮卑總督。其戚也。陰寬之。流四年而遁至倫敦。壯心未已。聳其友賈拉瓜[④]。乘俄國亞歷山大帝禪位之隙。煽動國人。冀一逞其志而後快。旋匿居瑞士。力倡掃蕩政府之義。六十九年[⑤]。創立民黨共和同盟[⑥]。未逾年而即散。乃入萬國聯會。又遭馬格司黨之屏逐。七十年。居里昂。潛圖大舉。然已衰病侵尋。力不足以副其志矣。七十六年。卒。

裴古甯辨才捷給。氣節凜然。不耽佚樂。不避鉅艱。俄國之學生。德國

① “波蘭之役”，指 1830—1831 年沙俄派兵鎮壓波蘭人民起義。

② “馬志尼黨”，“馬志尼”，即朱澤培·馬志尼。“馬志尼黨”，即青年意大利，意大利資産階級革命家建立的一個秘密組織（1831—1848），創始人爲馬志尼。該組織旨在用革命的方法争取意大利的統一，并建立意大利共和國。

③ “鮮卑”，此處指西伯利亞（Siberia）。

④ “賈拉瓜”，即亞歷山大·伊萬諾維奇·赫爾岑（Александр Иванович Герцен，1812—1870），俄國革命民主主義者，俄國民粹主義創始人，政論家、哲學家和作家。

⑤ “六十九年”，有誤，應爲“六十八年”。

⑥ “民黨共和同盟”，即社會主義民主同盟（Alliance de la Démocratie socialiste），1868 年 10 月由巴枯寧成立於日内瓦，同年申請加入第一國際。1872 年 9 月，第一國際海牙大會决定開除從事秘密分裂活動的巴枯寧等人。巴枯寧遂以該同盟成員爲基礎，組建無政府主義國際。

之工黨。鮮卑放流之志士。俱敬事之。生平之所主者。惟在民法之革命。而以物理學爲之本。力排一切有形無形之限制。直謂上至上帝。下至羣生。皆不許有特權。即公衆選舉之規則。亦多由於强迫。概在稂莠必去之列。至於人之自由。惟當率循莫之爲而爲之天理而已。天理即人性。故率性即所以順理。若夫政典憲法。皆附會粉飾之具。斲喪其所固有。又謂處境之優異者。即戕賊人心之本。萬不可雍容坐享。致喪天良。蓋近百年來講民法學者。未有跳脱飛揚。倜然不顧一切。若裴之甚者也。

裴氏嘗手創共和同盟之條約。更宣布闢神之理。廢絶婚姻之禮。凡人之服從政治法律教宗者。皆奴隸也。民族當不分階級。産業并不得承嗣。芸芸之衆。均勞同利。無所歧視。富家之私産。概易爲勞傭之公産。全地百工。互敦睦誼。同獲平康。彼持國體國境之説者。皆瞽論也。其鹵莽滅裂之行爲。見於革命問答[①]一書者。尤令人不寒而慄。書中謂。革命黨有天賦之權利。如神聖之不可侵犯。無論奉教守道愛國利己一切之志。舉不足搖其掀翻世運之定志。其蘄成斯志也。又純用殘刻不仁之法。謂今尚非建樹之時。不如竭全力以破壞之之爲愈也。

歐州南境。裴説盛行。班瑞二國。其黨尤多。七十九年。將發難於里昂。而不果。八十二年。里昂附近礦工。蠭起爲亂。卒遭警吏之撲滅。株連六十六人。礦工之渠帥曰客魯伯金[②]。皇室之懿親。恂恂有儒者風。且王爵而格致名家也。乃輕身嘗試。與畔黨逞一朝之忿。獨據歐州近世革命傳中之一席。吁、可異已。

客父[③]有采地。蓄佃奴。爲狀至慘。客幼時習見之。重傷之。而不敢言。

---

① “革命問答”，即《革命者教義問答》（*The Revolutionary Catechism*）。
② “客魯伯金”，即彼得·阿列克謝耶維奇·克魯泡特金（Пётр Алексеевич Кропокин，1842—1921），俄國革命者和地理學家，無政府主義運動最重要的理論家。
③ “客父”，即阿列克謝·彼得羅維奇（Alexei Petrovich，1690—1718），俄國皇儲，彼得大帝之子，被控企圖推翻其父的統治。

十六歲。登朝參政。與大僚接構。盡得其穢迹。惡之如蛇蝎。既而司戎政。見軍伍之陋劣。無從整頓。益慨然於時事之不可爲。改習科學。以示韜晦。及聞民黨肇興。景從恐後。黨人上書政府。以自由爲請。顯觸時忌。致起大獄。客亦在縲絏之中。未幾。死於獄者九人。自經者十一人。客亦病甚。舁入醫院。潛遁至瑞士。瑞士時表廠工人顛頓狼狽。客目不忍覩。深感民黨之不振。坐使愁雲匝地。非改鑄民黨之鐵券。更無施仁術之途。

八十三年。客又受鞫於里昂。則侃侃然語問官曰。天生蒸民。絶無差等。故皆當享圓滿自由之福。凡暴君酷吏。濫用政權。阻遏人民之聯會。而箝制其鼎新之心者。皆吾輩所視爲大憝者也。且資産爲古今人戮力之所得。仍當公諸天下。是之謂生計平等。有悖理而犯此例者。衆共嫉之。綜其持論。殆括兩義。人皆受教育而能獨立。人皆執事業而能生財。

黨人更進一解曰。選政公操。不足恃以濟困也。試觀法蘭西。雖有一京八兆[①]人得享公權[②]。其實僅五億[③]人得任意選舉耳。勞傭則陷溺日深。幾不足比於人類。苟非實行尊重人權之義舉。何以普拯斯民。又有著名黨籍之賈諦安[④]。當就鞫時。自稱世習法律。目擊負債與閉業者之受窘。不禁悲憤交集。每值月終。又見人斂息收租。叫囂隳突。輒爲之心悸不置。思有以挽此頹俗。所以改圖也。

然則掃蕩政府云者。不外尊重人格。盡人得以自立。而杜政權之干涉。禁財産之私有。爲人倫之極軌而已。至於人類之所當爲者。亦不當爲之限制也。

由民法而論。掃蕩政府之黨。略可分爲三端。一曰。理財學會[⑤]。此爲民

① “一京八兆”，有誤，英文原書作八百萬。
② “公權”，指公民權，而非選舉權。
③ “五億”，有誤，英文原書作五十萬。
④ “賈諦安”，即埃米爾·戈蒂埃（Émile Gautier，1853—1937），法國無政府主義者。
⑤ “理財學會”，疑爲誤譯。據英文原書，指共財互助。

法之所應有。姑勿深論。二曰。革命。乃類於馬格司之物理學。宜於昔不宜於今。且物理學之是否合於民法。論者迄無定評。又類於裴古甯之譏訕宗教。蕩廢婚制。其謬可哂。實足障人類之進化。三曰。非政無法。頗似柏魯亨之説。要以人道完備。羣化日新。無待刑法之繩其後。此固教宗與哲學之奢望。必俟諸久道化成之後。而無可期成於旦夕者也。掃除政府黨闇於此理。遽欲化侏儒爲長狄。其可得乎。夫世之所謂真自由者。蓋人類養生之所必需。而非掃除政府黨之所特創也。故凡明理之士。確知界限井然。決不循其僻徑。以自誤而誤人。且世有善人。循循焉禔躬圭璧。非畏法也。律己之道。當如是也。寖假而羣治日昌。人咸盡分守職。不假法令科條。而自進乎。純美之境。豈非論治者之大快歟。惟此境不容驟臻。苟非道德與歲月並進。豈可目政府之爲贅設。夫政府妄用其權。誠足爲進化之梗。然實亦莠民之激而使然。今尚未容輕言更張也。屈指將來。固必有廓清之一日。然要以智德勝。而非以力勝也。居今之世。即欲政尚無爲。刑措不用。特階之爲厲而已。嗟乎、積習非崇朝可革。昇平非翹足可幾。吾人惟以定志定力。就現行之朝章國典。徐圖改正。且務求平實而可行。斷不可操切以僨事。則庶有豸乎。

俄羅斯者。發生革命之地也。究其變態。約分三期。一曰。虛無黨胚胎時代。一曰。黨人柔化時代。一曰。黨人猛進時代。跡其所以養成此三期者。則以恃强之俄皇。與積困之農隸。世爲讎敵故也。若夫貴族之與教士。雖曾秉國之鈞。要在皇權凌替之時。破格暫行。故其受功也輕。其受過也亦淺。今試就俄之國勢民情言。廣土衆民。超軼乎歐州諸國之上。苟不集大權於京邸。聽獨斷於宸衷。如散沙然。奚能膠固。故俄以專制爲主。實較他國爲宜。然數百年來。皇家之威燄愈張。小民既久爲魚肉矣。服田之奴隸。益復備遭荼毒。遂視專制之政體。若豺狼之當道。亂機之伏。厥有由來。溯嘉泰陵[①]及亞歷山大[②]兩皇之世。上流人士。早已徧倡自由。至亞歷山大第二世[③]紹統。鋭意求新。釋放農隸。奬勵教育。全國喁喁向化。惜盛業未半。皇心已怠。且以自由黨之一動而不可復制也。新政遂戛然中止。彼企望真自由者。不慊於政府求新之紆緩。五十五年至七十年間。虛無黨滃然而起。跡其命意。殆黑智爾物理學之別支。今世學者。斥之爲妖雲怪霧。遏絶民閒生機者也。而教化淩夷智識薄弱之俄人。偏宗此説。以快其淩轢尊親。蔑棄教宗之僻性。凡古昔之所遺傳者。不問善惡。概從屏絶。甚至美術文藝。亦復視若土苴。惟務爲鋤暴翦强。拯困濟貧。捨塵世之紛華。圖民生之實利。似此狂放不羈之概。雖或時見成功。然勢終不可以久。遂受感於歐西之民法。而起第二期之柔化黨[④]。柔化黨者。掃除政府黨之變相也。故仍以播散革命種子爲指歸。降志辱身。亦所不恤。然若輩雖從事於游説。冀家喻而户曉。愚民聞之。每多疑忌。政府又追蹤緝捕之。自七十三年至七十六年間。黨獄大興。赭衣載道。黨人大恚。即再變而爲剛勁果斷之方略。是爲第三時期。然俄民尚昧於革命之正宗。羣盲並行。爲道殊險。故時作不靖。輒爲政府所翦伐。因又相戒以祕密。羣趨於刺客之一途。七十八年。薩蘇力奇[⑤]手斃警察長德來樸夫[⑥]。其始禍也。厥後。行刺名公鉅卿。若探囊而取物。八十一年三月

① “嘉泰陵”，即葉卡捷琳娜二世（Catherine Ⅱ，1729—1796），俄國女皇（1762—1796）。
② “亞歷山大”，即亞歷山大一世（Alexander Ⅰ，1777—1825），俄國皇帝（1801—1825）。
③ “亞歷山大第二世”，即亞歷山大二世（Alexander Ⅱ，1818—1881），俄國皇帝（1855—1881）。
④ “柔化黨”，即民粹派，是19世紀六十至七十年代出現在俄國革命運動中的小資産階級派別。
⑤ “薩蘇力奇”，即薇拉·伊萬諾夫娜·查蘇利奇（Вера Ивановна Засулич，1849—1919），俄國民粹主義者和社會民主主義者，“勞動解放社”的創始人之一。
⑥ “德來樸夫”，即費奧多爾·費奧多羅維奇·特列波夫（Фёдор Фёдорович Трепов，1812—1889），俄國國務活動家、軍事家。參與鎮壓過1830—1831年和1863—1864年的波蘭民族起義，1866年起任聖彼得堡市警察總監，1873—1878年任聖彼得堡市行政長官。1878年1月24日被查蘇利奇行刺後受傷，不久退休。

十三日。亞歷山大第二皇遇弒。尤令五州觸目。

俄國亞歷山大第二皇。歐州不世出之賢君也。而竟不免於慘死。罪不在皇而在黨人也。黨中皆少年浮躁。智識闇陋之徒。無端而冒弒君之惡名。其愚真不可及。抑亦思凡隸俄國之民人。同食君王之賜乎。俄民皆疏於學而短於才。就令中等人代掌國權。農隸之困窮。必且更甚於疇曩。故最宜於俄者。莫開明之專制若也。況亞歷山大第二皇。固仁慈英明之主也。黨人以待民賊者待之。不亦惑乎。

俄人嘗游學英德法諸國矣。諸國文明自由之精神。浸潤灌溉。俾之不得不出於二途。二途者何。變法與速亂是也。夫法不變。必出於亂。非亂無以致治。此天下莫逃之公例也。今之俄政府。不能循自然之勢。以臻治理。又不能隨日新月盛之工業。雍容並進。其不適於時會。夫人知之。循此舊轍。必有分崩離析之一日。不得列於强國之林矣。

且鋭鷙陰狠之革命黨。震撼俄之新史者。伊何人乎。上自貴族下至農隸。一倡百和。甚至女子亦賡同調。尤駭聽聞。如蘇菲亞[①]爲狙擊俄皇之謀主。薩蘇力奇之行刺警長。其尤著者也。黨人年齒。多在二十五歲以下。尤爲血氣方剛。智識不足之明證。俄政府不與兩立。亦固其所。然黨人固躁妄取戾。政府亦彈壓失宜也。偶聞騷動。即逞兵威。稍涉嫌疑。立置重典。酷虐至此。孰不忿而思逞哉。夫彼黨人。生受嚴法峻刑之累。身居蹢天蹐地之中。控訴無門。偵吏四集。或罹大辟。或戍遠邊。一任有司之爲所欲爲。莫敢顯抗。其出於乘隙殺人。不合乎自由原理。與夫立憲政體者。勢使然也。亞歷山大第二皇踐阼以來。黨人嘗上書請開民選國會。從此不復妄動。蓋其

① “蘇菲亞”，今譯爲“索菲亞”，即索菲婭·利沃芙那·佩羅夫斯卡婭（Софья Львовна Перовская，1853—1881），革命民粹派分子。參加過柴可夫派，後成爲民意黨領導人之一。因參與刺殺亞歷山大二世，1881年4月3日被處絞刑。

所企望者。不外公布立憲。政府何爲而不聽之哉。

進詷革命之人數。合諸散處四方之同黨。殆不下數百萬人。然多屏跡潛伏者。任俠之子。英英露爽。同黨即以恩仇榮辱之大事。悉畀託之。蓋就俄之外貌論。爲之民者。固不能同時而爲平民。遑論民黨之與革命黨哉。

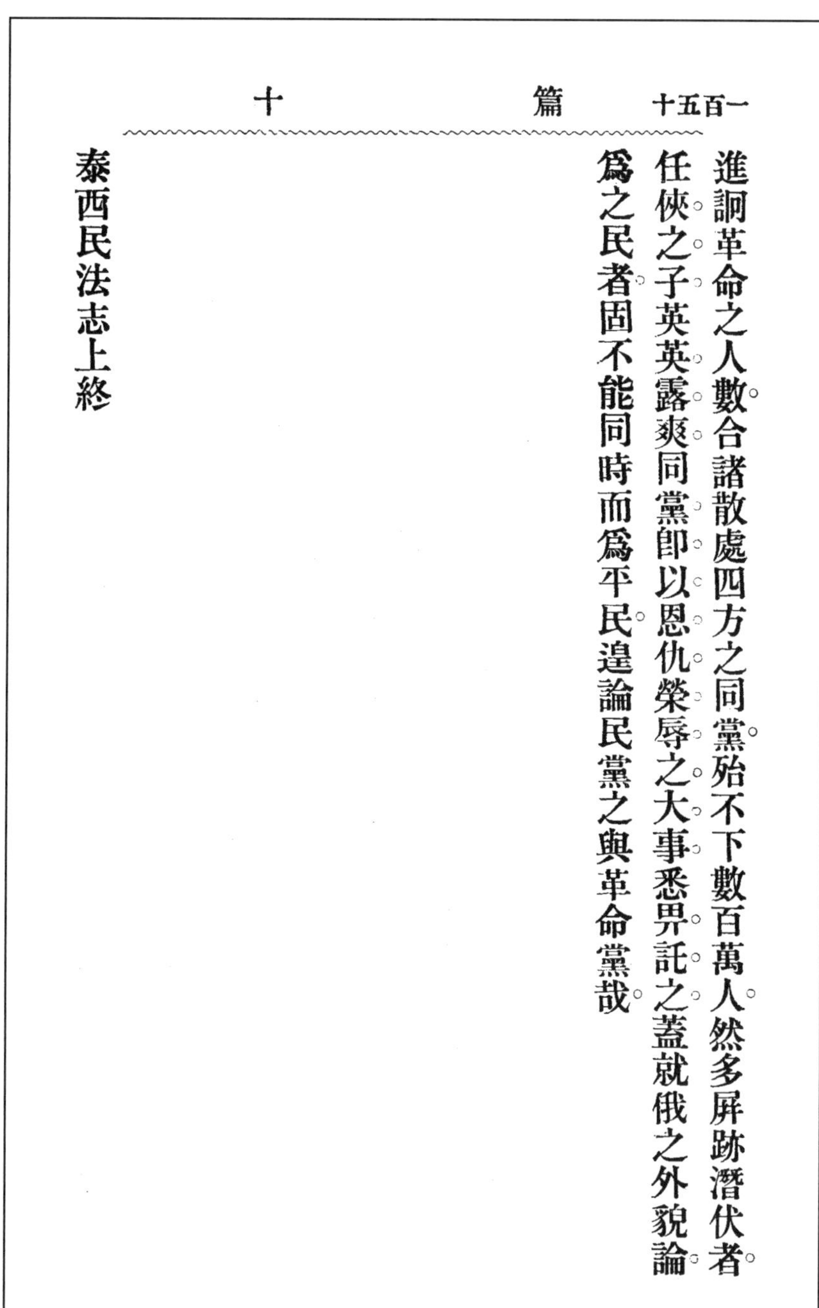

進詗革命之人數。合諸散處四方之同黨。殆不下數百萬人。然多屏跡潛伏者。任俠之子英英露爽同黨即以恩仇榮辱之大事悉畀託之蓋就俄之外貌論。爲之民者。固不能同時而爲平民。遑論民黨之與革命黨哉。

泰西民法志上終

泰西民法志下[1]

① 目録爲“卷下”。

篇十二

民法正解

泰西民法志。派别流分。積世遞變。上卷略述原委。各家學説之異同。不難按圖索驥。如沈西門傅理雅鄂温諸派。抱其奢望。指顧期成。此欲速不達者也。巴蘭克賴薩勒輩。則以經營共和國家。建立殖産會。爲度世金鍼。至各家之所同者。要以共産合工豐財和衆爲本體。其截然異趣者。則或主中樞集權。或重地方自治。雖以馬格司之未嘗明定權限。亦與裴古甯掃除政府意旨。不相融洽。蓋隨時隨地。各有所宜。不能膠持一説以求決也。

民法學家。條理萬别。亦有若合符節者。然苟執一格。而曰民法在是。則又不然。何則民法者。經磨琢而愈瑩。歷百變而常新者也。前古所經歷者。特其善變之幻相耳。今後時移代嬗。更不知遷流胡底。吾人惟當審時度勢。善推其所爲。以達之於所未至者而已。蓋古今人之治此學者。不若他學有豫定之法程。可循涂守轍。以冀成功也。故研究此至變之學理。不徒引經据史。察知已往。且當參證現在之動機。以測將來。若工業政治羣學倫理。皆於世運之進化。有輔相裁成之力。故此法之所包者最廣。且日新又新也。切求其真諦。徐悟其歸宗。莘莘學子。通今致遠。其先務歟。

民俗無定形。故民法無定制。有志之士。必具靈敏之動機。超範圍而探

泰西民法志下

篇十一　民法正解

泰西民法志派別流分積世遞變上卷略述原委各家學說之異同不難按圖索驥如沈西門傅理雅鄂溫諸派抱其奢望指顧期成此欲速不達者也巴蘭克賴薩勒輩則以經營共和國家建立殖產會爲度世金鍼至各家之所同者要以共產合工豐財和衆爲本體其截然異趣者則或主中樞集權或重地方自治雖以馬格司之未嘗明定權限亦與裴古甯掃除政府意旨不相融洽蓋隨時隨地各有所宜不能膠持一說以求決也

民法學家條理萬別亦有若合符節者然茍執一格而曰民法在是則又不然何則民法者經磨琢而愈瑩歷百變而常新者也前古所經歷者特其善變之幻相耳今後時移代嬗更不知遷流胡底吾人惟當審時度勢善推其所爲以達之於所未至者而已蓋古今人之治此學者不若他學有豫定之法程可循

造化。參羣理而廣甄陶。以振拔水深火熱之黔黎。而登諸衽席。雖然。世變萬殊。濟世之術亦各異。彼不諳生理。妄投雜劑者。適以戕斯民之元氣而已。經綸草昧之民法學家。過當失真。不知循序漸進之理。乃步其後塵者。偏又醉心革命。誤以爲進化之樞機。求其洞達人生與民俗之互爲表裏者。幾曠世不一見。擾攘之徒。更於排斥競争之制。失之過激。否則不知前程之希望。而以現在爲通郵。尚氣任性。不留餘地。此皆前人之通病也。至近世流行歐美之民法。則又拘執條教。闃無生氣。倡之者既無宏遠之識量。不熟權夫本末初終。而爲倒行逆施之舉。且於人事之繁變錯綜。不能以常格囿者。亦漠然不加察焉。褊淺若是。吾有以知其無能爲矣。

繄昔才人哲士。對此設想。大都知摧毁而不知改革。凡累世遺傳之嘉種。實斯民所資以存養者。昧昧焉竟欲付之一炬。更有得偏而遺其全者。動不滿於工商業之經營。不務裁抑其權。而欲一旦翦滅之以爲快。嗚呼、以若所爲。求若所欲。猶渡海而忘羅針也。至其排擊資本租息諸論。尤多苛激。以暴易暴。不知其非。凡此諸蔽。講民法學者。所當先事廓清也。雖然。緯地經天之業。必有盤根錯節之艱。故此法經數百年之鍛鍊。歷數十輩之磨礱。不知更閲幾世幾人。而後虚願可形諸實事。且登進之途綦險。或不免絶脅折足。是可惘也。然巉巖在望。正所以策勵進行。嗚呼、可不勉哉。

德國學者。好爲堅明約束。故其治民法學。亦齗齗焉惟重格律。而忘其有善變之機。可隨世道人心爲轉移者也。譬諸封建之法。非𨻶若畫一也。國於歐者。非國於亞者比。行於前期者。與後相異。又譬諸競争財産之制。亦非合萬國萬民。而一以貫之也。俗尚也。先傳也。國計也。民生也。道德範圍也。要皆有左右之力。故此制盛行於文教昌明之國。然僅傳世較久之一端。非亙古不祧之定制也。以師密亞丹之善悟。猶謂私人争競之終局。將賴國家爲之改革。民法何獨不然。故今世所虔誦。而膜拜者。萬不能據爲止境。更安能拘迹象而垂定式哉。駱馬諸人。徒狃於普魯士之方略。侈談集權之民法。夫普魯士之振軍備而尊主權者。迫於地勢人事。不得不以霸術固國維。其功固不容没也。然不能執此以概民法。更不能以普國所宜争雄競勝之政。目爲全歐各國之通例。而貿然推行於全世。蓋民法實有大者遠者。於人羣有生成之厚德。更有利導之宏功。儻願聞之乎。請得而縷述之。

一曰。生計學[①]與民法學。互相維繫也。生計爲斯民之根本。研究民法者。必參考生計之升降盛衰。由千百年前。測知千百年後。故今之英國民法學家。即倡導生計學之巨子。蓋由尋常學理。及於運會沿革。由運會沿革。而及於天演進化也。

二曰。生計學之道德[②]。賴民法學之廓充也。民法學家。往往利用事機。以行其仁民之教。或以私恩小惠詬之。此井蛙之見也。在見理稍真者。則以爲高懸繩墨。廓然大公。超然立於塵埃之外。而爲人所難幾。言雖過中。庶幾近之。

三曰。民法學家表暴民生疾苦。語最沈痛也。民黨嘵嘵詞費。誘起先進諸國。使注意於貧民之慘象。爲全羣利害所繫。而亟思所以調劑之。實爲民法學經世之功也。若誤以爲争政府之權。寃矣。繼自今。濟困扶危之舉。將有如荼如火之觀。而與政治學有脈絡貫通之明效焉。

四曰。今世通行之財政。經民法學家之引繩批根。遂明如秦鏡也。或謂。理財學家固有招人指摘之處。然指摘之者。亦不免溢於其分。秉正不回之士。於民法學家之評隲。蓋嘗節取數端。謂其樹義甚堅也。今條列之如下。

甲、民間無數工人。大率道德墮落。生機危殆。與增進羣福之義。

① “生計學”，即經濟學。據英文原書，此處特指政治經濟學（Political Economy）。
② “道德”，指倫理。

大相剌謬。嗟乎、集千百蠢陋野悍之夫。不知禍福之自求。生命之可貴。衣食居處。尚虞不給。遑論善後之策。養老之方哉。此境不變。而論人羣之自由。既失理財之依據。有相率爲迷惘瞀亂而已。

乙、今世資本競争之制。適爲致亂之階梯。非臆斷也。似此亂象。一見諸要約罷工。不啻工黨之自開戰禍。燎原之勢。流毒不可勝言。一見諸民黨發難。如川決隄。汪洋恣肆。波及文明各國。工廠灰燼。商業糜爛。數十百萬無告之流民。無罪無辜。淪胥以亡。其害之酷。古今僅見。且戰禍之後。必繼奇荒。物産阻滯。市肆蕭條。當其衝者。苦痛不減於交戰時也。

丙、耗費物力。爲資本競争之惡果。而以工業劇争爲尤甚。其時工藝所成之物。多所毁棄。殖産器具。束諸高閣。損失伊於胡底。且千萬工徒。游手好閒。特自絶其養命之源耳。

丁、資本競争之制不革。則養成一種荒淫游惰之人。稍知革命史者。當知此種人。實暗釀革命之禍胎也。

戊、争競之制行。製造之功疏。商人惟知貶值以廣銷。不復求物品之精堅利用。各種實業。遂有江河日下之慨。

己、營私牟利之風熾。講讓型仁之術衰。各種人之道德。因以牿亡。無論職業位望若何。靡不受其影響。

庚、人事顯分階級。營業日危。工界日困。禍即中於蒼生。此皆争競之制。陰驅而潛率之也。夫工人之境遇。今固較勝於前。然機括尚滯。不能隨智識程度權利心思而並進。且無以應其求得之分際也。夫工人智能之奮發。誠爲共和進化之本體。然智能愈進。抑鬱不平之氣亦愈顯。苟非忍痛茹苦。以退爲進。吾恐終有潰決之一日矣。

以上諸弊。無可解免。凡宅心公正者。當知改良人事。隱戢亂源。舍民法其末由。而其警覺工衆。振起聾聵。厥功尤偉。且爲名利場中逐臭夫。痛下針砭。使不敢安享佚樂。則聖賢之用心也。

冷嘲熱罵。最足動人。然類多偏於摧毀。他日者。苟能掃除物理革命專斷諸説。其造福人羣。當尤勝於前矣。然好肆譏評之民法學家。亦有瑕不掩瑜者。蓋其見理明而規畫大。實奠將來理財學之始基。馴致廢止私人資本之争。百工得任意鳩資營業。履行共産均利之善法也。夫三古以來。事變孔多。載在史策者。要當觀其會通。不得拘牽文義。前固言之矣。今值革故鼎新之世。大要不外合私人爲公團。斯言也。雖不中。不遠矣。

英國哲學家彌勒①。亦樂觀工業聯會之成者也。故其言曰。羣化遞進。則工人集合之法日備。及其大成。工人既離富家而自立。得以合資營業。公選總理。而受其節制。總理違法。解職重選。一洗專制之舊習。似此持平之論。實取英法諸國民法學説之菁華。而去其粃莠。宜爲寰宇之所傳誦。而遠過於理財學之各大家也。雖然。民法學簡明理解。行世漸久。不免沿流忘源。或誤趨烏有國之歧徑。更或任性而失之專横。或泥古而罔知變通。此皆以習慣蔽性靈。未窺道妙也。然學者心目間。苟實能鎔化此等理解。已如驪珠之在握。由是詳爲疏證。未始無壤流之助。試進述之。

欲明民法學之正解。當究觀民生進化之大勢。大勢維何。一面匯集殖産器具。擴充銷路。以公衆權力。轄治資本。而私人獨營之風。絶跡於天壤。即有時循用舊例。亦不至如今日之横行。一面則共和黨人。得爲合理之要求。享受生計之權利。資本土地。無此疆彼界之分。即合團舉事。無居賤食貧之患矣。夫民俗之進化。爲治平之基址。人所共知也。惟由此達彼。必有二險象。一曰。工業革命。一曰。民法革命。

---

① “彌勒”，即約翰·斯圖亞特·穆勒（John Stuart Mill，1806—1873），英國資産階級經濟學家和實證論哲學家，古典自由主義思想家，代表作有《論自由》等。

然而民法也者。無非循理結團。通功合産。使勞力與資本。合爲一家。弭争端於無形耳。故工衆則純任自然。進求獨立不懼之工會。而以政治之定理。厝之工業之中。直解曰。工業者。由民而生。依民而立。爲民而施。非在上者得參私意於其間也。其進行之方。則合輸財用力爲一體。以樹工界平和之根本而已。

工業自治之制定。則工人之權利責任。同時並進。雖其始。邯鄲學步。每涉迷津。然惟其有過。乃可漸求其無過。精神必出於磨鍊。知慧恆存乎疢疾。理固然也。故營業之阻。所以促其改良。外力之侵。所以堅其自治。工人而果有斯志也。大業漸定。合四民而互通性情。互聯聲氣。有如國家與地方之關係。休戚榮辱。無異視矣。

惟歷觀史乘。往往有楚材晉用之歎。工徒之英俊。不爲同黨盡力。反投身於豪門。誠憾事也。故民法之所殷殷屬望者。首當保存工衆人才。勿爲敵作倀。庶融勞力才智爲一鑪。無出柙傷人之禍矣。

鼓吹工會成立者。謂將來殖産之權。當操之衆人。不許富家嘗一臠。是説也。無論其不可行。即果行之。反流於專制之極則。而以無數之驕子。蹂躪自由之富人也。夫人各有志。無論民生造何境界。斷不能瘠人以自肥。故凡占有財産之徒。足以維持人類企望之心。初未嘗悖於事理。所患者。私人以領有財産之故。恣情蔑義。顯爲羣蠹。則工黨可行其監督之權。匡正其已甚。不能禁。則攻而去之。無不可也。

此種見解。與史策中之民法。不能離而二之也。傅理雅提倡私人與地方之自由。有扶衰起敝之功。其所規畫者。工人皆得有治産之權。惟須服從民法。不侵他人自由。擁有資産之人。得任意投貲以營業。且可遷地以爲良。此皆餘子之所不經意者也。

所不滿於史策中之民法者。爲其涉於專斷。逞意以定平均報償之律也。

沈西門傅理雅巴蘭克諸人。俱蹈此病。實不切於事勢。夫所謂公道者。含宏罔外。雖寬其格以相繩。亦未見其有當也。古來道學家及律學家。恆欲舉一世而納諸軌物之中。然終束手無善策。今民法學家。更冀幸於萬無一成之事。其爲計亦左矣。嗚呼、公道之昌明。依羣德而日進。隨人心爲無窮者也。人之願望。繼長增高。常在過去現在之上。無論是何進境。蓋終難滿志躊躇矣。

若夫論工給償。爲生計學家均利之鵠。其理繁複。行之維艱。故通儒皆所不道。然則恃何術以平人事乎。曰。羣治果有發皇之日。則能者任勞。就勞勩之淺深。準生計之贏縮。其力不任事者。待人而食。人即有周卹之義。且人人能視道德爲性命。無論殖產分利。各守名分。一秉至公。其異於今世盛行偏駁之制者。倜乎遠矣。夫工黨新編之制。如日方中。一切營私廢公之舊例。有煙消霧滅而已。

民法學之尤能補助自由者。非有他也。自由二字。爲古今人類所注重。亦爲生民進化之要端。然其爲用也。自有當守之界限。道德義理是矣。若以私人資格。縱心任性。蕩廢藩籬。其不至傾覆不止。故人類自由之極軌。以守道循理。爲確當之定評。民生工業。皆以是爲源泉。即萬國公定之商律。亦必以是爲嚮道也。

更簡言以明之。則將來民法之集合。惟恃協力通工。以推行於萬國耳。是故世界承平。當在工業調和之後。今所謀者。一工業生計之新模型也。其利鈍之機。視實驗而定。進行之方。不尚躐等。不加强迫。凡人類恪守之定律。及自然演進之勢。非外物所能移。惟有因勢利導。庶克有濟耳。總之德性之成。必有真理以貫澈終始。必有法律以陶淑性情。羣化斯蒸蒸日上。然而尚難實行者。則以智力相角之術。殊適用於今世也。

篇十二

民法與天演比例

夷考泰西民法之進境。有可與達爾文天演之理相通者。溯自沈西門創此學派以來。踵其説者。咸知人類之生存發達。確分三級。一曰。家奴。二曰。農隸。三曰。勞傭。繼自今。必更進於合資通功[①]之一境。蓋積因窮果。誠民法中應有之義也。

馬格司與賴薩勒二人。蓋私淑於黑智爾者也。其論民會也。必推本於師説。故多由史學中理財之計畫。入於哲理之理財。及讀達爾文天演論。心嚮往之。馬格司派之學者爲尤甚。夫達氏未嘗有物理之想也。然有時縱論所及。不免落物理學派之窠臼。與馬説絶相類。故從馬者競附之。且達馬二家。更有可互證者。馬嘗稱世間諸史。爲千古黨争之紀録。與達氏物競之説。頗稱同調。雖然。以民法之學。證諸達氏擇種留良之理。則言各有指。斷不能併爲一談也。不明斯理。而指殘殺爲平和之祖。失之遠矣。故學者當審辨民法之與天演。是否相通。然因其不可通。遂謂民俗無進化之理。抑又傎矣。

似此疑問。猝難索解。惟與生齒之理。互相比附而能悟徹。則民法與物

① “合資通功”，英文原書作“associated labour with a collective capital”，即集中資本，協同勞動。

競之關係。庶幾可三隅反乎。夫世間生齒。根於二理。一則繁殖無已時。一則營養有定額。以廣博悠久之世宙。終不免有養不給求之一日。及期而憂人滿。雖農產極富。仍不能相劑於平。故古今之史乘。不外爭利奪食之記載。此一解也。抑爭奪不盡由於人滿。有因民愚而不能盡地利者。如北美州之土人。及歐州人未至以前之澳州人。是已。故按諸史事。人民貧瘠之區。孳乳非不易也。地力不足以給求。遂成競存之世局。此又一解也。

然其競存也。亦有銜接微分之階級。太初則敗於人者。澌滅以盡。漸進則服役爲奴。再進則爲農隸。今則爲附屬資本家之勞傭。要其歷刼不亡者。無非欲利己而勝人耳。故太初之自利心。所謂合狙與虎之德而兼之者也。稍後。則知有合羣而利己之策漸高。蓋前以力勝。後以智勝。前以性命相搏。後以技術相馭。脱獸性而入人性。去獠猺而知倫紀。此世運之所以日新也。倘由是而更進。泯勞逸之界。革主傭之名。必將化互爭而至於無爭。民法斯造乎其極矣。

皇古迄今。爭存之風。無時或息。蓋掠奪人食以保生命。此智愚之所同也。縱覽古今民族之盛衰。强者狠戾不仁。弱者委靡垂盡。原其爭端所由起。莫不由民食之艱難。故戰局之開。釁端不一。而因於人口之繁殖。則其犖犖大端也。夫員輿至廣。未闢之利源。固待人而興。然歐州進化各國。近百年來。工業驟盛。產額之富。已浮於生齒之增。故居今日而言人滿。尚不知其幾千萬年。無事鰓鰓過慮。雖然。非過慮也。歐亞二州人煙稠密之區。爭存之風。莫可遏抑。剝人自肥之劣象。亦無可揜飾。彼罹兵革凶荒。百業彫敝之地。與夫通都大邑。商務綰轂之區。巧取豪奪。禍更不可終日。試就現在而料將來。生民徧於大陸之時。謂當持何策以善其後。雖具卓識。莫能猝對。無已。則必待德化日新。不規近利。不舞私智。而作人我一體之達觀。則庶乎可以語此矣。

界承平當在工業調和之後今所謀者一工業生計之新模型也其利鈍之機視實驗而定進行之方不倘躐等不加强迫凡人類恪守之定律及自然演進之勢非外物所能移惟有因勢利導庶克有濟耳總之德性之成必有眞理以貫澈終始必有法律以陶淑性情羣化斯蒸蒸日上然而倘難實行者則以智力相角之術殊適用於今世也

篇十二　民法與天演比例

夷考泰西民法之進境有可與達爾文天演之理相通者溯自沈西門創此學派以來踵其說者咸知人類之生存發達確分三級一曰家奴二曰農隸三曰勞傭繼自今必更進於合資通功之一境蓋積因窮果誠民法中應有之義也馬格司與賴薩勒二人蓋私淑於黑智爾者也其論民會也必推本於師說故多由史學中理財之計畫入於哲理之理財及讀達爾文天演論心嚮往之馬格司派之學者爲尤甚夫達氏未嘗有物理之想也然有時縱論所及不免落

物理學派之窠臼。與馬說絕相類。故從馬者競附之。且達馬二家。更有可互證者。馬嘗稱世間諸史。爲千古黨爭之紀錄。與達氏物競之說。頗稱同調。雖然以民法之學證諸達氏擇種留良之理。則言各有指。斷不能併爲一談也。不明斯理。而指殘殺爲平和之祖。失之遠矣。故學者當審辨民法之與天演是否相通。然因其不可通。遂謂民俗無進化之理。抑又僨矣。

似此疑問。猝難索解。惟與生齒之理。互相比附而能悟徹。則民法與物競之關係。庶幾可三隅反乎。夫世間生齒。根於二理。一則繁殖無已時。一則營養有定額。以廣博悠久之世宙。終不免有養不給求之一日。及期而憂人滿。雖農產極富。仍不能相劑於平。故古今之史乘。不外爭利奪食之記載。此一解也。抑爭奪不盡由於人滿。有因民愚而不能盡地利者。如北美州之土人。及歐州人未至以前之澳州人。是已。故按諸史事。人民貧瘠之區。孳乳非不易也。地力不足以給求。遂成競存之世局。此又一解也。

然而民法家於此。固有深思獨見之明。故其所論者。惟在恢張道德之範圍。使物力足以養人而止。其解釋生齒之疑問。則將以發明大道。使人人知樂羣仁讓之爲美德。擴胞與之量。融彼我之見。出其心思才力。爲他人設身處地。以盡其解紛排難之心。於斯時也。裁抑競争。必有可觀。當不以過庶爲憂矣。

若夫民德之遞進。與争存之理。有可參觀而互證者。故達爾文生存競争之説。櫽括史事至廣。此無待言。然生存競争。實非進化之不二法門也。其間有正因焉。有旁因焉。交互錯縱。以成此蟬蜕之世。豈一端所能罄乎。故論民德之遞進。不揣固陋。條列如左。非攻擊達氏之學理也。引伸推廣。不無益人神智云爾。

一曰。人類之進化。凡分三部。政治羣理[1]道德是也。進化云者。謂生存競争。必就範於理法而已。而正當之判決。則在以道德化豪强。凡緣競争而結貪婪戕賊之惡果者。悉仗道德之力。薰修克治。質言之。法律秩序。與道德而並茂。私人爲己之心理。有爲羣害者。悉受制裁也。此雖不足盡道德進化之意義。然違真失實。亦知免矣。〇然則人類之進化。道德實爲其樞紐。其蒸蒸日上之機。又依羣理與政治並行。故太古沕穆之世。人跡肇現。初不知有人理。既而層次遞易。悟性與智量同增。愛心與哀思並盛。惟其然也。人各盡其聰明。孜孜汲汲。以求達乎高明之域。世移代嬗。各隨其能量。以遞進乎無垠。〇雖然。生存競争之理。非竟一掃而空之也。特其所爲競争者。與約束競争之理法。俱由鄙僿而進文明耳。況人類競争。究異於達氏所述之獸性競争。何以故。以有知識故。入此潮流者。莫不有較高之冀望。智能與年代而俱進。

① “羣理”，據英文原書，指社會。

其有志未逮之境。則恃其識力與方術。漸求精審。惟今尚未能暢然意滿耳。〇動物界曰天擇。至於人羣。則曰羣擇[①]。人畜之生理。究有靈蠢之别。或者以天擇之名名羣擇。固别有見解。然不相類之處。不可不辨也。夫人類之進化。有智識品性相輔而成者。由是而民法學家懸揣之新象。竟副所望。則人人通力協謀。仰成於最高尚之道德。又有最審美之法律。作息宴然。羣游熙皞之天。夫是之謂新民。〇故以生存競争爲進化之機括者。淺儒之見也。彼執此謬解。直以世界道德進步爲芻狗。民法不然。於道德與羣理之遞升。具有推挽之力。務期人無棄材。完修齊治平之量。地無遺利。極豐亨豫大之觀。盡人享道德之自由。以理識駕馭乎萬類。世運遂進於郅隆。是故競争制度者。生計中最近之象也。民法者。矯正生計競争最新之理也。且利用競争。使規畫久遠。以促進羣治也。不本此旨。而别闢蹊徑。其能免於盲從之誚也。幾希。

二曰。道德之進化。有由微成著者。即倫理之修明也。倫理起於家庭。夫婦之對待。父母之待子女。尤爲深切著明。試證諸史乘。由家族而達於一國一種。今後當更擴其量。至包涵世界人類。胥本是道以爲推。〇且生機之遞進。有心力日濬。羣理日昌之二要焉。人之所以制勝動物者。以此。此羣之所以優勝他羣者。亦以此。故疏解民法之義。即謂爲合羣智以治物力而謀公利。亦無不可。顯言之。民法者。人羣致福之階梯也。〇古有德慧術智。足勝君師將相之任。爲萬衆之所信服者。史册統稱之曰非常人。夫非常之人。必不生於蠻獠之羣。固也。然翹然獨異於衆人。人亦奉之若帝天。而乃炫己之長。形人之短。復濟以凶德。殘虐其衆。則其羣必有涣散之一日。彼非常之一人。亦將隨羣以俱亡。

① “羣擇”，意爲社會選擇。

故古來亡國破家相隨屬也。嗚呼、害羣者。自賊之媒。保民者。求福之基。欲謀一人之安富尊榮。舍民生公衆之利安。甯有他道哉。○由是觀之。合羣之理愈明。人類進化之效愈顯。顧生存競争。仍息息與之相通。不獨人己之間爲然也。族之與族。國之與國。種之與種。亦罔不然。今日者。階級競争。黨派競争。月異而歲不同。莫知其所終極。抑惟競争之勢愈熾。奇材異能愈因之以崛起。或盡覺世牗民之責。或創捨身成物之功。故競争雖非美名。然以之磨勵人羣。良非無補也。○試以近事證之。愈知競争之不可已。歐州各國。富强甲全地毬。無他。各從其類。以互争雄長而已。人巧己拙。則亟鬬匠心。並駕齊驅。則争先捷足。夫而後屹然有以自立。藉非然者。削弱之兆立見。震旦[①]印度墨西哥祕魯諸國。所以濡滯不進者。凡以其不競故。且不徒實業然也。羣治之組織。教育之編制。苟彼善於此。則效法惟恐後時。故政治學術。雖以羣理之昌明。而日臻乎粹美。然競争終未嘗廢也。特界説較廣。條理尤密。團體之鞏固。財力之殷阜。機械之精良。固事事較勝於前矣。

三曰。學術因時遞變。已往之教育。養成人格之教育也。蓋人類之進化。莫非學術之鍜鍊[②]而成。今生存競争之理想。教育家以智力相切劘。亦人之所以爲人之道也。由是更進。即爲民會教育。民會教育。非僅貴自立而已。且將推己以及人。惟此境不容一蹴幾。例如孤立之人。決無望其成大功。則必練習合羣之德。益以明敏謙抑忠勤堅忍諸美質。庶幾人理可完。而此諸德者。貿易會與通功營業家。培植已不遺餘力。若夫民會教育。其進也以漸。滌其舊染。咸與維新。而後履行之期不遠

① “震旦”，漢傳佛教經典中古代印度人對中國的稱呼。
② “鍜鍊”，有誤，應爲“鍛鍊”。

矣。質言之。民法爲豫備理財學家演習之一格。凡具有較高之識力者。皆與其列。工黨之矯矯者。尤爲主要人物。以是舉有裨於工業。視他人尤重也。〇雖然。所謂羣擇者。仍行於其中。蓋就廣義言。固爲延納衆人。而其實際。要不離乎適者生存四字。特其所謂適。尚德不尚力。非復以詐術相高耳。

篇十三

近世民法進行

坐斗室而盱衡時局。最著新象於歐州大陸者。其惟嚴整之民法乎。而德國工黨。仍爲五州萬國之前驅。當九十三年選舉之期。共和民黨[①]投票之額。至一百七十八萬六千人。較之三年以前。驟增三十六萬。迨九十八年選舉。更增至二百十萬人。且全院議員。不過三百六十九人。共和民黨中人。已由四十八而增至五十六。夫豈意料所能及乎。

黨員執持之條件。視前略同。政策則因時漸改。其堅心擁戴者。則爲期增日耳曼工人之福利也。故其誓衆決行。惟在拒外黨之苛例。裁皇族之糜費。其託名加税者。抗之必力。不第以其耗於軍備。實因大半出自間接税。貧民受剥膚之害也。四十六年。頒行海關税例。黨人堅不承認。更力拒殖民之策。而要求共和之權利。著書立説。結社集會。一一自由。凡有關於工廠法律。恃以保護工黨者。莫不奮全神竭全力以赴之。黨中宏毅堅忍之士。號爲代天理寃之大俠。剿除國蠹民賊之猛將。故雖仍以和平爲主。其冀操政柄者。亦頗有弄兵潢池之心。然雅不欲躬自發難也。以爲改革之大事。惟有主權者能之。主權在於國家。必將代我盡其力也。

---

① “共和民黨”，即德國社會民主黨。

九十八年。開議會於斯都牙德爾[①]。會場中設馬格司賴薩勒二銅像。環以花圈棗枝。次年。哈諾威議會[②]又增恩吉爾像。且場中更鑄造自由神像。民會共和。氣象發皇。而之數人之感化力。亦隨之以擴張。行見其爲世界之所崇奉。將偏於日所出没處矣。今考其著作。或邃於理學。或洞於時務。文化各國。家有其書。人守其學。或亟起直追。或韜晦待時。藉曰至今尚未大拓規模也。然他日爲史册中主要之人物。可無待蓍龜已。

民會共和。既大有造於日耳曼工人。而其不可以定律拘者。又吾黨所同認也。若執馬氏之遺軌。而謂可以推行皆準。則於勢爲不順。彼黨人泥古不通。堅僻自是。偏重馬氏革命之談。不察時局蜕故入新之理。曾亦思日耳曼今日之象。已非昔比乎。即有舊染未盡去。而惡燄亦不至如往日之甚乎。且馬固别有和平之條理焉。聯合優勝之黨徒。共赴坦平之大道。固彼所恆言者。是彼亦知激進派之未必有功也。至如美英和[③]諸國之工人。馬又許其能以柔勝剛。然則處今日方新之世運。不當重柔和進化之理乎。

九十九年。盤司敦[④]著書條論馬氏之學説[⑤]。謂現行制度。若不問其善否。而概闢之。則貽害民生者實大。因倡柔化國家。推廣協團。以漸進化之議。是書一出。日耳曼頗受激刺。然哈諾威議會中。祇寥寥數人贊成之。裴耳更爲鋒利之詞。堅馬氏之壁壘。而振起其宗風。極詆盤氏之表異。會衆遂决議盤説之不可行。

夫日耳曼民會共和合黨之法。殊不適於農民者也。顧九十八年選舉之期。易北河以東之農民。頗依歸之。此依歸之農民。皆屬食力之衆。不足望田主之項背。然灼知所謂田主者。田已抵押得金。徒爲押主盡監守之責。而

① “斯都牙德爾”，即斯圖加特（Stuttgart），德國巴登-符騰堡州東北部一城市。
② “哈諾威議會”，即漢諾威大會（The Hanover Congress）。
③ “和”，指荷蘭。
④ “盤司敦”，即愛德華·伯恩施坦。
⑤ “盤司敦著書條論馬氏之學説”，指伯恩施坦 1899 年發表的《社會主義的前提和社會民主黨的任務》（*Die Voraussetzungen des Sozialismus und die Aufgaben der Sozialdemokratie*）一書。

與農隸同仰息於富家之脅下。故共和黨中人。望田主之入會也。非一日矣。

九百三年。日耳曼國會通常選舉。民會共和黨喜溢眉宇。投票人數。達三百十萬。較上屆又增九十餘萬。當得議員八十有一人。核諸通國總數。實佔三分之一。惟所得議席。衡以票數而不能適均者。則以聯邦之制。地方議員額數。隨城鎮鄉而各殊。共和黨人大半聚於市鎮。自不得不限於名額也。然黨人雖云優勝。其於日耳曼之憲法。獲利蓋寡。且行政實權。操諸君相。黨人僅居稽察駁議之地位。抑亦苦矣。惟能約束政府。俾不敢憑權逞志。則豈無片長之足録乎。

九百五年。日耳曼奇那之會[1]。共和黨更張旗鼓。期奏膚功。乃選任議長二人。幹事四人。會計一人。又公推評議員二人。爲執行部。復選董事九人。以轄治執行部。會中討論人生日用之翔貴。糾衆罷工之方略。蓋謂物品之貴。由保護商業之所釀成。故選舉權與集合權。政府若再加箝束。即當以罷工相挾制。一倡百和。會衆遂視爲共和當守之義。

日耳曼黨人之要求公有選權也。非欲播勢力於政府及議院也。特欲利用之。以爲興革之戎器。教育之先河。其所追求者。無非人羣開明。能共襄行政理財諸大事。以成普濟斯人之宏願。是以凡有興作。皆人民之公願。非議院之私言也。而工黨之歸附民法。尤其所切望之端。

黨人抱此奢願。豈百無一償乎。當時教會之工黨。與田野之勞傭。莫不走集於其旗下。政府與保守黨際此危象。不遑旰食。亦既退處無權矣。善夫裴耳之言曰。俄羅斯之内亂。令日耳曼執政。動魄驚心。實出吾人之望外。蓋政府之所隱憂者。惟恐俄國之硝煙彈雨。延及德境也。且區區俄工。既無憑藉。又無後援。猶能有此豪舉。矧以日耳曼究心國政之工團。既廁足於行間。即可鼓動全軍。同時蠢動乎。此誠不磨之論也。九百七年。重行選舉。

---

① “奇那之會”，即德國社會民主黨1905年召開的耶拿代表大會（The Jena Meeting）。

共和黨投票數。又增至三百二十六萬。然黨中領袖之所期望。更有遠且大者。初不以是爲滿志也。況又遭異黨之搏擊。祇得議員四十三人。較上屆幾減其半。尤爲憾事。

和蘭國民會共和黨[①]。成立於九十四年。至九百五年。投票人六萬五千。得議員七。其中則藝術家與文學士居多。皆昔之盛唱掃除政府者。至是。乃幡然改圖。尤可嘉許。

丹麥國民會共和[②]。萌芽於七十一年。至九百三年選舉期。投票數五萬六千。得議員十六。六年。投票七萬七千紙。得議員二十四。更溯九百二年以前。哥卑納給[③]之郡廳參議員。半爲民黨中人。領郡長官。且爲黨傑。積至今日。歐州各國民法之進運。允推丹麥爲後起之秀。遂延及瑙威[④]瑞典二國。丹人自謂有輔導之功焉。

輓近各國之以民會著者。莫比利時若也。各國工人之寃抑。比爲其尤。上無議事之權。下無贍家之樂。積困成愚。積愚成陋。内力脆弱。外侮洊至。是以工時則延長也。傭銀則菲薄也。處境則至卑極劣也。乃沈夢中蘧然忽覺。論者以爲大奇。九百八年。投票數五十餘萬。議員三十四。亦佔全院三分之一。貿易會又斐然成章。協力集事。尤非他會所及。是蓋首領得人。斯能日起有功也。

法蘭西號稱革命先進國。乃近三十年來。日耳曼超躍而前。無他。四十八年七十一年法國革命二次[⑤]。法人驚魂甫定。動極而思静也。然自七十九年以後。黨衆分爲兩派[⑥]。一主激烈。推馬格司爲黨魁。一主乘機。與共和

① “和蘭國民會共和黨”，即荷蘭社會民主工黨。
② “丹麥國民會共和”，有誤，應爲“丹麥國民會共和黨”，即丹麥社會民主黨。
③ “哥卑納給”，即哥本哈根（Copenhagen）。
④ “瑙威”，即挪威（Norway）。
⑤ “四十八年七十一年法國革命二次”，即1848年歐洲革命中的法國革命和1871年巴黎公社革命。
⑥ “黨衆分爲兩派”，1882年法國工人黨分裂爲蓋得派（Gédiliste）和可能派（Possibiliste）兩個派别。前者由茹爾·蓋得和保爾·拉法格領導，奉行馬克思參與制定、1880年哈佛爾代表大會通過的綱領。1901年，蓋得派組成法蘭西社會黨。後者以布魯斯、馬隆爲首領，奉行改良主義。1902年3月，可能派的多數人參加了讓·饒勒斯創建的法國社會黨（Parti Socialiste）。

黨聯爲一體。至九百年以後。益復分劃井然。然要其指歸。實無二致。卒於九百五年。合而爲一[①]。六年。選舉民會黨。投票額一百二十萬[②]。然法人於集團統治機關。猶未能力據上游也。嘗有議以公産之法革私産者。投筒決可否。否者五百五票。可者衹五十五票。顧民會學家散布要津。大而全國。小而一鎮。咸蒙影響。其改革政府之理想。感人尤易入。而貿易會則提倡最力者也。

意大利之民會黨[③]。與掃蕩政府黨。勢分冰炭。内有鬩牆之争。外遭政黨之忌。岌岌乎危若累卵。況意國工人。於教育理財行政諸方略。晦盲否塞。重以各省程途之隔絶。受病匪伊朝夕。故當九十二年選舉之期。民黨投票數。衹二萬六千耳。九百年。稍增至十七萬五千紙。議員三十二人。四年投票。雖更增至三十二萬。然議員名額。反減存二十七。

意國民會黨人。不徒以糾衆罷工見長也。公衆協議。莫不優爲。其組織農團也。以散處之農。集至二十萬人。尤爲創見。九百二年。乃有罷農之舉。意國力田者。用是稍紓積困。時則民黨締造方新。國勢又孱弱不支。而黨人乃卓然有所建立。尤足令人神往。

西班牙工黨。疇昔所忻慕執鞭者。今已如退院之僧。政治工業。窮蹙殊甚。於是掃蕩政府黨鼓動全境。南部尤甚。此蓋由數百年來顛連疾苦。實搆成之也。

進觀歐東民法之大勢。鋒鋩四射。致足驚人。即塞爾維亞與勃爾忌利亞[④]蕞爾小國。亦有黨派。隸於萬國聯會。奥國[⑤]之民會共和黨。尤覺精神團結。

---

① “卒於九百五年。合而爲一”，指 1905 年蓋得派組成的法蘭西社會黨與以讓・饒勒斯爲首的法國社會黨合併，成立法國統一社會黨（工人國際法國支部）。
② “一百二十萬”，有誤，據英文原書應爲“一百十二萬”。
③ “意大利之民會黨”，即意大利社會黨（Partito Socialista Italiano）。
④ “勃爾忌利亞”，即保加利亞（Bulgaria）。
⑤ “奥國”，即奥地利（Austria）。

氣象發皇。所追求者。公享選舉權。以發展政治之力也。九百七年。黨人投票數一百零五萬。得議員八十七。而基督教民會黨[1]人。以七十二萬二千之投票數。得議員九十六人。夫以奧國之人種錯處。語言龎雜。而無黨争鬩訟。起於其中。其組織之緻密。境遇之優宜。從可想見矣。

俄羅斯革命之禍。以八十一年亞歷山大第二皇被弑爲最熾。亞歷山大第三皇[2]即位。甚至懾於革命之陰謀。匿深宫而不敢出。然能陰行其解散黨人消弭衅端之策。國中稍稱治安。黨人亦倦飛知還。静待時機之至。然國中工廠林立。勞傭斯衆。罷工挾制。事在意中。九十六年。聖彼得堡之罷市。其發軔也。宗奉馬格司派之黨人。亦於斯時奮起有爲。九十六年。倫敦開萬國民法議會[3]。俄國民黨。遂亦與於觀光之列。

顧黨人之欲速者。以爲財政之進運。非具神驥出櫪。鷙鷹脱韝之氣概。恐如河清之難竢矣。斯議一倡。前此漏網竄伏之革黨。趨之若鶩[4]。即締結民會革命之草章。時則九百一年之冬秒也。俄國黨人。亦分二派。一曰。民會共和黨[5]。主静待財運之轉機。一曰。民會革命黨[6]。主厲行鉏擊之辣手。外此復有猶太工黨[7]。亦結密會。猶太人之取憎於俄政府。厥維此故。乃更見忌於俄國工人。則以其省嗇善賈。將不利於俄人也。

俄國無政府黨。至今磨刃礪矛。躍躍欲動。其中最有力者。農團[8]也。

---

① “基督教民會黨”，即基督教社會黨。
② “亞歷山大第三皇”，即亞歷山大三世（Alexander Ⅲ，1845—1894），俄羅斯帝國皇帝（1881—1894）。
③ “九十六年。倫敦開萬國民法議會”，即 1896 年在倫敦召開的國際社會主義工人和工會代表大會（又稱第二國際第四次代表大會）。
④ “鶩”，有誤，應爲“鶩”。下“羣趨若鶩”同。
⑤ “民會共和黨”，即俄國社會民主黨。
⑥ “民會革命黨”，即俄國社會革命黨（Russian Social Revolutionary Party），1902 年成立的民粹派革命團體。據英文原書，俄國社會革命黨與社會民主黨的區別在於，前者發動農民，而後者不發動農民。
⑦ “猶太工黨”，即立陶宛、波蘭和俄羅斯猶太工人總聯盟（簡稱“崩得”），1897 年成立於維爾紐斯。1898 年 3 月，在俄國社會民主工黨第一次代表大會上，作爲自治組織加入。1921 年 3 月解散。
⑧ “農團”，指農民協會。

溯亞歷山大第二皇之世。革命之燄。由外國傳入。今則根深蒂固。已成俄境土産。是以海陸軍畔亂迭起。縱火行刺。警報時聞。是皆專制政體解紐之朕兆。而原其致此種種之慓悍。民黨蓋其淵藪也。

若夫英國之民法。自鄂温勢衰。及基督教民黨[①]斂迹之後。幾成絶響。間有一二處服膺師説者。亦復偏重革命。非正宗也。惟六十四年創立萬國聯工會[②]。英工協力贊襄。然過此以往。任會象之涬興。英人又祇作壁上觀。夫以馬格司恩吉爾之久居英土。接其道貌。聞其緒論者。改移氣質。頗有其人。然皆異種人居多。而與英國土著。固未能沆瀣一氣也。

八十三年。英國民法。始若睡獅之初醒。其感力雖由於喬治亨利[③]之遞衍。而動機實由於馬格司之教理。喬治亨利者。慷慨善辨。論説亦飆發電流。軼出民法學範圍之外。然頗足新時人之耳目。聞者多樂附之。英國理財新民一大改革。實以喬爲首功。

八十四年。民會共和黨倡設一會[④]。爲英國民法志紀元。黨員歷揭當世財政之弊竇。馬説於是盛行。其倡導之知名士。爲應德門[⑤]與麥列司[⑥]二人。應嘗著英國民法志溯源[⑦]一書。麥列司則著塵寰樂園[⑧]一書。流播甚廣。麥更負一代詩豪之盛名。會中特設一報。署名曰公道[⑨]。至今仍刊行不替。

---

① “基督教民黨”，即基督教社會主義。
② “萬國聯工會”，即國際工人協會。
③ “喬治亨利”，即亨利•喬治（Henry George，1839—1897），美國社會活動家，資産階級庸俗經濟學家。
④ “民會共和黨倡設一會”，即社會民主聯盟（Social Democratic Federation），1884 年成立的英國社會主義組織，由激進團體“民主聯盟”改建而成。
⑤ “應德門”，即亨利•邁爾斯•海德門（Henry Mayers Hyndman，1842—1921），英國社會主義者，改良主義者；1881 年是民主聯盟（1884 年改組爲社會民主聯盟）的創始人和領袖，後爲英國社會黨領袖。1916 年，因進行有利於帝國主義的宣傳而被開除出黨。
⑥ “麥列司”，即威廉•莫里斯（William Morris，1834—1896），英國作家、藝術家，社會主義者和共産主義者。
⑦ “英國民法志溯源”，即《英國社會主義的歷史基礎》（*Historical Basis of Socialism in England*）。
⑧ “塵寰樂園”，即《烏有鄉消息》（*News from Nowhere*）。
⑨ “公道”，即《正義》（*Justice*），1884 年英國社會民主聯盟創辦的機關刊物。

八十五年之末。共和會員各持異議。有鼓吹掃蕩政府者。麥列司與白克斯[①]爲其渠帥。二家各著書。鈎新出奇。別建民會同盟[②]。刊發公益報[③]。然風馳不數年。蹶躓隨之矣。

八十四年。有分途異趨之民黨。翛然自別於紛呶。是即所謂温和黨[④]也。黨人率爲英俊卓犖之士。敏練有爲。不屑雌伏。所持宗旨。先治己身。擴其學識。洞明當時財産民俗國政諸要端。而後普傳其民法於全國。所刊雜著論説。或登臺宣講。皆精粹有至理。令人志氣發揚。九十八年。黨員某論工人報酬案一篇。脱稿付印。銷數達十二萬。亦可見其聲價矣。其他如韋伯夫婦[⑤]新著之貿易會學理小史[⑥]。工業共和[⑦]。以及沙烏[⑧]衛耳師[⑨]諸人之述作。皆足以激發英人。積至九百八年。倫敦會員增至二千五百人。各地分會更有五百人。

九十三年。有勞傭獨立黨[⑩]。嶄然特立。蓋民法家之究心政治者也。其大綱與温和黨相類。黨員中最負時望者。皆隸名於温和黨。而其訂交最密者。蓋即貿易會是。

民黨流派之繁别。筆難縷述。要之各派中俱不乏才智超雋之士。幽居發

---

① “白克斯”，即厄内斯特·貝爾福特·巴克斯（Ernest Belfort Bax，1854—1926），英國社會主義者、歷史學家和哲學家。

② “民會同盟”，即社會主義者同盟（Socialist League），1884年12月從英國“社會民主聯盟”中分裂出來的社會主義組織。

③ “公益報”，即《公共福利》周刊（*The Commonweal*），社會主義者同盟的機關刊物，初爲月刊，後改爲周刊。

④ “温和黨”，英文原書作“Fabian Society”，即費邊社。

⑤ “韋伯夫婦”，即悉德尼·韋伯（Sidney Webb，1859—1947）和比阿特麗絲·韋伯（Beatrice Webb，1858—1943）夫婦，英國工聯主義和費邊社理論家，改良主義政治活動家。

⑥ “貿易會學理小史”，即《工聯主義歷史》（*The History of Trade Unionism*）。

⑦ “工業共和”，即《工業民主論》（*Industrial Democracy*）。

⑧ “沙烏”，即喬治·蕭伯納（George Shaw，1856—1950），愛爾蘭喜劇作家、文學評論家和社會主義宣傳家，1925年諾貝爾文學獎獲得者。

⑨ “衛耳師”，即赫伯特·喬治·威爾斯（Herbert George Wells，1866—1946），英國小説家、記者、社會學家和歷史學家。

⑩ “勞傭獨立黨”，即獨立工黨（Independent Labour Party），1893年1月由詹姆斯·基爾·哈第和詹姆斯·蘭姆塞·麥克唐納等創建於英國布拉德福德。

憒。苦心焦思。以救菑卹患爲己任。故自八十三年民法播行而後。沛然莫禦。其首揭之宗旨。即欲摧除人羣之利己心也。八十七九兩年。黨人騷動。勢燄張甚。幾有舉國若狂之概。既而流失敗壞。不可收拾。此皆由激烈黨人。偭規錯矩。與夫不諳事理。矯揉造作之徒。尸其咎也。考英國近代之民法。盛行馬格司學説。共和黨[①]持之最力。温和黨亦有陰謀不軌者。繩以依流平進之旨。適形其鑿枘而已。

九十五年。英國總選舉屆期。民黨人投票。數止四萬五千耳。濟濟工徒。猶依附舊時之政黨也。他日者。得人闡發民法之遺藴。内副人情。外順時局。前途甯有涯涘歟。

九百年。創設勞傭代表委辦[②]。廓新曩時之政體。凡若貿易會勞傭獨立黨民會共和黨温和黨皆屬焉。惟共和黨於年杪引退。同年選舉時。委辦甫立基址。無所表見。至九百六年之總選舉。則氣象一新矣。夫民會勞傭自由三黨[③]。既無劃定之界限。則分言各黨之成績。不如綜舉委辦投票之實數。計其數爲三十二萬三千。下議院中占議員三十席。

選舉事竣。改勞傭代表之名爲勞傭黨[④]。事屬創舉。不立定程。從者約一百萬人。内惟二萬一千。爲民會黨。餘皆爲貿易會會員。九百八年。勞傭黨附於萬國聯工會。人數逾一百五十萬。此黨之經營。最適合於英國情勢。且旨趣純正。不雜馬格司嚚張之舊説。尤足稱焉。顧凡遇大興作大變革。猶不免意氣從事。故於開明之民法。猶未達一間也。

奥國之勞傭黨。憑藉既厚。措注盡善。遂於九百四年。得握政權。雖未

---

① “共和黨”，即英國社會民主黨。1907 年，由英國“社會民主聯盟”改組而成。
② “勞傭代表委辦”，即勞工代表委員會（Labour Representation Committee），1900 年 2 月，由英國職工大會發起成立。
③ “民會勞傭自由三黨”，據英文原書，指英國獨立工黨、貿易會（Trade Unions）和自由黨（Liberal Party）。
④ “勞傭黨”，指 1906 年由勞工代表委員會改稱的工黨（Labour Party）。

久即已退位。然養翎厲鍔。正其吸收權力之最優處。何則。以静待動。自爲他黨所輸服也。故越四年而重握政權。

民法之不脛而走。勢有必至。理有固然也。然其始頗不行於美利堅。溯自十九期中葉以前。美國徧地務農。無甚富亦無甚貧。故黑奴以外無階級。歐洲工人之冒險進取者。罔不垂涎其地。英人尤目爲天府。趨之若流水。然皆立志純潔。制行嚴整。學術湛深之士也。移民既庶。歐洲西北方更有奇材異能。挺生崛起。離宗邦而遠涉重洋者。當是時也。美州民族。號爲世界之文明花。非獨風俗純美已也。地處沃衍。允爲財富充牣之隩區。特恐承平日久。民多佚樂。不知憂深慮遠耳。迨至中葉以降。忽有倡工業革命之説者。氣焰萬丈。公司四起。財力之雄厚。竟有凌駕千秋。推倒一世之概。然惟三數富豪。實掌握之。失業委頓之勞傭。與歲時而俱衆。宜民善俗。戛乎難哉。

寖假而執業之衆。曾受教澤之涵濡。爲禍猶不甚烈也。無如近覽民風。歐洲東南方文化較遜之人。徙居美州者。絡繹於道。考其程度。殊遜於美國公民。於是左顧則恃富而欺貧。右顧則患貧而仇富。積嫌成釁。岌岌乎有國境分裂之危。近如糾衆罷工。結黨械鬭。即其見端。民法學家。喘汗圖救之不遑。欲促而進之民法。羌無明效。莫可言詮。迨至九百二年。工人大會[①]時。一躍而佔强勢。四年。選舉總統。民法學家之候選者潭泊士[②]。得四十萬八千票。八年。更得五十萬票。且是年選任總統。優勝者實爲工黨[③]。而民政黨[④]與共和黨中得膺候選之傑士。要皆緣能結工黨歡心之故。是蓋公司之制。雄飛宇内。遂鉤引計學家精切之注意也。邇來。美國工黨之最重民法

① “工人大會”，指1902年5—10月美國賓夕法尼亞州無烟煤礦工人爲加薪而舉行的大罷工。
② “潭泊士”，即尤金·維克托·德布兹（Eugene Victor Debs，1855—1926），美國勞工運動組織者，1900年至1920年五次成爲社會黨的總統候選人，其主要著作有《爲工會主義與社會主義辯護》《鐵窗生涯》。
③ “優勝者實爲工黨”，指威廉·霍華德·塔夫脱（William Howard Taft，1857—1930），美國第27任總統（1909—1913）。
④ “民政黨”，即民主黨。

者。厥維俠義會[1]執行之條件。要之民法肇端之要義。美國已籠而有之。其登進之階。則勞傭其先導歟。

綜上所述。歐洲各國之仰慕民法者。如衆星之拱北辰。饜飫文化之人。更皆深受激刺。若民法之鋭悍。足以矯財政之偏頗。且剷除現行制度之利器也。故光明磊落之士。秃毫枯墨。瘏口嘵音。其結果誠未可知。而争競之風。有心人不復如昔者之稱賞。可斷言矣。抑今人之所豔羨者。即此毅然不撓之學理。卓然不敗之法基。而更極精研幾。不留餘藴。足證人心世道。將舍糟粕而取精華也。或謂。實心提倡此民法者。一國中但有數人。得無過少。然民心之丕變。恆始於一二人。則雖曰舊日理財學説之湮。將基於是。胡不可者。嗚呼、天下之美利。當與天下共之。今乃壅於一隅。所以擾攘無甯日也。

抑民法之薰陶。更可以尋常行政之見實測之。試析别爲四。

一曰。國家之視勞傭也。夫國政之與民法。固熏蕕不同器也。然往者政府之於民事。輒同秦越之視肥瘠。邇來則保衛之責。似覺有不容旁貸者。且往昔貧民。匍匐呼號。莫獲如願。逆料後世工人。非但絶無恐懟。或將淡焉若忘。國家之與人民。其改革也若是。誠史册中絶大之轉機矣。

二曰。理財學與民法之聯屬也。英國理財學子。受民法之感動。至鉅且深。但新著之理財諸書。罔能引申民法。亦惟其然也。頗不逮前世之風行。所以英國人理財之學。龐雜紛歧。至今尚無槼矱也。返觀德國理財學巨子。多兼抱民法學之根柢。故於評隲勞傭之事。頗中肯綮。若泛論現在之財政。更一依民法之正軌。此不僅名成身退之古人然也。當

[1] “俠義會”，即勞動騎士團（Knights of Labour），1869 年 12 月，尤賴亞·史密斯·斯蒂文斯（Uriah Smith Stephens，1821—1882）等在費城建立的美國工人階級的首個全國性組織。

代魯靈光[①]。赫然理財學大家。且兼通民法學之顯甫爾[②]。亦嘗謂。將來世界。惟純正之民法。實擁最大勢力。蓋痛薄俗之難迴。傷貧民之罹厄。識量高出諸家之上。實得力於民法之學也。

三曰。基督教與民法之關會也。説者謂。民法學理。與基督教相反。是荒誕不經之論也。今世之最鉅且艱者。即以基督教之道德。調和財政之競争。蓋競争之風。與生俱來。有生之後。進而益劇。基督教高語靈德。力挽狂瀾。庸劣之農隸家奴。卒得脱幽獄而覩天日者。皆其柔化之功。永垂天壤也。故善體基督教旨。而熟其史乘者。當奉大義以決排財政之禍水。而深恫夫淪於賤役。艱於生計之苦。爲億兆環而待命之人也。且教會中宏毅之士。疾首於争存與教旨之不相容。馬立司金斯勒[③]二人。蓋嘗堅持正理。以力破自由競争之曲説矣。四十八年。先創立基督教民法學派。推廣已有成效。日耳曼天主教會。當賴薩勒在世之日。亦已廁身民法之中。六十三年。其監督開德埒[④]亟贊賴説。且著書[⑤]譏斥争競之弊習。俾駔儈無以自立。殖産會於以觀成。六十八年。教中之民會黨。更進一境。務求工黨之轉禍爲福。其主要條例。則在工人同蒙法律之保護。如工時。如庸率。如婦稚作工。如衛生律。如殖産會捐金。如減輕傭税。如均分餘利等事。惠澤覃敷。歡聲雷動。民會共和黨。亦不得不俯就範圍。而其氣爲之一挫也。德國改正教派之折而入於民法也。自七十八年始也。牧者德脱[⑥]。著書歴詆財政競争之謬。目之爲非

① “魯靈光”，西漢魯恭王劉餘建造的靈光殿。後比喻碩果僅存的人或物。
② “顯甫爾”，即阿爾伯特·舍夫勒（Albert Schäffle，1831—1903），德國經濟學家、社會學家，奥地利商業和農業部部長。
③ “金斯勒”，即查理·金斯萊。
④ “監督開德埒”，即威廉·艾曼努埃爾·凱特勒（Wilhelm Emmanuel Ketteler，1811—1877），天主教社會改革家。1844 年受神職位司鐸，1850 年任美因茨主教。1848 年任法蘭克福議會議員，1871—1872 年任德國議會議員。
⑤ “著書”，即凱特勒於 1864 年出版的《勞工問題與基督教》一書。
⑥ “德脱”，即魯道夫·托特（Rudolf Todt，1839—1887），德國牧師。

聖無法。因倡言自由平等兼愛諸要義。爲聖經之所特重。勞傭當通功合體。各享其力作所獲之全福。此書與要求廢止私人財産。删除傭工弊制。頗相髣髴。其首領爲史多勘[①]。手創中權民會[②]。與基督教工人會。依流平進。措置裕如。然頗不滿於共和黨。遂致横生阻力。七十八年。政府頒行民會禁律。黨人之勢乃大挫。○英國教會近象。頗受共和黨之感化。而知民法學之當治。鋭意以研究之。天主教巨擘梅甯[③]。其尤著也。八十八年。盎格魯人種教會大會時。委辦具報民法推行之成績。極贊黨員務本之宏指。是即富室與勞傭兩黨。言歸於好之基也。其擁護工人之毅力。至九百八年大會而更顯。迴溯二十年前。基督教民會黨成立。入會者。皆英國聖公會[④]會友。所持宗旨。欲以基督教之精義妙道。解釋今世民財之危局。循是以往。獲效綦多。其導揚此派。勇於赴功者。監督韋司格[⑤]也。凡屬同志。無分保守黨與自由黨。民法家與非民法家。皆得入會。

四曰。人心隨民法爲變遷也。文人學士。重視勞傭。如報章之月異歲不同。無待覼縷矣。乃組織近世共和政體之億兆工人。其心理之蠲舊圖新。憬然於處境之不良。而求副其出谷遷喬之願者。尤非庸耳俗目。所能預知也。是雖舉踵伊始。猶未能從容中道。然改行之速。擇術之精。要有其不可誣者。故昔年馬格司之事功。要在警覺工人。與之更新。今後之所望者。惟在得命世之英。爲之先導。人心之善變。誠日進無疆哉。

① “史多勘”，即阿道夫·施托克（Adolf Stoecker，1835—1909），德國教士、政治改革家。
② “中權民會”，據英文原書“central union for social reform”，應指社會改革中心聯盟。
③ “梅甯”，即亨利·愛德華·曼寧（Henry Edward Manning，1808—1892），又稱爲曼寧樞機主教（Cardinal Manning）。早期是英國基督教聖公會牛津運動派人士，後改宗天主教，任威斯敏斯特大主教。1875 年，任樞機主教。
④ “英國聖公會”，英國聖公會（Church of England），英國國教會。
⑤ “監督韋司格”，即布魯克·福斯·韋斯科特（Brooke Foss Westcott，1825—1901），基督教聖公會達勒姆主教。

篇十四一

民法趨重之勢

凡屬圓顱方趾戴高履厚之人類。其腦識心力。無不結集於民法之一途。然憑虚想像。猶未能實踐康莊也。至若競争之積習。雖曰屢經擯斥。然餘霞散綺。尚留殘迹於人間。久行之理財學理[①]。亦爲識者所譏。然行之於百工。法簡事易。故仍樂此不疲。然則民法之見之事實者。何證乎。應之曰。今苟于實業中求其明效。誠無其例。然曠觀世人大勢之傾向。請摘舉犖犖數大端。以資學者之考鏡。

一曰。國定民法[②]也。國家云者。人民大體之合團也。故與各地方誼關痛癢。一國之風化。始克蒸蒸日上。且以一國之主體。爲人羣興利除害。誠經傳之所恆見。惟篤實踐履。始於今世見之。以英國論。民間有呼號慘戚之聲。國家則調燮而疏通之。務革舊時之秕政。此輓近三十年來[③]創見之新象也。然而位尊勢崇之政治家。猶岸然不樂於心。徒以迫於投票人之請求。不容不勉盡己職耳。局勢之變更若是。英國憲政實權。已舍政黨而移諸共和黨人[④]。九百八年。政府許行養老之議案[⑤]。

① “理財學理”，即政治經濟學原理。
② “國定民法”，即國家社會主義。
③ “輓近三十年來”，有誤，英文原書作“During the last seventy years”，應爲“近七十年來”。
④ “共和黨人”，有誤，據英文原書，應爲“民主黨人”。
⑤ “養老之議案”，即 1908 年英國自由黨政府通過的《養老金法案》（*The Old Age Pensions Act*）。

凡年逾七十者。每一星期。給予英金五先令。似此降心相從。不可謂非民法之潛移默化也。〇德意志政府之推行民法也。視他國爲尤摯。且普魯士舊律。國家當贍養無力治生之衆。而爲失機廢業者謀生也。八十八年[①]。德政府頒發下議院詔書。其大意云。朕必規正民會共和之過舉。朕必翊助工人。共謀潰癰去毒之方。凡工人之病老殘廢者。毋令失所。雖仁政未易徧及。然實國家莫大之天職也。又云。朕甚願大有造於宗邦。得以永慶昇平。可厚儲振災卹貧之財力。且願盡主權之義務。維持工黨之協團。上下一心。始終罔懈。庶幾羣治大進。没世不忘。於戲、德國緯地經天之大業。基於此矣。所惜帑藏未充。不能騾副所期。然較諸英國恤貧之律。詳略優絀。不可同日語也。〇欲覘共和國家之政治。純以人民爲主體。求諸世界新闢之地。乃有足資表率。如英屬之新西蘭者。新西蘭之立國也。以增進羣福爲要鍵。故鐵路電線[②]德律風[③]之類。大都屬國家之業。凡所以利民也。當新西蘭銀行瀕於傾覆之時。全地震恐。卒恃國家之力。維持保護。以底於平。旋改爲國家銀行。而財政之波瀾永息矣。憲法以裒多益寡。嘉惠百工爲精意。訟庭以抑强扶弱。永絶工人之争競爲要端。國内貧民。年踰六十五歲者。給予贍銀。初以每年英金十八鎊爲額。繼增至二十六鎊。每星期匀計十先令。餘如婦人選舉權。階級税則。壽險衛生之善制。制限財産之法團。莫不次第舉行。力矯積習。夫此良法美意之焜耀一世者。其源泉果安在乎。則亦曰。激盪於農佃勞傭之苦。與民法之風湧潮流耳。且因其播種而穫善果也。愈以知民法有仁民之實用。故雖以新西蘭之户口寡而民智優。不能引爲各地之常例。然亦足以風勵世人。勉圖鴻業。蕲成美備之共和國家。利行保民之實政也。

① “八十八年”，據英文原書，應爲“八十一年”。
② “電線”，即電報。
③ “德律風”，telephone 的音譯，即電話。

二曰。通功營業會也。通功營業會。發起已久。何遲回而不遽進乎。則試觀其締造之時。財力人材。悉取給於貧窘愚陋之工人。辛苦墊隘。其難可想。雖然。溯自創設至今。垂六十年。樹基未固。而流澤頗長者。良由彼中志士。相與慘澹經營耳。故其履行之民法。固尚限於一隅。然內力潛充。外觀有耀。已爲當世之所豔稱。此無他。以民法實發自民閒。故英之通功營業會。乃工人之所結合。純屬共和政體。入會者不問執業。不拘國籍。以選柄公操爲要領。會中幹事。由衆選任。總理擔負公衆之責任。同志投貲營業。按法定之額。每一會。不得過英金二百鎊。乃以此殖産。獲效甚大。産品大宗。以國中需用者爲主。九百七年。綜計立案之分會。凡一千五百六十六所。會友二百四十三萬三千人[①]。試追溯其經始之時。蓋在四十四年。釀資僅二十八鎊耳。至是乃增至三十二兆鎊。每年周轉之數。一百五兆鎊。年獲贏利十二兆鎊。英國人口五分之一之需用。皆仰給焉。要其繼長增高。實皆造端於二十八鎊之微。可謂九重之臺。基於寸土。蔽日之蔭。始於一枝。故雖民會之疑問。尚未能渙然盡解。然一切理障。賴以廓清者。不爲寡矣。英國而外。德奥比法意諸國通功營業會。俱有進境。至程效耑務其大。不在贏利之分。尤足令諸國矜式者。丹麥是已。近日愛爾蘭創集之協會。亦羣推爲世界壯觀。〇通工營業會[②]者。工人自治獨立之機關也。擴充勞傭之財力。程效不可謂不廣。所美猶有憾者。人多存爲己之心。未能擴然大公。惟望民會愈整。則規制愈詳耳。然惟爲己心之未去。更有不可泯之缺憾。蓋愛護勞傭。法猶未備。需用者與製造者主客之形勢。終齟齬不相入也。雖然。彼譏評營業會者。每揚其短而抑其長。又豈可據爲

① “二百四十三萬三千人”，英文原書作“二百四十三萬四千人”。
② “通工營業會”，即合作社。

定論哉。〇且營業會皎如天日之宗旨。又未嘗無實地之發揮。即如歐洲西部之激進會[①]。創於七十三年饑饉之秋。織工安胥爾[②]爲會長。人數寥寥無幾。醵資僅得法金八十四法郎强。約合英金三鎊八先令。初爲饅首小商。至於今。業此之巨廠。鱗次櫛比。更設大公司及棉紗廠於康德城[③]。附設印字館。銷行日報及七日報。編制壽險及養老法。城中户口十萬五千人[④]。利賴之者。乃至十萬人。會友均受普通之教育。健全之體養。且復能鼓勵美術。其造福也宏矣。然撫今追昔。教會政黨[⑤]地主富商各種人。咸出其狐兔之技。以摧鋤工人爲務。樂其愚而利其災。今則氣局一新。詎不足爲工黨慶。宜乎比法和德諸國之通功營業會。師法不遑也。

三曰。民黨改良會也。營業會之渥受歡迎。自不待論。顧民閒希望之奢。非止一端也。近五十年來。工業革命之變。起於民會。謀所以恢張羣理者。更進迭起。雖奏效之遲速各殊。而其所同心恪守者。不外永解束縛。希冀福利。爲彼退此進之規畫。於是工廠約章。貿易會。業主團體。股東集合。調和委辦等類。相繼成立。各黨縱多異趣。而鋭求更新之祈嚮罔弗同。矯正財政競爭之規制亦罔弗同。要皆以民法爲萬法之歸宗。而以重整民會爲樞紐也。

四曰。工業合會也。理財家最足驚人之事象。託始於工業革命。繼自今。方興未艾者。則由於營業之散商。遭公司之蠶食。小康之家。爲

---

① “激進會”，英文原書作“The Vooruit（Forwad） Society”，即前進社。
② “安胥爾”，即愛德華·安塞爾（Eduard Anseele，1856—1938），比利時合作運動活動家，改良主義者。曾參與創建并領導比利時工人黨。1889 年第二國際第一次代表大會的副主席之一。在第二國際中持機會主義立場。
③ “康德城”，即根特（Ghent），比利時西北部東佛蘭德省省會。
④ “十萬五千人”，有誤，英文原書作“十六萬五千人”。
⑤ “政黨”，有誤，英文原書作“State”，指政府。

巨富之鯨吞也。循是以往。營業非公司不立。世界需求。非大公司不給。於是馳逐角鬬者。皆龐然之巨商。而工業發達之原理。即可借鏡於此矣。〇此象之發見於英者。方之美國。瞠乎其後。蓋美固天然工業團結之地也。其財力之舒展。由於國政之保護。重以地大物博。取求甚便。人民智識。彬然可觀。政治民會文學藝術。奔軼絶塵。一切皆遠駕英國之上。或憂其競争愈熾。危險愈甚。然各工黨首領。見機甚敏。協商價格庸率。而聯行之制[①]。遂爲北美新飛之鷙鳥。且理財學最近之發明。尤足引他州各國研究之興味。〇然而聯行之制。非獨行於美土也。德國則有所謂生財會[②]者。異其名而同其實。亦有高掌遠蹠之概。推之英奧等國。莫不有然。誠以理財學之自在推行。匯支流而成大河。於勢爲順也。〇上文論公司自然發達之塗徑。今請更言其性質。夫公司一共和之小影也。正式之聯合法。總理由股東選舉。視股東之迎距爲去留。凡入股者。不限人格。譬之力役於鐵路公司者。亦得爲鐵路公司之股東。而分享其權利。然見之於事實。則公司每爲鉅富之所專。故總理必屬富家之子。夫富家之子。非有甚愛於其傭役也。所視眈而欲逐者。祇在股息之豊收。雖然。就公司發達之廣義論。則世界財産之實權。已漸脱私團專制之局。蓋公司中職務繁密。總理不能兼營並騖也。必別設各科。分理庶職。而就局廠分理之任者。非必鉅額之股東也。準是以觀。大公司翊進民會之力。隱合共和政治。較之小販細商。便利不啻倍蓰。且由鉅業而改歸國有。爲道至捷。然則財政學者。即民法學之草案。待議定而頒行也。至如合夥拆息之法之甚有裨於民法。更不待言。而美國之主持工業者。仍多創立之老成人。智量才識。超越等倫。力足化荆棘爲坦途。

① “聯行之制”，行業聯盟制度，指托拉斯（Trust）。
② “生財會”，指卡特爾（Cartel），盛行於德國的壟斷組織。

以迓民會一統之權。此又不當以常格論矣。

五曰。勞傭共和也。近世民生之進境。非出於富家之材力。而出於關係最切之編氓。於何證之。證之於勞傭共和。夫往日之勞傭。蠢然不足齒數。今則學校教育。世界知識。犂然具備。而工廠軍事選舉等新政之劇爭。更足以振刷其精神。使知己力之足用。及其肆應之方法。於是蠖屈終伸。出九淵而升九天。儼然爲新世界之要人。顧今猶未能仰首伸眉。脱除傭籍也。異日者。共和大成。政治之完備。隨財政之變象而俱呈。變象也者。非小商細業突增勢力之謂也。以後例今。適相反矣。

六曰。解脱爭財之網也。競爭陋習。必不容於將來之民會。蓋至是而可豫決也。夫陋習一日不去。禍源一日不絶。甚至足以傾覆民會。證諸往史。市場惶恐。物産委棄。民生彫敝。皆競爭實階之厲。百工更搶攘昏墊。貽史家之指摘。恥孰甚焉。英國競爭之風。雖不如他國之甚。而亦羞居牛後。故其逞志於世界商場也。一地不宜。徙而之他。逐利自肥。鮮受其病。雖然。美德等國。工業涬興。英人相顧愕眙。蓋恐今日悖而加諸人者。他日亦悖而施諸己也。嗚呼。開埠通商。與其他行政等耳。挾性法以爲約束之具。安用此陵競爲哉。〇即如美國聯行之制。亦不得謂競爭之無弊。彼主張聯行者。固亦有其聳聽之詞。以爲無理之競爭。有百害而無一利。惟既成聯行。則物價傭率。悉本公意以爲裁定。富家之贏利。亦復取不傷廉。似也。而不知紕繆實甚。工界魁傑。既編聯行。操縱大權。不啻雄據秦關。虎視六國。工人其何以堪之。況一切重要用品。皆爲聯行所龍斷。其權力所及。彌綸於政府及民會之間。事之危害。有甚於此者乎。要之疇昔不法之競爭。凡廁足於生計一途者。浸成坐困。自編制聯行之法起。富家得利。而羣蒙其害。欲救此弊。厥道何由。既不可襲競争之舊制。又不可行專制之新律。惟有探原於萬國公法。期成民會統治之權。以保障人羣之自由。則聯行之發達。或亦可以引人入勝歟。

七曰。心思之促進也。民法之通塞。以實踐二例之偏全爲斷。曷言乎二例。即適中之工作時刻。與合宜之資生財力也。工作時刻。以每日八點鐘爲差近。改訂之期。可旦暮遇之。然改訂由乎公意。而自然發生。乃爲盡善。若出於強迫。已非上乘。甚至狼奔豕突。行險僥倖。風斯下矣。以言合宜之資生財力。自當依科學之律令。爲之詮解。無所用其臆度爲也。淺言之。則衣食居處之外。空氣换新。休養合度。以及家庭樂事。要皆普通人類之所必需。凡傭工得值。當視其所必需。以道德與科學爲準則。前此競争日劇。工價因之而不平。紛呶無已。今後頓翻前轍。主禱文日用之糧一語。將爲世界勞傭之錦標蕊榜焉。夫惟最新理想之結穴。必彙此二例而闡揚之。使脱於競争之害。而進於道德與科學之範圍。是非期成民會統治權不可。此境而終成也。則役事於政治教育公司商鋪。以及轉移百執事。苟其工作時刻。日不踰八點鐘。而所得工資。足供普通生計所必需。庶幾民法有落成之望矣。今試覆審六十年來之歷史。稍有識者。必共認此二例之進步。有一日千里之勢焉。

以上歷舉今世財政民會之種種新象。試更紬繹其要義。則祈嚮雖别。要不出於二途。一曰。國家自治團通功營業會等。將見統轄財政機關之實行也。一曰。由散成羣。財團合而成聯行也。二者皆有斡旋世運之智量。消弭羣禍之偉績。前者爲人生謀樂利。後者劑財力於均平。

嗚呼、聯行之雲蒸霞蔚。誠足資世人以金鑑。由是可知民法者。非託諸冥想。垂諸空文也。亦非偏於革命之侈談也。以近世工業之盛。愈知爲最急最切之事。凡馴良樂業之國人。與鼓吹休明之智士。莫不肩荷重任。

相與講求。簡言以明之云。民法所注重者。本勞傭共和之旨。組織同工合本之政體。以道德爲經。以科學爲緯。特標一幟於今日之實業世界。爲謳歌太平之左券。雖曰時會未逢。然行遠自邇。登高自卑。將來不朽之宏功。請自今始矣。

篇十五一

民法近狀

日耳曼民會共和黨會議緊要事件[①]。略見上篇。今重繹其宏指。蓋欲合傭工之心力。導之以赴福林。必先舉營業之私産。化爲公産。不求利於一黨。而求利全地毬之人羣也。所訂條件。比奥法等國踵起仿行。凡有勞傭共和之國。其渴望參預政權者。無非欲改正財權耳。即如萬國新議會[②]之議決案。所持宗旨。亦復略同。夫歐洲之立萬國新議會也。踵萬國聯會而起。自八百八十九年至九百七年。屢會於名都大埠。當集於比京英京時。尚無紀律。因議整理之策[③]。遂乘九百年巴黎會議[④]之際。要分三端。一曰。制定入會人之資格。凡工人會之宗旨。與民法學大致相同者。均得入會。其相同者何也。如民會懋遷營業之悉以歸公也。萬國工人同心協約也。民會黨躬自檢束。秉公理以柔勝政權也。工團克自振拔。而有憲政之能力也。至掃除政府黨。則不得混迹其間。此立法之精意也。二曰。建設萬國民會事務部[⑤]。擇地於比國都城。選任總書記一人。各國選派使員二人駐所。總司書記。先期組織萬

① “日耳曼民會共和黨會議緊要事件”，指 1891 年 10 月 14—20 日在德國愛爾福特舉行的德國社會民主黨代表大會通過以馬克思主義爲理論基礎的《愛爾福特綱領》。
② “萬國新議會”，即第二國際（Second International）。
③ “議整理之策”，即關於加强商業秩序和第二國際的組織機構問題。
④ “九百年巴黎會議”，指 1900 年 9 月 23—27 日在巴黎召開的第二國際第五次代表大會。
⑤ “萬國民會事務部”，即社會黨國際局，第二國際的常設執行機構。

國議會。臨時布置會務。三曰。各國工人會。預期造册報告。彙交議會。藉知世界民法進運之確耗。

萬國議會。自整理革新以後。至九百七年。會議於德國[①]。規制乃愈詳明。是年。與會者八百八十六人。代表二十六國。提議關於民法之各種要件。嗚呼、萬國聯會之振新。由成功而臻美備。自充實而發光輝。何其盛也。且曩時之聯會。譬之國會。但有參謀部。而無軍隊。蓋未能如得道之多助。是以相形見絀也。今則歐州各大邦。皆有綱紀秩然之民黨。從之者如歸市矣。比都之事務部。第爲各國工人溝合之機關。非有綜制聯會之職權。故雖調和斟酌。不無効用。然萬國新會之動機。要當分屬於各國之工人也。

準是而論。萬國新聯會。關於馬格司之學理。抑甚微也。夫馬固主張革命。而欲利用政權。以改良民會者也。新聯會則異是。雖謂之同源異流可也。然而規制精神。後勝於前。抑又馬所早料。溯自八十九年會議[②]。迄今通過之議案。美不勝書。苟取而與各國工黨最著名之新例。彼此參觀。前後互證。則其收攬人心。而擁有實權也。固宜。凡此皆各國仁人哲士。瀝血忱。竭心力。經幾許討論。歷幾許審度。始共表同意而決定者也。故可懸諸象魏。泐諸金石。而爲實行民法之條文。今摘繹其要端於左。

一曰。以變革今世財政爲準的。凡殖産器具贍養資料。悉隸公權。

二曰。締合各國工黨。以敏練之舉動。左右政界。爲達的之階。

三曰。民會重要之職。在振起全體平民智德體三大力。使之鍛鍊整飭。堅毅任重。故必日進工人而訓之。激發其良知。增進其毅力。是爲萬國民法之先務。

四曰。平民求得普通選舉權。及公事裁判權。爲參掌高等政權之基

---

① “至九百七年。會議於德國”，即第二國際第七次代表大會（斯圖加特代表大會）。
② “八十九年會議”，指 1889 年 7 月 14 日在巴黎召開的第二國際第一次代表大會。

址。亦爲工人研究政法之權輿。

五曰。行政與理財之争勝。務求純正。各具實力。同時赴功。

六曰。集會自由。以及言論出版自由。不受外人之侵犯。

七曰。訂請各國減少工作時刻。以每日八點鐘爲率。蓋按諸工人之教育、體養、心理、道德、家計、均以每日僅此時刻爲適宜。

八曰。普通工徒。日依定程。此外當變通者。如幼童婦女工作之法。務使長幼各得合度之休養。夜工則宜限制。苦役則當廢革。工廠商店家役農佃。須有精審之檢查。免役勞時刻之過久。

九曰。民黨所最不取者。武備是已。夫兵革之起。由於政防國嫌者。非其常例。而富家之恃强抑弱。實其大原也。故資本競争。既絶迹於天壤。則戰禍自息。今各國置有常備軍。無非財權之護符。此共和政體之厲禁也。宜以民兵或軍國制度代之。使舉國壯丁。依共和之理。任警衛守禦之責。如瑞典[①]民兵然。故各國民黨。對於海陸軍籌費一案。莫或應者。

十曰。議會代表。大半力詆殖民政策之非。謂其僅謀富家勢力之展拓也。顧爲此言者。未免衹知其弊。不知其利。蓋彼所見者。惟富家利有殖民地。吸收其膏澤以自肥耳。餘非所屑意也。其餘各議員。則討論殖民政策。固曰現行之制。非太平之世所宜有。然亦未嘗不信其有實利存焉。

推究命意。不外化私爲公。合散成羣。其當有之形式。與其辦理之次第。竟付闕如。噫嘻、美大之業。豈真需百年必世。而始奏成功乎。若夫參掌政權之理。則嘗反覆言之。其大要厥有二端。曰。普通選舉制。曰。工人集會權。前者爲政治中民法發達之要理。後者爲實業勞傭革新之利器。世界民

① “瑞典”，有誤，據英文原書，應爲“瑞士”。

黨。鞠躬盡瘁。不惜犧牲一切者以此。日耳曼民會共和黨。嘗膽臥薪。藉罷工以謀抵制者亦以此。泛觀歐州各國民間之景况。人盡注意於普通選舉制。如萬馬奔赴。雖造父[①]不能施以羈勒。俄國革命黨醜詆共和之義。其尤著者也。以言工人集會權。若英若美。皆勢力沈雄。無可控制。凡此選舉集會二要理。與夫根據於二要理之各種權利。爲萬國民法之主宰。各國政府。或有思以警吏武力恫喝之者。其猶持杯水以救一車薪之火也。

雖然。民會共和之前程。渺乎無垠。今所得者。抑甚微不足數。夫一國之大。工人恆居大半。而其於一國司法行政之効力。祇類貧子説金。終非己有。英國自昔迄今。確立貴族政體。而其近狀。則又日趨於實利。乃由實利而入共和。所未達者一間耳。進觀法國政治。則與共和尤切近。德國則一切政權。雖操自德皇。然憲法之頒布。財政案之議決。須由内閣占同意較多之數於下議院。而後德皇裁定施行。是則德國政體。實一階級政體。而以德皇爲首領。奥俄與德略同。意則漸近於共和。西班牙則茫乎未逮也。

美國更有絶大危機焉。苟不爲未雨之綢繆。潰決之期。近懸眉睫。蓋即富人政治。涌現浡發於美陸也。夫煤油業之始創。僅五十餘年耳。油王駱奇佛拉[②]厠足其間。自六十五年始耳。乃自駱氏經營以來。龐然成一絶大公司。更播影響於他業。風譎雲詭。受其陶化者。羣起爲各大商業之健將。富源無限。商權無限。猶以爲未足。聯行起而統轄資本。其贏率之增高。直無止境。議院代表。求其庇蔭。財權政權。爲所操縱。吁、是真十九期之巨靈也。善夫。九百八年芝嘉皋[③]議員駱奇[④]之言曰。近年美國商情。私人財富之雄厚。

① “造父”，西周禦車者，因獻八駿而幸於周穆王，後助討有功，獲封趙城，爲趙氏始祖，見《史記・趙世家》。

② “駱奇佛拉”，即約翰・戴維森・洛克菲勒（John Davison Rockefeller，1839—1937），美國實業家、慈善家和美孚石油公司創辦人。

③ “芝嘉皋”，即芝加哥（Chicago），美國伊利諾伊州東北部城市。

④ “駱奇”，當指亨利・卡伯特・洛奇（Henry Cabot Lodge，1850—1924），美國共和黨參議員（1893—1924）。在參議院外交委員會主席任内，反對美國批准《凡爾賽和約》、參與國際聯盟。

聯行霸術之橫行。足令全世界震讋變色。且釀成驚怪駭愕。不可思議之結果。不僅動搖美國之民法而已。苟不早爲之圖。則各人之自由。終有如泡如影之一日也。

夫美之始祖。越大洋而西也。翩然脱於君主與貴族之手。而舊時積弊。將蕩滌無餘矣。豈知挾與俱去者。更有爲己之惡習乎。美國人而亦未能免俗也。則地毬西半之風雲。騷然者甯有已時。是故工業雄飛於世界。自由盡撤[1]其保障。長此泯棼。不圖挽捄。工業團之暴戾恣睢[2]。視暴君酷吏而更過之。以言物質進步。誠進步矣。然有不可諱者。演出此空前之慘劇也。於此而言挽救。宜何道之從哉。夫人之誠心謀善。當其困則易爲功。今日富人政治。方爲一世之所傾心。其難於圖功。昭然可睹。聯行誠無形之毒蛇猛獸哉。其貽害於美國各民會。攫利無饜。擇肥而噬。猛鷙之情。莫可言喻。世界最烈之惡鬬。今美人悍然當其衝。不知勢燄愈盛者。境地愈危。曷弗近觀而深省乎。美國國基。既創造於歐州秀出之民族。其子孫襲先人之餘烈。當有以自拔於流俗。不肯忘身以殉利。今則有大謬不然者。逞狂熱以謀封殖。舉其先人潔身自好之美德。放廢以至於盡。由是詭詐百出。惟利是嗜。財權高張。公道否塞。而美人之自由殆矣。欲明公道以抑財權。惟有澄心究察其病根。出以堅忍不拔之手段。爲之痛下鍼砭。而修改憲法之條理。更適於實用。斯尤要者也。以美國光耀史乘之二次劇戰。一爲宣告獨立。一爲釋放奴隸。皆足見美人性格之高尚。才猷之宏遠。其處事也。恆受之以忍。必見之切。而後行之果。今當其前者。更爲鉅艱之任。其亦將出以審慎。而表著其品性於天下乎。此固愛慕自由者。所同聲欣祝者也。

德國民黨首領藍内德有言。民會共和。爲全國人民之公團。離羣索居

① “撤”，有誤，應爲“撤”。
② “暴戾恣睢”，有誤，應爲“暴戾恣睢”。

者。僅存二億人。蓋爲地主富家。及貴族教士是也。此説確否。無待深論。然近世文明各國之財權政權。要不出若輩之掌握。果循何術而得此權勢。非今所當論。且即果窮因。有累牘連篇而不能詳者。故欲論定美孚煤油公司[①]之何以有今日。其智術之淺深若何。權謀之廣狹若何。今亦未暇爲之推闡也。僅據議員駱奇之言。則彼之擅鉅資。營大業者。其得志也。皆操術奸僞。而破壞人民公守之法律者也。翻觀駱奇佛拉之爲人。精明果斷。洵爲不世出之奇才。則其操縱一業。而就大功者。不足深怪。駱奇之言。似不可盡信。要之是非曲直。他日自有定評。而爲英人者。更不能摇唇鼓舌。議論人之短長。何則。美之今日。猶英之昔日。今英人陽爲持重。特其欲壑已盈耳。美則絶塵奔軼。猶恐奢願之不克償也。若夫史册中之事實。泝流尋源。亦饒有興趣。如羅馬之該撒[②]。英之亨利第八[③]。美之駱奇佛拉。皆事功赫赫。在人耳目間。然吾人所汲汲注意者。不在稱先則古。而在彪炳於今世。具大魄力。布大計畫之一人也。是烏可以忽諸。

今試取獨裁政體。階級政體。富人政體。與夫代表人羣之共和政體。各就其地位。而驗其盛衰消長之故。則世界之日趨共和可知矣。夫工黨歷經坎坷。遲之久而標奇挺秀。蔚成樑棟之材。前章已屢述之。請更言其犖犖大者。爲工黨優勝之左證。

九百五年。奥都維也納城。忽現一新象。爲曠古所未有者。夫維也納驚人之事變。屢形紀載。二次被圍於土人[④]。二次受創於拿破崙[⑤]。歐州政治

① “美孚煤油公司”，即美孚石油公司（The Standard Oil Company）。
② “該撒”，即蓋烏斯・尤利烏斯・凱撒（Gaius Julius Caesar，公元前100—前44），羅馬統帥、國務活動家和著作家。
③ “亨利第八”，即亨利八世（Henry Ⅷ，1491—1547），英國國王（1509—1547）。
④ “土人”，即土耳其人。
⑤ “拿破崙”，即拿破侖・波拿巴（Napoléon Bonaparte，1769—1821），又稱拿破侖一世（Napoleon Ⅰ），法國將軍、法國第一執政（1799—1804）和法蘭西第一帝國皇帝（1804—1814、1815）。

家二次會議其地。劃分歐州疆土。而四十八年大革命[①]之腥風血雨。亦爲彼所目擊而飫聞者。然較諸是年之事。大小輕重。不可等量齊觀也。當是時也。工人編成大隊。高揚赤幟。游行通衢。無間男女。俱入隊中。據日報之綜計。凡得三十萬人。而民會黨之宣告。則其數爲二十五萬。當其搴旂競進之時。商鋪閉業。百工停市。然絶不聞擾及閭閻也。亦未嘗有警兵干涉之也。且聲容肅穆。無叫囂跋扈之氣。履聲耳語之外。無所聞也。此種嚴整之風。即銜枚荷戟之兵隊。亦不過是。故其驚人者。不在人數之衆也。議院諸老。莫不相顧動色。即彼夙稱頑固者。亦覺新世紀之動機勃發。不可復遏。彼大隊工人之所以結合者。無非要求選舉權耳。政府對此激昂之羣情。不得不隨機將順。因於是日。頒行普通選舉制之憲法。夫以數十萬工人。爲此有條不紊之舉。其効忠於國者。奥人宜深長思矣。且不獨奥人受之。各國與有關繫者。皆當欽佩弗諼也。今也撫卷追思。覺其人治躬之嚴。立法之明。俱有深意存乎其間。與今世密切之要義。裨益孔多也。

更舉他例證之。日耳曼民黨之奮進。迄今垂五十年矣。此五十年中。工人受教育政治之智識。有非最審美之學科。所能啓瀹者。方其廣衆會議之時。友朋私談之頃。莫不縱論學問。透闢不留餘藴。而罷工暨選舉等事。更視爲熟習之程途。朝廷一舉一動。黨首一言一行。皆隨時默記。資爲論究之材料。蓋共和之動機。非復道聽塗説。隨聲附和之比也。深入心府。淪浹於日常生活之中。即謂馬賴恩[②]諸儒之學理。播種於前。而收穫於今。無不可也。不然。億兆工人。何以有過人之才識。爲寰宇所驚且仰哉。且日耳曼而外。他國雖遲速不同。要各有其奮發之精神也。

① “四十八年大革命”，指 1848 年歐洲革命。1848 年 3 月 13 日，維也納爆發推翻梅特涅政府的示威游行，迫使梅特涅辭職，政府改組，并於 4 月 25 日頒布帝國憲法。5 月 15 日，維也納人民再次起義，迫使皇室逃至因斯布魯克（Innsbruck），7 月，奥地利國王同意召開立憲會議。

② “馬賴恩”，指馬克思、拉薩爾、恩格斯。

顧所謂勞傭共和者。匹夫匹婦。莫不受凌虐而罹飢寒。此不徒罷工失業時爲然。平日亦無大異也。懷姙之婦。顧家人子女之失養。則臨蓐而起。操勞如常時。其忍心蔑義也若是。言念及之。能不撫膺蹙頞乎。以視兒童。其投身工作場也。欲求得溫飽耳。乃衣不蔽體。食不果腹。如彼聲黨藉甚[①]之民黨首裴耳者。雖才具雕龍。傾倒一世。而少時亦迫於凍餒。求安身餬口而不可得。其他可知矣。且此耐寒忍飢之羣童。入廠力役。僅八歲或至六歲。即負重軛。安怪其體養失度。精力早彫乎。長此不變。父傳之子。子傳之孫。同厄於跼天蹐地之中。每下愈况。不至儕人類於獸族不止。然彼握財權及政權者。方且一食萬錢。一擲千金。曾不一念小民之疾苦。甚且耗巨金於戰事。或戰事之預備。天下事之至不平者。孰有過於此者哉。

然而哀哀無告之民。正不知何時脱此孽海也。試縱步英國城市中。觸目皆可悲之象。法國較英尤惡。而意更過之。夫新意大利之志望。欲以海陸軍力。稱雄歐陸地。然按其國情。量其國力。非彼蒼雨金。恐難剋期奏績。乃不可爲而强爲之。不恤殘民以逞。舉而納之於溝壑。民也何辜。遭此酷境。間有罷工暴動者。則警吏徧地。悍卒四布。横施箠楚。慘投網羅。斯民更不堪命矣。不得已而離鄉背井。遠適歐州各國者。一歲中二十七萬人。徙居美州各地者。半載中三十五萬人。或有託名經商而遠游者。然貧不聊生。實其苦衷也。

此不僅限於歐西也。東觀俄羅斯。其情勢有更迫者。而工業之革新。尤爲掀動全局之介紹。何則。富家依附貴冑。以與代表城鄉工人之革黨相搏擊也。以陳舊之政體。與最新之運動。比權量力。其結果良難臆斷。要之俄廷苟能永恃其兵力。斯其政體可以延存。然革命潛煽。軍心已摇。優勝誰屬。蓋有未易言者。果如民會革命黨之所願。推翻俄廷。則北陲從此多事。鄰國

① “聲黨藉甚”，疑爲“聲名藉甚”。

其將旰食乎。

九百七年。有傾動一時之旁觀報[①]。暢論俄國之氣象。爲千萬佃工鬱結之戾氣。誠哉是言。俄國勞傭之倡亂。固不外農人要求土地與自由權。其起也。鷙悍非常。足令肆意民上者。引爲炯戒。其蟄伏於强權之下。沈淪於寃谷之中者。既深且久。一旦掉臂昂首。倡言規復其權利。苟得良法以輔導之。俄國農民。固樸愿易與者。顧俄政府不此之務。惟欲脅以威而戕其生。攘其臂而奪之食。彼蚩蚩者。救死乏術。乞訴無門。遂乃捐軀洩忿。流血盈野。雖暫爲俄政府所懾伏。然人心浮動。此日飲恨茹痛。不遽爆裂者。猶築脆弱之隄。以防洪水。其潰決可立而待也。

夫俄羅斯民黨[②]。豈好爲是鹿鋌而魚爛也哉。惟覺有物焉。横鯁於胸。不得不爲勞傭一吐氣耳。故其舉事。沈斷有謀。誠如其宣告之書曰。黨人致命於政府。苟其法不本於人民之公意。則盡力改造。履危蹈險。所不辭也。攖禍召亂。所弗恤也。惟然。故一倡羣和。引領攘臂。以求得一當。此其任俠之行。彊忍之志。百折不回。以與政府爲讎。誠史册中所罕有也。黨人躬爲大逆。不得志。則受極刑而不悔。此風久播於全國。自城鄉工人。以逮海陸軍士。復由軍伍而蔓延學校。一百三十五兆人民。同受革命之傳染。如焚如沸。正不知伊於胡底。九百六年。俄皇特頒諭旨[③]。凡民間占有恆産者。准就現時若干地畝。永據爲世業。乃此諭甫降。匪特無益於民。且擾攘由是愈甚。蓋豪强得肆其兼併。孱弱益增其怨毒也。嗟嗟、天道好虐。禍更深於水火風雷。民生多艱。患莫大於土崩瓦裂。雖有智者。豈能逆料。俄羅斯國

① “旁觀報”，即《旁觀者》（*The Spectator*），倫敦出版的新聞與評論周刊，以譯載關於政治、文化和經濟問題的重要評論與論文著稱。
② “俄羅斯民黨”，即俄國社會革命黨。
③ “俄皇特頒諭旨”，指 1906 年尼古拉二世頒布修改後的《俄羅斯帝國根本法》。

基之安危若何。其影響於他國之結果。又將何如乎。

英國培根司斐勳爵某[1]。嘗著稗史[2]。謂英國近狀。實分貧富二國。嗚呼、何其言之洞中癥結也。即彼奮起東亞之日本。亦有敏活之民黨。奔走呼籲。力圖公益。而震旦工業。尤似有花木逢春之象。行見其於民會革命記中。絶塵而先馳也。夫財權政權。操自寥寥數輩。而與之相持者。則無數之勞傭。且智德日進。團力日堅。明知權利與愉快。相因而至。奈勞傭迫求而不可得。長此阨窮。其能忍而與之終古乎。攘腕奮鬬之過舉。其能倖免乎。雖欲因其勢而利導之。此則二十期中最重且要之一疑問。闡而明之。士君子之責也。

釋此疑障。果循何道乎。不外運以慧識。持以平心。不當涉於暴激也。蓋無論何國。苟其實行普通選舉制。則民間種種阻礙。無不可迎刃而解。故事之至要者。莫若謀所以革除專制政體。與貴族階級政體。而俾行政機關。代表全體之公意。不務其名務其實。視民志之從違。而不加强制。然後能變革民會財權之近狀。有利無害。有順無逆。凡人民合理之需求。無不各如其願。雖閒有憾其不便者。而固無傷也。故仁政既行。公道大明。舊有之秕政。不得不讓共和之動機。而和平變革。在其中矣。

獨惜今之民法學家。狃於淺謀。闇於大計。語多矜持。情偏武斷。有心人雖欲有所建白。不啻爲所刦持。莫能自効。抑亦不屑爲其所污。以致仁至義盡之舉。而受夸誕不經之誚。嗚呼、民法進步之大障。豈有他哉。民法學家自爲之也。雖然。爝火之光。究不能蔽日月之明。凡鴻模碩畫。歷久而愈

① “培根司斐勳爵某”，即本傑明・迪斯累里（Benjamin Disraeli，1804—1881），比肯斯菲爾德伯爵（Earl of Beaconsfield），英國政治家和小説家，首相（1868、1874—1880），其小説代表作有《維維恩・格雷》《康寧斯比》《西比爾》等。

② “稗史”，指本傑明・迪斯累里1845年出版的《西比爾》（*Sybil*）一書。

瑩。理固然也。顧仰慕歸附之徒。不免爲降材所限。不能與事機相應。遂至廢於半途。敗於垂成。此今古所同慨者。民法之推行。必待矯激之革黨。與頑陋之教徒。化莠爲良。專力肆志於當前之實事實理。以求其當。庶幾進學識於開明。圖羣生之福利。是在當代之仁人哲士矣。

今之民法。猶復拘牽於馬格司之學説。且變本加厲。不恤飲鴆以自禍也。當馬氏學説之初行也。學者略不厝意於治心。而惟注重於宰物。前之號治心派者。亦舍其舊而新是謀。雖學殖膚淺。不能名家。而羣趨若鶩。革命之狂熱。遂乃深中人心。毒徧閭里。當其時。理財學家之矯矯者。李嘉圖也。李學陋識庸。附會馬説。遂流爲定式之教理。轉爲勞傭之縛軛。夫工人之當去其縛軛[1]。馬氏嘗言之矣。今復加縲絏。以縶其手足。是落井下石之類也。以釋放人類之豪傑。轉爲人類之蟊賊。斯可怪矣。而人類入其彀中。負重軛而甘之如飴。非所謂大惑不解者耶。何以見之。於馬氏之後學。勇猛突過乎其師見之。

夫馬説之所以不諧於世者。大原有三。對於婚制倫常之悖論。使怙侈滅義者。援爲口實也。凡所舉動。輒自謂不失倫理之要旨。其誤一。對於現行法。主一切破壞也。至破壞後有建設之能力歟。建設後能有實效歟。則皆疑而未定。其誤二。對於教宗。亦悍然反抗也。其誤三。是皆爲工黨進步之阻障。故財政劇争之風波。終難和平解決也。夫兼愛相役和平。爲基督教特揭之訓旨。而奉其教者。往往守其程式。遺其精理。甚至有反其道而谿刻横暴。恣情縱欲者。向使馬黨專就教會之敗象。而糾正之。豈非吾黨之所樂從。今乃不擇良莠。而概棄之。醕正之教理。彼曷嘗夢見歟。

① “夫工人之當去其縛軛”，指《共産黨宣言》末尾一句：“無産者在這個革命中失去的只是鎖鏈。”見馬克思，恩格斯．馬克思恩格斯文集：第2卷[M]．北京：人民出版社，2009：66．

者而固無傷也故仁政既行公道大明舊有之秕政不得不讓共和之動機而和平變革在其中矣

獨惜今之民法學家狃於淺謀闇於大計語多矜持情偏武斷有心人雖欲有所建白不啻爲所刼持莫能自効抑亦不屑爲其所汚以致仁至義盡之舉而受夸誕不經之誚嗚呼、民法進步之大障豈有他哉民法學家自爲之也雖然爝火之光究不能蔽日月之明凡鴻模碩畫歷久而愈瑩理固然也顧仰慕歸附之徒不免爲降材所限不能與事機相應遂至廢於半途敗於垂成此今古所同慨者民法之推行必待矯激之革黨與頑陋之教徒化莠爲良專力肆志於當前之實事實理以求其當庶幾進學識於開明圖羣生之福利是在當代之仁人哲士矣

今之民法猶復拘牽於馬格司之學說且變本加厲不恤飲鴆以自禍也當馬氏學說之初行也學者略不厝意於治心而惟注重於宰物前之號治心派者

亦舍其舊而新是謀。雖學殖膚淺。不能名家。而羣趨若鶩。革命之狂熱。遂乃深中人心。毒徧閭里。當其時。理財學家之矯矯者李嘉圖也。李學陋識庸。附會馬說。遂流爲定式之教理。轉爲勞傭之縛軛。夫工人之當去其縛軛。馬氏嘗言之矣。今復加縲紲以縶其手足。是落井下石之類也。以釋放人類之豪傑。轉爲人類之蟊賊。斯可怪矣。而人類入其彀中。負重軛而甘之。如飴。非所謂大惑不解者耶。何以見之。於馬氏之後學。勇猛突過乎其師見之。

夫馬說之所以不諧於世者。大原有三。對於婚制倫常之悖論。使怙侈滅義者援爲口實也。凡所舉動。輒自謂不失倫理之要旨。其誤一。對於現行法主一切破壞也。至破壞後有建設之能力歟。建設後能有實效歟。則皆疑而未定。其誤二。對於教宗亦悍然反抗也。其誤三。是皆爲工黨進步之阻障。故財政劇爭之風波。終難和平解決也。夫兼愛相役和平。爲基督教特揭之訓旨。而奉其教者往往守其程式。遺其精理。甚至有反其道而谿刻橫暴。恣情縱欲者。向使馬黨古今來文人學士。往往毛羽未豐。即已一成不變。其弊流於執拗。執拗即護己。非忠於其職。并有妨於羣治者也。民法之進。不幸亦中此病。號稱達識者。每不能忠於所事。置一己之利害於度外。此可慨也。夫所貴於民法者。爲其能去人類之私利耳。今民法學家。不能自忘其身。而習於執拗。奚克有濟。工人之不得釋放。咎有攸歸矣。惟居今日以逆料將來。工人有利用議院之智識。參與政治之權利。爲不易之定例矣。

夫現行民法之所重者。在領有殖産資料耳。夫工作之不能離資料。固也。而有尤爲重要者。即團合之原理是已。故爲工人謀。力足以培成團合。斯爲要著。蓋質言之。民法之進。在乎人耳。今使有人於此。能具合羣之達識。又有高尚之德淵懿之才。即稱爲民法學之星宿海焉。可也。

然而全才難得。衡才更自不易。彼民會共和黨。殆猶髫齡之學子耳。七十年。始露頭角。其組織團體。備歷艱辛。疊嶂重巒。經行不易。而馬氏嘗萃畢生精力。於此一途。雄才偉器。名列前茅。後人繩武之。師法之。亦意中事。然人心既有所偏重。勢必蔑視外黨。此其蔽也。惟其處萬難之境。希非常之功。其志量不可謂非加人一等。彼其草創之始。莫不從艱苦卓絕而來。聚千百輩不學無術。猜忌涣散之工人。使知利害相關。出入相友之要道。已甚難矣。而卒成協力同工之義舉。其熱誠不足多乎。

今者。工業萬殊。而其漸趨於大同。則洞若觀火。故如比國丹國之貿易會及同功會。已與民黨耦俱無猜。意國勞傭。迭出會黨。亦與民法學者。揖讓一堂。推之各國近况。凡有紀律之勞傭。要皆爲民法學之羽翼也。

各國民法學家。所未加深察者。即佃工之利害也。何言之。美州農産繁殖。物價鋭減。他國佃工。當立專則爲之保護。即不能久行。亦當防弊於一時。顧僅有俄國之革命黨。嘗討論農佃事宜。暨歐州民法最顯之芬蘭。亦嘗慨切論之耳。

向之民法學家騖於虛。動以蔑視政府爲高。今之民法學家麗於實。則以共産合工爲務。不可謂非學術之進境也。循是以行。將見人羣各執一解者。見智見仁。各隨分量。無所用其黨同伐異之褊心。彼日耳曼議員。初與民會共和黨不相能。今則相喻相諒。幾幾合同而化矣。各國黨派。亦同感於民法之真際。集思公益。以期大成。豈難致功於異日乎。而吾黨尤注意者。則今日民黨之條例。與議會決議之案。無復與教宗婚制倫理。及正當之愛國心相及者。其明認之天職。在於釋放勞傭。而亦含有理財行政之概念。彼出其私智。妄議教宗婚體等事者。是捨棄應爲之職。而自招咎戾也。且以彼所爲。本不得假託民法之名也。

民會革命之大略。具如前述。顧或有懼其變之驟。而憚不敢發者。則奧國勞傭黨閱歷之程途。可覆按也。奧之勞傭。迭操政柄。九百四年至八年。正其得志之時。然内力不充。而必借助於外援。故成功蓋鮮。以是知人生志願。恆囿於習性。狃於遺俗。不克一展。故吾人所引爲大戒者。蹈常襲故而不知變耳。不變之害。更甚於驟變。嗚呼、勞傭振新之事業。誠吾人所當虛己體察。悉心輔弼者矣。

爲一事而徒恃血氣。不推原於智德。無問其爲革命。爲作亂。其究也。菑害並至。雖有善者。末如之何。欲免其害。惟有定識定力。擇善而從。不激不隨。進於大道耳。吾黨禱祀以求者。二十期大放光明。徧引世界勞傭。進於和親康樂安平之途而已。凡留心世道者。於此各抒偉論。有所匡贊。功德甯有量歟。

篇
十
六
一

結論

上章論述民會共和黨。欲藉參議政治之權。以遂大志。意法俄等國之民氣。激昂尤甚。民法之行於各國。已爲文明工黨所服膺。如民會黨貿易會等。世界勞傭之團體。駸駸乎有衆川歸海之勢。由是可知民法之發展。有博大精深之學理。爲其中堅。今特見其先兆耳。其含蓄而未露者。無有限量。際斯時代。有可乘之勢。即勃發而不可遏抑。闤闠之蠢動。農民之肇亂。是其例也。他若俄國不遵法律之勞傭[1]。盲從革命。勢尤猖獗。雖有民法學家數輩。力主和平。然迫於境遇。不得不流於矯激。歐州東部尤甚。

嗟夫、四顧蒼茫。風濤日惡。各國有心人。所當惕然於時局之岌岌也。吾人目擊貧富之劇鬬。將袖手作壁上觀乎。抑被髮纓冠而往救之乎。甯見政界紛擾。爭權肆毒。漠然無所動於中乎。將切望新工業之丕建。得明智忠信之賢者。引而置諸蕩平之境乎。

夫所謂平和解決者。英國工人。不聞怨毒之聲。其殆庶幾乎。然人心難測。未可恃以無恐。亟當體察内情。審度外遇。視需乏而施救濟也。且英工受病至深。一由於富人之壓制。一由於當道之玩忽。二大惡此起彼應。工人

① “不遵法律之勞傭”，英文原書作“被組織起來的工人”。

遂迭遭厄運。而膜視工人。勢如秦越。尤爲英國之通病。惟其然也。故至七十年而國家尚無普及教育之制。及觀蘇革蘭[1]行政理財。皆較英倫爲遲。而教育之制。完備獨早。比長絜短。英國之弊。從可知矣。

十九期中。英人之役於工廠者。得價較優。然國家之於佃工。絶不眷念及之也。夫農業爲一國生產之大宗。農佃之負任又最重。而乃取償獨少。施報失均。士夫且以下交農民爲恥。似此棄本逐末。輕薄傲慢。雖欲爲時雍之於變。厥道無由。革命之機。安可倖免乎。

時事固非。轉圜有望。勞傭之請求。無復見拒矣。爲民上者。亦知工人之需願甚殷。不得不割棄一分之權利。故當九百八年盎格魯人大會[2]時。輿情踴躍。提論必本於正理。忌之者雖欲誣以革黨而不能。盛會告竣。聲譽彌重。行見執政諸公。降心折節。其成效爲何如乎。

夷考美國近史。民政中人。尤多爲民宣力之忠讜。九百八年。前總統羅斯福[3]在議會宣言曰。注重民法。舍各大公司治權一統之外。更提出監督工業合團之財政。重税承嗣之巨產。貧民負擔之宜減輕。兒童雇役之須禁止。婦女工作時刻之應縮短。普通工人之每日八時工作。類皆至理名言。至若總理之任。責之政府。業主義務。宜早日裁決。尤屬别開生面。蓋羅總統以高尚之人格。倡純正之法理。植基已美。明效可期。美人苟遵其方略。急起直追。行見疑障盡釋。而美滿之前程。肇於是矣。

國力者。改良民俗之一助也。然成績在公團。而不在國家。良以國權之爲物。祇宜民善俗之一支體耳。古今史册所書。更多缺憾。胡足獨當一面哉。至如英之民會。特重國家之形式。以爲事權專屬。則推行盡利。然國家之主

---

① “蘇革蘭”，即蘇格蘭（Scotland）。
② “盎格魯人大會”，即 1908 年在倫敦舉行的世界泛聖公會（Pan-Anglican Congress）大會。
③ “羅斯福”，即西奧多・羅斯福（Theodore Roosevelt，1858—1919），美國第 26 任總統（1901—1909）。

動。君威也。其代表。則吏權也。於自由乎何有。於工業之繁難曲折。更屬不能兼顧。況君威吏權。流弊滋多。如英國温和黨之所主張者。久招人齒冷矣。夫民法大昌之日。即自由誕世之日。更何用是專斷之權力爲。内之理想。外之實行。無論理財行政道德倫理。皆屬民法之所包羅。所謂凡有血氣。莫不尊親也。狹隘之政策。更安從而施之哉。

是故民非國也。而實包含國家之至理。以全國之民力。革故鼎新。國家亦與之同化。故民法之原理。超乎國家之上。而使政府官吏。隨潮流而俱進。不能矯同立異於其間也。若夫國家之變革。則非本論所及。兹不贅。

民法之真際。可覘諸今世民俗之遞進。十一篇中已論之矣。夫處紛争濁亂之世。而民法皎然瑩澈。純以删繁就簡之法團。爲其中樞。蓋惟資本産業。權統於一。無間主傭。戮力赴功。小民乃有來蘇之望。小之不受競争專利之禍。大之能造子孫黎民之福。顧團合之理。要不限於百工之一途。推之政治之組織。亦必萃羣智羣力。補苴張皇。以進於至善之域。故欲改鑄國家。蒸進羣治。振新實業。皆以研究民法爲無上上乘。舍此他求。庸有當乎。

民法之界域至廣。容受古來强種大族之遺德。舉所謂自由公道兼愛事人者。合而有之。且兼希伯來人之信義。基督教之博愛。希臘人之善俗。羅馬國之法意。鎔鑄於一爐。惟其衆美畢具。故不當以一偏之見擬之。例如人類之釋放自由。非數十百人之所能爲力也。以數十百人爲之。仍專制而非共和也。别黑白而定一尊。則民法尚矣。其指高。其意遠。雖竭學者之心力。猶難得豁然開朗之一境。況九萬里之圓輿甚廣。豈能不崇朝而徧及。要惟有銖積寸累之功。庶幾慰造極登峯之願。吾人盍共勉之。

抑民法之發明。所以策怠者而使之進也。彼憚於致力者。亦以爲高遠難幾耳。豈知植根之地。固甚切近。約言之。一有智識之自愛而已。且以民法之先導。使人人知所以自愛而已。常人不察。以爲民法與爲己之公例相反。

謬矣。人生而有大欲。因所利而利之。仁莫大焉。若夫克治己私。以身殉道。則惟天縱之聖賢能之。此外林林而總總者。舍養欲給求之外。無他望也。此其爲道易明。民法之足重。蓋亦有功於此焉耳。

若夫争利之途。至今而極。極則必衰。勢固然也。國家乘此而行仁民之政。收草偃風行之效。又至易也。曷觀城鎮鄉之團體乎。爲地方整理百務。與國家同時進行。他如通功營業會也。貿易會也。裁判機關[1]也。種種新制。皆足爲工業合併之導線。即公司聯行之日新不已。亦爲民會統治工業之先河。將來集衆善而爲一大成。競争之風絶。美備之法行。登三咸五之休風。將旦暮遇之矣。

民法之學。既非國家握最高之權。然則與國家有何關係哉。無亦裁戢國家之威力。以調和民志。擴張民權。自由結集。無稍隔閡焉耳。是故民法之關鍵。莫如增人自治之力。而負人羣之責任也。大道之行。非自上而下。亦非自下而上。惟上下相感。融洽無間。各民會合爲一體。無遠近。無内外。溥博周徧。無稍等差。譬諸一身之有百體。一木之有千枝。猶未足明其關係之切也。有之。其惟井田之制乎。人各自治其田。而彼此仍同其利害。有相助。無相軋也。又如英之政體。於自由團合之理。亦不相背。其内閣之召集。不擇何黨。不拘何律。而爲一國中志同道合之賢者。挾忠信以相結納。斯亦民會自由之真理也已。

一會之成。必有其基。一人一家是已。此一人一家之能自治與否。即全會治亂所由繫也。自治云者。復古而已。古者有家族村落之制。此家族村落者。各以其人。分治其地。地之廣狹。視丁口多寡爲準。足養生也。亦有租税。取於民者還爲民用。謀公益也。夫劃區分治。古有其名。今務其實矣。

然國家固有應盡之職。内則確立政府。外則使集合成國之人民。皆得獨

① “裁判機關”，據英文原書，指仲裁委員會和調解委員會。

立自治。此其事非異人任也。夫人民於國政民生之智識。國家能牖啓之。種族疆土之積嫌。國家能消融之。如英之於印度埃及。美之於古巴斐律濱[①]。皆其例也。且美人急公好義。安知他日者。不予墨西哥附近蕃殖之黑人。解其羈軛。而消除種界之嫌乎。凡此皆須爲民上者。善體民心。而民之生計。及其自治精神。同時進於完美。始足語之。今也民智甫開。有日進無疆之勢。得仁人之提攜奬勸。爲道至順也。善夫。英前相沙士勃雷[②]之言曰。福之及人。無獨有偶。施者受者。交受其益。苟反乎斯道。如曩日不恤民依之政府。則直可轉一解曰。害之及人。亦無間彼此。受者固損。施者亦未爲得也。而民之所以成此並利之偉舉者。端在聯絡全國中自由各團。使之親睦若一家而已。

他如恃財重利之衰替。非無因也。觀於傭率之改訂。而知富人有所不安矣。然謂民法與財政。同其意趣。則又不然。蓋財政學之所要。在於研究争競之原因。而條舉其例案。民法則專明争競之結果。而考其由盛至衰。自有入無之迹象。二者之優劣。無論科學家言。道德家言。其必以民法爲不祧也。審矣。且民法進行之鵠。惟在破除理財學之所謂定例也者。理財學家。以一人爲己之心理。爲治學之基址。民法學則直斥之爲腐儒之見。謂其瞀於人性之本善。與民俗演進之公例也。兩家之異同得失。明者當自辨之。

至於生齒一端。固有迫於生存競争之故。遂有議及限制孳生者。吾儕亦不能有異議也。按生物學家言。一國一族最不幸之事。惟人類之自殺耳。此風於古爲甚。凡限制人口之國。必萎弱衰退。不足與他國競。且人之生也。至廢棄一身一家之道德心。而一瞑弗顧。其能長保其國與族之光榮者。蓋亦僅矣。雖然。欲弭生存競争之惡習。固民法學家之所有事。故於現行之限制孳生法。

① “斐律濱”，即菲律賓（Philippines）。

② “沙士勃雷”，即羅伯特·亞瑟·塔爾伯特·加斯科因-塞西爾（Robert Arthur Talbot Gascoyne-Cecil，1830—1903），第三代索爾兹伯里侯爵（3rd Marquess of Salisbury），英國首相（1885—1886、1886—1892、1895—1902）。

亦視爲當務之急也。

馬格司學派所預言者。富家由盛而之衰。必將敗於工業世界也。然覘之美德近世聯行制度之發達。乃有大不然者。素封之子。才雄力厚。非弱不任事者比。是故聯行巨子。理財産。定傭率。制物價。廣業場。不獨運籌一國。兼能操縱全地。其浡興也。亦何足怪。又如羅馬喀頹基[①]委尼斯[②]貴族爲政。亦著能名。雖其職權。終見削奪。然别有原因。非其智之不逮也。誠如馬格司之言。富人貴族。其勢自衰。則亦安用是民法爲者。惟不得不用也。故順前局而整飭之。使羣庶皆振刷精神。以謀功利而避毒害。斯爲民法學者之專責。噫嘻、文明工團之擴張。自由争競之絶迹。當世攬權者之與民法。乃有一絶大之轉捩。請拭目以觀其後。

馬氏又有誤解者。則注重破滅。而忽視積累也。故其立言也。以爲資本之勢。日長炎炎。則爲暴日益甚。工人之積困。愈無可以解免。抑知不然。勞傭共和。爲民會進化之祖。勞傭之智識道德。與世運同時並進。誠無愧爲新民之導師。萬國大同之前驅。苟不爾者。甯有沐浴太平之一日哉。嗚呼、民法至終之歸宿。乃在羣德。是誠相需甚殷者也。横極太空。縱極永刼。惟道德足以宰天下。民法之重要。惟在發展財政之真自由。其成之也。以性理與道德爲基。是故學分體用。德判公私。相劑相成。羣福乃備。世未有離心離德。而克成事者也。

且夫立政行法。或行於全國。或行於一隅。皆屬機軸而已。其推行之善否。全恃乎運用機軸者之心理。假令一國中鐵路之權。盡歸國領。苟無惠民之實心以濟之。不移時而怨讟繁興矣。蓋任何良法。不將之以仁民之心。徒虚名耳。抑徒恃此心。而不運之以實力。推之於實政。則又煦孑之仁義。不

① “喀頹基”，即迦太基（Carthage），公元前 9 世紀末腓尼基人建立的殖民城邦，疆域包括北非西部沿海、西班牙南部、西西里島、科西嘉島、撒丁島、巴利阿里群島。

② “委尼斯”，即威尼斯（Venezia），位於今意大利東北部的城市。英文原書“委尼斯”後還有“荷蘭”（Holland），譯者未譯。

當務之急也。

馬格司學派所預言者。富家由盛而之衰。必將敗於工業世界也。然覘之美德近世聯行制度之發達。乃有大不然者。素封之子。才雄力厚。非弱不任事者比。是故聯行巨子。理財產定傭率制物價廣業場不獨運籌一國兼能操縱全地。其浡興也。亦何足怪。又如羅馬喀頳基委尼斯貴族爲政。亦著能名。雖其職權終見剝奪。然別有原因。非其智之不逮也。誠如馬格司之言。富人貴族。其勢自衰。則亦安用是民法爲者。惟不得不用也。故順前局而整飭之。使羣庶皆振刷精神。以謀功利。而避毒害。斯爲民法學者之專責。噫嘻、文明工團之擴張。自由爭競之絕迹。當世攬權者之與民法。乃有一絕大之轉捩。請拭目以觀其後。

馬氏又有誤解者。則注重破滅。而忽視積累也。故其立言也。以爲資本之勢日長炎炎。則爲暴日益甚。工人之積困愈無可以解免。抑知不然。勞傭共和。爲民會進化之祖。勞傭之智識道德。與世運同時並進。誠無愧爲新民之導師。萬國大同之前驅。苟不爾者。甯有沐浴太平之一日哉。嗚呼、民法。至終之歸宿。乃在羣德。是誠相需甚殷者也。横極太空。縱極永刼。惟道德足以宰天下。民法之重要。惟在發展財政之眞自由。其成之也。以性理與道德爲基。是故學分體用。德判。公私相劑。相成羣福。乃備。世未有離心離德而克成事者也。

且夫立政行法。或行於全國。或行於一隅。皆屬機軸而已。其推行之善否。全恃乎運用機軸者之心理。假令一國中鐵路之權。盡歸國領。苟無惠民之實心以濟之。不移時而怨讟繁興矣。蓋任何良法。不將之以仁民之心。徒虛名耳。抑徒恃此心而不運之以實力。推之於實政。則又煦孑之仁義。不如其已也。嗟乎、吾人不欲實造乎財政之共和則亦已耳。如曰欲之。其亦自造適宜之資格以應合之哉。自由之資格。純潔高貴。凡嗜利營私。依人自大之心理。決不可以僞爲任。一國也。其士民夸誕而徇利。其婦人炫飾以爭榮。則自由終無望也。自由最莊嚴。不羼入狗苟蠅營之黨。自由最神聖。不產於闒茸萑苻之鄉。而謂可以剽如其已也。嗟乎、吾人不欲實造乎財政之共和。則亦已耳。如曰欲之。其亦自造適宜之資格。以應合之哉。自由之資格純潔高貴。凡嗜利營私依人自大之心理。決不可以僞爲。任一國也。其士民夸誕而徇利。其婦人炫飾以争榮。則自由終無望也。自由最莊嚴。不羼入狗苟蠅營之黨。自由最神聖。不産於闒茸萑苻之鄉。而謂可以剽竊其名乎。昔者英儒密耳敦[①]嘗謂。北美立國始祖求得之自由。乃從勤勉中得來。若輩伏處於英國司多亞朝[②]暴君之下。含奇寃。伸苦志。衝鋒犯難。百折不撓。所以爲自由争者。勇莫勇於此矣。吾人誠有志學古人乎。則彼富人政體者。夫何難投檄討之。談笑麾之乎。

銅山西崩。洛鐘東應。文明各國力圖改革之心理。不期而盡同。美國尤諸國之望也。世之盛也。朝市無黷貨之風。草野成大同之治。無一人不優游於化日光天之下。而工人之由愚而智。由困而亨。則尤以通功營業會。爲轉機之信而有徵者也。其勢力則推暨彌廣。蒸蒸焉發酵而無垠。曩者。富役貧。强淩弱。種種留汚。不難掃除而廓清之矣。噫嘻、偉人之筆舌。濬發有功。志士之胸襟。包涵至廣。一萌之茁。露新機焉。一髮之動。繫全身焉。比利時國康德城之織工會。豈不足爲世界所矜式乎。景運方新。卜之今日。而吾人所馨香祝之者。則通功營業之制。實行於農田。舉數千年豪族專權之習。始於阿烞瀨底澌[③]及泥羅兩河之沿。而阻全地毬文明之進化者。鋤而去之。絶遺種焉。詎不快歟。

學子至今稱道弗衰者。拿破崙之倡霸於法。戰伐紛紜。雖小必詳也。然明者視之。不值一哂。蓋彼以至不仁逞暴一時。而不知至仁之始足以定天下也。仁之見端。莫通功營業會若。吾欲詠歌之。吾更膜拜之。

---

① “密耳敦”，即約翰・彌爾頓（John Milton，1608—1674），英國詩人，政論家，英國資産階級革命的參與者。
② “司多亞朝”，即斯圖亞特王朝（The House of Stuart）。
③ “阿烞瀨底澌”，即幼發拉底河。

雖然。咸韶之奏。不成於一音。文繡之華。不彰於一色。通功營業會洵美矣。而無如常人怠忽因循。望樂郊而裹足也。是當變之以漸。不求功於旦暮。斯羣情樂附之矣。且自來民法學家。每不能驟行其志。必待人羣之智識日高。德性已純。紀綱確立。三者完而后所志償。蓋人羣之生理。必適於内外諸境。始能有順無逆。生理愈高。則與爲相副之諸境亦愈精。噫、工人囿於卑劣。亦欲求得此高且精者乎。民法之所以訓練之者。始以猛厲。繼以勤敏。終於嚴肅。夫而後當大任而無難矣。抑今所渴望於工人者。循德力智識。以擴充團合之量。豈惟吾黨之私願。率天下之人。咸利賴之也。

世果臻大同之盛軌乎。人知有生之足樂。即知有職之當守。盡職之外。餘力屬諸己也。而繕性修學之事。緣之以起。其或愚不識學。惰不任事者。民法將有以輔導而策勵之。更有病羸者。則鳩貲扶養。而體格健全。膂力未衰者。固無一人不爲公衆服役。即無一人非有功於民會。以是言争競。其異於今之所謂争競者遠矣。且人皆直諒忠信。詐僞無所施。强力無所用。其制勝争競者。亦與今日所恃者絶異。然此猶消滅之徵驗也。至於積累之事功。則發達最高之人格是。凡天然稟賦之有利於羣者。必求其暢遂。非特遂一人之志。并直爲民衆之大福。以故人人得盡其長。凡於靈德[①]物理[②]文藝[③]美術有所發明者。就其益羣之淺深。民法學家一一予以相當之酬報。且彼盡職之餘。繕性修學。各從所好。至是而自由二字。乃見其真相。吾瞑目而想像之。躍然如將遇之已。

證諸往史。民生進化。不一其術。而綰工業之權以福斯民。則異趨同揆也。且人民自由集團。自由營業。與倫理政治理財之進境。相劑而不相妨。

① "靈德",英文原書作"spiritual teaching"。
② "物理",英文原書作"scientific discovery"。
③ "文藝",英文原書作"literature"。

即按諸物質學藝術之競進。亦交相爲用。故集團營業。無往而不宜者也。況風行已久。歷著成效。雖規制之大小疏密。隨習俗風土而萬有不同。然循名以核實。人盡得展其才力心思。不失己。不侵人。羣道於是立。且人之中有奇才異能出焉。更得用才之地。爲斯民興美利。即觀於今日之共和市府。其效大可覩矣。是故純粹之民法。其進境也無窮。循序上達。持以恆心。舉所謂膠持欲速積憤傷心一切諸弊。掃蕩無餘。至是而貧富貴賤。渾於無形。盜竊亂賊。不作於世。合民衆之力。直達最高之希望。政體則經權互用。遵王道之蕩平。民生則教養兼隆。躋斯世於仁壽。於戲、何其盛也。丁納遜[①]嘗謂。人生福利。不惟其獨惟其羣。相役相愛。而福備矣。抑又聞之沈西門曰。黃金世界。非過去而未來也。諒哉言乎。

泰西民法志下卷終

① “丁納遜”，即阿爾弗雷德·丁尼生（Alfred Tennyson，1809—1892），英國詩人。1850年被封爲桂冠詩人，晚年被封爲男爵。

學藝術之競進。亦交相爲用。故集團營業無往而不宜者也。況風行已久。歷著成效。雖規制之大小疏密。隨習俗風土而萬有不同。然循名以核實。人盡得展其才力心思。不失已不侵人。羣道於是立。且人之中有奇才異能出焉。更得用才之地。爲斯民興美利。即觀於今日之共和市府。其效大可覩矣。是故純粹之民法。其進境也無窮。循序上達。持以恆心。舉所謂膠持欲速。積憤傷心。一切諸弊。掃蕩無餘。至是而貧富貴賤。渾於無形。盜竊亂賊。不作於世。合民衆之力。直達最高之希望。政體則經權互用。遵王道之蕩平。民生則教養兼隆。躋斯世於仁壽。於戲。何其盛也。丁納遜嘗謂人生福利。不惟其獨。惟其羣相役相愛而福備矣。抑又聞之沈西門曰。黃金世界。非過去而未來也。諒哉言乎。

泰西民法志下卷終

公法新編

第一卷爲公法綱領第二卷爲平時公例第三卷爲戰時公例第四卷爲局外公例體例完備外交家祕寶刊印二册價洋五角

美國治法要略

蓋美國者合各邦而成全國始於家終於國而大都權輿於學論治家起治國止計二十章一册價洋三角

華英讞案定章考

中西互控之案近來日益繁多是書一一詳明一册價洋五分

英國憲政輯要

天下立憲之國未有超越於英國之上者凡在軍民皆宜考究一册價洋二角

印度刑律

英主所任人員均應遵守定法凡一切刑律共錄二十章印度與華例之異同又一册共三本價洋七角五分

《泰西民法志》編者説明

劉芳　編校

1. 底本描述

英國甘格士（即托馬斯·柯卡普）著、胡貽穀譯《泰西民法志》一書，1912 年由上海商務印書館代印、上海廣學會出版。今據北京大學圖書館藏紙本録排。原書高 19 厘米，寬 12.5 厘米。

該書扉頁竪排，分三欄：中欄行楷書名“泰西民法志”，無題簽者姓名。右欄上端爲“西歷一千九百十二年”，仍遵清朝“曆”字避諱；中爲齒紋正方形印式，有“翻印必究”四字，下端有“上海廣學會藏版”，以示版權歸屬。左欄上爲“宣統三年歲次辛亥”，下爲“上海商務印書館代印”，“上海”二字雙行。

封二爲英名書名，計八行，首行“HISTORY OF SOCIALISM”，爲該書英文名；第二行“BY”，第三行“THOMAS KIRKUP”，標示原著者；第四行“TRANSLATED BY”，第五行“I.K.Hu.”，標示譯者胡貽穀英文名；其下有界格，第六行“SHANGHAI:”，第七行“CHRISTIAN LITERATURE SOCIETY OF CHINA”，爲出版者上海商務印書館的英文名；第八行“1912.”，爲出版年份。

該書首有譯者自序一篇，一頁，署名“宣統庚戌仲秋，元和胡貽穀謹識”。背面爲插圖。次爲凡例，計二頁，凡八條，稱“是書爲英國甘格士先生原著，分上、下二卷，都十六篇。譯者就文敷陳，不參臆説。間有删汰，則以專論西事，與華人渺不相關也”。次爲目録，計二頁，其末尾有署名四行，爲“原箸 英國甘格士”“譯文 元和胡貽穀”“删訂 上海蔡爾康”“印售 上海廣學會”。

該書正文計十六篇，分上、下兩卷，各卷自爲頁碼，同卷内各篇則連文接排。卷上自篇一至篇十，凡一百五十頁；卷下自篇十一至篇十六，凡八十八頁。封三有圖書銷售廣告，介紹《公法新編》《美國治法要略》《華英讞案定章考》《英國憲政輯要》《印度刑律》五書的内容特色及售價。該廣告雖未説明著譯者及出版者，據其書名，結合當時廣告通例，均應爲廣學會編印之書。

2. 托馬斯·柯卡普

托馬斯·柯卡普（Thomas Kirkup，1844—1912），英國人。生於英國諾森伯蘭郡（Northumberland）伍勒（Wooler）附近的一個牧羊人家庭。8 歲時隨父移居凱爾索（Kelso）附近的柯克耶特姆（Kirk Yetholm），此處屬於蘇格蘭的切維厄特丘陵（Cheviot Hills），距英格蘭僅有兩三千米。柯卡普曾在愛丁堡大學獲文科碩士學位，并獲得訪學獎學金資助。這使他後來能順利地在哥廷根、柏林、日内瓦和巴黎等地訪學，繼續從事自己的研究。柯卡普曾任蘇格蘭錢伯斯出版公司（W. R. Chambers）教育顧問。1883 年從愛丁堡移居倫敦，在倫敦期間，他與錢伯斯出版公司保持長期的密切合作關係。與此同時，他還投稿英國《大不列顛百科全書》和其他百科全書，偶爾也爲公衆出版社寫稿。

柯卡普的主要著作有《社會主義研究》（*An Inquiry into Socialism*）、《社會主義史》（*The History of Socialism*）和《社會主義前史》（*The Primer of Socialism*）。朗曼出版公司曾分别於 1887 年、1888 年和 1907 年出版了《社會主義研究》；其餘兩本書均由布萊克出版公司出版。《社會主義史》初版於 1892 年問世後，一度被認爲是對社會主義最好的簡介，柯卡普每隔幾年就會對該書進行補充修訂并再次出版，分别於 1900 年、1906 年和 1909 年有不同版本發行，故《社會主義史》現存柯氏本人修訂的共四種版本。《社會主義前史》也曾於 1908 年和 1910 年出版發行。1910 年，柯卡普的母校愛丁堡大學特授予其文科博士名譽學位。1912 年，柯卡普於倫敦逝世。柯卡普去世後，應出版商布萊克公司的要求，英國人辟司（Edward R. Pease）繼續補充修訂《社會主義史》，并分别於 1913 年和 1920 年兩次出版修訂後的《社會主義史》。故《社會主義史》前後共出版過六個英文版本，前四個版本爲柯卡普本人修訂，後兩個版本爲辟司修訂。

3. 胡貽穀

胡貽穀（一作胡頤穀，1885—？），字任夫，江蘇蘇州人。1906 年畢業於東吴大學堂（又稱東吴大書院，1901 年創辦，辛亥革命後改稱東吴大學），這是美國基督教會在中國建立的早期教會大學之一。後胡貽穀赴美留學，就讀於美國紐約協和神學院。留美回國後，受謝洪賚之邀加入青年會書報部，開始投身文字事業。書報部 1902 年出版《青年會報》，謝洪賚任主筆。1906 年，《青年會報》改名《青年》。1911 年，青年會又創刊《進步》雜誌。六年後，《進步》與《青年》合併爲《青年進步》。1924 年書報部改爲出版部，胡貽穀任主任。同年，胡貽穀還任東吴大學校董，與江長川一道成爲該校最早的兩名中國董事。此後，他還成了東吴大學教授，任商務印書館英文編輯室主任。除《泰西民法志》外，胡貽穀還翻譯過不少關於基督教的著作，如《信仰的意義》《服務的意義》《耶穌與家庭問題》，也翻譯過其他方面的一些著作，如《社會的組織》《思想的方法》《泰西名人證道譚》《釋疑紀實》《意大利公民教育》《法西斯主義的研究》等，著有《社交游戲法》《謝廬隱先生傳略》（爲其老師謝洪賚撰寫的）等著作。

4. 廣學會

廣學會是光緒十三年（1887）英、美基督教新教傳教士、外國領事和商人等在中國上海創立的翻譯出版機構。其前身爲1834年英、美傳教士在廣州創立的“在華實用知識傳播會”（Society for the Diffusion of Useful Knowledge in China）和1884年在上海設立的“同文書會”（The Society for the Diffusion of Christian and General Knowledge Among the Chinese），1894年改稱“廣學會”（The Christian Literature Society for China），以“以西國之學，廣中國之學，以西國之新學，廣中國之舊學”爲宗旨。

廣學會既是基督教傳教士創立的翻譯出版機構，同時也是由各教派駐華機構組成的聯合體。中國海關總稅務司的英國人赫德爲第一任董事長，在華傳教士韋廉臣、李提摩太先後擔任總幹事，其他主要成員有林樂知、丁韙良、李佳白、慕維廉、艾約瑟等。廣學會工作人員最初只有31人，最多時達到254人（爲1905年），在北京、奉天（今瀋陽）、西安、南京、烟臺等地設立專門機構，廣泛開展會務活動。

廣學會的翻譯出版規模十分龐大，每年出版新書和重版書100種左右。先後編譯出版了大量介紹宗教、政治、科學、史地的書籍，其中最爲著名的有《泰西新史攬要》《中東戰紀本末》《格物探原》《自西徂東》《文學興國策》《大英治理印度新政考》《列國變通興盛記》《治國要務》《天下五洲各大國志要》《百年一覽》等。此外還出版發行《萬國公報》《中西教會報》《女星》《大同報》等報刊。其中《萬國公報》傳播基督教和介紹西學，鼓吹改良維新，在戊戌變法前後發行量很大，具有廣泛的社會影響，是近代中國介紹西學影響最大的刊物之一。

五四運動後，廣學會出版《共産主義之研究》《基督教與共産主義》等書刊，反對馬克思主義在中國的傳播。1941 年 12 月太平洋戰争爆發後廣學會遷往成都，1945 年抗日戰争勝利後遷回上海。1949 年中華人民共和國成立後，廣學會的外國人撤離中國，組織解散，但其成員仍繼續在滬經營出版業務，出版了不少基督教書刊。1950 年一年出版有《四福音大辭典》《聖經釋義》《無産者耶穌傳》等 21 種圖書，此後每年陸續出書。1957 年與浸會書局等其他 3 個基督教出版機構合併成立中國基督教聯合書局。

廣學會在西學東漸史上具有重要地位。首先，結合中國實際、圍繞變法傳播西學。19 世紀後期中國出版西書的機構中，以江南製造總局和廣學會最有成效，影響最大。前者側重於傳播應用科學和自然科學基礎知識，後者則側重於批評社會弊端、鼓吹變法、啓蒙民衆，簡言之，就是“醒華”和“興華”（林樂知語）。其次，注重對中國文化價值的討論。廣學會的西方傳教士也參與了對中國文化價值的討論，并産生了一定影響，如林樂知從中西比較的角度，批評中國今不如昔、尊祖法古的歷史觀，李提摩太批評中國只强調節流不注重開源、重義輕利等。再次，創造了西學傳播的新局面。廣學會對中國近代思想界的影響十分廣泛。《泰西新史攬要》《中東戰紀本末》擁有大批讀者，《萬國公報》也受到朝野歡迎，王韜、孫中山等都是《萬國公報》的作者，康有爲也於 1894 年參加過廣學會的有奬徵文，梁啓超曾擔任李提摩太的秘書，張之洞曾向廣學會捐款，光緒皇帝曾訂購多種廣學會書刊，其影響從通都大邑到僻野鄉村都有反映。當然，廣學會讀物中潛在的歐洲中心主義，對中國禮俗、信仰的攻擊，所宣傳的獨尊上帝、排斥百家的説教，也使中國讀者從情感到認知層面難以認同和接受。

5. 内容簡介

《泰西民法志》并非法學類書籍，而是如其英文原名 *History of Socialism* 較爲全面系統地介紹了 19 世紀到 20 世紀初歐美社會主義思想與運動發展的歷史，包括社會主義各流派、思潮的代表人物、理論、活動等。正如《新青年》雜誌向讀者推薦時稱，“此書是歐戰以前一部包羅最宏富的社會主義史”①。全書共十六篇，分上、下兩卷。上卷十篇分別爲“民法總綱”“法國民法肇基”“一千八百四十八年法國民法”“英國曩時民法”“日耳曼民法學家賴薩勒”“駱勃德司”“馬格司”“萬國聯會”“日耳曼民會共和”“掃除政府”；下卷六篇分別爲“民法正解”“民法與天演比例”“近世民法進行”“民法趨重之勢”“民法近狀”“結論”。

在 1892 年初版後，柯卡普又於 1900 年、1906 年和 1909 年出版了多種修訂本，每一版本在目録和内容上均有不同。以往學界普遍認爲胡貽穀譯《泰西民法志》根據的是柯卡普 1892 年的版本。實際對照英文原書各版本，即會發現胡貽穀所選乃是柯卡普 1909 年的第四版修訂本。該修訂本補充了 20 世紀初社會主義在歐美各國發展的最新狀況，也是柯卡普本人對社會主義認識最成熟的一個版本。

胡貽穀譯《泰西民法志》是受英國傳教士李提摩太（1845—1919）的委托。胡貽穀把社會主義學説翻譯成“民法”，同 19 世紀末 20 世紀初以李提摩太爲代表的西方在華傳教士，把社會主義學説翻譯成所謂“安民新説”“養民學”如出一轍。當時，李提摩太等人是把社會主義當作一種救世學説介紹給中國人的，而且主要是供清政府和維新派人士參考的；在胡貽穀的譯本中，他則將基督教與社會主義做了更進一步的彌合

① 佚名. 新青年叢書出版廣告[J]. 新青年，1921，9（4）：扉頁.

（當然很大程度上受到原著者柯卡普基督教社會主義立場的影響），稱“民法”暗含有基督教“博愛”精神的意藴。

6. 文獻傳播狀况及意義

廣學會 1912 年的工作報告中有該會新版和再版書籍的完整目録，而《泰西民法志》清楚列於當年出版的新書中，并記有印數 1000 册。此後再未見其重印。由於印數少，該書問世後影響并不大，在當時没有傳播開來，《唐慶增經濟演講集》中也載有該書在當時“未見有何等重大之影響”這樣的話語。①

五四運動期間，上海共産黨小組成員、時任北京大學英文教員的李季（1892—1967）在工作之餘，再次將《社會主義史》譯成中文。該書最終由北京大學校長蔡元培作序，作爲“新青年叢書”第一種於 1920 年 10 月由新青年社出版，初版 2000 册，旋即告罄。李季所選，并非柯卡普自己修訂的《社會主義史》的前四個版本，而是柯氏去世後辟司補充修訂甚至大量重寫并於 1913 年出版的第五個版本，書名亦采用與英文原書意思更相符的《社會主義史》。

《社會主義史》爲中國人系統地了解世界社會主義運動的發展歷程提供了當時最翔實的參考，也給中國革命者提供了西方工人階級及政黨爲社會主義而奮鬥的史實和榜樣，因而它受到我國早期共産主義者的歡迎。後來的相關著作，如胡漢民譯、（德）俺•伯亞著的《社會主義史》（上、下册，民智書局，1927 年）；吴敬恒（即吴稚暉）、蔡元培、王雲五主編，趙蘭坪著的《社會主義史》（商務印書館，1928 年）等，都遠不如柯卡普

① 唐慶增. 唐慶增經濟演講集[M]. 上海：世界書局，1933：124.

的書影響大。柯卡普的《社會主義史》與《共産黨宣言》《階級争鬥》共同構成影響毛澤東轉變成馬克思主義者最主要的三本書（《社會主義史》在毛澤東創辦的長沙文化書社僅半年内就銷售了 100 本），它也影響了中國衆多的第一代共産主義者。[①]

7. 對《泰西民法志》中馬克思主義相關内容的評述

《泰西民法志》分篇介紹了社會主義自産生至 20 世紀初的不同派别，上卷第七篇“馬格司”專門介紹了馬克思的生平經歷及理論學説。作者并不局限於引介，而是從其基督教社會主義者的立場出發，對馬克思主義理論進行了各方面的評價，有稱贊，也有否定，并貫穿全書的行文中。

首先，作者對馬克思在社會主義發展史上的影響和地位給予了很高的評價：“民法志中之俊爽豪邁、聲施爛然者，莫馬格司若也。有志同道合之恩吉爾，共倡定律與革命二義，勢力最偉，學説亦鋒厲無前。凡國人之以文明稱者，莫不奉爲矩矱。”其實從第一篇“民法總綱”開始，作者就多次提到馬克思，他不僅贊歎馬克思“最有魄力”，而且認爲馬克思對社會主義的倡導是社會主義學説能够獲得廣泛支持最主要的原因，“民閒多靡然從之矣”，“馬格司一派，尤爲萬衆之所宗仰”。隨後在對馬克思之前的英、法、德國社會主義者的介紹中，柯卡普也時常將他們與馬克思進行對比論述，説明他本人對馬克思的思想學説是相當了解的，并且認可馬克思思想的社會影響力。

然後，在第七篇的集中論述中，作者先是較爲客觀地叙述了馬克思的生平經歷，既稱贊他優渥的家境和豐富的學識，“馬格司天性肫摯，才思敏

① 胡爲雄. 馬克思主義哲學在中國傳播與發展的百年歷史：下[M]. 南昌：百花洲文藝出版社，2015：700.

捷，又處優宜之境，於日耳曼最高之學業，無所不覽”，還不厭其煩地梳理了他和歐洲各國社會主義者的交往聯絡。而且借介紹馬克思生平，柯卡普也表達了他對馬克思學説能够興盛的看法。在他看來主要有兩個原因：一是馬克思使社會主義變成了科學社會主義；二是馬克思思想對革命的倡導使革命在全歐流行。

在較爲客觀地叙述了馬克思的生平經歷之後，作者又介紹了剩餘價值理論、歷史唯物主義、階級鬥争、無産階級革命等馬克思主義的相關學説。其中尤重介紹剩餘價值理論，因“推衍馬格司派者，當知其要在贏率之原理”。作者認爲，馬克思的學説并非抄襲他人，而是匠心獨運、推陳出新於以往學者。對於當時有人稱馬克思是抄襲了洛貝爾圖斯-亞格措夫的説法，作者直接予以駁斥，認爲馬克思的創見是社會主義學説的“哲理之基”，不僅不限於洛貝爾圖斯-亞格措夫的思想，而且比其思想重要得多。在作者看來，馬克思不按照早期社會主義者的方式提供現成的社會再生計畫，而是解釋推動社會進化的必然過程，即資本的自由發展將使社會形態被更高階段的社會形態所取代，故而馬克思是“十九期破天荒之思想家也”。可以説，這是柯卡普在《泰西民法志》中對所介紹的諸多社會主義者的最高評價了，而從馬克思及馬克思主義的後世影響來看，柯卡普在20世紀初就能作出如此判斷是值得稱道的。

在引介馬克思思想的同時，作者也多次提及恩格斯對馬克思學説的繼承和發展，如在論及資本主義垮臺後的新社會時，認爲恩格斯的國家觀點能够對此有所補充，即無産階級奪取政權後，國家因功能發生轉變將最終消亡。

作者將馬克思主義學説概括爲唯物主義、辯證法、經濟基礎、資本主義歷史演變、剩餘價值理論、工人團結、社會無政府狀態、工人階級奪權、國家消亡九個要點。值得注意的是，胡貽穀在翻譯時僅譯出八個要點，而删去了第二點“辯證法”及其相關的論述内容。

雖然對於馬克思學説的原創性及其看重經濟因素給予了充分肯定，但柯卡普對馬克思提出的諸多觀點并不認同。根本上這還是作者從基督教社會主義者的立場出發思考問題造成的。

作者毫不諱言其基督教社會主義者的傾向，在第十五篇中明確表明：“夫兼愛相役和平，爲基督教特揭之訓旨。而奉其教者，往往守其程式，遺其精理，甚至有反其道而谿刻横暴、恣情縱欲者，向使馬黨專就教會之敗象，而糾正之，豈非吾黨之所樂從。”故而他在評價馬克思主義時往往帶有偏見。

第一，作者反對馬克思主義學説的革命主張，認爲以暴力手段推翻反動政權、資本主義制度“必歷非常之痛苦”，認爲“由痛苦而進於安樂，非圖治之上策也”。他反復提到19世紀的社會主義者受馬克思主義影響而“變本加厲”“革命之狂熱，遂乃深中人心，毒徧閭里”，但這并没有從根本上解决工人的困境。故而他主張用漸進的方式、和平的手段，通過改良、協商，爲工人謀福利，乃至爲全人類謀幸福。

第二，作者對工人階級的境遇表達同情，尤其同情19世紀的英國工人，但總體上是把工人階級當作“不學無術，猜忌涣散”、衝動盲從的群氓來看待，聲稱如何能指望久被束縛、“處境微而志量卑”的工人階級承擔其歷史責任，根本上還是不相信工人階級能够成爲革命的領導階級。

第三，作者否認資本主義制度必然滅亡的規律，認爲“美、德近世聯行制度之發達”的歷史顯示該制度尚未有任何由盛而衰的迹象。他否認無産階級與資産階級矛盾的不可調和性，宣稱英國工人是没有怨恨的，這與美國等進行的社會政治改革，讓人們看到了矛盾和平解决的希望。作者希望富室（資本家）通過讓渡利益，來減緩無産階級的反抗；希望無産階級革命領袖以所謂循序漸進的方式，緩步推進革命。

第四，作者本能地維護基督教，把基督教分爲好、壞兩個部分，承認其中有不好的宗教分子，但更多的是好的，所以不能反對宗教，更不能反對基督教。因而書中對馬克思反對宗教神權的理論否定非常多。

第五，作者承認資産階級剥削工人并造成工人貧困的事實，但不承認剩餘價值理論的科學性。他認爲馬克思將資本全面解釋爲資本家占有無償勞動是過於狹隘了，因爲資本家承擔着生産中最困難的創立與經營的部分，資本并非全部來自剥削。資本家是社會中擔負重責并推動社會進步的力量，而不是馬克思口中的工人階級。

總體而言，柯卡普十分欣賞馬克思的曠世才華，敬佩馬克思能够捨弃個人與家庭的享樂而爲貧苦大衆發聲、向不公的時局抗争，“以馬之天才卓犖，當不難立偉業，成令名，起龍蛇於大陸，垂金石於千年。乃自晝進修，限於宰物之狹義，拘於羸率之謬解，於是絶大著作，嘔心鏤肝，以留貽後人者”，“况其養成浩氣，不慴於利害，不屈於威武，不以時局絶望而生怯心，不以輿論拂逆而萌退志，守死不變。惟願造福於羣倫，以求魂夢之安，洵足爲末俗之針砭，後生之師表。向使其避難就逸，縻情利禄，則紆青拖紫，如拾芥耳。而乃視富貴如浮雲，等王侯於螻蟻，不以塵世之顯耀爲己榮，而以貧民之釋放爲己任。嗚呼，可以風矣。彼曳裾抵掌，趨勢利之途，爲蒼生之害者，視馬四十年之辛苦墊隘，堅毅勇任，能無愧乎”，這是多麽令人感動的大無畏和犧牲精神！

但由於作者的基督教社會主義者的思想出發點，他又感到馬克思的學説是過激的、危險的，甚至認爲，唯物史觀是過時和不正確的理論。通過與亞當・斯密對比，作者旨在表達，馬克思的學識雖然高於前者，但在尊重歷史與合理分析方面却遠不及，故而産生的皆是“憤世嫉俗之言”和“過當失中之語”。他認爲馬克思主義無法實現有三個原因：一是它在婚制倫常上的悖論易於授人口實；二是它主張破壞一切現行法，却無建設能力；三是它對於宗教也一概反對。因而在此基礎上，基督教社會主義者柯卡普提出他深思熟慮的解决方案——社會主義“終之歸宿”，乃在於“羣德”。事實上就是以其篤信的“兼愛相役和平”等基督教道德，“去人類之私利”、武裝無産階級，通過“文明各國力圖改革之心理”，最終實現社會主義雖在各國有不同的呈現形式，但皆能控制資本家的力量造福百姓，人民自由聯合、自由營業，“人盡得展其才力心思”，“羣道於是立”。

可見，柯卡普在引介馬克思主義學説的時候是有鮮明的隱藏立場的，他不僅否認歷史唯物主義的客觀規律，而且顛倒了資本家與工人的主次關係，將改善工人生活的希望寄托在資本家和所謂文明社會的自我改良上，而飄忽不定的基督教“道德”注定是靠不住的，并終究無法實現。

8. 研究綜述

目前所見學界對《泰西民法志》的研究幾乎集中在討論其是否是第一個將馬克思主義傳入中國的文獻這個問題上。要解决該問題，首先就得弄清楚《泰西民法志》的真實出版時間。1987 年陳銓亞在《光明日報》上發表《馬克思主義何時傳入中國》一文，提出胡貽穀譯的《泰西民法志》是馬克思主義傳入中國的嚆矢，時間是 1898 年夏。他的根據是美國人伯納爾的《1907 年以前中國的社會主義思潮》和《唐慶增經濟演講集》。[①]此

① 陳銓亞. 馬克思主義何時傳入中國[N]. 光明日報，1987-09-16.

説被研究者廣泛采用，見諸數百種著作、論文，影響甚廣。然而，此説也遭到了汪家熔、唐寶林、王也揚等研究者的質疑和反對。汪家熔以陳銓亞本人并没有見過他所説的譯自《社會主義史》的《泰西民法志》、廣學會1898年的工作報告中“今年出版的書刊”一節并未列有該書等理由，認爲陳銓亞的論據“極軟弱無力”。①唐寶林根據他所見到的《泰西民法志》出版於1912年，胡貽穀的序作於1910年等，質疑《泰西民法志》不大可能是1898年初版。②王也揚進而以兩個比較有力的證據，否定了陳銓亞的1898年説：其一是廣學會1898年的工作報告中没有出版《泰西民法志》的記録，1912年的則有；其二是胡貽穀在《謝盧隱先生傳略》中自稱他1898年時年僅14歲。③在此之後，學界大多數人逐漸認同《泰西民法志》遲至1912年才出版，故而馬克思主義最早傳入中國的著作并非《泰西民法志》。

事實上，結合胡貽穀在宣統庚戌年（1910）所作的序言中稱：“英學士李提摩太先生胸期曠邁，有志於天下之大同。日者取甘格士先生所著之《泰西民法志》授余曰，試譯之。”以及《泰西民法志》内容實譯自《社會主義史》1909年的版本，可知李提摩太給胡貽穀的英文原書是當時的最新版本，故而胡貽穀是無法根據1909年英文版在1898年翻譯出版《泰西民法志》的。從而從根本上印證了《泰西民法志》的真正出版時間并非1898年，而是1912年。

但除了有關此問題的討論外，目前學界對於《泰西民法志》的文本内容及其他關涉問題的研究仍較爲缺乏。由於胡貽穀譯本的書名中使用了“民法”一詞，目録中又出現了諸如“民法總綱”“法國民法肇基”“日耳曼

---

① 汪家熔. 最早介紹馬克思恐非胡貽穀[J]. 編輯學刊，1993（1）：95-96.
② 唐寶林. 馬克思主義何時傳入中國[N]. 光明日報，1998-04-03.
③ 王也揚. 關於馬克思主義何時傳入中國的一個説法之誤[J]. 馬克思主義研究，2000（2）：85.

民法學家賴薩勒”等表述，一些人甚至望文生義，將其當成一部關於“民法”這一部門法的譯著，稱該書是“中國正式引入的第一部西方民法學專著”[①]，這實在是不應該有的一個大誤會。事實上，該書第一章“民法總綱”中就説得很清楚：“英國民法之學，必推鄂温（即歐文——編者注）爲導師，法國則沈西門（即聖西門——編者注）傅理雅（即傅立葉——編者注）實倡之。”“故凡爲窮黎造福而干涉私人之財産，爲公衆紓禍，而限制物力之偏勝，或籌更新以改舊，或議除舊以布新，總謂之曰民法。”“法國民法肇基”一章，主要介紹的是聖西門和傅立葉的社會主義學説；所謂“日耳曼民法學家賴薩勒”，指的則是德國社會主義者拉薩爾。

① 何勤華. 中國近代民商法學的誕生與成長[J]. 法商研究，2004（1）：119-128.

理想社會主義與實行社會主義

德人 弗勒特立克恩極爾斯 / 著
余姚 施仁榮 / 譯述

《新世界》連載

目録

① 底本如此，應爲第二編的内容，因該編篇幅過長，故拆分爲兩編進行叙述。

第一編

理想社會主義①

社會主義。乃地主與非地主。或資本家與工人競争而生之一種主張。以實行其生産無治主義②也。此主義孕育於十八世紀法國哲學潮流浸淫澎湃之時。而於經濟學所論之事。實有密切關係。

當十八世紀之時。法國哲學家及大文豪。日以發展人智。提倡革命爲職務。充其所願。必欲除盡各種政黨而後已。若宗教。若博物。若社會。若其他各種政治機關。皆當由真理組織而成。設或不然。斷在淘汰。總之真理者。萬事之基礎也。丁斯時也。海及爾③有言曰。“世界由人腦組織而成。”蓋其意以爲人腦爲各種思想所由生。一切理論所由根。反是者必在推翻之例。現今社會之組織。及政府之建設。俱不根真理。故有欺詐、虚驕、怠忽、種種怪象。不然。設以真理造成世界。則宇宙當重見天日。而人類之迷信陋習。專制積弊。營私通病。種種惡迹。行將消滅。於是而吾人或可享受真文明真自由真平等世界之真幸福矣。

夫所謂真理組成之世界者何也。即今所謂中等社會④所結合之理想世界

① “理想社會主義”，即空想社會主義。
② “無治主義”，即無政府狀態（anarchy）。
③ “海及爾”，即格奥爾格·威廉·弗里德里希·黑格爾（Georg Wilhelm Friedrich Hegel，1770—1831），德國哲學家，德國古典哲學的主要代表。
④ “中等社會”，即“bourgeoisie”。

理想社會主義與實行社會主義

德人弗勒特立克恩極爾斯原著

餘姚施仁榮譯述

第一編　理想社會主義

社會主義。乃地主與非地主。或資本家與工人競爭而生之一種主張。以實行其生產無治主義也。此主義孕育於十八世紀法國哲學潮流浸淫澎湃之時。而於經濟學所論之事。實有密切關係。

當十八世紀之時。法國哲學家及大文豪。日以發展人智。提倡革命。爲職務。充其所願。必欲除盡各種政黨而後已。若宗教若博物若社會若其他各種政治機關。皆當由眞理組織而成。設或不然。斷在淘汰。總之眞理者萬事之基礎也。丁斯時也。海及爾有言曰。『世界由人腦組織而成。』蓋其意以爲人也。此世界成。則中等社會之真平等真自由乃見。而吾人財產。惟中等社會所經營而得者。爲合乎公理矣。且吾人既有理想世界。則必有理想政府。理想政府成。則盧梭之“民約”[①]。當必見諸實行。而此時吾人所有之政體。當必爲一中人[②]民主政體。於是而十八世紀法國大思想家腦中所孕育之真理。竟得見諸二十世紀以後之世界矣。吾人對此。能不生感。

顧中古世紀封建貴族與地主之不相容。猶近今資本家與勞働家之相仇怨也。居資本家與勞働家兩者之間。而奔走呼號。以爲社會謀幸福者。則固吾中人耳。雖然。資本家無勞働家以作工。則資本家無所施其技。貧民無中人以提携之。則貧民無以謀其生。則中人者。實社會之中幹耳。且貧民亦有助於中人也。如德國宗教改革及農人戰爭時之異教徒。與討麥斯謬伍周[③]。英國大革命時之勤佛樓斯[④]。及法國大革命時之排薄夫[⑤]。皆以貧民援中人而反對資本家也。

降而至於十六世紀與十七世紀之時。理想社會主義漸發見。而至十八世紀。實行社會主義。亦漸萌芽。（馬而來[⑥]與麥勃來[⑦]）於是而要求平等者。始不僅限於一般人民政治權利範圍之内。抑且及於個人經濟問題之中。於是而吾人所争廢者。亦不僅階級權利而已。并舉階級制度而亦廢之。其甚者。

---

① “盧梭之‘民約’”，“盧梭”，即讓-雅克·盧梭（Jean-Jacques Rousseau，1712—1778），法國啓蒙思想家。“民約”，即盧梭所著《社會契約論，或政治權利的原則》（*Du Contrat Social, ou Principes du droit politique*）。

② “中人”，即“bourgeois”或“middle class”。

③ “討麥斯謬伍周”，即托馬斯·閔采爾（Thomas Münzer，約 1490—1525），德國神學家，宗教改革時期和 1525 年農民戰争時期爲農民平民陣營的領袖和思想家，宣傳空想平均共産主義的思想。

④ “勤佛樓斯”，即真正平等派（True Levellers），又稱掘地派。17 世紀英國資産階級革命時期的激進派，代表城鄉貧民階層的利益，要求消滅土地私有制，宣傳原始的平均共産主義思想，企圖通過集體開墾公有土地來實現這種思想。

⑤ “排薄夫”，即格拉古·巴貝夫（Gracchus Babeuf，1760—1797），原名弗朗索瓦-諾埃爾（François-Noël），法國革命家，空想平均共産主義的代表人物。

⑥ “馬而來”，即摩萊里（Morelly，1715 前後—1755 後），法國作家，空想平均共産主義的代表人物。

⑦ “麥勃來”，即加布里埃爾·馬布利（Gabriel Mably，1709—1785），法國歷史學家和政治活動家，啓蒙思想家，空想平均共産主義的代表人物。

或舉世界一切西東之事而悉除之。斯巴逢其新學説[①]之創例也。於是而三大理想社會主義家始出。舍伍忒西盟[②]提倡貧民與中人當如何排去資本家。夫利害[③]與阿澤[④]則因其生於資本家發達之國。竭力鼓吹推翻階級制度。而直接影響於法之物質文明。

夫此三大哲學家所欲扶掖之人民。非僅一隅而已。直世界耳。至所以朝夕孜孜嘵嘵[⑤]争辯而不自嫌者。爲真理耳。爲公德耳。此真理。此公德。以法哲學家視之。雖與日月争光可也。

賴此三大哲學家之提倡而真理始確立其基。中人始漸得一吐其氣。夫世界所缺乏者人才耳。世界而有人才。則真理自見。不然。人而不知真理。則其人設生在五百年前。而此五百年間所接之人類。亦背謬耳。争奪耳。受刼耳。由是以觀。則十八世紀之法哲學家。實造革命之先河。認真理之無敵者也。世界而果有政府。則當以真理組織之。世界而果有社會。亦當以真理組織之。反是者。斷在淘汰之例。夫此真理者何。即十八世紀自由國民所磅礴鬱積之理想。而輸入於一般中人腦中者也。法之革命。即爲認此理想社會與政府而起也。

然當時之所謂新事業者。名雖根理。而實則未見其真也。向所謂以真理組成之國家。今則又以腐敗見告矣。盧梭之"民約"。雖其基礎已立於法之恐怖時代[⑥]。然由此學説而得見擢之中人。則固一困於全權政體之腐敗。再

① "斯巴逢其新學説"，即"斯巴達式的共産主義"，對以摩萊里和馬布利等人爲代表的平均共産主義的稱呼，這種學説把古希臘斯巴達人的"平等公社"奉爲楷模，故得此名。"斯巴逢"，有誤，應爲"斯巴達"。
② "舍伍忒西盟"，即昂利·聖西門（Henri Saint-Simon，1760—1825），法國空想社會主義者。
③ "夫利害"，即沙爾·傅立葉（Charles Fourier，1772—1837），法國空想社會主義者。
④ "阿澤"，即羅伯特·歐文（Robert Owen，1771—1858），英國空想社會主義者。
⑤ "嘵嘵"，有誤，應爲"曉曉"。
⑥ "恐怖時代"，主要指 1793 年 6 月至 1794 年 7 月的雅各賓專政時期。這一時期，以羅伯斯庇爾爲首的雅各賓派掌權，爲了迅速平定國内的反革命叛亂，粉碎外國的武裝干涉，制定了 1793 年憲法，并以極端暴力手段鎮壓了王黨、牧師、投機商人、大資産階級等反革命分子。

困於奈破崙[①]專制。政體之壓制也。於是而一般哲學家所夢想之永久平和。一變而爲無窮紛争矣。於是而知理想社會之不競。適足以起彼讒閒者之口矣。貧富之相去愈遠。尊卑之階級益深。集無數小資本家或小地主之能力。不足以敵大資本家或大地主一舉手一投足之勞。於是而吾人固有之自由。竟非有財産不能得矣。且機器發明。工業發達。在資本家固大獲其利。而在勞働家實時受其害。以故訟案愈繁。奸邪滋多。而社會不能保其安寧。欺詐性成。奢侈習深。而商賈不能擴其貿易。加以納妾市婢。相習成風。私交野合。所在皆然。社會之道德日下。國家之政法益紊。如是而欲謀文明之進步。猶緣木而求魚也。

由是而與哲學家光明正大之理想。較短而量長之。其相去奚啻霄壤之判耶。所以然者。實以當時無大文豪發爲辭章以實其理想故也。脱有人焉爲之挽救於其間。其結果斷不至若斯。世紀一更。人才崛起。一千八百零二年。則有舍五忒西盟之極宜罰文牘[②]。一千八百零八年。則有夫利害之大著作。雖其學説之基礎。已立於一千七百九十九年。而在一千八百年正月元旦。耳老揞忒阿澤[③]一大哲學家。亦從事於其驚世之大著作。牛蘭奶克[④]一書矣。然其時生産資本制度及中人與貧民之仇怨。猶未至於深根蒂固也。近今工業制度。雖其時已見興於英。而猶未見知於法。此制度興。不特引起生産革命。及生産改良之紛争。抑且攪擾生産行爲與轉移行爲之關係。然此工業制度。在一方面。雖有攪擾生産機關之能力。在他方面。亦有消弭生産機關

---

① “奈破崙”，即拿破侖·波拿巴（Napoléon Bonaparte，1769—1821），法國政治家、軍事家，法蘭西第一共和國第一執政（1799—1804）、法蘭西第一帝國皇帝（1804—1814、1815）。

② “極宜罰文牘”，即聖西門的著作《一個日内瓦居民給當代人的信》（*Lettres d'un habitant de Genève à ses contemporains*）。

③ “耳老揞忒阿澤”，即羅伯特·歐文。

④ “牛蘭奶克”，即新拉納克（New Lanark），此處指歐文所著《關於新拉納克企業的報告》（*A Statement Regarding the New Lanark Establishment*）。

紛争之方法。法當恐怖時代時。巴里[①]之“無財”黨[②]。曾握一時牛耳以戰勝當日社會各界。而引起中人争存革命。顧當其奮力進行時。已覺其能力之薄弱。不足以争存於社會矣。及其繼也。結而爲一貧民黨[③]。以與中人競争。然一舉動出。往往自覺其智識之淺薄。財力之不及。不特不能佔政治上優勝之地位。抑且含垢忍恥。受人魚肉。而仍不能免奴隸牛馬之顯禍也。

踵此數因。而社會主義之創始家出矣。由粗魯之資本生産行爲及粗魯之社會現象。必生一粗魯之學説。欲解决種種社會問題。理想社會主義家始出而著書立説。以司鼓吹之職。社會現象。無一可者。欲救其弊。斷需真理發明一新而較全之社會組織法。各處演講。使光明正大之社會主義。編入[④]一般人民腦中。此社會之新組織法。乃造端乎理想社會主義家。然理想社會主義家立説愈詳。操道愈高。則其學説益不能免入幻虚之景象矣。

雖然。當時之幻虚學説。於今日已成過去。或世之腐儒迂士。猶尚奉爲正鵠。力爲研究。而自吾人觀之。直狂癲耳。若夫吾人所當篤信確守身體力行者。則其脱胎幻虚學説之至理名言可以見諸實行者。非全憑臆斷。徒託空言。而究無補於社會也。

舍五忒西盟者乃法國大革命之産物也。其時西盟氏年尚未至三十。革命時代之勝者。乃國内之一般中人。各能貿易。各能生利。以戰勝驕奢淫逸之富翁。怠惰自安之貴人。及閒居無事之僧徒。顧細審之。則知戰勝者。乃中人之有産業者。以財權易政權。非平民一般皆與其列而蒙其利也。此有産業之中人。實發達於革命時代。攷其故有二因也。一則經革命而貴族教堂之地充公拍賣。購與中人。一則經軍隊契約而勒索銀錢。於是而法處全權政體之

① “巴里”，即法國巴黎（Paris）。
② “‘無財’黨”，即無財産的群衆。
③ “貧民黨”，即無産階級。
④ “編入”，有誤，應爲“遍入”。

下。一般無業游民。假平等自由之美名。刼富商大賈之實利。使法國社會紊亂。漸至不國。而引起奈破崙哥代帶[①]（法語奈氏法典名）之編纂。以實行其專制之手段。嗚呼。國家經一度之改革。必有一度之建設。不爲共和。即爲專制。人民既無自治能力。英雄不得不用專制手段。不獲自由。咎由自取。究於君主何尤哉。

循是而論。平民與富人之競爭。即勤者與惰者之競爭也。惰者不僅舊有之富翁而已。且括其餘種種分利之人。勤者亦不僅工人而已。且括製造者商人及銀行夥友等類。惰者已失其智育發展勢力澎漲之能事。證之法國大革命時代而已然矣。無財產者。亦失其智育發展勢力澎漲之能事。證之法國恐怖時代而亦已然矣。然則其孰令之而孰理之耶。由舍五忒西盟之言。格致與工藝皆爲一新教所約束。以重新宗教改革時代所失刼宗教思想之統一。此所謂宗教者。即博愛平等光明正大之新耶教是也。顧明格致者乃學士。而通工藝者乃一般工人製造者商人及銀行夥友也。此中人在西盟氏觀之。實握社會上各種利權。佔財政上最有勢力之位置。而竟可作行政長官以指揮政界。或經營公廠以專利商界。銀行經理。尤爲掌社會上各種生産權。所以然者。賴其信用耳。此思想與近今法國之工藝有密切關係。而於中人與貧民之競爭。亦有直接影響。但舍五忒西盟所特別注意者。乃一般爲數最繁生計最艱之小民耳（“La classe la plus nombreuse et la plus pauvre.”）。考其極宜罰文牘。舍五忒西盟已立其説曰。“無人不宜工作。”西盟氏又云。恐怖時代。一無業游民之時代也。渠又謂法當無業游民佔勢力時。若輩引起飢饉。但吾人若認法國大革命爲社會戰争。不僅貴族與中人之角逐。實貴族中人及無

① “奈破崙哥代帶”，即《拿破侖法典》（*Napoleonic Code*），也稱爲《法蘭西民法典》，是法國拿破侖統治時期制定的民法典，也是近代資本主義國家制定的第一部民法典，1804 年由拿破侖簽署公布施行。

業游民三者之紛争。在一千八百零二年時。一最幼穉之發明耳。當一千八百十六年。西盟氏宣言。政治學乃一種生産行爲學耳。政治學將終爲經濟學所消滅。經濟團體爲各種政治機關之基礎。此言在西盟氏知之已深。而在普通學者。實爲夢想。然此處所論者。將來見之實事。即政治管理。一變而爲生産行爲各種事物之管理。及各種方法之布置。質而言之。即廢置國家是已。然以令日[①]真文明之幼穉。真自由之罕見。一般士夫。對於此點曉曉争辯。當無已時。[②]

舍五忒西盟。平生作事。迥異儕偶。其在一千八百十四年聯軍入巴黎以後。又當一千八百十五年百日戰争方劇之時。西盟氏即宣言英法聯盟。尋又提倡英法德聯盟。以爲後日謀全歐勢力平均工業發達之地步。本此主義。西盟氏奔走經營。各處宣講。卒使一千八百十五年。滑鐵路[③]法王拿破崙敗北之時。法人雖痛心國恥。亟願再舉。而心醉西盟氏之宣告者。已冠蓋相望。一般士夫。各放其眼光。開拓其思想。以全歐爲心。而不以法國爲念。咸以西盟氏之言爲然。而贊同政府之搆和。列强不起反對。抑何西盟氏思想之遠毅力之堅耶。

夫西盟氏。吾人已知其思想之遠。實開異日非純然經濟的社會黨[④]之先河。而爲一切理想社會主義學説之所宗。顧吾人此時。亦不能不提及者。實爲夫利害氏。其時夫利害著論。譏法國社會心理之狡猾詐僞。未足以實行社會主義。且其立言。常注重中人。蓋中人實法國大革命時代之中幹也。夫利害恒以中人世界。比之於哲學家所夢想之理想世界。其文明則光華美滿也。其人民則和親康樂也。然法當革命之時。社會虚驕成習。欺詐爲

① “令日”，有誤，應爲“今日”。
② 以上載1912年5月19日出版的《新世界》第1期“學説”欄。
③ “滑鐵路”，即滑鐵盧（Waterloo）。
④ “社會黨”，此處泛指社會主義者。

理想社會主義與實行社會主義

德人弗勒特立克恩極爾斯原箸

餘姚施仁榮譯述

第一編　理想社會主義（續）

舍五式西盟平生作事。迥異儕偶。其在一千八百十四年聯軍入巴黎以後。又當一千八百十五年百日戰爭方劇之時。西盟氏即宣言英法聯盟。尋又提倡英法德聯盟。以爲後日謀全歐勢力平均。工業發達之地步。本此主義。西盟氏奔走經營。各處宣講。卒使一千八百十五年。滑鐵路法王拿破崙敗北之時。法人雖痛心國恥。亟願再舉。而心醉西盟氏之宣告者。巳冠蓋相望。一般士夫。各放其眼光。開拓其思想。以全歐爲心。而不以法國爲念。咸以西盟氏之言爲然。而贊同政府之搆和。列強不起反對。抑何西盟氏思想之遠

《新世界》1912 年第 3 期《理想社會主義與實行社會主義》第 1 頁

常。其未臻郅治之境。相去不可以道里計。故夫利害氏之描寫社會卑劣狀態也。恒以諷辭出之。

由是以觀。夫利害不僅爲一指摘家。且澹泊寧静。實不愧爲一空前絶後獨一無二之大譏刺家。其描寫法國革命以後之社會幻想。及其當時法國商人之貿易精神也。頗具力量。并富有興趣。其議論之最新穎者。乃其對於中等社會組織之詬病。人羣配置之失當。及其中等社會婦女地位之過卑。夫利害實提倡男女平權之圭臬也。彼常云。“欲謀世界人羣之進化須從男女平權入手。”旨哉言乎。非社會主義家。烏足以出此。

夫夫利害實深邃於社會史者也。常分社會爲四大階級。（一）禽獸制度。（二）野蠻制度。（三）家族制度。（四）文明制度。其第四階級。實爲今之所謂文明。或中人社會制度時代。此制度始於十六世紀以迄於今。於是夫利害氏宣言。“夫今之所謂文明時代者。實一野蠻加劇之時代也。陽言公理。陰論强權。名尚平等。實重專制。用種種彌補之術。使真野蠻一變而爲假文明。不知假文明之陰毒險惡。實千百倍蓰於真野蠻也。”由夫利害氏之言。則知今日列强之所謂文明。非吾社會黨人所期之文明也。不過假文明之美名。獲野蠻之實利耳。長此不改。則此後之世界。將成一鯨吞蠶食紛争擾攘之世界。而社會恐無寧日矣。然則今日之文明制度。非爲吾人造幸福。實爲吾人增苦痛耳。

夫利害恒採用辯學理論以證明其學説之可信。其用意與其同事[①]海極爾同。用種種辯學辯論之方。夫利害氏。恒著論駁人羣進化無限學説之不可信。主張人羣進化無限者。以爲人羣進化。就歷史上所載而考察之。則常因時代而遞升遞降。夫在博物學上有刊忒[②]者宣言地球必有消滅之一

① “同事”，恩格斯的原意是，傅立葉和黑格爾是同一時代的人。
② “刊忒”，即伊曼努爾·康德（Immanuel Kant，1724—1804），德國古典哲學的創始人，也以自然科學方面的著作聞名。

日。即在歷史學上有夫利害氏。宣言人類亦必有消滅之一日。英雄所見。何其相同之巧耶。

當法國革命潮流浸淫澎湃震動全歐之時。在英國亦有平和穩重之革命發見於國内。機器之發明。工廠之設立。使中人社會制度。銷磨殆盡。藉手工而得之迂滯緩進之工業制度。一旦變爲風馳雨驟一日千丈之各種生産方法。其進步神速之結果。使社會一裂而爲資本家與工人兩大派。於是而資本家與工人豎旗振鼓。對壘争雄。使固有之堅固中人社會制度。一變而爲技藝家與小店主争權奪利之時代。而一般無告之小民。遂驅而至於不能自營生計之境矣。嗚呼。誰生厲階。至今爲梗①。使一覩二十世紀社會不平之狀况。能不頓生悲觀乎。

夫各種生産行爲。其發達近今尚未至於極盛。而其害已更僕難數。設今不圖。異日之禍。猶堪設想耶。工業發達。時趨專利。富商大賈。得以壟斷。遂使無業游民。羣聚市巷。道德範圍。銷磨殆盡。若家庭制度之脱離。婦女小孩之傭工。及工人謀生之維艱。由都及城。由農及工。由堅定而趨於浮動。使社會秩序。時見不安之象。抑非資本家横攬財權之過歟。

當是時也。有一維新改革家出而力挽狂瀾。年僅二十九。而人格頗高。傑出凡品。以一製造家而竟博千古罕有社會領袖之榮譽。此其人。即耳老掊忒阿渾②也。阿渾氏一實踐哲學家也。恒言人之品性。視其内部之遺傳。與外界之激刺而定。其漸進發達時。關係尤爲重要。英當工藝革命時代。社會時呈紛擾不靖之象。阿渾氏知其然。即乘機發揮其平日所抱之理想。一一見諸實行。使社會轉危爲安。人民轉勞爲逸。此其事阿渾氏曾達其目的。蓋彼

① “誰生厲階。至今爲梗”，語出《詩經・大雅・桑柔》。
② “耳老掊忒阿渾”，即羅伯特・歐文。

當時固一曼切斯偷[1]公廠五百餘人中之監督也。自一千八百年迄一千八百二十九年。阿渾氏指揮蘇格蘭牛藍乃克[2]之大棉紗廠。充管理股東之責。其將事也。任勞任怨。頗受社會歡迎。而阿渾氏遂名震全歐矣。且曼切斯偷城内人民。本屬荆天棘地。呼籲無門。經阿渾氏一再經營。遂使荒野之地。一變而爲繁盛之區。無告之小民。一變而爲安樂之國人。此亦可見阿渾氏壁畫[3]偉大規模宏遠之一班矣。夫阿渾氏實首先創立貧兒院者也。貧兒院最初建設於牛藍乃克之地。凡嬰兒之年及二齡者。即勸令入校。備有種種樂趣。使嬰兒之入校者。忘返家庭。如灌花栽木。生機盎然。至於工人作工時間。在他廠每日約十三或十四小時。在牛蘭乃克[4]僅十時半而已。且即遇棉花恐慌。廠内停工時。而工資仍如數給發。如是而銷流日廣。工業日隆。工人異常滿意。股東大獲厚利。設非阿渾氏布置有方。牛蘭乃克之地。焉能得如是之良好結果耶。

雖具以上種種之良果。而在阿渾氏觀之。尚未滿意。其對待工人各件。在他人視之以爲優待。而在阿渾氏觀之。亦未愜心。阿渾氏恒言。"工人不幸而爲我奴隸。"推其意。以爲如是對待。猶未能使工人之品性智育。雙方並進。以大展厥材。然即就牛蘭乃克而論。以二千五百人内之工人日爲社會謀利。若在五十餘年前。其户口爲數須六十萬而始足。於是阿渾氏自問曰。"以二千五百人所生之利。與夫六十萬人所生之利較其相差當若何。"

此答案實簡而易明。在公司當付股東百分之五之建設金。并加付三十萬磅以作净利。而在牛蘭乃克之數。則尤大於英國。其餘諸廠。設當時機器尚未發明。財源未見充裕。則歐洲各國恐不能敵拿破崙。而歐洲社會所信仰

① "曼切斯偷",即英國城市曼徹斯特(Manchester)。
② "牛藍乃克",即新拉納克。
③ "壁畫",有誤,應爲"擘畫"。
④ "牛蘭乃克",即新拉納克。

之貴族主義。决不能保其留存。然終成敗異數。强弱異勢者。則固工人朝夕孜孜刻意經營之力也。工人既能尊重個人。自營生計。阿渾氏賴是始能重行組織社會。使生利之人日多。分利之人日少。而社會共産主義。或可有實行之一日矣。

夫阿渾氏之社會主義。乃純然根於事業之經營也。畢生所談。不越此範。以故一千八百二十三年當社會殖民地愛爾蘭賑飢時。阿渾氏條陳數策。節節中肯。若預算决算。支入支出等類。及工作之經營。將來之計畫。作於其心。發於其事。如身使臂。如臂使指。既無怪誕不經之辭。又無迂緩濡滯之虞。吾於是不得不佩阿渾氏社會革命方法之妥善矣。追念先哲。能不自奮。

阿渾氏之進信社會主義也。實其平生之一大關鍵也。當其爲慈善家時。錢財也。鼓掌也。崇拜也。榮譽也。皆其見合於社會之歡迎物也。其時阿渾氏實爲全歐感情最深之人。不僅見好於同志。抑且見歡於君王。顧其進而主張社會主義也。則其事乃有大謬不然者。財産私有權也。宗教也。結婚制度也。此三者乃阿渾氏社會革命入手時之大阻力也。抗此阻力。必遭三禍。或斥爲不法。或廢爲庶人。或見擯社會。阿渾氏明知其然。然英雄作事。不爲利誘。不爲威屈。志之所必爲。雖經患難。百折不回。有時至誠所結。鬼神爲之格。金石爲之開。不幸賫志以殁。而其大節之垂於塵寰也。足以光日月。永山河。夫豈猶是匹夫哉。未幾而阿渾氏果見斥於政界。見擯於社會。不得已離英游美。天不佑良。阿渾氏社會政策。著著失敗。種種設施。等諸泡影。財産告盡。資用告匱。不得已自儕工人。作工三十年。藉以自贍。英雄遇困境。厥志不得伸。惜哉。顧志雖稍挫。勳業已隆。英國各種社會革命舉動。工人得以獲實利者。阿渾氏無不先人著鞭。一千八百十九年。經阿渾氏五年舌戰。第一次限制婦女小孩作工時間之法律。始克通過。阿渾氏實英國統一商會之第一任總統也。彼嘗提議各種改良方法。據社會主義學理。以改造社會。其入手辦法。爲提倡公共團體以從事於零賣與生産。此舉實行。而商人與製造家二者。足以證其不敷社會之應用矣。且彼亦曾提倡勸工場。以爲工業競争之地。其物品交換之法。常用工票表之。其工票所載作工時間。恒以一小時爲單位。其各處工家機關。雖未能克臻完善。然大致粗具。已開潑老特哄[①]後次設立銀行之先河。其異於銀行而不能若銀行之美備者。以銀行足以杜絶各種社會交通不便病根。而當時之所謂工家機關者。則僅社會革命中之一激烈舉動而已。果不能以與銀行争勝一時也。

總而論之。理想社會主義者。實十九世紀最高尚最精密馳驅宇宙之一大主張。而益浸淫澎湃奔放浩蕩於二十世紀及二十世紀以後之世界也。及至今日。英法社會主義家無一不頂禮崇拜且畢生研究此理想社會主義。最初德國社會主義與伐亦忒零[②]之社會主義學説。亦理想社會主義也。理想社會主義。表揚真理。宣示大公。擴其主張。足以壓倒世界一切學説。較之佛之無我。孔之大同。耶之博愛。理想社會主義。亦何多讓。此主義之磅礴欝積於世界也。亘天地貫古今通中外。無有乎弗具。無有其或變者也。顧近今歐西社會主義家。雖大致相似。而思想異人。各執一説。以闡發真理。學説既異。門户亦分。有時不無黨同伐異之弊。意見因之而生。真理反爲泯没。淺見者流。遂以理想社會主義爲詬病矣。於是有實行社會主義出而濟理想社會主義之

① “潑老特哄”，即皮埃爾-約瑟夫・蒲魯東（Pierre-Joseph Proudhon，1809—1865），法國政論家、經濟學家和社會學家，小資産階級思想家，無政府主義的創始人，第二共和國時期是制憲議會議員（1848）。蒲魯東於 1849 年 1 月嘗試成立人民銀行，他打算借助這個銀行通過和平的途徑實現他的“社會主義”，即消滅信貸利息，在生産者獲得自己勞動收入的全部等價物的基礎上實行没有貨幣的交換。該銀行在開始正常業務活動之前就於同年 4 月初宣告關閉。

② “伐亦忒零”，即威廉・克利斯蒂安・魏特林（Wilhelm Christian Weitling，1808—1871），德國工人運動活動家，正義者同盟領導人；空想平均共産主義理論家和鼓動家；工人同盟的創始人，《工人共和國報》的出版者。

窮。英法社會主義家。遂以其疇昔研究理想社會主義之工。轉而討論實行社會主義。於是而實行社會主義。又風馳雨驟奔流揚波於二十世紀之世界。新理創説。層見疊出。圖書課本。汗牛充棟。其受社會之歡迎也。駸駸乎有超軼乎理想社會主義之勢矣。

然以社會主義作科學觀。而名之爲實行社會主義。則其第一步所當注意也。曰根真理。其詳如何。以俟下編。①

① 以上載1912年6月16日出版的《新世界》第3期"學説"欄。

第二編

實行社會主義

當十八世紀法國哲學發達之時。即德人海極爾哲學新造之際。海極爾之於哲學。其大功在善用名學以剖解真理。試一溯其源。則古代之西臘[①]哲學家。皆天然名學家也。其最著者。則爲阿立斯他答爾[②]氏。夫阿立斯他答爾氏。固天生全才。富有理想。而爲解析名學真理之第一哲學大家也。反之。新哲學界。雖亦有發明名學真理之哲學大家。（若代揩忒[③]與斯賓懦石[④]）然經受英國哲學之影響。一變而爲全憑幻想毫無實學之人。其恒罹此病者。則一般十八世紀之法哲學家也。然離哲學而僅言名學。則法固[⑤]名學大文章出産地也。若敵特羅[⑥]之。（Li Niuin di Ramiau[⑦]）與盧梭之。（Dusesurss ur l'or igiui stles foud smsuts di l' in' igalit's karuv bs hvvum is[⑧]）一則透發名學真理。一則詳述社會不平理由。皆警世箴言。照耀千古。而爲是編所宜提及者也。

---

① “西臘”，即希臘。
② “阿立斯他答爾”，即亞里士多德（Aristotle，公元前 384—前 322），古希臘哲學家、思想家。
③ “代揩忒”，即勒奈・笛卡兒（Rene Descartes，1596—1650），法國二元論哲學家、數學家和自然科學家。
④ “斯賓懦石”，即巴魯赫・斯賓諾莎（Baruch Spinoza，1632—1677），荷蘭唯物主義哲學家，社會學家。
⑤ “法固”，有誤，應爲“法國”。
⑥ “敵特羅”，即德尼・狄德羅（Denis Diderot，1713—1784），法國哲學家，機械唯物主義的代表人物，無神論者，法國革命資産階級的代表，啓蒙思想家，百科全書派領袖。
⑦ “Li Niuin di Ramiau”，有誤，應爲“Le Neveu de Rameau”，即狄德羅的著作《拉摩的侄兒》。
⑧ “Dusesurss ur l' or igiui stles foud smsuts di l' in'igalit's karuv bs hvvum is”，有誤，應爲“Discours sur l'origine et les fondements de l'inégalité parmi les hommes”，即盧梭所著《論人類不平等的起源和基礎》。

理想社會主義與實行社會主義

德人弗勒特立克恩極爾斯原著　　餘姚施仁榮譯述

第二編　實行社會主義

當十八世紀法國哲學發達之時。卽德人海極爾哲學新造之際。海極爾之於哲學。其大功在善用名學以剖解眞理試一溯其源。則古代之西臘哲學家。皆天然名學家也。其最著者。則爲阿立斯他答爾氏。夫阿立斯他答爾氏。固天生全才。富有理想。而爲解析名學眞理之第一哲學大家也。反之新哲學界。雖亦有發明名學眞理之哲學大家。(若代措忒與斯賓儒石)然經受英國哲學之影響。一變而爲全憑幻想毫無實學之人。其恒罹此病者。則一般十八世紀之法哲學家也。然離哲學而僅言名學。則法固名學大文章出

《新世界》1912年第5期《理想社會主義與實行社會主義》第1頁

當夫吾人廣思博慮於天理。或人類進化歷史。或人類智育發達沿革之時。吾人所見之第一步。爲人類之忽合忽離。忽親忽疏。忽遠忽近。忽顯達而忽墮落。忽生存而忽死亡。營營攘攘。無一寧日。吾人對此。所宜注意者。非經營事物之人羣。乃人羣所經營之事物。及其經營事物時所歷各種階級及狀況也。此最古而最純之哲學思想。乃根於古西臘哲學。而列爲公式。刊爲定論者。則爲吼臘克立偷斯[1]氏。吼臘克立偷斯氏恒宣言曰。（物質不生不滅）。蓋世間之萬事萬物。流動不定。其來也。莫知其所自起。其終也。莫識其所由止。俄頃萬變。瞬息即滅耳。

然此哲學思想。僅就事物之全體而觀察則可。特不足用之以研究事物之究竟。不能用以研究事物之究竟。則吾人對於事物。仍不得有明確了解之思想。然則吾人將用何道以知事物之究竟乎。夫亦曰。究其天然之由來。考其歷史之關係。而審察其性質原由與結果而已。此其理在博物學歷史學及古代西臘之各種格致學上已詳言之矣。由博物與歷史之研究。吾人始能剖解事物。比較事物。并分類事物矣。故博物學之真實基礎。乃造端乎阿臘克石豆時代[2]之西臘人。其發揮而廣大之者。則爲中古世紀之亞拉伯人[3]。是以博物學家常以十五世紀下半爲博物學發軔之始。自是以後。博物學始日見發達。駸駸焉有一日千里不可遏抑之勢。物質之分析。萬物之分類。物體之剖解。此三者。皆步趨乎前四百年間物質智識進化之時也。顧此種研究事物究竟之法。祇能用以考察其分枝。而不能用以總攬其全體。用之於物體休息之

① “吼臘克立偷斯”，即赫拉克利特（Heraclitus，約公元前 544—約前 483），古希臘哲學家，辯證法的奠基人之一，自發的唯物主義者。

② “阿臘克石豆時代”，即亞歷山大里亞時代，指公元前 3 世紀至公元 7 世紀時期。這個時期因埃及的港口城市亞歷山大里亞（Alexandria，位於地中海沿岸）成了當時國際經濟關係最大中心之一而得名。在這一時期，數學和力學（歐幾里得和阿基米德）、地理學、天文學、解剖學、生理學等，都獲得了很大的發展。

③ “亞拉伯人”，即阿拉伯人（Arab race）。

時。而不能用之於物體運動之際。視物體爲静物而非動物。視物體具死狀而非見生象。故當此法因培根[①]與樂克[②]二氏。由博物學上之研究。一變而爲哲學上之研究。而狹隘虚幻思想。始表異於前世紀矣。

夫自理想家觀之。事物與思想。皆成獨立。皆爲背馳。皆一定不變。其議論事物或發表思想也。恒以絶對之辭出之。故其答人也。常以是非二字了之。越此則非其所願言。是以循理想家言。則事物或生或滅。或存或廢。斷不能不生不滅。亦存亦廢。如是而是非更爲絶對。因果益見背馳。此其思想。乃狹隘而非高遠。所謂狹隘虚幻思想者近是。

就表面上觀之。此思想亦頗光明正大。而平易淺近。爲常人所共知。惟其平易淺近。故此種學説。宣講於野。則易印人腦。家喻户曉。傳播世界。則各邦名家。争誦兢研。然極其弊。則倚於一面。畸輕畸重。浸淫漫衍。謊誕[③]不經。而不可收拾。且由狹隘思想家之言。則事物失其關係。生存忘其終始。僅觀察事物於休止之時。而不觀察之於動作之際。死灰槁木。莫此若矣。

吾人對於日用尋常之物。易知而易言。設一人云一獸究或生或死。此在常人觀之。必謂此不過一普通俗語耳。奚足研究。然在審判吏觀之。則此語頗爲複雜。一經辨難。頗資興趣。譬若腹中襁褓斃命一案。發現於法庭。是否有罪。如何判决。法官雖窮思絶慮。亦必有難辭矣。然則是否獸死一語。亦何獨不然。欲知死之究竟。生理學已云死非速事。死乃一迂滯緩進之舉動也。

---

① “培根”，即弗蘭西斯·培根（Francis Bacon，1561—1626），英國文藝復興時期的哲學家，唯物主義者。

② “樂克”，即約翰·洛克（John Locke，1632—1704），英國唯物主義經驗論哲學家和經濟學家，啓蒙思想家，早期資産階級天賦人權理論的代表。

③ “謊誕”，同“荒誕”。

準是以觀。各種有機物。無時不即同即異。即此即彼。即生即滅。即陳即新。光怪離奇。頃刻萬變。誰謂定而不變。静而不動。如狹隘思想家所云哉。

更進言之。是非二字。雖係絶對名詞。若冰炭之不相投。然及其終也。亦必有相容相繫之一日。英大文豪雪克斯祕[①]氏所謂是即非非即是是也。且也因果二字。自單獨事件觀之。雖亦係絶對名詞。顧當吾人設想單獨事件與宇宙全體有關時。則因果交相爲用。在此生因。即在彼結果。在彼種因。即在此結果。佛氏所謂因即果。果即因是也。誰謂是非對列。因果背馳。若狹隘思想家之淺學執拗哉。

以上諸説。俱不見合於狹隘思想家。然名學家則不然。名學家則認事物與思想。恒有密切關係。一致舉動。同一起原。同一結果。故上節諸説。咸爲名學家所認可所贊同而昭垂乎千古矣。

夫天理一名學之證物也。其在近今格致諸學。所助材料。異常繁富。究其歸納。則知天行健。自强不息。不舍晝夜。其進行也。乃循名學家所規定之順序。非由狹隘思想家所規定之順序。既往不返。已行必進。此大塊周流不息之確證也。言乎此則達爾文[②]實開各種實踐哲學之先河。寰球四顧。罕有其匹。達爾文恒否認狹隘思想家之説。而絶對贊同名學家之言。宣言“各種有機物若動若植若人。皆億兆年天演進化之産物。”又曰。“物競彌烈適者生存。優勝劣敗。天演公例。”然以當日哲學思想之淺薄。一般博物學家。猶未皆以名學爲準繩。各樹一幟。互相標榜。聚訟紛紜。迄無定論。嗚呼。此亦當時教育家著作家。作者與讀者。及一般學子之大不幸也。

---

① “雪克斯祕”，疑爲威廉·莎士比亞（William Shakespeare，1564—1616），英國戲劇家和詩人。

② “達爾文”，即查爾斯·羅伯特·達爾文（Charles Robert Darwin，1809—1882），英國自然科學家，科學的生物進化論的奠基人。

然則欲知宇宙真相。進化歷史。及人羣發達原由。非名學莫屬矣。蓋名學所論。與吾人生死關頭。施動反動。及進化退化種種舉動。有密切關係也。主此説者。厥惟德國新哲學。而提倡此德國新哲學者。首推侃忒[①]。侃忒之學。首重牛頓[②]天文。牛頓所發明日球運行妥緩。照垂不朽之説。侃忒畢生研究。本悟日球組織法。及各種行星皆受日光之説。且解決萬物受日光則生。無日光必死問題。其説厥後臘普來斯[③]以數學之理證之而不誤。且五十年後。驗身鏡[④]之發明。亦本侃忒哲理。其有功格致。正非淺鮮。

夫此德國新哲學至海極氏而集大成矣。海極氏之功。乃在併合全世界各種舉動。或關天然。或關歷史。或關智育。爲一衝動。衝動云者表事事物物之常動常變常化。并常發達。及追原各物同部組織。與世界全體之關係也。本此衝動。努力進行。則人羣歷史。乃一公平正直之進化史。非一紛紜擾攘之野蠻録。人羣既屬進化。則滋補培養。教導維持。俾教化日隆。文明大進。是在哲人矣。

海極氏雖與舍五忒西盟氏同具全才。然其短於西盟氏也。有三缺點。一以其智識。較西盟氏爲有限。一以當時思想。未見發達。且海極氏乃一幻想家。故凡孕育於海極氏之腦者。其所設想。非代表一定事物。乃憑空託意而已。憑空託意而無一定事物之代表。則理想與事物必顛倒混淆。而其所謂理想者。亦必徒託空言而已。初無補於實際也。雖海極氏連篇累牘。洋洋萬言。

① “侃忒”，即伊曼努爾•康德。
② “牛頓”，即伊薩克•牛頓（Isaac Newton，1642—1727），英國物理學家、天文學家和數學家，經典力學創始人。
③ “臘普來斯”，即皮埃爾-西蒙•拉普拉斯（Pierre-Simon Laplace，1749—1827），法國天文學家、數學家和物理學家，不依靠康德而獨立地闡發了且從數學上論證了太陽系起源於星雲的假説（1796），并闡發了概率論（1812）。
④ “驗身鏡”，即分光鏡。

於哲理不無發明。而攷其所言。詳加思辨。則常嫌其慮焉不密。語焉不詳。其誤點實在理想與事物背馳而已。故由内而觀。則海極氏之學説。雖認定人羣進化公例。而無一定窮究之方。由外而觀。則海極氏之所主張。實研究真理之準的。然以其所言。按之名學條例。猶未能節節中肯。時時脗合。則論學公評。海極氏蓋升堂矣。猶未能入室也。

然則欲救德國哲學末流清談誤學之弊。非重實踐而誰重耶。非尚格物而誰尚耶。夫泰西新舊格物家。相去一間耳。舊格物家。常視過去歷史爲無足重輕。新格物家則恒藉過去歷史。以究人羣進化之由。以闡發真理。以發明公例。自十八世紀法國文學潮流之怒濤洶湧。海極爾之哲學思想。牛頓之發明天體。及賴亦奈斯[①]之有機物類例。萬派歸源。千峯接脈。無一不紆徐曲折而至新格物之一途。使物質文明。與日俱進。以養成今日光華美滿莊嚴燦爛之世界。得非歐西諸先哲提携倡導之力乎。且格物學出。工業日行發達。學説時趨實踐。一掃從前重農輕工之積弊。而舊日哲學傲睨萬物藐視羣學之醜態。亦因之獲免矣。哲學既不視爲超軼諸學神聖不可侵犯之物。則諸學並重。殊塗同歸。思想因自由而益形發達。學説以平等而更趨進化。庶幾羣治日進。羣德日隆。而無患乎世界之不平和矣。且也由格物學而言。名學與論理學。爲研究諸學之必修科。蓋一則言理精明。一則述例詳悉。皆與研究天理與歷史之格物實踐學。有密切關係也。碩彦鴻儒。盍一審諸。　未完[②]

雖然。此天理思想革命。至是時而始勃然爆發。然實踐哲學。已開端有

① “賴亦奈斯”，即卡爾·林耐（Carl Linné，1707—1778），又譯作林奈，瑞典博物學家、植物學家，創立了“二名法”，即雙名命名制，將以往紊亂的植物名稱歸於統一，推動了植物分類研究。

② 以上載 1912 年 7 月 14 日出版的《新世界》第 5 期“學説”欄。

理想社會主義與實行社會主義

德人弗勒特立克恩極爾斯原著　　餘姚施仁榮譯述

第二編　實行社會主義（續）

雖然。此天理思想革命。至是時而始勃然爆發。然實踐哲學。已開端有日矣。其在一千八百三十一年。工人罷工舉動。發現於里洪。其在千八百三十八年。與千八百四十二年之間。英國且的斯刺黨所組織第一全國工黨聯盟會。最佔勢力。由是而資本家與勞動家角逐。史始發現於歐洲先進諸國。究其所以競爭之由。一則以近今工業之發達。一則以資本家政治勢力之澎漲。勞動家惡資本家之專橫。資本家怨勞動家之挾制。始則相傾相軋。繼則相殘相害。終至同歸於盡。而社會亦受其害。種種障礙。雖當時英法社會主日矣。其在一千八百三十一年。工人罷工舉動。發現於里洪[①]。其在千八百三十八年。與千八百四十二年之間。英國且的斯刺黨[②]所組織第一全國工黨聯盟會[③]。最佔勢力。由是而資本家與勞動家角逐史。始發現於歐洲先進諸國。究其所以競争之由。一則以近今工業之發達。一則以資本家政治勢力之澎漲。勞動家惡資本家之專橫。資本家怨勞動家之挾制。始則相傾相軋。繼則相殘相害。終至同歸於盡。而社會亦受其害。種種障礙。雖當時英法社會主義家。言之詳悉。昭然若揭。然其時社會主義。初立萌芽。勢力薄弱。而舊學陳言。根深蒂固。牢不可破。其所主張。尚未認定資本家與勞動家之競争。原於經濟之不平等。尚未深明經濟上之實利。更誤認生産行爲。與各種經濟關係。僅爲人羣進化之附屬品而已。

顧以近今哲學家之眼光。觀察人類過去歷史。則舊學家之所主張。乃有大謬不然者。近今哲學家之所主張。咸謂各種過去歷史。舍上古史外。皆係人類競争史。而所以競争之故。皆緣於經濟之不平等。并云。有經濟組織。始有司法政治宗教哲學。及其他各組織。故經濟實爲萬事之母。人類一切歷史所由生也。海極爾之考察歷史也。雖不以幻想觀念。而以名學觀念。然其所謂名學觀念者。雖非幻想。亦理想耳。至於近世哲學。既不偏乎幻想。亦不趨重理想。其所執中而深究者。實爲物質思想。自物質思想發明。而後一般研究哲學者。始知欲洞明人事。發揚真理。必先行後知。非先知後行。

① “里洪”，即里昂（Lyon），位於法國東南部。1831 年初，法國絲織業中心里昂的工人爲提高工價多次舉行罷工、集會和游行，於 10 月與包買商達成最低工價協議。不久，在七月王朝的支持下包買商撕毁協議。1831 年 11 月 21 日，工人舉行抗議示威，與軍警發生衝突，隨後轉爲自發的武裝起義，并一度占領里昂城。起義後被七月王朝鎮壓。1834 年 2 月，里昂工人再次舉行罷工，4 月，罷工演變爲第二次武裝起義。這次起義具有更加鮮明的政治性，提出了建立民主共和國的政治目標。起義在六天後被殘酷鎮壓。

② “且的斯刺黨”，即英國憲章派（Chartists），是 19 世紀 30—50 年代英國工人階級爲獲得普選權，在要求進行徹底的議會改革運動（即憲章運動）中形成的群衆組織。

③ “第一全國工黨聯盟會”，即全國憲章派協會（National Charter Association），1840 年 7 月 20—24 日在曼徹斯特舉行的憲章派代表會議上成立，1858 年解散。協會領導了 1842 年第二次憲章運動，是工人運動史上第一個群衆性的、具有政黨形式的工人階級的政治組織，是近代無産階級政黨的雛形。

自是以往。而歐西學子。始公認社會主義。爲因經濟不平而生之一定不易主張矣。而吾黨所宜討論者。非僅組織一模範社會而已。抑宜審察經濟歷史之沿革。資本家與勞動家競争必經之階級。及其如何弭此紛争之方法。然當時社會黨草創伊始。能力未充。既不能挽狂瀾於既倒。又不能作砥柱於中流。雖深憐勞動家之束縛。痛嫉資本家之專横。而補救無方。徒呼負負。然則欲發展吾黨之大願力。普濟吾黨之大慈悲。決非從根本上着想不可。欲解決此根本問題。其要有二。（一）須研究資本生産行爲之歷史。其發達時代之不能免。及其銷滅時代之亦不能免。（二）闡發資本生産行爲之特質。緣此種理論。近今尚未發明。解決此二問題者。爲餘利之發明。自餘利發明。而後資本家始得以少數之資本。購多數之工作。以工人之脂膏。供其揮霍。於是社會生活程度日高。而貧富階級益嚴矣。

夫以上所述二大發明。一爲以物質思想觀察歷史。一爲以餘利所得維持資本生産行爲。皆歸功於往社會黨領袖馬克斯[①]氏。具此二大發明。而後社會主義始克成爲一科學。即所謂實行社會主義。或稱科學的社會主義是也。欲聞其詳。以待下編。

① “馬克斯”，即卡爾・馬克思（Karl Marx，1818—1883）。

第三编

實行社會主義

夫所謂以物質思想觀察歷史者何也。以生產行爲與交換行爲維持吾人經濟。有生產與交換行爲。然後有分配行爲。而社會於是階級分矣。故吾人欲知社會之組織法。須首研究生產交換二行爲。生產交換二行爲既明。則各種政治革命。及社會革命。皆足以溯源竟委。悉其曲折。所以然者。非藉哲學窮其理。實賴計學述其詳也。且也由生產與交換二行爲之變更。而後知現今社會之組織。乃大背人道不合公理。混淆黑白顛倒是非。欲救其弊。仍當從改良生產行爲入手。而改良之方。非由真理推解。而自實事審察也。

然則近今社會主義。對於此點所處之地位如何乎。

夫今日之社會。一治人之社會也。治於人者。曷嘗敢參議於其間哉。自馬克斯發明實行社會主義。而後知一般强有力富有財之人民。共趨於資本生產行爲之一途。而貧民無與焉。夫資本家。反對封建。尊重世襲。漠視個人。鼓吹事業競爭。保護法律自由。政府爲其傀儡。官吏供其驅策。兵士保守其財產。警察防衛其室家。而所支公費。則固吾貧民之膏血也。况機器發明。工廠林立。由手工時代而進於機工時代。由此而觀。則固世界之進步也。然工業發達。時趨專利。資本家得以出其狼吞虎咽之手段。以壟斷生業。横攬財權。而勞動家手胼足胝。終歲勤勞。計其所入。仰不足以事父母。俯不足以畜妻子。同是圓顱。同是方趾。而勞逸憂樂。相去天淵。抑何不平之甚耶。以故近世社會黨人。恒欲發其昭耀日月之志願。出其經緯天地之手段。傾太平洋之水。以一洗工人之恥。而共登之於彼岸。

然資本家與工人究因何而紛争乎。

試一溯其源。當中古世紀資本生産行爲未發達時。社會尊重個人。營業全賴私財。手工農務。交相爲業。各安其分。各樂其業。既生專利之條。以演激烈競争。又無公司之設。以吸小民脂膏。其作工用具。則僅土地也。農具也。店舖也。個人營業。而極不含團體性質也。然則其生産之結果。乃純然屬於生産者之個人行爲也。若夫資本生産行爲則不然。富商大賈。招股集資。創辦公司以壓倒店舖。及時屯貨以攫厚利。機器發明。報館必竭力鼓吹。顯揚不已。政府又從而賞之以寶星。許之以專利。究其所得。則固資本家也。而勞動家安能沾實惠於其間哉。馬克斯之論資本也。分爲三大時期。（一）手工時期。（二）製造時期。（三）近今工業時期。條分縷析。深切著明。馬氏又言。當資本家變手工事業爲製造事業也。同時不能不變個人生産行爲。爲社會生産行爲。於是工人用器。由紡織輪而變爲紡織機器。由手摇器而變爲汽振機。由鐵錐而變爲汽錐。由工舖而變爲工廠。均是一器。製作之人。手工時代。不過一二人。或四五人之集合。而製造時代。與近今工業時代。則百千萬億。紛至沓來。於是而少數個人之生産。遂變爲多數社會生産。而主有生産者。亦由個人易爲社會矣。自個人生産變爲社會生産。而後社會奢侈之風益張。個人勤儉之德日衰。分利之人益多。而生利之人愈少矣。

抑更有進者。中古世紀。生産行爲。頗形幼稚。分工爲業。懋遷[1]有無。耕夫與工人以物産。工人與耕夫以器皿。以故交換行爲。亦異常簡單。而此

① “懋遷”，即貿易。

安能沾實惠於其間哉馬克斯之論資本也分爲三大時期（一）手工時期（二）製造時期（三）近今工業時期條分縷析深切著明馬氏又言當資本家變手工事業爲製造事業也同時不能不變個人生產行爲爲社會生產行爲於是工人用器由紡織輪而變爲紡織機器由手搖器而變爲汽振機由鐵錐而變爲汽錐由工舖而變爲工廠均是一器製作之人手工時代不過一二人或四五人之集合而製造時代與近今工業時代則百千萬億紛至沓來於是而少數個人之生產遂變爲多數社會生產而主有生產者亦由個人易爲社會矣自個人生產變爲社會生產而後社會奢侈之風益張個人勤儉之德日衰分利之人益多而生利之人愈少矣

抑更有進者中古世紀生產行爲頗形幼稚分工爲業懋遷有無耕夫與工人以物產工人與耕夫以器皿以故交換行爲亦異常簡單而此種分工常

種分工。常稱爲無定分工。近世工廠内作工之輩。時間有定。職守有定。在經濟學則稱爲有定分工。無定分工。純係個人性質。有定分工。則係個人而兼有社會性質。故前者爲個人生產。而後者爲社會生產。個人生產。生產法寡。故獲利少。社會生產。生產法衆。故獲利厚。然則資本家亦曷願舍厚利之社會生產。而營薄利之個人生產哉。

以故中古世紀工人。各以勞力謀生。間或求助於人。亦給以相當報酬。而無一定工資。且當家族主義極盛之時。勞動家故步自封。不相聞問。故工藝難期改良。進步時嫌室滯。然各執一藝以自食其力。實有合於社會主義之精意也。

降而至於近古之世。集多數生產者。與生產法。於一大工廠内。工業日隆。競争益劇。勞動家盡其力。資本家獲其利。當其生產之時。生產者爲勞動家。及其生產之後。勞動家因人衆而雜。雜不易辨。而生產者。遂陽則易爲社會。陰則易爲資本家。嗚呼。念彼工人。既苦於作工時間之過夥。又迫於財虜壓制之横暴。且具生產之名。而無生產之實。徒以汗血工資。供人揮霍。揆諸事理。豈得謂平。於是而社會主義之精意全失。資本家與勞動家角逐之事矣[①]。

夫資本家與勞動家起角逐之事。而社會乃時呈不安之象。於是資本生產行爲愈發達。則個人生產行爲愈衰落。資本家財產。日積日厚。而小民生計。益形困艱。於是知主張以資本行爲爲謀社會生產者大背人道。而爲社會主義所不容也。

當資本生產行爲發生之際。恒以工資繩勞動家。而勞動家爲生計所困。不得不降心相從。其窮而在下。貧而無力者。且任其奴隸牛馬魚肉而不顧。天下傷心之事。孰有過於此者乎。況丁封建制度既廢之後。兵士解甲。農人退田。蠭起蝟集。羣作工人。而工人即以衆而賤。以貧而

① “矣”，前脱“起”字。

卑。資本家以稀而貴。以富而尊。貴賤既分。尊卑既殊。資本家遂一躍升天。勞動家乃一落墜淵矣。嗟夫。資本家所掌者生產主有權。而勞動家有作工之應盡義務。無絲毫之特别權利。所得工資。或僅足自贍。或并不足以自贍。故就社會主義而論。社會生產。與資本行爲之不相合。猶資本家與勞動家之不相容也。 （未完）[1]

自資本家主張以資本行爲謀社會生產。而後生產物因轉移而掌握之權。盡操於交换者之手。而生產者無與焉。生產者既無直接管理生產物之權。則一物之出。人莫知其器之精或窳。價之貴或廉。其見售於市也。或廣或稀。或速或緩。或甲靈便而乙魯鈍。或丙流通而丁窒滯。縹緲無際。莫知所衷。是社會生產之無治狀態也。

夫生產者對於生產物之主有權。不過最初之際耳。旋經轉移行爲。而生產物之主有人。始由生產者一變而爲交换者。是生產物對於生產者無直接隷屬之關係。而於對交换者。有唇齒相依之密切也。故生產物能隨時束縛生產者。而生產者不能始終主有生產物。

顧回視昔日中古世紀則不然。生產之意。僅供給個人之所需。或生產者與其家族之所需而已。農人相與耕於野。商賈相與貿於市。各執一業以自食其力。各安其分以自盡其職。衣食自足。無求於人。富貴非吾願。爵禄奚足戀。渾渾噩噩。熙熙皞皞。雖南面王不易焉。歷日既久。生產法夥。獲利日厚。所生之產。供一家之所需而有餘。然後以其所餘。購與地主。而生產物。始一變而爲貨物。自生產物變爲貨物。而後生產者始無直接管理生產物之權矣。

夫當轉移行爲未發達之時。農商且然。工人亦何獨不然。工人灌花栽木。生機盎然。培田植菜。獲利頗豐。其婦則勤紡織以週全。賣布縷以自贍。

① 以上載1912年7月28日出版的《新世界》第6期“學説”欄。

理想社會主義與實行社會主義

德人弗勒特立克恩極爾斯原著　仁榮譯述

第三編　實行社會主義（續）

自資本家主張以資本行爲謀社會生產而後生產物因轉移而掌握之權盡操於交換者之手而生產者無與焉生產者旣無直接管理生產物之權則一物之出人莫知其器之精或窳價之貴或廉其見售於市也或廣或稀或速或緩或甲靈便而乙魯鈍或丙流通而丁窒滯縹緲無際莫知所衷是社會生產之無治狀態也

夫生產者對於生產物之主有權不過最初之際耳旋經轉移行爲而生產物之主有人始由生產者一變而爲交換者是生產物對於生產者無直接

以其所得。供其所需。已遊刃有餘矣。然後以其所餘。略從事於交換。而轉移行爲之基礎以立。顧基礎雖立。時虞窒滯。揆厥原因。蓋以僅藉人力而謀生産。生産法不能改良。而生業未見其隆盛也。

雖然。此乃手工時代則然也。製造時代則不然。製造時代。産物一變而爲貨物。個人生産。一變而爲資本生産。轉移行爲。漸臻發達。而商業因以日隆。加以新大陸之發見。新機器之發明。輪舟鐵路。絡繹宇内。合五洲爲一家。視全球若户庭。歐西驕子。大率左訂媾和修好之約。右修軍備擴張之案。植民政策其權輿。壟斷商業其究竟。維持和平其美名。佔人土地其實意。紛紜擾攘。競争不已。以演成十七十八兩世紀之國際商戰。

降而至於十九世紀與二十世紀之時。歐亞大陸。日接日親。工商兩業。益形發達。英以海軍雄視五洲。法以陸軍誇耀全歐。加以法美之物阜民康。日俄之鷹瞵虎視。凡所以獎勵工業振興商務之事。無不殫國力以謀進行。而争存於此優勝劣敗弱肉强食之世界。舉凡生産事業。或天然或人爲。各國資本家無不投資創辦。努力競争。其或才力不足財源未裕者。則立見其失敗。而歸於天演之淘汰。初何憐惜之足云哉。此達爾文之所以於進化論中。反覆討論精密詳辯於物競彌烈適者生存二語也。此社會生産與資本行爲之相衝突。因而演成工家生産組織。與社會無治生産之相仇怨也。

然則使資本生産行爲見存於世界一日。則世界無一日之寧矣。即社會無一日之安矣。此夫利害氏所以痛哭流涕於資本家之陰毒險狠。致言資本爲萬惡之總源也。顧夫利害氏。當時所未見及者。蓋彼僅知資本之爲害。而不知資本之歷久必消滅也。然欲使資本消滅。銀錢廢棄。必待教育普及。羣治優美。人人有高尚之道德心而後可。若夫處今日競争之世。資本家以機器爲利藪。勞働家無抵抗之實力。以資本家凌勞働家。如虎吞蠅。如石壓卵。以勞働家敵資本家。吹灰之力。九牛一毛。孰勝孰敗。孰存孰亡。必有能辨之者。

觀上所述。則知機工益形發達。人工益歸無效。以少數機工之作用。足以奪億兆工人之生計者。往往而是。夫此億兆工人之生計。既爲少數機工所奪。則自不得不羣趨於流蕩無業荒嬉無度之一途。而社會無寧日矣。故德國社會黨魁馬克斯氏有言曰。機器者。資本家戰勝勞働家之利器也。機工發達。則勞動家之手工爲無用。而資本家足以箝制勞働家之生命矣。嗚呼。馬氏此言。痛快淋漓。言之確鑿。凡負靈秀之氣而略具天良。聞此言而不痛恨切齒於資本家之横暴凶悍者。無人心者也。歐西工廠。工人如蟻。或以過勞而致疾。或以壓制而罷工。或流爲蕩子。或淪爲奴隸。於是小工重足而立。側目而視。哀鴻徧野。怨聲載道。嗟我同胞。罹此慘禍。得非資本家挾機器以蹂躪手工。持資本以欺凌工人之過歟。

機工日精。工業日隆。大資本家相繼結合團體以壟斷一國之市局。窺其用意。意欲傾覆小資本家之事業。而使之無立足之地。於是小資本家亦不得不竭其能力。擴張生業。以求自立於商戰劇烈之世界。然小資本家擴張生業之能力。實不敵大資本家擴張市局之手段。蓋擴張生業。偏於一隅。擴張市局。達乎全國。勝負之數。無待耆龜[①]。由是以觀。資本家與資本家猶自相魚肉如是。况等而下之若彼工人乎。嗚呼。此資本生産行爲之又一惡果也。

就實而論。自千八百二十五年以後。當第一次經濟恐慌[②]之時。工商兩界。生業衰落。生産轉移。時慮窒滯。市局凋零。銀根奇緊。工廠倒閉。銀行停辦。紙幣運用不靈。現銀一錢莫名。産物荒蕪於田園。貨物積藏於貯室。富者擁資自肥。貧者無食爲炊。由是盜風日熾。雞犬不寧。社會岌岌不可終

① “耆龜”，有誤，應爲“蓍龜”，謂卜筮。
② “經濟恐慌”，今作“經濟危機”。

日。雖然。此猶不僅一次而已。自千八百二十五年以後。若是者凡五次。尋於千八百七十七年。又歷一次。凡六次。舉凡此種經濟恐慌。夫利害氏名之爲盛極必衰之恐慌。嗚呼。此亦可見資本生産行爲發達後流弊之一斑矣。

夫此種經濟恐慌。皆社會生産與資本行爲互相衝突之結果也。當社會生産與資本行爲激烈交戰之時。貨物之流通不靈。銀錢之運劃窒滯。各種貨物生産與運用。例皆適成反比。於是經濟恐慌自達極點矣。此生産行爲與轉移行爲。互相匹敵之確證也。

夫社會生産組織雖如是其完備。然究未足與社會無治生産競争也。蓋當經濟恐慌之餘。資本家無論大小俱破産於狂濤巨浪之中。而一切投資事業。亦羣消滅於生産抵力之下。故當經濟恐慌之際。而欲變産物爲資本。化無用爲有用。吾恐雖有聖智。不能與謀。舉凡各種生産法、謀生術、有用工人勤勞商家。雖各能生利。而無財以濟之。即多亦奚以爲。此夫利害氏所以言多乃貧乏之源。恐慌之漸。旨哉言乎。洵不刊之論也。夫多之一字。足以阻生産法及謀生術之化爲資本也。蓋在資本社會。各種生産法。非其初經人工或機工之作用。不能化爲資本。而貪多則自必無得耳。然則由内而觀。則資本生産行爲不能直接發達生産力。由外而視。則此種生産力漸次發達。養成消滅衝突惡障。廢棄資本性質。確變社會生産之實力耳。

生産革命。既如是其急進。其欲必進爲社會生産。無疑義矣。彼擁資自肥之資本家。其亦有何魄力以爲之捍格耶。鐵路生産分配權。郵電交通掌握權。近世各國。皆歸國有。資本家則又有何能力以爲之抵抗耶。其亦伈伈俔俔俯首帖耳。惟政府之命是從已耳。顧因生産革命競争而生之托剌斯[①]。壟

① “托剌斯”，有誤，應爲“托剌斯”，即托拉斯（Trust）。下同。在該書 1883 年德文第一版中，没有對托拉斯的相關論述。

斷市局。攫獲厚利。其爲害亦更僕難數。其在千八百九十年。英國鹼産事業。亦托剌斯之例。以四十八分工廠。合併爲一大公司。基本金則爲六兆磅。吾人試思此托剌斯所獲之利。將如何其厚耶。

夫托剌斯。乃世界最惡之經濟團體也。設托剌斯。則自由競争。變爲專制專利。無定資本生産化爲有定資本生産。如是。則去社會世界愈遠矣。或謂托剌斯之設。利在資本家。然以少數股東。而握重大財權。監理不周。易於失敗。故近世各國。罕用托剌斯以謀生産事業也。

要而言之。或用托剌斯。或不用托剌斯。國家者乃資本社會最有力之代表也。國家既爲資本社會最有力之代表。則終有監督各種生産之一日。夫今日生産中之已爲國家所管理者。若郵電鐵路是已。

設中人對於各種生産事業。不能投資振興。則自後之生産機關。若托剌斯。若銀行。若公司。不爲資本家所攘奪。則爲國家所佔有。是吾中人必將爲天涯淪落人而已矣。彼資本家。始則挾資本以排斥工人。繼則因資本而爲國家所排斥。嗚呼。縱觀史乘横覽五洲。世間大害。首推金錢。抉此禍根。厥惟廢置。

夫各種生産機關。若托剌斯銀行公司之類。或爲資本家掌握。或歸國家主有。皆非資本不足以謀進行。國家所持以經營投資事業者。一則利用資本家以資臂助。一則雇用勞動家以供驅策。是國家者。乃運用資本經營生産之一大機關也。以全國之資本。謀全國之生産。獲全國之净利。天下勢力之厚。孰有過於此乎。然欲除世間之大害。謀郅治之極軌。則非主張無治社會主義不可。若夫國家社會主義。猶不過一時補苴罅漏之計。非足以爲根本上之解决也。

（未完）①

① 以上載 1912 年 8 月 25 日出版的《新世界》第 8 期“學説”欄。

涯淪落人而已矣。彼資本家始則挾資本以排斥工人。繼則因資本而爲國家所排斥。嗚呼。縱觀史乘。橫覽五洲。世間大害。首推金錢。抉此禍根。厥惟廢置。

夫各種生產機關。若托刺斯銀行公司之類。或爲資本家掌握。或歸國家主有。皆非資本不足以謀進行。國家所持以經營投資事業者。一則利用資本家以資臂助。一則雇用勞動家以供驅策。是國家者乃運用資本經營生產之一大機關也。以全國之資本。謀全國之生產。獲全國之淨利。天下勢力之厚。孰有過於此乎。然欲除世間之大害。謀郅治之極軌。則非主張無治社會主義不可。若夫國家社會主義。猶不過一時補苴罅漏之計。非足以爲根本上之解決也。

（未完）

《理想社會主義與實行社會主義》編者説明

許文星　路寬　編校

1. 底本描述

《理想社會主義與實行社會主義》，連載於1912年5—8月出版的《新世界》第1、3、5、6、8期的“學説”欄，原著作者署名“德人 弗勒特立克恩極爾斯”，即弗里德里希·恩格斯，譯述者署名“餘姚 施仁榮”。這是恩格斯《社會主義從空想到科學的發展》在中國最早出現的節譯本，今據原刊重新録排。

2. 施仁榮

施仁榮，生卒年不詳，字少明，浙江余姚人。浙江高等學堂（今浙江大學前身之一）正科第一届畢業生，擅長英文、法文，先後在浙江多所中學及浙江公立法專、浙江英文專修學校、中國公學大學部擔任英文教師（圖1），曾任商務印書館編譯所英文編輯，在英文報紙上發表商業英文淺説百篇，著有《法律原論》一書。施仁榮在《新世界》雜誌上發表《理想社會主義與實行社會主義》的譯文時，第1、3、5、6期署名爲“施仁榮”，第8期改爲“仁榮”。在《新世界》第8期上，恰好有署名“煮塵”（即王緇塵，亦作王子塵，1879—1941）的《煮塵客廢姓説》一文，提倡社會黨人應當“以廢姓爲第一義”。施仁榮所譯的《理想社會主義與實行社會主義》發表在中國社會黨紹興支部主辦的刊物《新世界》上，又在該刊第8期署名“仁榮”，當可説明他是中國社會黨黨員，而且很可能就是紹興支部的一名黨員。

圖 1 施仁榮先生肖像

3. 中國社會黨及其紹興支部機關刊物《新世界》

中國社會黨及其前身“社會主義研究會”的主要創立者爲江亢虎。江亢虎（1883—1954），字紹銓，江西弋陽人。1901 年至 1904 年兩次到日本留學，曾任北洋編譯局總辦、《北洋官報》總纂和京師大學堂日文教習。1907 年第三次到日本後，常以中國留學生代表的身份出席日本社會黨集會，受到幸德秋水、堺利彦等人的影響。1910 年曾在歐洲游歷，與法國的無政府主義新世紀派有來往①。他寫作《無家庭主義意見書》《三無主義懸論上篇》等文章，提倡“無宗教、無國家、無家庭”的“三無主義”。

1911 年江亢虎從日本、歐洲考察回國後，借用日本“社會主義研究”的名稱，於 7 月 10 日在上海創辦“社會主義研究會”，以“研究廣義的社

① 曹世鉉. 清末民初無政府派的文化思想[M]. 北京：社會科學文獻出版社，2003：173-174.

會主義”爲宗旨[1]。辛亥革命爆發後，“社會主義研究會”於 11 月 5 日改組爲“中國社會黨”。社會黨本部設在上海，在天津、北京、南昌、紹興、蘇州、重慶等地均建有支部。至 1912 年底，已在全國建立 400 多個支部，黨員 30 餘萬人[2]。李大釗曾任其天津支部幹事。參加中國社會黨的人員，主要是資産階級和小資産階級知識分子，其次是工商業者，再次是破産的農民、手工業者和其他勞動人民[3]。中國社會黨的中央機關刊物爲《人道》[4]。1913 年 8 月，中國社會黨被袁世凱下令取締。1924 年 6 月 15 日，江亢虎重建中國社會黨，至 1925 年 1 月改組爲“中國新社會民主黨”。中國社會黨是中國近代歷史上，最早宣布自己爲社會主義者的政黨[5]。

中國社會黨及江亢虎所標榜的社會主義，實質上是無政府主義，而不是科學社會主義。《中國社會黨宣告》中確立了其黨綱，其中一條爲：“改良法律，尊重個人　舊法律恒以國家或家族爲主位，而於個人自由，多所犧牲，宜徹底改良。認個人爲社會之單純分子，認社會爲個人之直接團體。凡爲保障國家或家族而妨害個人之條件，悉革除之。”[6]實質上，這是江亢虎“無宗教、無國家、無家庭”的“三無主義”的體現。黨綱中的其他條目，包括“贊同共和”“融化種界”“破除世襲遺産制度”“普及平等教育”“限制軍備”等内容，在一定程度上體現了資産階級改良主義的要求。

《新世界》是中國社會黨紹興支部主辦的機關刊物，半月刊，1912 年 5 月 19 日在上海創刊，編輯人兼主要撰稿人爲煮塵客、發行人爲周繼香，

① 徐善廣，柳劍平. 中國無政府主義史[M]. 武漢：湖北人民出版社，1989：118.
② 黃彦. 中國社會黨述評[M]//上海中山學社. 近代中國：第 14 輯. 上海：上海社會科學院出版社，2004：132-133.
③ 曾業英. 民元前後的江亢虎和中國社會黨[J]. 歷史研究，1980（6）：43-59.
④ 周海樂. 江亢虎和中國社會黨[J]. 江西社會科學，1989（1）：138-146.
⑤ 邱錢牧. 中國政黨史（1894—1949）[M]. 太原：山西人民出版社，1991：329.
⑥ 此句中的空格爲原文格式。中國社會黨本部編輯. 中國社會黨宣告[J]. 社會黨月刊，1912（4）：27.

由國光印刷所印刷，館址設在上海公館馬路自來火行西街五百三十七號（今金陵東路雲南南路東南首）。全年定價爲兩元，半年爲一元一角，每册爲一角，由各處社會黨支部負責發售，并在各大書店寄售[①]，現存 1—8 期（共 8 期）。該刊以宣傳“社會主義”爲名，封面上標有“一、社會主義之大本營；二、中國數千年破天荒之新學説；三、解決二十世紀之大問題；四、造成太平大同之新世界”四條大綱。該刊曾專文介紹馬克思的生平、學説和著述，如《共産黨宣言》《資本論》等。8 期中，共發表 24 篇以“社會主義”爲標題的文章。新世界雜誌社除發售《新世界》雜誌外，還發售《社會黨月刊》、《社會世界》、《社會》和《女權》四種雜誌，并曾於 1912 年 9 月出版《社會主義討論集》，其中包括江亢虎等人對社會主義思想的介紹和討論。

4. 恩格斯的《社會主義從空想到科學的發展》及其在中國的第一次譯介

恩格斯所著《社會主義從空想到科學的發展》，是一本闡述科學社會主義理論的通俗小册子，被馬克思稱爲“科學社會主義的入門”[②]。這本小册子是恩格斯應法國工人黨領袖保爾•拉法格的請求，在 1880 年從他此前所著的《反杜林論》中抽取了“引論”的第一章“概論”、第三編“社會主義”的第一章“歷史”和第二章“理論”的有關内容後，經過補充、修改而成的。該小册子先由拉法格譯成法文，經恩格斯校閲後，起初以《空想社會主義和科學社會主義》爲題，發表在 1880 年法國的《社會主義評論》雜誌第 3—5 期上。同年出版了單行本，馬克思爲該單行本寫了《前言》。1882 年，這

① 煮塵客. 新世界[J]. 新世界，1912（1）：1.
② 馬克思，恩格斯. 馬克思恩格斯選集：第 3 卷[M]. 北京：人民出版社，2012：743.

本小册子在第一次出版德文單行本時[①]，標題改爲《社會主義從空想到科學的發展》，恩格斯寫了序言。1891 年，《社會主義從空想到科學的發展》出版了修改後的德文第 4 版，恩格斯在 1891 年 5 月爲該版寫的序言中説："本版作了一些小的修改；比較重要的補充只有兩處：在第一章中關於聖西門的補充，同傅立葉和歐文相比，關於聖西門過去談得有點過於簡略；其次是在第三章接近末尾處關於在這期間已經變得很重要的新的生産形式'托拉斯'的補充。"[②]該書英文版由愛德華·艾威林根據德文版翻譯，於 1892 年在倫敦和紐約出版，恩格斯寫了長篇導言。

1912 年，恩格斯的這部名著在中國第一次出現了節譯本，這就是同年 5 月至 8 月施仁榮以《理想社會主義與實行社會主義》爲題，連載於中國社會黨紹興支部内部黨刊——《新世界》第 1、3、5、6、8 期上的譯文。從《新世界》所載譯文來看，施仁榮將《社會主義從空想到科學的發展》正文的第一章、第二章和第三章的一部分譯爲中文，對内容略微進行了改動。第 8 期譯文最後有"未完"二字，但目前所見《新世界》僅 8 期，亦未見其他出版物上有續載的譯文。

施仁榮翻譯所依據的底本，在現有文獻中找不到確切的信息。有論者認爲，施仁榮是根據日文版翻譯的[③]。從出版時間上看，與施仁榮譯文最切近的日文版，是堺利彦 1906 年發表的《科學的社會主義》，載於《社會主義研究》第 4 期，其翻譯底本爲 1892 年英文版。但比較堺利彦與施仁榮的譯文可知，二者内容差異較大，并不能斷定施仁榮是根據堺利彦的日文版翻譯

---

① 這個德文版是 1882 年在霍廷根—蘇黎世出版的，但恩格斯 1891 年在爲德文第 4 版所寫的序言中説，第 1 版是在 1883 年 3 月出版的。參見馬克思，恩格斯. 馬克思恩格斯選集：第 3 卷[M]. 北京：人民出版社，2012：747-748.
② 馬克思，恩格斯. 馬克思恩格斯選集：第 3 卷[M]. 北京：人民出版社，2012：748.
③ 靳明全. 攻玉論——關於 20 世紀初期中國政界留日生的研究[M]. 重慶：重慶出版社，1999：348.

的。在《新世界》1912 年第 5 期附頁中有三則啓事，第二則啓事中寫道："本報於所譯各籍均采歐美最新之名著，惟其中名詞前無所本，皆由譯者自定。故所需時日甚多，以致不能多出譯稿，後當逐漸擴充，以副閱者諸君之望（其中人名與前人所譯或異，當出一對照表）。"[①]此時，1892 年英文版《社會主義從空想到科學的發展》已經廣泛傳播，從 1892 年至 1912 年也没有更新的版本；同時，《新世界》雜誌啓事中也聲明，其刊登的譯文是采用歐美最新版本翻譯的。據此，推測施仁榮可能是根據 1892 年英文版翻譯的。

施仁榮在翻譯恩格斯的《社會主義從空想到科學的發展》時，國内已經出現了"空想社會主義"和"科學社會主義"的譯語[②]，但他并没有采用這兩個譯語，而是將書名譯爲《理想社會主義與實行社會主義》。一般説來，在現代漢語中，"理想"多指對未來事物有根據的、合理的想象、設想或希望，而"空想"一般指憑空的設想，是不切實際的想法；"實行"一般指用行動來貫徹、實施某種路綫、綱領、政策或計劃等，而"科學"通常是作爲形容詞（即正確的、合乎科學的）或名詞（一般指關於自然界、人類社會和思維發展規律的知識體系）使用的。儘管 20 世紀初的漢語與現代規範漢語還有一定的差異，但通讀施仁榮的譯本可以看出，在認識上，施仁榮并不完全認爲"空想社會主義"理論就一定是一種缺乏根據的、非科學的理論，在對空想社會主義與科學社會主義的區别問題上，他更看重的是，前者因爲種種原因，没有付諸實施。

① 煮塵客. 啓事[J]. 新世界，1912（5）：64.

② 1907 年 9 月 1 日，《天義報》第 6 卷上發表了劉師培的《歐洲社會主義與無政府主義異同考》一文，文中提到："馬爾克斯所著書，有《由空想的科學的社會主義之發達》"，《由空想的科學的社會主義之發達》即《社會主義從空想到科學的發展》，不過，該文將作者誤爲了"馬爾克斯"（即馬克思）。1903 年 9 月，幸德秋水所著《社會主義神髓》的中譯本由中國達識譯社翻譯出版，該譯本在第二章和第四章都使用了"科學的社會主義"一詞。1906 年《民報》第 5 號上，發表了縣解（即朱執信）的《論社會革命當與政治革命并行》一文，文中也使用了"科學的社會主義"一詞。

在施仁榮所譯的《理想社會主義與實行社會主義》發表之前，國内僅有對《共産黨宣言》《家庭、私有制和國家的起源》中部分段落、篇章的譯介。《理想社會主義與實行社會主義》僅第三章最後一部分未譯出，涵蓋了《社會主義從空想到科學的發展》的大部分内容。儘管譯文中有若干術語和文句不够準確，但大部分還是反映了原著的本意。可以説，該書的完成，在馬克思主義在中國的早期傳播史上，是一個具有重要意義的創舉。

首先，譯文介紹了空想社會主義思想家的主要觀點、德國古典哲學的主要成就，以及社會主義從空想到科學的發展歷程。其一，譯文概括了傅立葉等空想社會主義思想家的貢獻。例如，譯文提到，傅立葉和歐文"竭力鼓吹推翻階級制度，而直接影響於法之物質文明"，他們"各處演講，使光明正大之社會主義，遍入一般人民腦中。此社會之新組織法，乃造端乎理想社會主義家"。介紹了歐文將他關於理想社會的構想付諸實踐的情况，"阿渾氏（即歐文——編者注）知其然，即乘機發揮其平日所抱之理想，一一見諸實行，使社會轉危爲安，人民轉勞爲逸"。其二，譯文提到了康德和黑格爾等人的哲學成就。例如，"夫在博物學上有刊忒（即康德——編者注）者宣言地球必有消滅之一日"，"夫此德國新哲學至海極氏（即黑格爾——編者注）而集大成矣。海極氏之功，乃在併合全世界各種舉動，或關天然，或關歷史，或關智育，爲一衝動"。特别是，譯文還準確表達了恩格斯關於克服德國哲學弊端的根本方法在於實踐的思想："然則欲救德國哲學末流清談誤學之弊，非重實踐而誰重耶？非尚格物而誰尚耶？"其三，譯文較爲準確地表達了科學社會主義來源於空想社會主義的觀點，并强調，在空想社會主義思想的發展過程中，各種流派紛紛産生，思想内容各異，甚至相互攻擊，"於是有實行社會主義出，而濟理想社會主義之窮。英法社會主義家，遂以其疇昔研究理想社會主義之工，轉而討論實行社會主義"。

其次，恩格斯的原著批判了資本主義社會中資本家對勞動者的剥削和壓迫，揭露了資本家借壟斷大發横財、勞動者生活極度貧困和階級矛盾日益尖鋭的社會圖景，施仁榮譯本也準確地表達這一思想。例如，“且機器發明，工業發達，在資本家固大獲其利，而在勞働家實時受其害”“然工業發達，時趨專利，資本家得以出其狼吞虎咽之手段，以壟斷生業，横攬財權。而勞動家手胼足胝，終歲勤勞，計其所入，仰不足以事父母，俯不足以畜妻子”。

最後，譯本比較完整地傳達了恩格斯對科學社會主義基本理論的概括，主要體現爲以下五點：其一，指明了科學社會主義是以客觀規律爲基礎的。例如，“然以社會主義作科學觀，而名之爲實行社會主義，則其第一步所當注意也，曰根真理”。其二，指明社會主義是因經濟不平等而産生的，如：“歐西學子，始公認社會主義爲因經濟不平而生之一定不易主張矣”。其三，大體指出了科學社會主義的兩大理論支柱，即唯物史觀和剩餘價值理論：“一爲以物質思想觀察歷史，一爲以餘利所得維持資本生産行爲。……具此二大發明，而後社會主義始克成爲一科學。”并且指出，唯物史觀的一個基本認識就是資本主義生産過程導致階級分化和階級矛盾：“以生産行爲與交換行爲維持吾人經濟，有生産與交换行爲，然後有分配行爲，而社會於是階級分矣”；而剩餘價值理論則揭示了階級矛盾的根源：“自餘利發明，而後資本家始得以少數之資本，購多數之工作；以工人之脂膏，供其揮霍。於是社會生活程度日高，而貧富階級益嚴矣。”其四，揭示了資本主義社會階級矛盾和經濟危機的根本原因，在於社會生産與資本運行方式之間的矛盾：“社會生産，與資本行爲之不相合，猶資本家與勞動家之不相容也”；“經濟恐慌皆社會生産與資本行爲互相衝突之結果也”。其五，指明在資本主義社會中，國家只是資産階級的代理人，“國家者乃資本社會最有力之代表也”。

總之，儘管施仁榮是一位無政府主義者，他所譯的《理想社會主義與實行社會主義》又刊登在無政府主義的機關刊物上，但該譯本對科學社會主義理論内容的概括介紹，尤其是對馬克思主義經典著作在中國的比較完整的譯介，在馬克思主義在中國的早期傳播史上還是具有特殊的重要地位的，應給予充分肯定。

5. 研究綜述

從 20 世紀 80 年代開始，在關於馬克思主義在中國的早期傳播史研究中，不少學者都會提及施仁榮所譯《理想社會主義與實行社會主義》，并認爲這是《社會主義從空想到科學的發展》在中國最早的節譯文[①]。認爲這篇譯文的發表，對於馬克思主義在中國的傳播起到了一定作用。例如，汪信硯指出，《新世界》1912 年連載了由施仁榮翻譯的恩格斯的《社會主義從空想到科學的發展》（譯名爲《理想社會主義與實行社會主義》），這是中國人對此書的最早翻譯[②]。

有少數學者對施仁榮的部分譯文、譯法及譯文價值進行了分析。魯法芹和蔣鋭提到，施仁榮將馬克思剩餘價值理論的發現表述爲“餘利之發明”，指出剩餘價值的發現揭破了資本主義社會的兩個根本問題，“資本生産行爲之歷史，其發達時代之不能免，及其銷滅時代之亦不能免”，以及“闡發

① 如：林代昭. 我國在 1899 年到 1919 年間對馬克思主義的介紹[J]. 教學與研究，1983（2）：21-27；何揚鳴. 試論浙江早期傳播馬克思主義的報刊[J]. 浙江大學學報（人文社會科學版），2001（5）：118-124；彭明. 馬克思主義在中國傳播的幾個問題[J]. 歷史教學，1983（3）：2-7；孫建昌，趙榮耀. 近代中國人對救國真理的艱辛探索[J]. 理論學刊，2013（11）：109-116；白占群.《社會主義從空想到科學的發展》一書在中國的傳播[J]. 社會主義研究，1985（6）：67；黄帥. 從“烏托邦”到“科托邦”的飛躍——高放教授訪談録[J]. 探索與争鳴，2016（9）：112-119. 等。

② 汪信硯. 西學東漸與馬克思主義哲學中國化[J]. 中國社會科學，2012（7）：4-25.

資本生産行爲之特質”[①]。蕭超然認爲，施仁榮的“譯文不少是不準確的，有的甚至與原著大相徑庭。如把唯物史觀譯爲‘以物質思想觀察歷史’。以物質思想觀察歷史，這就成了二元史觀，那裏是唯物史觀呢？這種例子還可舉出一些”。不過，蕭超然也認爲，儘管施仁榮的譯文對原著思想反映得不够透徹，表述也不够準確，晦澀難懂，但“從總的方面看，大部分譯文還是基本上表達了原意，而且在當時那種條件下，譯者幾乎把這部著作完整地翻譯了出來，這的確是一件富有意義的創舉，其精神和毅力是值得稱許的”，認爲這是“馬克思主義在中國早期傳播的一個重要例證”[②]。

有學者認爲，儘管五四運動之前，無政府主義者對馬克思主義早期的傳播確實發揮了一定的積極作用，但對馬克思主義的認識并不準確。例如，韓佳辰指出，施仁榮的譯文是恩格斯《社會主義從空想到科學的發展》在國内最早的譯本，無政府主義者雖然對馬克思主義著作作了一些介紹，但是他們却把無政府主義與馬克思主義魚目混珠了[③]。蔡樂蘇認爲，《新世界》對有關科學社會主義的介紹和譯述，除去技術上的原因（如誤譯）和理解上的膚淺不論，就其本質上説來，是爲宣傳他們自己的觀點服務的。他們在介紹和譯述的時候，大量地融進了自己的思想觀念，因而湮没了科學社會主義的真正本質，混淆了它與其他社會主義思想的主要區别[④]。因此，無政府主義者對馬克思主義的譯介，一方面，客觀地擴大了馬克思主義在中國的社會影響，推動了馬克思主義在先進知識分子中的傳播；另一方面，由於他們傳播

① 魯法芹，蔣鋭. 民初中國社會黨對社會主義的中國文化詮釋[J]. 當代世界與社會主義，2013（4）：172-176.
② 蕭超然. 十九世紀末二十世紀初馬克思主義在中國的傳播[J]. 北京大學學報（哲學社會科學版），1983（1）：14-24.
③ 韓佳辰. 關於馬克思主義在中國傳播的史前史的探討[J]. 馬克思主義研究，1984（3）：291-295.
④ 蔡樂蘇. 新世界[M]//丁守和. 辛亥革命時期期刊介紹：第4集. 北京：人民出版社，1986：236-237.

馬克思主義的最終目的是宣傳無政府主義，這種暗含目的的譯介，也造成了人們對馬克思主義一些理解和認識上的錯誤。

但也有學者認爲，無政府主義者是最早在中國譯介馬克思主義的群體之一，他們積極創立各種社會團體、政黨和刊物，并在刊物上對馬克思主義理論及相關著作進行譯介，促進了馬克思主義的傳播。例如，林妙珊認爲，以江亢虎、施仁榮等人爲代表的無政府主義者積極譯介馬克思主義著作，并從馬克思主義學説中得出了社會形態變更的規律，可見，他們對歷史變遷動力的把握已接近馬克思，在當時是難能可貴的[①]。王傳英和田國立認爲，儘管受譯者階級局限、翻譯水準和政治取向等因素的制約，馬克思、恩格斯著作的早期譯介出現了不少無法避免的錯誤，但仍爲馬克思主義在中國的傳播，創造了極其可貴的社會語境和讀者群體，客觀上爲中國共産黨的創建及成立奠定了理論和思想基礎[②]。

從現有文獻可知，學界對無政府主義者在馬克思主義傳播中的作用，有一個逐步加深認識的過程。20 世紀 80 年代至 21 世紀初，學者們對無政府主義者對馬克思主義的傳播，主要是從消極影響的角度來分析的，從譯介人員的組成、動機、社會歷史條件的角度，指出無政府主義者對馬克思主義的理解和翻譯不準確，甚至是歪曲，其階級屬性使他們在介紹科學社會主義時，是有選擇性的翻譯，功利性强，實際上混合了資産階級改良主義和無政府主義[③]。進入 21 世紀後，學者一方面指出了無政府主義者的歷史局限

① 林妙珊. 近代無政府主義者對馬克思主義社會形態理論的傳播和認知[J]. 黨史與文獻研究，2017（1-2）：57-62.

② 王傳英，田國立. 馬恩著作在中國百年譯介與傳播的社會學分析[J]. 河北學刊，2017（2）：191-197.

③ 何揚鳴. 試論浙江早期傳播馬克思主義的報刊[J]. 浙江大學學報（人文社會科學版），2001（5）：118-124；林雨如. 馬克思主義在中國初期傳播狀況與特點的歷史考察[J]. 廣西師範大學學報（哲學社會科學版），1984（2）：1-6；王大同. 馬克思主義在中國傳播的歷史條件[J]. 黨史研究與教學，1990（4）：1-6. 等。

性和階級局限性，另一方面也肯定了他們對馬克思主義在中國的早期傳播和中國共產黨的建立起到的推動作用和奠定的重要基礎。

在一些專門研究中國社會黨歷史的文章中，有學者論及紹興支部黨刊《新世界》的創立及發展，并提到了施仁榮所譯《理想社會主義與實行社會主義》。例如，黃彦撰文梳理了江亢虎領導下的中國社會黨的歷史，列舉了中國社會黨各言論機關 43 種，其中介紹了《新世界》及其連載的施仁榮譯文，認爲在當時大多數中國人并不知社會主義爲何物的時代條件下，中國社會黨的宣傳鼓吹在某種意義上起到了“輸布社會主義之廣告公司”的作用，這是該黨最值得肯定的一項歷史勞績[①]。沈駿認爲，中國社會黨在《新世界》上刊登的施仁榮譯文和其他介紹社會主義的文章，體現了中國社會黨雖然是一個標榜社會主義的資產階級政黨，但對社會主義的介紹和對資產階級舊民主主義革命成果的維護，都起到了一定的積極作用[②]。

綜上所述，目前學界的普遍認識是，儘管由於歷史條件的局限，施仁榮所譯的《理想社會主義與實行社會主義》中，部分理解與翻譯還欠準確，但整體説來，該譯本傳播了恩格斯《社會主義從空想到科學的發展》的重要内容，介紹了空想社會主義的相關理論，揭露了資產階級對無產階級的剥削和壓迫，闡發了唯物史觀和剩餘價值等馬克思主義和科學社會主義的基本原理，促進了社會大衆對馬克思主義的了解，對馬克思主義和科學社會主義在中國的傳播起到了重大作用，在中國馬克思主義早期傳播史上具有重要意義。

---

① 黃彦. 中國社會黨述評[M]//上海中山學社. 近代中國：第 14 輯. 上海：上海社會科學院出版社，2004（8）：120-164.

② 沈駿. 江亢虎的社會主義與中國社會黨[J]. 華中師範大學學報（哲社版），1989（2）：120-127.

（A-0064.01）

www.sciencep.com

ISBN 978-7-03-075967-2

定　價：580.00 元